Mary und Charles Lamb
Shakespeare für Eilige

atb aufbau taschenbuch

MARY LAMB (1764–1847) führte in London zusammen mit ihrem Bruder Charles einen literarischen Salon, in dem sich die Dichter der englischen Romantik, Verleger und Herausgeber von Zeitschriften trafen. Sie verfasste eine Reihe von Kindergeschichten und trug den größeren Teil zu den Shakespeare-Erzählungen bei.

CHARLES LAMB (1775–1834) war bedeutendster Kritiker und Essayist der englischen Frühromantik. Bis zu seiner Pensionierung arbeitete er im Rechnungsamt des East India House. Die »Tales from Shakespeare« (1807) waren sein erfolgreichstes Werk, mit dem er die Engländer wieder mit Shakespeare bekannt machte.

In ihrer berühmten und erfolgreichen Sammlung erzählen die Geschwister Lamb die zwanzig bekanntesten Shakespeare-Stücke in Form einfühlsamer Geschichten nach. Unter Weglassung verzweigter Nebenhandlungen konzentrieren sie sich auf das wesentliche Geschehen um die Hauptgestalten, die sie durch ihr Handeln, ihre Beweggründe und Empfindungen charakterisieren. Das komplexe Geschehen wird verständlich umrissen und die jeweils besondere Atmosphäre vermittelt. In der deutschen Version folgen die Dialoge weitgehend der Schlegel-Tieck'schen Übersetzung. Weit mehr als einfache Inhaltsangaben sind diese Nacherzählungen eigenständige Geschichten, die einerseits raschen Überblick gewähren, andererseits Spannung und Lesegenuss bereiten.

Mary und Charles Lamb

Shakespeare für Eilige

Die zwanzig besten Stücke
als Geschichten

Herausgegeben
von Günther Klotz

aufbau taschenbuch

Titel der Originalausgabe
Tales from Shakespeare

Aus dem Englischen von Karl Heinrich Keck

FSC
www.fsc.org
MIX
Papier aus ver-
antwortungsvollen
Quellen
FSC® C083411

ISBN 978-3-7466-2958-2

Aufbau Taschenbuch ist eine Marke der Aufbau Verlag GmbH & Co. KG

2. Auflage 2014
© Aufbau Verlag GmbH & Co. KG, Berlin
Bei Aufbau Taschenbuch erstmals 2001 erschienen
Umschlaggestaltung morgen, Kai Dieterich
unter Verwendung eines Motivs von bobsairport/Kai Dieterich
Druck und Binden CPI – Clausen & Bosse, Leck
Printed in Germany

www.aufbau-verlag.de

INHALT

Komödien

Die beiden Veroneser 9
Der Widerspenstigen Zähmung 26
Die Komödie der Irrungen 40
Ein Sommernachtstraum 59
Der Kaufmann von Venedig 74
Viel Lärmen um nichts 91
Wie es euch gefällt 108
Was ihr wollt 129
Maß für Maß 147
Ende gut, alles gut 166
Perikles, Fürst von Tyrus 182
Das Wintermärchen 204
Cymbeline 219
Der Sturm 236

Tragödien

Romeo und Julia 253
Hamlet, Prinz von Dänemark 276
Othello 296
König Lear 314
Macbeth 334
Timon von Athen 349

Anhang

Anmerkungen 369
Nachwort 388

KOMÖDIEN

Die beiden Veroneser

Es lebten einmal in der Stadt Verona zwei junge Männer von Adel namens Valentin und Proteus, zwischen welchen lange Zeit eine feste, nie unterbrochene Freundschaft bestanden hatte. Sie besuchten fleißig miteinander die Hörsäle und verbrachten ihre Mußestunden meistens einer in des anderen Gesellschaft, ausgenommen wenn Proteus ein junges Mädchen besuchte, das er liebte; und diese Besuche bei seiner Angebeteten und diese Leidenschaft des Proteus für die schöne Julia waren die einzigen Gegenstände, über welche die Freunde nicht übereinstimmten. Denn Valentin, der selbst nicht liebte, fühlte sich mitunter ein bißchen gelangweilt, wenn er seinen Freund immer und ewig von seiner Julia reden hörte, und dann pflegte er wohl über Proteus zu lachen und in scherzenden Ausdrücken über die Leidenschaft der Liebe zu spotten und zu erklären, daß niemals solche müßige Träumereien bei ihm Eingang finden würden; denn er ziehe das freie, glückliche Leben, das er führe, bei weitem den ängstlichen Hoffnungen und Befürchtungen des verliebten Proteus vor.

Eines Morgens kam Valentin zu Proteus, um ihm mitzuteilen, daß sie eine Zeitlang sich trennen müßten, denn er sei im Begriff, nach Mailand zu reisen. Proteus, der gar nicht geneigt war, seinen Freund scheiden zu lassen, brachte viele Gründe vor, um Valentin zu bestimmen, daß er ihn nicht verlassen möchte. Aber Valentin sagte: »Höre auf, mir zuzureden, teurer Proteus. Ich will nicht wie ein Müßiggänger meine Jugend in Trägheit zu Hause hinbringen. Jungen, die

9

stets zu Hause hocken, behalten für immer einen haus-backenen Witz. Wäre deine Neigung nicht gefesselt an die süßen Blicke deiner holdseligen Julia, so würde ich dich bit-ten, mich zu begleiten, um die Wunder fremder Länder zu beschauen; aber da du verliebt bist, so liebe nur immer wei-ter, und möge deine Liebe gesegnet sein.«

Sie schieden voneinander mit gegenseitigen Versicherun-gen unwandelbarer Freundschaft. »Liebster Valentin, lebe wohl!« sagte Proteus; »denke an mich, wenn du irgendein seltenes Ding erblickst, das schön und der Beachtung wert ist auf deinen Reisen, und wünsche mich zu dir, dein Glück zu teilen.«

Valentin trat noch an demselben Tage seine Reise nach Mailand an; und Proteus setzte sich, als sein Freund ihn verlassen hatte, nieder, um einen Brief an Julia zu schrei-ben, er gab ihn ihrer Dienerin Lucetta zur Besorgung an ihre Herrin.

Julia liebte Proteus ebenso zärtlich wie er sie. Aber sie war eine stolze Jungfrau und glaubte, daß es ihrer weib-lichen Würde nicht wohl anstünde, sich zu leicht gewinnen zu lassen. Deshalb tat sie, als bemerkte sie seine Leiden-schaft nicht, und sie verursachte ihm im Verlauf seiner Be-werbung viel Aufregung und Unruhe.

Und als Lucetta Julia den Brief überreichte, wollte sie ihn nicht annehmen und schalt ihr Mädchen, daß sie sich Briefe von Proteus geben lasse, und befahl ihr, das Zimmer zu ver-lassen. Aber heimlich wünschte sie so sehr, den Inhalt des Schreibens zu erfahren, daß sie bald das Mädchen wieder hereinrief, und als Lucetta zurückkam, sagte sie: »Wieviel Uhr ist es?« Lucetta, die wohl merkte, daß ihre Herrin mehr den Brief zu sehen wünschte, als die Tageszeit zu erfahren, antwortete nicht auf ihre Frage, sondern überreichte wieder den zurückgewiesenen Brief. Julia, voll Ärger, daß ihr Mädchen sich die Freiheit nahm, sich den Anschein zu ge-ben, als kenne sie ihren wirklichen Wunsch, zerriß den Brief in Stücke, warf sie auf den Fußboden und wies ihre Dienerin noch einmal hinaus. Als Lucetta im Begriff war, sich zurückzuziehen, hielt sie ihren Schritt an, um die Stücke des zerrissenen Briefes aufzulesen; aber Julia, die sich nicht so von ihnen zu trennen gedachte, sagte, sich ärgerlich stellend: »Geh, mach dich fort! Laß die Papiere liegen. Du hättest sie gern in Händen, mich zu ärgern.«

Julia fing nun an, die zerrissenen Stücke, so gut sich's machen ließ, zusammenzusuchen. Sie brachte zuerst diese Worte heraus: »Der liebeswunde Proteus«; und sie jammerte laut über diese wie ähnliche Liebesworte, die sie herausbrachte, obgleich sie alle in Fetzen zerrissen waren oder, wie sie sagte, verwundet (durch den Ausdruck »der liebeswunde Proteus« war ihr dieser Gedanke gekommen), und sie sprach zu den Papierstückchen gütige Worte: sie wolle sie an ihrem Busen wie in einem Bette herbergen, bis ihre Wunden alle geheilt wären, und sie wolle jedes einzelne Stückchen küssen, wie um Ersatz zu leisten für ihr Unrecht.

In dieser Weise plauderte sie noch einige Zeit mit sich selbst in anmutigem Spiel, halb Kind, halb Jungfrau, bis sie die Unmöglichkeit erkannte, das Ganze zu entziffern; und zürnend über ihre Lieblosigkeit, solche süßen Liebesworte, wie sie sie nannte, zerstört zu haben, schrieb sie einen Brief an Proteus, der viel freundlicher war, als sie jemals einen geschrieben hatte.

Proteus war entzückt beim Empfang einer so günstigen Antwort auf seinen Brief; und während des Lesens rief er aus: »O süße Liebe, o süße Zeilen, süßes Leben!« Mitten in seiner Begeisterung wurde er unterbrochen durch seinen Vater. »Ei! ei!« sagte der alte Mann, »was für ein Brief ist's, den du liest?«

»Vater«, erwiderte Proteus, »es ist ein Brief von meinem Freund Valentin in Mailand.«

»Gib mir den Brief; laß sehen, was er enthält«, sagte sein Vater.

»Durchaus nichts Neues«, erwiderte Proteus in großer Bestürzung; »er schreibt mir nur, wie sehr der Herzog von Mailand ihn liebt, der ihn täglich mit Gnadenbeweisen überhäuft, und wie sehr er mich dorthin wünscht, um an seinem Glück teilzunehmen.«

»Und wie stehst du zu diesem Wunsche?« fragte der Vater.

»Nur Eurem Willen bin ich untertan«, erwiderte Proteus, »und nicht darf mir des Freundes Wunsch gebieten.«

Nun traf es sich, daß Proteus' Vater über diesen Gegenstand mit einem Freunde gerade gesprochen hatte; der Freund hatte gesagt, er wundere sich, daß er es ruhig mit ansehe, wie sein Sohn seine Jugend daheim zubringe, während die meisten ihre Söhne hinaussandten, um auswärts ihr Glück zu machen. »Einige«, sagte er, »schicken sie in den Krieg, um dort ihr Gluck zu versuchen, andere zur Entdeckung weit entlegener Inseln, noch andere zum Aufenthalt auf fremden Hochschulen. Da ist zum Beispiel sein Freund Valentin, der ist an den Hof des Herzogs von Mailand gegangen. Euer Sohn ist wohl geeignet für einen dieser Lebenswege, und in seinem reiferen Alter wird es ein großer Nachteil für ihn sein, in seiner Jugend nicht die Welt gesehen zu haben.«

Proteus' Vater hielt den Rat seines Freundes für sehr richtig, und da Proteus ihm erzählt hatte, daß Valentin seine Gegenwart wünsche, damit er an seinem Glück teilnehmen könne, so beschloß er sofort, seinen Sohn nach Mailand zu schicken; und ohne demselben einen Grund für seinen plötzlichen Entschluß anzugeben, da es die Gewohnheit dieses höchst entschiedenen alten Mannes war, seinem Sohn zu befehlen, nicht mit ihm zu verhandeln, sprach er: »Mein Wille stimmt mit Valentins Wunsch überein«; und da er sah, wie sein Sohn erstaunt dreinblickte, fügte er hinzu: »Sei nicht verwundert, daß ich so plötzlich beschließe, daß du einige Zeit am Hofe des Herzogs von Mailand zubringen sollst. Denn was ich will, das will ich; damit gut! Auf morgen halte dich fertig abzureisen. Kein Einwand gilt; du weißt, ich fackle nicht.«

Proteus wußte, daß es nutzlos war, Einwendungen gegen seinen Vater zu erheben, der nie duldete, daß er über seinen Willen mit ihm rechtete; und er machte sich Vorwürfe, seinem Vater über Julias Brief die Unwahrheit gesagt zu haben: Diese Lüge hatte ihn in die leidige Notwendigkeit versetzt, sie zu verlassen.

Jetzt, da Julia sah, sie müßte Proteus auf lange Zeit verlieren, heuchelte sie nicht länger Gleichgültigkeit; und sie sagten einander ein trauriges Lebewohl unter vielen Schwüren treuer und beständiger Liebe. Sie wechselten sogar Ringe, welche sie beide versprachen ewig zu bewahren zur Erinnerung aneinander; und so trat Proteus nach schmerzlichem Abschied seine Reise nach Mailand an, dem Aufenthaltsort seines Freundes Valentin.

Valentin stand wirklich, wie Proteus es seinem Vater vorgeschwindelt hatte, in hoher Gunst beim Herzog von Mailand; und noch etwas anderes war ihm begegnet, wovon Proteus sich nicht einmal träumen ließ; denn Valentin hatte seine Freiheit, mit der er früher soviel zu prahlen gepflegt hatte, geopfert und war ebenso leidenschaftlich verliebt wie Proteus.

Diejenige, welche diese wunderbare Wandlung in Valentin bewirkt hatte, war Fräulein Silvia, Tochter des Herzogs von Mailand, und sie liebte ihn nicht minder; aber sie verheimlichten ihre Liebe vor dem Herzog, weil er sich zwar sehr gnädig gegen Valentin zeigte und ihn täglich in seinen Palast lud, aber doch seine Tochter für einen jungen Freier zur Gemahlin bestimmt hatte, der Thurio hieß. Silvia jedoch verschmähte diesen Thurio, denn er besaß durchaus nicht das feine Gefühl und die vortrefflichen Eigenschaften Valentins.

Diese beiden Nebenbuhler, Thurio und Valentin, waren

eines Tages gerade bei Silvia zum Besuch, und Valentin unterhielt Silvia damit, daß er jedes Wort Thurios ins Lächerliche zog: da trat der Herzog selbst ins Zimmer und teilte Valentin die willkommene Nachricht von der Ankunft seines Freundes Proteus mit. Valentin sagte: »Hätte ich etwas noch zu wünschen gehabt, so wäre es das, ihn hier zu sehen.« Und dann pries er seinen Freund höchlich dem Herzog und sagte: »Gnädiger Herr, ich bin freilich ein träger Müßiggänger gewesen, doch mein Freund hat seine Tage und Stunden zu schönem Vorteil genutzt. Er ist vollkommen an Gestalt und Geist, an jeder Zierde reich, die Edle ziert.«

»Nun, so bewillkommnet ihn, wie er's verdient«, sagte der Herzog; »Silvia, ich spreche zu dir und zu Euch, lieber Thurio; was Valentin betrifft, so habe ich nicht nötig, ihn dazu aufzufordern.« Hier wurden sie unterbrochen durch Proteus' Eintritt, und Valentin stellte ihn Silvia vor mit den Worten: »Mein holdes Fräulein, nehmt ihn gütig auf, daß er gleich mir sich Eurem Dienste weihe.«

Als der Besuch beendet war und Valentin und Proteus sich allein miteinander befanden, sagte Valentin: »Nun sprich, wie ging es allen, da du schiedest? Wie steht's um deine Dame und deine Liebe?« Proteus erwiderte: »Liebesgespräche waren dir zur Last. Ich weiß, du hörst nicht gern von Liebessachen.«

»Ja, Proteus«, erwiderte Valentin, »dies Leben ist nun völlig umgewandelt. Gebüßt habe ich, weil ich verschmäht die Liebe. Denn um der Liebe Hohn an mir zu rächen, nahm sie den Schlaf den Augen ihres Knechtes. O Teurer, Liebe ist eine mächtige Herrin; sie hat mich so gebeugt, daß ich bekenne, es gibt kein Weh, das ihrer Strafe gliche, doch auch nicht größere Lust, als ihr zu dienen. Jetzt mag ich kein Gespräch als nur von Liebe. Jetzt ist mir Frühstück, Mittags-, Abendmahl, Schlummer und Schlaf das bloße Wort der Liebe.«

Dies Bekenntnis von der Veränderung, welche die Liebe bewirkt hatte in Valentins Stimmung, bereitete seinem Freunde Proteus große Genugtuung. Aber »Freund« dürfen wir Proteus nicht länger nennen, denn dieselbe allmächtige Liebe, über die sie eben sprachen, schuf sogar während ihrer Unterhaltung über die in Valentin hervorgebrachte Veränderung in Proteus' Herzen ihre Wunder. Er, der bisher ein Vorbild treuer Liebe wie vollkommener Freundschaft gewesen war, hatte sich jetzt in dem kurzen Zusammensein mit Silvia in einen falschen Freund und treulosen Liebhaber verwandelt; denn beim ersten Anblick Silvias war alle seine Liebe für Julia verschwunden gleich einem Traum, und nicht hatte seine lange Freundschaft für Valentin ihn zurückgeschreckt von dem Versuch, ihn aus ihrer Zuneigung listig zu verdrängen. Er hatte zwar, wie es gewöhnlich der Fall ist, wenn Menschen, die von Natur gut sind, anfangen zu sündigen, manche Gewissensbedenken, bevor er beschloß, Julia zu verlassen und Valentins Nebenbuhler zu werden; aber letztendlich wurde er Herr über sein Pflichtgefühl und überließ sich fast ohne Gewissensbisse seiner neuen unglücklichen Leidenschaft.

Im Vertrauen teilte Valentin ihm die ganze Geschichte seiner Liebe mit, und wie ängstlich sie dieselbe vor dem Herzog, ihrem Vater, verborgen hätten; auch erzählte er ihm, daß er, an der Möglichkeit seine Zustimmung zu erlangen verzweifelnd, Silvia überredet habe, in der nächsten Nacht ihres Vaters Palast zu verlassen und mit ihm nach Mantua zu gehen. Sodann zeigte er Proteus eine Strickleiter, mittels deren er nach eingetretener Dunkelheit Silvia aus einem der Fenster des Palastes zu entführen gedachte.

Als Proteus diesen vertrauensvollen Bericht von den heiligsten Geheimnissen seines Freundes vernommen hatte, beschloß er – es ist kaum zu glauben, aber doch war es so –, zum Herzog zu gehen und ihm das Ganze zu offenbaren.

Der falsche Freund begann seinen Bericht an den Herzog

15

mit manchen geschickten Redensarten; so zum Beispiel, daß er durch die Gesetze der Freundschaft eigentlich verpflichtet wäre zu verheimlichen, was er jetzt zu enthüllen im Begriff sei, aber die gnadenvolle Gunst, die der Herzog ihm erwiesen habe, und die Pflicht, die ihm auferlegt sei durch diese Gnade, sei für ihn Sporn und Antrieb, das auszusprechen, was sonst kein Gut der Welt ihm je entrisse. Dann erzählte er alles, was er von Valentin gehört hatte, wobei er nicht die Strickleiter unerwähnt ließ und die Art, wie Valentin sie unter einem langen Mantel zu verbergen gedächte.

Der Herzog hielt Proteus für ein wahres Wunder von Rechtschaffenheit, insofern er lieber seines Freundes Plan verraten als ein Unrecht verheimlichen wollte; er pries ihn sehr und versprach ihm, Valentin nicht zu sagen, von wem ihm dieses zu Ohren gekommen war, sondern durch eine List Valentin dahin zu bringen, daß er selbst das Geheimnis verriete. Zu diesem Zweck wartete der Herzog die Ankunft Valentins am Abend ab; er sah ihn bald nach dem Palast hineilen, und er bemerkte zugleich etwas, das in seinen Mantel verhüllt war; er vermutete sofort, daß dies die Strickleiter wäre.

Der Herzog hielt ihn an mit den Worten. »Freund Valentin, wohin in solcher Eile?« – »Mit Eurer Gnaden Gunst«, erwiderte Valentin, »ein Bote wartet, um meinen Freunden Briefe mitzunehmen, und eben wollte ich sie ihm übergeben.« Nun hatte diese Lüge Valentins keinen besseren Erfolg als die Unwahrheit, die früher Proteus seinem Vater vorgespiegelt hatte.

»Sind diese Briefe von großer Wichtigkeit?« fragte der Herzog.

»Sie enthalten nichts weiter, gnädiger Herr«, erwiderte Valentin, »als daß sie meinem Vater mitteilen, daß ich mich an Eurer Gnaden Hof wohl und glücklich fühle.«

»Nun, dann hat die Sache nicht Eile«, sagte der Herzog;

»warte noch einen Augenblick bei mir. Ich wünsche deinen Rat in einer Angelegenheit, die mich nah angeht.« Er erzählte dann Valentin eine gut erfundene Geschichte; sie sollte die Einleitung sein, um ihm sein Geheimnis zu entreißen. Valentin wisse, daß er seine Tochter mit Thurio zu vermählen wünsche, aber sie sei widerspenstig und seinen Befehlen ungehorsam. »Sie nimmt weder Rücksicht darauf«, sprach er, »daß sie mein Kind ist, noch scheut sie mich als ihren Vater. Und dieser Hochmut, sage ich dir vertraulich, hat ihr das Vaterherz schon lange entfremdet. Ich hoffte sonst, die letzten Lebensjahre gepflegt von Kindesliebe hinzubringen. Doch jetzt ist mein Entschluß, ein Weib zu nehmen, sie aber dem zu lassen, der sie will. Möge ihre Schönheit ihre Mitgift sein, denn mich und meine Güter schätzt sie nicht.«

Valentin wunderte sich, wo dies alles hinauswollte, und gab zur Antwort: »Was will Euer Gnaden, daß ich hierin tue?«

»Nun«, sagte der Herzog, »die Dame, die ich zu heiraten wünsche, ist wählerisch und spröde und achtet wenig meines Greisenalters Beredsamkeit. Zudem hat sich die Art der Werbung seit meiner Jugend allzusehr verändert; drum wollte ich dich zu meinem Führer wählen, mich anzuweisen, wie ich freien soll.«

Valentin gab ihm im allgemeinen eine Vorstellung von den verschiedenen Arten der Werbung, die damals von jungen Leuten angewandt wurden, wenn sie einer schönen Dame Liebe zu gewinnen wünschten, zum Beispiel Geschenken, häufigen Besuchen und ähnlichem.

Der Herzog erwiderte darauf, daß die Dame jedes Geschenk, welches er ihr sandte, zurückgewiesen habe und daß sie von ihrem Vater so streng gehalten würde, daß niemand bei Tage Zutritt zu ihr erlangte.

»Ei!« sagte Valentin, »dann müßt Ihr sie bei Nacht besuchen.«

»Aber bei Nacht«, sagte der schlaue Herzog, der nun auf das eigentliche Ziel der Unterredung hinsteuerte, »sind ihre Türen fest verschlossen.«

Valentin schlug nun unglücklicherweise vor, daß der Herzog bei Nacht in das Zimmer der Dame mittels einer Strickleiter einsteigen möge; er wolle ihm eine zu diesem Zweck geeignete verschaffen. Und schließlich riet er ihm, diese Strickleiter unter einem Mantel, wie er ihn jetzt trüge, zu verbergen.

»Leih mir deinen Mantel«, sagte der Herzog, der diese lange Geschichte nur ersonnen hatte, um einen Vorwand zu haben, ihm den Mantel abzunehmen. Und kaum hatte er diese Worte gesagt, als er auch schon Valentins Mantel faßte; und indem er diesen zurückschlug, entdeckte er nicht bloß die Strickleiter, sondern auch einen Brief an Silvia, den er sofort erbrach, um ihn zu lesen. Und dieser Brief enthielt einen klaren Bericht über die geplante Flucht. Der Herzog machte Valentin schwere Vorwürfe, daß er sich undankbar erwiesen habe, indem er so die ihm gewährte Gunst vergelte durch das Bestreben, seine Tochter zu entführen; schließlich verbannte er ihn auf ewig vom Hof und aus der Stadt Mailand; und Valentin wurde gezwungen, noch in derselben Nacht abzureisen, ohne auch nur Silvia wiedergesehen zu haben.

Während Proteus in Mailand sich so damit beschäftigte, Verrat an Valentin zu üben, verzehrte sich in Verona die arme Julia in Kummer über Proteus' Abwesenheit; und ihre Liebe zu ihm überwältigte zuletzt so sehr ihr Schicklichkeitsgefühl, daß sie beschloß, Verona zu verlassen und ihren Geliebten in Mailand aufzusuchen. Und um sich auf dem Wege vor Gefahr zu sichern, legten sie und ihre Zofe Lucetta Mannestracht an, und in dieser Verkleidung reisten sie ab und kamen in Mailand an, bald nachdem Valentin infolge von Proteus' Verräterei aus der Stadt verbannt war.

Julia betrat Mailand um die Mittagszeit, und sie nahm

ihre Wohnung in einem Wirtshaus; und da ihre Gedanken sich alle mit ihrem teuren Proteus beschäftigten, so ließ sie sich in ein Gespräch mit dem Wirt ein, in der Hoffnung, dadurch einige Nachrichten über Proteus zu erhalten.

Dem Wirt gefiel es sehr, daß dieser hübsche junge Mann (denn dafür hielt er sie ja), der, nach seiner äußeren Erscheinung zu schließen, von hohem Stande sein mußte, so freundlich mit ihm sprach; und da er eine gute Seele war, so tat es ihm weh, daß der Fremde so überaus traurig aussah. Und um seinem jungen Gast ein Vergnügen zu bereiten, schlug er ihm vor, er möge mitkommen, um eine herrliche Musik zu hören, die ein vornehmer Herr diesen Abend seiner Geliebten darbringen würde.

Der Grund, warum Julia so gar traurig aussah, war der, daß sie nicht recht wußte, was Proteus denken würde von dem unvorsichtigen Schritt, den sie getan hatte. Denn sie wußte, daß er sie liebte wegen ihres edlen jungfräulichen Stolzes und ihres Seelenadels, und sie fürchtete, sie möchte sich nun in seiner Achtung herabsetzen. Das war es, was ihre Züge so schwermütig und gedankenvoll machte.

Mit Freuden nahm sie das Anerbieten des Wirtes an, mit ihm zu gehen und die Musik zu hören; denn heimlich hoffte sie, sie könnte Proteus unterwegs begegnen.

Aber als sie an den Palast kam, wohin der Wirt sie führte, wurde ihr ganz anders zumute, als wie der freundliche Wirt es gedacht hatte, denn dort erblickte sie zu ihres Herzens Kummer ihren Geliebten, den unbeständigen Proteus, wie er seiner angebeteten Silvia eine Abendmusik brachte und Worte der Liebe und der Bewunderung an sie richtete. Und Julia mußte es mit anhören, wie Silvia von einem Fenster aus mit Proteus sprach und ihm Vorwürfe machte, daß er seine eigene treue Braut vergesse und daß er gegen seinen Freund Valentin so undankbar sei; und dann verließ Silvia das Fenster, weil sie nicht Lust hatte, seiner Musik und seinen schönen Redensarten zu lauschen. Denn sie war ihrem verbannten Valentin treu und verabscheute das unedle Benehmen seines falschen Freundes Proteus.

Obgleich Julia in Verzweiflung war über dasjenige, wovon sie soeben Zeugin gewesen, so liebte sie doch noch immer den unbeständigen Proteus; und da sie hörte, daß er sich kürzlich von einem Diener getrennt habe, so ersann sie unter dem Beistand ihres freundlichen Wirtes den Plan, sich bei Proteus als Edelknaben zu verdingen. Und Proteus ahnte nicht, daß sie Julia wäre, und schickte sie mit Briefen und Geschenken an ihre Nebenbuhlerin Silvia, und er sandte sogar durch sie eben den Ring, den sie ihm als Abschiedsgeschenk in Verona gegeben hatte.

Als sie zu Silvia mit dem Ring kam, war sie sehr froh zu sehen, daß diese die Werbung des Proteus gänzlich verschmähte; und Julia oder der Edelknabe Sebastian, wie sie genannt wurde, kam mit Silvia in ein Gespräch über Proteus' erste Liebe, die verlassene Julia. Sie ließ (wie man zu sagen pflegt) ein gutes Wort für sich mit einfließen und sagte, daß sie Julia kenne (wie sie wohl durfte, da sie ja selbst die besprochene Julia war); sie erzählte, wie zärtlich Julia ihren Herrn und Gebieter liebe und wie sehr seine Vernachlässigung und Unfreundlichkeit sie grämen würde, und in allerliebstem Doppelsinn fuhr sie fort: »Julia ist ungefähr von meinem Wuchs und meiner Gesichtsfarbe, sie hat dieselben Augen und dasselbe Haar wie ich«, und in der Tat sah Julia wie ein sehr hübscher Jüngling in ihrem Knabenanzug aus. Silvia fühlte Mitleid mit dem lieblichen Mädchen, das so schmählich verlassen war von dem geliebten Mann; und als Julia den Ring überreichte, den Proteus gesandt hatte, wies sie ihn zurück mit den Worten: »Ihm Schmach über Schmach, mir diesen Ring zu schicken! Ich nehme ihn nicht, denn oft hörte ich ihn sagen, daß seine Julia ihn beim Abschied gab. Ich danke dir, hübscher Knabe, weil du Mitleid für sie fühlst, das arme Mädchen! Hier, nimm meine Börse; ich schenke sie dir um Julias willen.« Diese tröstlichen Worte von den Lippen ihrer gütigen Nebenbuhlerin erfreuten das kummerbeladene Herz der verkleideten Julia.

Doch wir müssen zu dem verbannten Valentin zurückkehren. Er wußte kaum, welchen Weg er einschlagen sollte, denn er fühlte wenig Neigung, nach Hause zu seinem Vater als ein in Ungnade gefallener und verbannter Mann zurückzukehren. Als er durch einen einsamen Wald wanderte, nicht weit entfernt von Mailand, wo er seinen teuren Herzensschatz, die geliebte Silvia, zurückgelassen hatte, wurde er plötzlich von Räubern angefallen, die sein Geld verlangten.

Valentin erzählte den Räubern, daß er ein vom Unglück verfolgter Mann sei, daß er in die Verbannung gehe und daß er kein Geld habe; die Kleider, die er am Leibe trage, seien sein ganzer Reichtum.

Als die Räuber hörten, daß er ein unglücklicher Mann wäre, machten sie, betroffen von seiner edlen Miene und seinem männlichen Benehmen, ihm den Vorschlag, daß, wenn er mit ihnen leben und ihr Hauptmann sein wolle, sie bereit wären, sich unter seinen Befehl zu stellen; wenn er aber ihr Anerbieten ausschlüge, würden sie ihn töten.

Valentin, der sich wenig darum kümmerte, was ihm geschähe, willigte ein, mit ihnen zu leben und ihr Hauptmann zu sein, vorausgesetzt, daß sie keine Gewalttätigkeiten verübten an wehrlosen Frauen oder armen Reisenden.

So war der edle Valentin gleich Robin Hood, von dem noch die Volkslieder erzählen, der Hauptmann von Räubern und Geächteten, und in dieser Lage fand ihn Silvia. Das war aber folgendermaßen zugegangen:

Um der Vermählung mit Thurio zu entgehen, auf welcher ihr Vater noch immer bestand, war Silvia zuletzt zu dem Entschluß gekommen, Valentin nach Mantua zu folgen, denn sie hatte gehört, ihr Geliebter habe dort einen Zufluchtsort gefunden. Aber darin war sie nicht recht

21

unterrichtet; denn er lebte noch immer im Wald unter den Räubern, indem er zwar ihr Hauptmann hieß, aber keinen Anteil an ihren Plünderungen nahm, und das Ansehen, das sie ihm übertragen hatten, in keiner anderen Absicht verwertete, als daß er sie zwang, den von ihnen geplünderten Reisenden Barmherzigkeit zu erweisen.

Silvia hatte den Plan erdacht, aus dem Palast ihres Vaters zu entfliehen mit einem alten würdigen Edelmann namens Eglamour; ihn hatte sie mit sich genommen, um einen Schutz auf der Reise zu haben. Sie mußte durch den Wald kommen, wo Valentin und die Räuber hausten; und einer von diesen Räubern bemächtigte sich Silvias, und er würde auch Eglamour gefangengenommen haben, wenn dieser sich nicht durch die Flucht gerettet hätte.

Der Räuber, welcher Silvia aufgegriffen hatte, bemerkte die Angst, in welcher sie sich befand, aber er hieß sie ruhig sein, denn er werde sie nur in eine Höhle führen, worin sein Hauptmann wohne, und sie habe nichts zu fürchten, denn der Anführer sei ein ehrenwerter Mann und zeige sich gegen wehrlose Frauen immer menschlich. Aber Silvia sah wenig Trost darin, daß sie als Gefangene vor den Hauptmann geächteter Räuber geführt werden solle. »O Valentin«, rief sie schmerzlich aus, »das dulde ich deinethalben.«

Aber als der Räuber sie nach der Höhle seines Hauptmanns geleitete, vertrat ihm plötzlich den Weg Proteus, der auf die Nachricht von Silvias Flucht ihren Spuren bis in diesen Wald gefolgt war. Noch immer war Julia, als Edelknabe verkleidet, sein Diener. Proteus befreite jetzt Silvia aus den Händen des Räubers; aber kaum hatte sie Zeit, ihm für den ihr geleisteten Dienst zu danken, da begann er von neuem sie mit seiner Liebeswerbung zu quälen. Und während er sie heftig drängte, in die Heirat mit ihm ihre Einwilligung zu geben, und sein Edelknabe (die unselige Julia) in großer Angst daneben stand – mußte sie doch fürchten, daß der große Dienst, den Proteus soeben Silvia geleistet hatte, sie bewegen würde, ihm eine Gunst zu erweisen –, wurden sie alle gewaltig überrascht durch das plötzliche Auftreten Valentins, der, auf die Nachricht, daß seine Räuber eine Gefangene gemacht hätten, herbeigeeilt war, sie zu trösten und aufzurichten.

Proteus warb noch immer um Silvias Hand, und er fühlte sich so beschämt, von seinem Freund bei dem Verbrechen ertappt zu sein, daß er urplötzlich von Gewissensbissen und Reue ergriffen wurde; und er gab wegen des Unrechts, das er Valentin getan hatte, einen so lebhaften Schmerz kund, daß Valentin, dessen Natur edel und großmütig war, selbst bis zur Überschwenglichkeit, ihm nicht allein verzieh und ihn wieder wie früher als Freund in sein Herz schloß, sondern auch in plötzlicher Aufwallung seines Heldensinns sagte: »Ich vergebe dir ohne Rückhalt; und alles, was von Silvia mir gehört, das opfere ich dir.« Julia, die in ihrer Verkleidung neben ihrem Herrn stand, hörte dies sonderbare Anerbieten, und da sie fürchtete, Proteus würde, da er erst eben sich selbst wiedergefunden hätte, nicht fähig sein, auf Silvia zu verzichten, so fiel sie in Ohnmacht; und alle waren um sie beschäftigt, sie wieder ins Bewußtsein zurückzurufen. Sonst würde Silvia sich auch sehr verletzt gefühlt haben, so an Proteus verschenkt zu sein, obgleich sie sich wohl kaum vorstellen konnte, daß Valentin sein überschwengliches und allzu großmütiges Freundschaftsanerbieten aufrechterhalten würde. Als Julia sich von ihrer Ohnmacht erholt hatte, sagte sie: »Ich hatte vergessen, daß mein Herr mir befahl, diesen Ring Silvia zu übergeben.« Proteus, einen Blick auf den Ring werfend, sah sofort, daß es derjenige war, den er Julia gegeben hatte als Gegengeschenk für den, welchen er von ihr empfangen und welchen er durch den vermeintlichen Edelknaben an Silvia gesandt hatte. »Ha! was ist das?« rief er; »dies ist Julias Ring, wie kamst du zu dem Ring, Knabe?« Julias

Antwort war: »Julia selbst gab ihn mir, und Julia selbst brachte ihn hierher.«

Proteus blickte sie jetzt aufmerksam an und erkannte zweifellos, daß der Knabe Sebastian kein anderer war als Julia selber; und die Beweise, die sie von ihrer Beständigkeit und treuen Liebe gegeben hatte, waren von so mächtiger Wirkung auf ihn, daß die Liebe für sie sein Herz wieder erfüllte und er seiner eigenen teuren Braut wieder angehörte. Freudig trat er jeden Anspruch an die schöne Silvia an Valentin ab, der sich so sehr um sie verdient gemacht hatte.

Proteus und Valentin waren noch mitten darin, sich gegenseitig des Glücks zu versichern, das sie über ihre Versöhnung und über die Hingebung ihrer treuen Geliebten empfanden, da wurden sie überrascht durch den Anblick des Herzogs von Mailand und Thurios, die zur Verfolgung Silvias hierhergekommen waren.

Thurio näherte sich zuerst und versuchte Silvia zu ergreifen, indem er rief: »Silvia ist mein.« Da fuhr aber Valentin in feuriger Erregung auf ihn los: »Thurio, zurück! Sagt Ihr noch einmal, Silvia sei Euer, so sollt Ihr Euren Tod sofort umarmen! Hier steht sie, wagt nur, sie anzurühren! Wagt nur, sie anzuatmen, die ich liebe!« Als Thurio, der ein großer Feigling war, diese Drohung vernahm, zog er sich zurück mit dem Worte, er frage nicht nach ihr und nur ein Tor würde sein Leben wagen für ein Mädchen, das ihn nicht liebe.

Der Herzog, welcher selbst ein tapferer Mann war, sagte jetzt in großem Zorn: »Desto niederträchtiger und elender ist es von Euch, solche Mittel um ihren Besitz aufzuwenden, wie Ihr getan habt, und dann sie so leichten Kaufs zu lassen.« Darauf sich an Valentin wendend, sprach er: »Mich freut, Valentin, dein edler Zorn, du wärst der Liebe einer Kaiserin würdig. Nimm deine Silvia, du hast sie verdient.« Valentin küßte darauf demütig dem Herzog die Hand und empfing mit geziemendem Dank das herrliche Geschenk, das er ihm mit seiner Tochter gemacht hatte. Zugleich benutzte er diesen freudigen Augenblick, den gutgelaunten Herzog anzuflehen, er möge die Räuber, mit denen er sich im Walde verbunden habe, begnadigen. Er versicherte, wenn sie gebessert und der Gesellschaft zurückgegeben wären, würde sich unter ihnen mancher treffliche Mann finden, der für große Dienste wohl geeignet wäre; denn die meisten unter ihnen seien ebenso wie Valentin mehr wegen staatsbürgerlicher Vergehungen verbannt, als daß sie gemeiner Verbrechen schuldig gewesen seien. Dem stimmte der Herzog bereitwillig bei; und jetzt blieb nur noch übrig, daß dem Proteus, dem falschen Freunde, als Strafe für seine Liebessünden bestimmt wurde, der Erzählung von der ganzen Geschichte seiner Liebesabenteuer und seiner Treulosigkeiten in Gegenwart des Herzogs beizuwohnen. Und die Scham über die erzählten Dinge wurde als genügende Strafe für sein erwachtes Gewissen angesehen. Hierauf kehrten die Liebespaare nach Mailand zurück, und ihre Hochzeit wurde in Gegenwart des Herzogs mit großem Gepränge und vielen Festlichkeiten gefeiert.

Der Widerspenstigen Zähmung

Katharina, die Widerspenstige, war die älteste Tochter Baptistas, eines reichen Edelmannes in Padua. Sie war eine Jungfrau von so unlenksamem Geist und so hitziger Gemütsart, und ihre Zunge war zu so lautem Widerspruch geneigt, daß sie in Padua nur bekannt war unter dem Namen »Katharina, die Widerspenstige«. Es war höchst unwahrscheinlich, ja es schien in der Tat unmöglich, daß sich je ein Mann finden würde, der es wagte, dieses Mädchen zu heiraten, und deswegen tadelte man Baptista sehr, daß er zögerte, seine Zustimmung zu geben zu vielen glänzenden Anträgen, die ihrer liebenswürdigen Schwester Bianca gemacht wurden; denn er wies alle Bewerber Biancas mit der Entschuldigung ab, daß, wenn er erst die ältere Schwester in Ehren los wäre, sie dann volle Freiheit haben sollten, sich an die junge Bianca zu wenden.

Es ereignete sich trotzdem, daß ein Edelmann namens Petruchio nach Padua kam, in der Absicht, sich nach einer Gemahlin umzusehen, und daß dieser, durchaus nicht entmutigt durch jene Berichte von Katharinas Gemütsart, auf die Kunde von ihrem Reichtum und ihrer Schönheit sich rasch entschloß, diesen vielbesprochenen Widerspruchsgeist zu heiraten und Katharina so zu zähmen, daß sie ein sanftes und verträgliches Weib würde. Und sicherlich war keiner so geeignet, mit dieser Herkulesarbeit fertig zu werden, wie Petruchio; denn er besaß einen ebenso stolzen Geist wie Katharina, und er war ein witziger und überaus glücklich angelegter Mann von heiterster Laune, außerdem aber so klug und von so treffendem Urteil, daß er sich wohl darauf verstand, sich leidenschaftlich und höchst aufgeregt zu stellen, während er innerlich so ruhig war, daß er selbst lustig hätte lachen können über seinen eigenen vorgeblichen Zorn, denn seine natürliche Gemütsart war sorglos und behaglich-zufrieden. Die ungestüm polternde Weise, die er annahm, als er Katharinas Gatte wurde, war nur aus Scherz hervorgegangen oder, wenn man es richtiger ausdrückt, aus Verstellung, die ihm sein überaus kluger Verstand eingab, denn er sah darin das einzige Mittel, das leidenschaftliche Gebaren der heftigen Katharina in ihrer eigenen Art zu übertrumpfen.

Als Freier also kam Petruchio zu Katharina der Widerspenstigen, und vor allem wandte er sich zuerst an Baptista, ihren Vater, und er bat um die Erlaubnis, werben zu dürfen um seine liebenswürdige Tochter Katharina, wie Petruchio sie nannte; er sagte mit mutwilligem Scherz, daß er gehört habe von ihrer Schüchternheit und Bescheidenheit und ihrem sanften Benehmen und daß er deshalb von Verona gekommen sei, um ihre Liebe zu werben. Ihr Vater wünschte zwar, sie verheiratet zu sehen, fühlte sich aber doch zu dem Bekenntnis gezwungen, daß Katharina der von ihm entworfenen Zeichnung übel entsprechen würde. Denn bald trat deutlich hervor, aus welcher Art von Liebenswürdigkeit sie bestand: Ihr Musiklehrer stürmte ins Zimmer, um sich zu beklagen, daß die liebenswürdige Katharina, seine Schülerin, mit der Laute seinen Kopf zerschlagen habe, weil er sich erkühnt, in ihrer musikalischen Leistung Fehler zu finden. Als das Petruchio hörte, sprach er: »Das ist ein Prachtmädel; ich liebe sie mehr als je und sehne mich danach, ein bißchen mit ihr zu plaudern«; und um den alten Mann zu einer bestimmten Antwort zu drängen, fügte er hinzu: »Mein Geschäft hat Eile, Signor Baptista, ich kann nicht jeden Tag als Freier kommen. Ihr kanntet meinen Vater. Er ist tot und hat mich als Erben aller seiner Ländereien und Güter hinterlassen. Also sagt mir: Wenn ich Eurer Tochter Liebe gewinne, welch eine Mitgift bringt sie mir ins Haus?« Baptista dachte, dies Auftreten sei ein bißchen derb für einen Freier; aber da er froh war, Katharina verheiratet zu sehen, gab er zur Antwort, daß er ihr zwanzigtausend Kronen zur Ausstattung und bei seinem Tode die Hälfte seines Vermögens geben würde. So fand dieser wunderliche Handel bald beiderseitige Zustimmung, und Baptista ging hin, seine widerspenstige Tochter von der Bewerbung ihres Liebhabers in Kenntnis zu setzen, und schickte sie hinein zu Petruchio, um sein Gesuch anzuhören.

Inzwischen überlegte Petruchio bei sich, auf welche Weise seine Bewerbung anzustellen sei; und er sagte: »Wenn sie kommt, will ich etwas feurig sie freien. Wenn sie mit mir zankt, ei, da will ich ihr sagen, daß sie süß und lieblich singt wie die Nachtigall; und wenn sie düster blickt, da wird es heißen, sie schaue so klar wie Morgenrosen, frisch vom Tau gewaschen. Und bleibt sie stumm und spricht kein einzig Wort, so preise ich die Beredsamkeit ihrer Zunge; sagt sie, ich solle mich packen, danke ich ihr, als bäte sie mich, wochenlang zu bleiben.« Jetzt trat die stattliche Katharina herein, und Petruchio redete sie zuerst an mit den Worten: »Guten Morgen, Käthe, denn so heißt Ihr, höre ich.« Katharina gefiel diese vertrauliche Begrüßung nicht, und so etwas von oben herab sagte sie: »Wer zu mir spricht, nennt sonst mich Katharina.« – »Ihr lügt«, erwiderte der Freier, »denn Ihr werdet schlechtweg Käthe genannt und schmucke Käthe und zuweilen auch Käthe die Widerspenstige; aber Käthe, Ihr seid die niedlichste Käthe der ganzen Christenheit, und darum, Käthe, weil ich Eure Sanftmut in jeder Stadt preisen höre, bin ich gekommen, um Euch zu werben.«

Das war denn eine recht sonderbare Weise zu freien. Sie bewies ihm in lauten und zornigen Ausdrücken, mit wel-

chem Recht sie den Beinamen der Widerspenstigen bekommen hatte, während er noch immer ihre süßen und
höflichen Worte pries. Endlich, da er ihren Vater kommen
hörte, sagte er in der Absicht, so schnell wie möglich seine
Werbung zustande zu bringen: »Süße Katharina, laß uns
dies unnütze Geplauder abbrechen, denn dein Vater hat
eingewilligt, daß du mein Weib werden sollst; deine Mitgift ist fest bestimmt, und ob du nun willst oder nicht, ich
werde dich heiraten.«

Und als nun Baptista eintrat, erzählte Petruchio ihm,
seine Tochter hätte ihn gütig aufgenommen und sie hätte
versprochen, sich nächsten Sonntag mit ihm zu verheiraten. Das bestritt Katharina; sie sagte, sie wolle lieber ihn
am Sonntag gehängt sehen, und ihrem Vater machte sie
Vorwürfe, daß er ihre Vermählung mit solchem halbtollen
Grobian wie Petruchio gewünscht habe. Petruchio jedoch
bat ihren Vater, ihre zornigen Worte nicht zu beachten,
denn sie seien übereingekommen, daß sie in seiner Gegenwart noch etwas widerspenstig scheinen solle, aber als sie
allein gewesen wären, da hätte er sie höchst zärtlich und
liebevoll gefunden; und er sagte zu ihr: »Gib mir deine
Hand, Käthe; ich reise nach Venedig, um dir für unseren
Hochzeitstag einen schönen Brautstaat zu kaufen. Bereitet das Fest vor, lieber Vater, und bittet die Hochzeitsgäste.
Ich stehe dafür ein, daß ich Ringe, hübschen Schmuck und
reiche Kleider mitbringe, damit meine Katharina möglichst
schön aussehe. Und nun küsse mich, Käthe, denn Sonntag
wollen wir Hochzeit halten.«

Am Sonntag waren alle Hochzeitsgäste versammelt, aber
sie warteten lange, bis Petruchio kam, und Katharina
weinte vor Ärger bei dem Gedanken, daß Petruchio bloß
einen Spaß mit ihr habe treiben wollen. Endlich indessen
erschien er, aber er brachte nichts von dem Brautschmuck
mit, den er Katharina versprochen hatte. Auch war er selber nicht wie ein Bräutigam gekleidet, sondern er trat auf

in einem sonderbaren, unordentlichen Anzug, als ob er vorhätte, sich einen Scherz zu machen aus der ernsten Handlung, um deren willen er gekommen war; und sein Diener und selbst die Pferde, auf denen sie geritten waren, befanden sich in gleicher Art in einem elenden und seltsamen Aufzug.

Man konnte Petruchio nicht dahin bringen, seine Kleider zu wechseln; er sagte, Katharina solle sich ja mit ihm verheiraten und nicht mit seinem Anzug; und da man sah, daß es vergeblich war, mit ihm zu streiten, so ging man nach der Kirche. Doch verharrte er noch immer in derselben verrückten Art. Denn als der Priester Petruchio fragte, ob er Katharina zum Weib haben wolle, beschwor er das mit so lauter Stimme, daß der Priester ganz erschrocken sein Buch fallen ließ, und als er sich bückte, um es aufzunehmen, gab ihm der hirntolle Bräutigam einen solchen Stoß, daß der Priester niederfiel und sein Buch zum zweiten Mal. Und die ganze Zeit während der Trauung stampfte er mit dem Fuß und fluchte, so daß die sonst so stolze Katharina vor Angst zitterte. Und als die Feierlichkeit vorüber war, sie sich aber noch in der Kirche befanden, rief er nach Wein und trank der Gesellschaft laut eine Gesundheit zu und warf einen Schluck, der noch am Grunde des Glases war, dem Küster ins Gesicht, indem er für dies seltsame Gebaren keinen anderen Grund angab, als daß der Bart des Küsters dünn und hungrig aussähe und um den Schluck zu betteln schiene während seines Trinkens. Sicherlich gab es nie eine so tolle Hochzeit; aber Petruchio gab sich nur den Anschein dieser Verrücktheit, um desto besseren Erfolg zu haben in seinem Plane, sein widerspenstiges Weib zu zähmen.

Baptista hatte für ein köstliches Hochzeitsmahl gesorgt; aber als sie von der Kirche zurückgekehrt waren, machte Petruchio sein Recht auf Katharina geltend und erklärte seinen Willen, augenblicklich sein Weib nach Hause zu führen. Und keine Vorstellungen seines Schwiegervaters, keine zornigen Worte der erbosten Katharina konnten ihn in seinem Vorsatz wankend machen: Er nahm des Ehemannes Recht in Anspruch, über sein Weib nach Gefallen zu verfügen, und flugs brach er mit Katharina auf. Er schien so unternehmend und entschlossen, daß niemand den Versuch wagte, ihn aufzuhalten.

Petruchio ließ sein Weib ein elendes, mageres und hageres Pferd besteigen, das er für diesen Zweck auserlesen hatte; er selbst und sein Diener ritten nicht besser. Sie reisten auf holperigen und kotigen Wegen; und jedesmal, wenn Katharinas Pferd stolperte, wetterte und fluchte er auf den armen abgetriebenen Gaul, der unter seiner Last nur kaum fortkriechen konnte; er tat, als wäre er der leidenschaftlichste Mann, den es geben könnte.

Endlich, nach einer ermüdenden Tagereise, auf welcher Katharina nichts anderes gehört hatte als das wilde Toben Petruchios gegen die Diener und die Pferde, langten sie bei seiner Wohnung an. Petruchio bewillkommnete sie zärtlich in ihrem Heim, aber er beschloß, sie solle diese Nacht weder Ruhe noch Essen haben. Die Tische waren gedeckt und bald auch die Abendmahlzeit aufgetragen; aber Petruchio tat, als ob er an jedem Gericht etwas zu tadeln fände, warf die Speisen auf den Fußboden umher und befahl den Dienern, sie wegzuräumen. Und alles dies tat er, wie er sagte, aus Liebe für seine Katharina: sie sollte nichts essen, das nicht gut angerichtet wäre. Und als sich Katharina hungrig und müde zur Ruhe begab, fand er ebenso am Bett allerlei auszusetzen und warf die Kissen und Bettücher im Zimmer umher, so daß sie gezwungen war, sich in einen Stuhl zu setzen. Aber auch hier wurde sie, wenn sie einmal einschlummern wollte, augenblicklich geweckt durch die laute Stimme des Herrn Gemahls, der über die Diener wetterte, daß sie seines Weibes Brautbett so schlecht bereitet hätten.

Am nächsten Tage hielt Petruchio dasselbe Verfahren ein: Er sprach noch immer liebevoll mit Katharina, aber als sie zu essen versuchte, fand er an allem, was ihr vorgesetzt wurde, etwas zu tadeln, und warf das Frühstück auf den Fußboden, wie er es mit dem Abendessen gemacht hatte; und Katharina, die stolze Katharina, war froh, die Diener bitten zu können, daß sie heimlich ihr etwas zu essen bringen möchten, aber auf Petruchios Anweisung erwiderten sie, ohne Vorwissen ihres Herrn dürften sie ihr nichts geben. »Ach!« rief sie aus, »wurde ich sein Weib, daß er mich hungern läßt? Bettler, die an meines Vaters Tür kommen, erhalten eine Gabe. Doch ich, die nie gewußt, was Bitten sei, ich sterbe aus Hunger, bin vom Wachen schwindlig, durch Fluchen wach, durch Zanken satt gemacht; und was mich mehr noch kränkt als alles dies, er tut es unterm Schein der zartesten Liebe, behauptet, wenn ich schliefe, wenn ich äße, so würde es augenblicklich tödlich sein.«

Dies Selbstgespräch wurde unterbrochen durch den Eintritt Petruchios. Er hatte, da er ja nicht beabsichtigte, sie ganz verkommen zu lassen, ihr ein kärgliches Mahl gebracht und sagte zu ihr: »Nun, wie geht's meiner süßen Käthe? Hier, Liebste, siehst du, wie zärtlich besorgt ich bin; ich habe dein Essen selbst angerichtet. Ich sollte doch meinen, diese Güte verdiene Dank. Wie, nicht ein Wort? Ach, dann liebst du die Speise nicht, und alle Mühe, die ich mir gegeben habe, ist zwecklos.« Dann befahl er dem Diener, das Gericht wegzunehmen. Der starke Hunger, der den Stolz Katharinas gebeugt hatte, zwang sie zu sagen, wenn auch mit innerlichem Ärger: »Bitte, laß es stehen.« Aber das war noch nicht genug der Demütigung, wozu Petruchio sie zu zwingen beabsichtigte, und er erwiderte: »Der kleinste Dienst wird ja mit Dank bezahlt, und meiner soll's, eh du dir davon nimmst.« Darauf brachte Katharina ein widerstrebendes »Ich danke Euch, Herr« hervor. Und nun gestattete er ihr ein kärgliches Mahl einzunehmen, indem er sagte: »Wohl bekommen möge es deinem lieben Herzen, Käthe; aber iß schnell! Und nun, mein süßes Liebchen, wollen wir zurückkehren in deines Vaters Haus und dort nach Herzenslust schwärmen und prunken mit seidenen Kleidern und Hauben und goldenen Ringen, mit Halskrausen und Schärpen und Fächern und reichem Wechsel von Putz und Schmuck«; und um sie glauben zu machen, daß er wirklich die Absicht habe, ihr diese netten Sachen zu schenken, rief er einen Schneider und einen Putzhändler herein, die einige neue für sie bestellte Kleider brachten. Und indem er dann ihren Teller dem Diener gab zum Wegnehmen, ehe sie nur halb ihren Hunger gestillt hatte, sagte er: »Nicht wahr, du bist satt?« Der Putzhändler sagte bei der Überreichung einer Haube: »Hier ist die Haube, die Eure Gnaden wünschten«; aber darauf fing Petruchio von neuem zu wettern an, indem er sagte, die Haube wäre auf einer Suppenschüssel abgeformt und nicht größer als eine Herzmuschel oder Walnußschale; er befahl dem Putzhändler, sie wegzunehmen und eine größere zu liefern. Katharina sagte: »Ich will diese haben; so tragen feine Damen jetzt die Hauben.« – »Wenn du erst fein bist«, erwiderte Petruchio, »sollst du auch eine haben, aber eher nicht.« Die Speise, die Katharina genossen, hatte den gesunkenen Lebensmut wieder etwas gehoben, und sie sagte: »Wie, Herr? Ich denke, ich habe Erlaubnis zu reden, und ich will reden, denn ich bin kein Kind. Schon bessere Leute denn Ihr haben mich meine Meinung sagen hören, und wenn Ihr es nicht könnt, so tätet Ihr besser die Ohren zu verstopfen.« Petruchio beachtete diese zornigen Worte nicht, denn er hatte glücklicherweise bessere Wege, sein Weib zu behandeln, entdeckt, als an einem strittigen Punkt ihr gegenüber festzuhalten; daher lautete die Antwort: »Nun ja, ganz recht, 's ist eine lumpige Haube; ich habe dich lieb drum, daß sie dir mißfällt.« – »Liebe mich oder liebe mich nicht«, sagte Katharina, »die Haube gefällt mir, und ich will diese Haube oder keine; diese wird mich kleiden.« – »Du wünschest die Kleider zu sehen?« sagte Petruchio, der sich noch immer stellte, als verstünde er sie nicht recht. So trat der Schneider vor und zeigte ihr ein schönes Kleid, das er für sie gemacht hatte. Petruchio, dessen Absicht dahin ging, daß sie weder Haube noch Kleid haben sollte, fand hieran ebenso viel zu tadeln. »Gnade uns der Himmel!« rief er, »was ist das für Zeug! Was? Nennt Ihr dies einen Ärmel? Das gleicht ja einem Vierundzwanzigpfünder, auf und ab gekerbt gleich einem Apfelkuchen.« Der Schneider meinte: »Ihr befahlt mir das Kleid zu machen nach dem neuesten Schnitt der Zeit«, und Katharina sagte, sie habe nie ein so schön gemachtes Kleid gesehen. Dies war genug für Petruchio, und indem er heimlich Auftrag gab, diesen Leuten für ihre Sachen Bezahlung zu geben und ihnen gegenüber die scheinbar wunderliche Behandlung, die er ihnen zuteil werden ließ, zu entschuldigen, trieb er mit grimmigen Worten und wütenden Gebärden den Schneider und den Putzhändler aus dem Zimmer; und dann, sich an Katharina wendend, sprach er: »So, Käthchen, komm; besuchen wir den Vater, so wie wir sind, in unsern schlichten Kleidern.« Und dann ließ er die Pferde vorfahren, mit der Versicherung, sie würden um Mittagszeit Baptistas Haus erreichen, denn es sei jetzt nur sieben Uhr.

Nun war es nicht frühmorgens, sondern genau die Mitte des Tages, als er so sprach; deshalb wagte Katharina, wenngleich sehr bescheiden, denn sie war beinahe schon überwältigt von der Heftigkeit seines Wesens, dagegen einzuwenden: »Herr, ich versichere Euch, es hat zwei geschlagen, und es wird Abendessenszeit sein, bevor wir dort ankommen.« Aber Petruchio meinte, sie müsse, bevor er sie zu ihrem Vater brächte, so völlig zahm geworden sein, daß sie allem, was er sagte, beistimmte; und als ob er Herr der Sonne selber wäre und den Stunden gebieten könnte, erklärte er, ehe er abreise, solle die Stunde geschlagen haben, die ihm gefiele; »denn«, sprach er, »was ich auch immer sagen oder tun mag, du kommst mir immer in die Quere; ich will heute nicht reisen, und wenn ich reise, so soll's die Stunde sein, die ich gesagt.«

Eines anderen Tages sah Katharina sich gezwungen, den Gehorsam, den sie bis dahin noch gar nicht gekannt hatte, zu beweisen. Petruchio wollte ihr nicht gestatten, zu ihrem Vater zu reisen, bevor er ihren stolzen Geist zu so völliger Unterwerfung gebracht hätte, daß sie nicht mehr wagte, sich einfallen zu lassen, daß es ein Wort wie Widerspruch gebe. Und selbst als sie auf ihrer Reise dahin waren, schwebte sie in Gefahr, wieder umkehren zu müssen, bloß weil sie zufällig darauf hinwies, daß die Sonne scheine, während er um Mittag behauptete, es wäre der Mond, der so freundlich herniederstrahle. »Bei meiner Mutter Sohn«, rief er, »Mond soll's sein oder Stern oder was ich will, ehe ich zu deinem Vater weiterreise.« Er tat dann, als ob er wieder umkehren wolle, aber Katharina, nicht länger Katharina die Widerspenstige, sondern das gehorsame Weib, sagte: »Nein, ich bitte, lieber Mann, laß uns vorwärtsgehen, da wir so weit gelangt sind. Sei's Mond und Sonne und was dir nur gefällt, und wenn du willst, magst du's ein Nachtlicht nennen; ich schwöre, es soll für mich dasselbe sein.« Das wollte er erproben, deshalb sprach er wieder: »Ich behaupte, daß es der Mond ist.« – »Ich weiß es, es ist der Mond«, erwiderte Katharina. »Du lügst, es ist die liebe Sonne«, sprach Petruchio. »Dann ist es die liebe Sonne«, entgegnete Katharina; »doch nicht die Sonne, wenn du's anders willst; und wie du's nennen willst, das ist es auch und soll's gewiß für Katharina sein.« Jetzt erlaubte er ihr denn, die Reise fortzusetzen; aber weiter und weiter zu versuchen, ob diese nachgiebige Stimmung andauern würde, wandte er sich an einen alten Herrn, dem sie auf der Straße begegneten, als ob er ein junges Weib wäre, mit den Worten: »Gott grüße Euch, schönes

Mädchen!« und er fragte Katharina, ob sie jemals eine hübschere Jungfrau gesehen hätte. Dabei pries er das Rot und Weiß auf den Wangen des alten Mannes und verglich sein Augenpaar mit zwei strahlenden Sternen, und wiederum redete er ihn an mit den Worten: »Schöne, liebliche Maid, noch einmal guten Morgen!« und zu seiner Gemahlin sprach er: »Umarme sie, süße Käthe, um ihrer Schönheit willen.« Die jetzt völlig besiegte Katharina pflichtete sofort der Meinung ihres Mannes bei und richtete an den alten Herrn in gleicher Art ihre Rede: »Aufblühende Jungfrau, frische Mädchenknospe, wohin des Weges? Wo ist Eure Heimat? Glückselig sind die Eltern eines so schönen Kindes.« – »Nun, Käthe, was soll das?« sagte Petruchio, »ich hoffe, du bist nicht verrückt. Das ist ein Mann, alt, runzlig, welk und grau und nicht ein Mädchen, wie du da behauptest.« Darauf sprach Katharina: »Verzeiht mir, alter Herr, die Sonne hat mein Auge so geblendet, daß alles, drauf ich sehe, grün mir scheint. Nun merke ich erst, Ihr seid ein würdiger Greis; verzeiht mir bitte meinen traurigen Irrtum.« – »Tut's, alter Herr«, sagte Petruchio, »und laßt uns wissen, wohin Ihr reist. Ist es unser Weg, soll die Gesellschaft uns erfreulich sein.« Der alte Mann erwiderte: »Mein werter Herr und schöne muntre Dame, Euer seltsam Grüßen hat mich baß erschreckt. Vincentio heiße ich, gehe nach Padua, will einen Sohn, der dort verweilt, besuchen.« Nun erkannte Petruchio den alten Herrn als Vater Lucentios, eines jungen Edelmanns, der mit Baptistas jüngerer Tochter Bianca vermählt werden sollte; und er machte den alten Vincentio sehr glücklich, indem er ihm von der reichen Heirat erzählte, die sein Sohn im Begriff wäre zu schließen. Und sie reisten fröhlich zusammen, bis sie an Baptistas Haus kamen. Dort war eine große Gesellschaft versammelt, um Biancas und Lucentios Hochzeit zu feiern. Denn Baptista hatte gern seine Zustimmung gegeben zu Biancas Vermählung, als er Katharina glücklich losgeworden war.

Bei ihrem Eintritt bot ihnen Baptista ein Willkommen zum Hochzeitsfest, und es war dort auch noch ein anderes neuvermähltes Paar.

Lucentio, Biancas Gemahl, und Hortensio, der andere Neuvermählte, unterdrückten nicht allerlei fein anspielende Scherze, die hinzudeuten schienen auf die Widerspenstigkeit von Petruchios Gattin; und jene zärtlichen jungen Ehemänner schienen höchlich erbaut von der sanften Gemütsart der von ihnen erkorenen Frauen, während sie über Petruchio wegen seiner weniger glücklichen Wahl spotteten. Petruchio gab wenig acht auf ihre Witze, bis die Damen sich nach Tische zurückgezogen hatten und er dann bemerkte, daß auch Baptista sich dem auf ihn zielenden Gelächter anschloß; denn als Petruchio versicherte, daß sein Weib sich als gehorsamer erweisen würde denn die ihrigen, sagte der Vater Katharinas: »Nun, in vollem Ernst, mein Sohn Petruchio, Ihr habt, fürchte ich, die Widerspenstigste von allen bekommen.« – »Gut«, erwiderte Petruchio, »ich sage nein, und damit ihr euch überzeugt, daß ich die Wahrheit sage, wollen wir jeder nach seiner Gattin senden, und derjenige, dessen Frau die gehorsamste ist, so daß sie zuerst kommt, wenn nach ihr gesandt wird, soll eine Wette gewinnen, die wir hier feststellen.« Dem stimmten die beiden anderen Ehemänner gern zu, denn sie waren vollkommen überzeugt, daß ihre liebenswürdigen Frauen sich als viel gehorsamer erweisen würden denn die halsstarrige Katharina. Und sie schlugen eine Wette von zwanzig Kronen vor, aber Petruchio sagte in lustiger Laune, so viel würde er auf seinen Falken oder Hund verwetten, aber zwanzigmal soviel auf sein Weib. Lucentio und Hortensio erhöhten demnach die Wette auf hundert Kronen, und Lucentio schickte zuerst seinen Diener, um Bianca zu sagen, sie möchte zu ihm kommen. Aber der Diener kehrte zurück und sagte: »Herr, meine Gebieterin läßt Euch sagen, daß sie beschäftigt ist und darum nicht kommen kann.« –

»Wie?« rief Petruchio, »sie läßt sagen, daß sie beschäftigt ist und nicht kommen kann? Ist das eine Antwort für eine Frau?« Da lachten sie über ihn und meinten, er könne zufrieden sein, wenn Katharina ihm nicht einen noch schlimmeren Bescheid schicke. Nun war an Hortensio die Reihe, nach seiner Frau zu senden, und er sagte seinem Diener: »Geh und ersuche meine Gemahlin hierher zu kommen.« – »Oho, sie ersuchen?« rief Petruchio. »Nein, notwendig muß sie kommen.« – »Ich fürchte, Herr«, sagte Hortensio, »Euer Weib wird sich nicht einmal ersuchen lassen.« Aber sofort sah dieser höfliche Gemahl etwas blaß aus, als der Diener ohne seine Gebieterin zurückkehrte; und er sagte zu ihm: »Nun, wo ist mein Weib?« – »Herr«, sagte der Diener, »meine Gebieterin meint, daß Ihr irgendeinen artigen Scherz vorhabt, und deshalb wird sie nicht kommen. Sie bittet Euch, daß Ihr Euch zu ihr bemüht.« – »Schlimmer und schlimmer!« sagte Petruchio; und darauf schickte er seinen Diener mit den Worten: »Bursche, geh zu deiner Herrin, und sage ihr, ich befehle, daß sie zu mir kommt.« Die Gesellschaft hatte kaum Zeit zu denken, daß sie dieser Aufforderung nicht gehorchen würde, da rief Baptista schon ganz erstaunt: »Wahrhaftig, bei meiner Seligkeit! Hier kommt Katharina.« Und sie trat ein und sagte demütig zu Petruchio: »Was wünscht Ihr, Herr, daß Ihr nach mir gesandt habt?« – »Wo ist deine Schwester und Hortensios Frau?« sprach er. Katharina entgegnete: »Da drin am Feuer sitzen sie und schwatzen.« – »Geh, hole sie hierher«, sagte Petruchio. Ohne Widerrede ging Katharina weg, den Befehl ihres Gemahls auszuführen. »Hier ist ein Wunder«, rief Lucentio, »wenn Ihr überhaupt an Wunder glaubt.« – »Jawohl«, sagte Hortensio, »ich staune, was das zu bedeuten hat.« – »Wahrlich, Frieden bedeutet es«, sagte Petruchio, »und Liebe und ruhig Leben und rechtmäßige Herrschaft, kurz, alles, was süß und lieblich ist.« Katharinas Vater, überglücklich, diese Wandlung an seiner Tochter zu sehen, rief: »Nun, aller Segen über dich, mein Sohn Petruchio! Du hast die Wette gewonnen, und ich will andere zwanzigtausend Kronen zu ihrer Mitgift hinzufügen, als wenn sie eine andere Tochter wäre; denn sie ist so verwandelt, als ob sie vorher gar nicht dagewesen wäre.« – »Ja«, sagte Petruchio, »ich will die Wette besser noch gewinnen, ihr sollt mehr Zeichen von Gehorsam sehen, der neuerworbenen Tugend.« Als nun Katharina mit den beiden anderen jungen Frauen eintrat, fuhr er fort: »Nun seht, sie kommt und bringt die trotzigen Weiber, Gefangene weiblicher Beredsamkeit. Die Haube, Katharina, steht dir nicht; fort mit dem Plunder! Tritt sie gleich mit Füßen.« Katharina nahm sofort die Haube herunter und warf sie zu Boden. »Gott«, sagte Hortensios Weib, »möge ich nimmer Ursache zum Kummer haben, bis ich so albern mich betragen werde!« Und Bianca gleichfalls sagte: »Pfui! das ist ja ein läppischer Gehorsam!« worauf Biancas Gatte zu ihr sprach: »Ei! wäre dein Gehorsam nur so läppisch. Deines Gehorsams Weisheit, schöne Bianca, bringt mich um hundert Kronen seit der Mahlzeit.« – »Um so kindischer du«, sagte Bianca, »auf meinen Gehorsam zu wetten.« – »Katharina«, sagte Petruchio, »erklären sollst du den starrköpfigen Weibern, was sie für Pflicht dem Herrn und Ehemann schulden.« Und zur Bewunderung aller Anwesenden sprach die umgewandelte »Widerspenstige« ebenso beredt zum Preise des weiblichen Gehorsams, als sie vorher diesen stillschweigend ausgeübt hatte durch ihre Bereitwilligkeit und Unterwerfung unter Petruchios Willen. Und Katharina wurde noch einmal berühmt in Padua, nicht wie vorher als Katharina die Widerspenstige, sondern als Katharina, das gehorsamste und pflichttreueste Weib in Padua.

Die Komödie der Irrungen

Als die Städte Syrakus und Ephesus in schwerem Hader miteinander lagen, wurde in Ephesus ein grausames Gesetz erlassen, demzufolge jeder Kaufmann von Syrakus, der in der Stadt Ephesus angetroffen würde, hingerichtet werden sollte, wenn er nicht fünfhundert Pfund Silber als Lösegeld für sein Leben zahlen könne.

Ägeon, ein alter Kaufmann von Syrakus, wurde in den Straßen von Ephesus aufgegriffen und vor den Herzog geschleppt, um entweder das schwere Strafgeld zu zahlen oder sein Todesurteil zu empfangen.

Ägeon hatte kein Geld, die Strafe zu zahlen. Der Herzog sprach, bevor er das Todesurteil über ihn verhängte, den Wunsch aus, er möchte die Geschichte seines Lebens berichten und erzählen, warum er eigentlich gewagt habe, die Stadt Ephesus aufzusuchen, die zu betreten für jeden Syrakusaner den Tod nach sich zöge.

Ägeon sagte, daß er den Tod nicht fürchte, denn Sorge und Gram hätten ihn seines Lebens überdrüssig gemacht, aber eine härtere Aufgabe hätte ihm nicht auferlegt werden können, als die Ereignisse seines unglückseligen Lebens zu berichten. Darauf begann er also seine Geschichte:

»Ich wurde in Syrakus geboren und zum Kaufmannsgewerbe erzogen. Ich heiratete ein Weib, mit dem ich sehr glücklich lebte; aber da ich genötigt war, nach Epidamnium zu reisen, wurde ich dort durch mein Geschäft sechs Monate aufgehalten, und da ich alsdann sah, daß ich genötigt sein würde, noch einige Zeit länger zu verweilen, sandte ich Botschaft an mein Weib, mir nachzureisen. Aber kaum war sie angekommen, als sie von zwei Söhnen entbunden wurde, und sonderbarerweise waren diese beiden einander so auffallend ähnlich, daß es unmöglich war, sie voneinander zu unterscheiden. Zu derselben Zeit, als mein Weib mit diesen beiden Zwillingsknaben niederkam, wurde eine dürftige Frau in dem Wirtshause, in welchem mein Weib Herberge hatte, von zwei Knaben entbunden, und diese Zwillinge waren einander ebenso ähnlich, wie meine beiden Söhne waren. Da die Eltern dieser Kinder außerordentlich arm waren, kaufte ich die beiden Knaben und zog sie auf zum Dienste meiner Söhne.

Meine Söhne waren sehr hübsche Kinder, und mein Weib war nicht wenig stolz auf zwei solche Knaben; und da sie täglich den Wunsch aussprach, nach Hause zurückzukehren, so gab ich endlich, wenn auch ungern, meine Einwilligung. In einer unheilvollen Stunde schifften wir uns ein; denn wir waren noch nicht über eine Meile von Epidamnium gesegelt, als sich ein fürchterlicher Sturm erhob, der mit solcher Heftigkeit anhielt, daß die Schiffer, als sie keine Möglichkeit mehr sahen, das Fahrzeug zu retten, sich in dem Boot zusammendrängten, um ihr eigenes Leben zu retten. Uns ließen sie allein im Schiff, dessen Zerstörung durch die Wut des Sturmes wir jeden Augenblick erwarten mußten.

Das unaufhörliche Weinen meiner Gattin und das klägliche Geschrei der hübschen Bübchen, die, nicht ahnend, was zu fürchten wäre, nur zur Gesellschaft mitweinten, weil sie ihre Mutter weinen sahen, erfüllte mich mit Angst für sie, obgleich ich nicht für mich selbst den Tod fürchtete; und alle meine Gedanken waren darauf gerichtet, Mittel für ihre Rettung zu ersinnen. Ich band meinen jüngsten Sohn an das Ende eines kleinen Notmastes, wie ihn die Seefahrer mitnehmen für den Fall von Stürmen; an das andere Ende band ich den jüngeren der Zwillingssklaven, und gleichzeitig gab ich meiner Gattin Anweisung, wie sie die beiden anderen Kinder in gleicher Art an einen anderen Mast binden sollte. Indem sie also die Sorge für die beiden älteren Kinder hatte und ich für die beiden jüngeren, banden wir uns selbst jeder für sich an diese Masten mit den Kindern; und ohne diese Vorkehrung wären wir alle verloren gewesen, denn das Schiff barst an einem mächtigen Felsen und wurde zertrümmert, und wir, an diese schmalen Masten uns klammernd, wurden über dem Wasser gehalten. Da ich für die beiden Kinder zu sorgen hatte, war ich unfähig, meiner Gattin beizustehen, die mit den beiden anderen Kindern bald von mir getrennt wurde. Aber während sie noch mir in Sicht waren, wurden sie von einem Fischerboot von Korinth, wie ich annahm, aufgenommen, und da ich sie in Sicherheit sah, hatte ich nur noch mit den wilden Wogen zu kämpfen, um meinen teuren Sohn und den jüngeren Sklaven zu retten. Endlich wurden auch wir von einem Fahrzeug aufgenommen, und da die Schiffer mich kannten, boten sie uns ein gütiges Willkommen und Beistand und landeten uns wohlbehalten in Syrakus; aber seit jener schlimmen Stunde habe ich nie erfahren, was aus meinem Weib und meinem älteren Kind geworden ist.

Meinen jüngeren Sohn, jetzt meine einzige Sorge, befiel im Alter von achtzehn Jahren heiße Sehnsucht nach seiner Mutter und seinem Bruder, und oft bestürmte er mich, daß er mit seinem Diener, dem jungen Sklaven, der auch seinen Bruder verloren hatte, ausziehen dürfe, sie zu finden; endlich gab ich, obwohl ungern, meine Einwilligung, denn obgleich ich ängstlich wünschte, Nachrichten von meinem Weib und meinem ältesten Sohn zu hören, so lief ich doch, wenn ich den jüngeren aussandte, sie zu finden, die schwere Gefahr, auch ihn zu verlieren. Es sind nun sieben Jahre, seit mein Sohn mich verlassen hat. Fünf Jahre bin ich jetzt durch die Welt gereist, ihn zu suchen. Ich bin im äußersten Griechenland gewesen und durch die Länder Asiens gezogen, und indem ich auf der Heimfahrt längs der Küste segelte, landete ich hier in Ephesus, da ich keinen Ort, der Menschen beherbergt, ununtersucht lassen wollte. Aber dieser Tag muß die Geschichte meines Lebens endigen, und glücklich würde ich mich noch im Tode schätzen, wenn ich versichert wäre, daß mein Weib und meine Söhne lebten.«

Hier beendigte der unglückliche Ägeon die Erzählung von seinem Mißgeschick; und der Herzog, voll von Mitleid mit dem armen Vater, der sich in diese große Gefahr begeben hatte aus Liebe zu seinem verlorenen Sohn, sagte, er würde ihm rückhaltlos verzeihen, wenn es nicht wider die Gesetze wäre, die zu ändern sein Eid und seine Würde nicht erlaubten; aber anstatt ihn zu augenblicklichem Tode zu verurteilen, wie der Buchstabe des Gesetzes es verlangte, wolle er ihm noch diesen Tag gönnen, um zu versuchen, ob er Geld erbitten oder borgen könne, um die Buße zu zahlen.

Diese Gnadenfrist schien keine große Gunst für Ägeon zu sein, denn da er niemanden in Ephesus kannte, schien die Aussicht nur gering zu sein, daß ein Fremder ihm fünfhundert Pfund Silber leihen oder schenken würde zur Zahlung seiner Buße; und hilflos und ohne Hoffnung auf irgendeine Unterstützung nahm er Abschied vom Herzog unter Obhut eines Schließers.

Ägeon meinte, er kenne niemanden in Ephesus, aber gerade zu derselben Zeit, da er in Gefahr stand, sein Leben zu verlieren infolge der sorgfältigen Nachforschung, die er nach seinem jüngeren Sohn anstellte, waren dieser Sohn und auch sein älterer beide zu Ephesus.

Ägeons Söhne glichen einander genau nicht nur an Gesichtszügen und Gestalt, sondern trugen auch beide denselben Namen, indem sie Antipholus hießen, und die Zwillingssklaven hießen auch beide Dromio. Ägeons jüngerer Sohn, Antipholus von Syrakus, derjenige, den zu suchen der alte Mann nach Ephesus gekommen war, kam zufällig mit seinem Sklaven Dromio in Ephesus an demselben Tag an wie Ägeon, und da er auch ein Kaufmann von Syrakus war, würde er in derselben Gefahr wie sein Vater geschwebt haben; aber glücklicherweise traf er einen Freund, der ihm von der Todesnot des alten Kaufmanns von Syrakus erzählte und ihm riet, sich für einen Kaufmann von Epidamnium auszugeben. Antipholus willigte gern ein, dies zu tun, und er war nur bekümmert zu hören, daß einer von seinen eigenen Landsleuten in dieser Gefahr schwebte, aber es fiel ihm nicht entfernt ein, daß der alte Kaufmann sein eigener Vater sei.

Der ältere Sohn Ägeons (der Antipholus von Ephesus heißen muß, zur Unterscheidung von seinem Bruder Antipholus von Syrakus) hatte zwanzig Jahre in Ephesus gelebt, und da er ein reicher Mann war, wäre er wohl imstande gewesen, das Lösegeld für seines Vaters Leben zu bezahlen; aber Antipholus wußte nichts von seinem Vater, da er, als ihn die Fischer mit seiner Mutter aus der See gezogen hatten, so jung gewesen war, daß er sich bloß dieser Art der Rettung erinnerte, aber er entsann sich weder seines Vaters noch seiner Mutter. Denn die Fischer, welche diesen Antipholus und seine Mutter und den jungen Sklaven Dromio retteten, hatten die beiden Kinder zum großen Kummer dieser unglücklichen Frau von ihr getrennt, um sie als Sklaven zu verkaufen.

Antipholus und Dromio hatten sie verkauft an den Herzog Menaphon, einen berühmten Krieger, der ein Oheim des Herzogs von Ephesus war, und er hatte die Knaben nach Ephesus gebracht, als er den Herzog, seinen Neffen, besuchte.

Der Herzog von Ephesus faßte große Vorliebe für den jungen Antipholus, als er herangewachsen war, und machte ihn zum Hauptmann in seinem Heer, in welchem er sich durch große kriegerische Tapferkeit auszeichnete. Einmal hatte er sogar seinem Gönner, dem Herzog, das Leben gerettet und dieser sein Verdienst belohnt durch seine Vermählung mit Adriana, einer reichen Jungfrau aus Ephesus; mit derselben war er noch verheiratet, und sein Sklave Dromio war noch sein Diener zu der Zeit, da sein Vater hierherkam.

Als Antipholus von Syrakus von seinem Freunde, der ihm riet zu sagen, er käme von Epidamnium, sich verabschiedet hatte, gab er seinem Sklaven Dromio einen Beutel voll Geld, um ihn in das Wirtshaus zu tragen, wo er zu Mittag zu essen beabsichtigte, und in der Zwischenzeit, sagte er, wolle er umhergehen und sich die Stadt besehen und über die Art der Leute Beobachtungen anstellen.

Dromio war ein lustiger Bursche, und wenn Antipholus durch Schwermut oder Kummer verstimmt war, pflegte er sich aufzuheitern an der seltenen guten Laune und dem munteren Witz seines Sklaven, so daß die Sprache, die er Dromio gestattete, freier war, als es sonst gewöhnlich Dienern erlaubt ist ihren Herren gegenüber.

Als Antipholus von Syrakus Dromio weggeschickt hatte, sann er eine Weile stillstehend über die einsamen Wanderungen nach, die er unternommen hatte, während er seine Mutter und seinen Bruder suchte: nirgends, wo er gelandet, hatte er auch nur die geringsten Nachrichten von ihnen gehört, und sorgenvoll sagte er zu sich selber: »Ich gleiche einem Tropfen im Ozean, der einen anderen Tropfen zu finden sucht und sich selbst in der weiten See verliert. So verliere ich mich unseligerweise, indem ich Mutter und Bruder suche.«

Während er so nachdachte über die ermüdenden Reisen, die bisher so nutzlos gewesen waren, kehrte (wie er meinte) Dromio zurück. Antipholus wunderte sich, daß er so bald wiederkehrte, und fragte ihn, wo er den Beutel voll Geld gelassen habe. Nun aber war es nicht sein eigener Dromio, mit dem er sprach, sondern der Zwillingsbruder, der bei Antipholus von Ephesus lebte. Die beiden Dromio und die beiden Antipholus waren einander noch immer so ähnlich, wie nach Ägeons Wort sie in ihrer Kindheit gewesen waren; kein Wunder also, daß Antipholus meinte, sein eigener Sklave wäre zurückgekehrt, und ihn fragte, wie es komme, daß er so bald wiederkehre. Dromio erwiderte: »Meine Herrin sandte mich, um Euch zu bitten, daß Ihr zum Mittagessen kämet. Der Kapaun brennt an, und das Ferkel fällt vom Spieß, und die Gerichte werden alle kalt, wenn Ihr nicht nach Hause kommt.« – »Diese Scherze sind sehr unpassend«, sagte Antipholus; »wo ließest du den Beutel?« Da Dromio immer noch antwortete, daß seine Herrin ihn ausgesandt hätte, um Antipholus zum Mittagessen zu holen, fragte Antipholus: »Welche Herrin?« – »Nun«, erwiderte Dromio, »Euer Hochwürden Gemahlin, Herr.« Da Antipholus unverheiratet war, so wurde er sehr zornig auf Dromio und sagte: »Weil ich zuweilen vertraulich mit dir plaudere, nimmst du dir heraus, in dieser freien Weise mit mir zu scherzen. Mir ist jetzt gar nicht spaßig zumute; wo ist das Geld? Da wir hier fremd sind, wie darfst du da einen so großen Auftrag außer acht lassen?« Als Dromio seinen vermeintlichen Herrn sagen hörte, daß sie Fremde seien, glaubte er, daß Antipholus scherze, und erwiderte lustig: »Ich bitte Euch, Herr, zu scherzen, wenn Ihr beim Mahle sitzt; ich habe keinen Auftrag, als Euch nach Hause zu holen, um mit meiner Herrin und ihrer Schwester zu Mittag zu essen.« Nun verlor Antipholus alle Geduld, und er schlug Dromio, der nach Hause rannte und seiner Herrin erzählte, daß sein Gebieter sich geweigert habe, zum Mittagessen zu kommen, und daß er gesagt, er sei unverheiratet.

Adriana, die Gattin des Antipholus von Ephesus, wurde sehr ärgerlich, als sie hörte, ihr Mann habe gesagt, er sei unverheiratet; denn sie war von eifersüchtiger Gemütsart, und so glaubte sie, ihr Mann wolle damit sagen, seine Liebe gehöre einer anderen mehr als ihr. Und sie begann sich heftig aufzuregen und sprach unfreundliche Worte der Eifersucht und des Vorwurfs über ihren Gatten; und ihre Schwester Luciana, die in ihrem Hause wohnte, versuchte umsonst, den grundlosen Verdacht ihr auszureden.

Antipholus von Syrakus kam in das Wirtshaus und fand hier Dromio mit dem Geld in Sicherheit, und da er seinen eigenen Dromio sah, war er gerade im Begriff, ihn wieder zu schelten wegen seiner frechen Scherze, als Adriana auf ihn zutrat; und da sie nicht zweifelte, daß sie ihren Mann sah, so begann sie ihm Vorwürfe zu machen, daß er so fremd auf sie blicke (wie es ja ganz natürlich war, da er nie zuvor diese aufgeregte Frau gesehen hatte), und dann sprach sie ihm davon, wie sehr er sie geliebt habe vor ihrer Verheiratung und daß er nun einer anderen an ihrer Statt seine Liebe zuwende. »Wie kommt's denn jetzt, mein Gatte«, sagte sie, »o wie kommt's, daß ich deine Liebe verloren habe?« – »Gilt mir das, schöne Frau?« erwiderte höchlich erstaunt Antipholus. Vergebens sagte er ihr, er wäre nicht ihr Mann und er wäre erst zwei Stunden in Ephesus gewesen; sie bestand darauf, daß er mit ihr nach Hause gehe, und da Antipholus nicht imstande war loszukommen, ging er am Ende mit ihr in seines Bruders Haus und speiste mit Adriana und ihrer Schwester. Die eine nannte ihn ihren Mann und die andere ihren Schwager, er aber dachte verdutzt, er müsse mit ihr im Schlaf verheiratet sein oder er träume noch. Und Dromio, der ihm gefolgt war, fühlte sich nicht weniger überrascht; denn die Küchenmagd, welche die Braut seines Bruders war, machte nicht minder Anspruch auf ihn, als ob er ihr Bräutigam sei.

Während Antipholus von Syrakus mit seines Bruders Gattin zu Tische saß, kehrte sein Bruder, der wirkliche Gatte, nach Hause zum Mittagessen zurück mit seinem Sklaven Dromio. Aber die Diener wollten nicht die Tür öffnen, weil ihre Herrin ihnen befohlen hatte, niemanden einzulassen. Und als sie ihr Klopfen wiederholten und sagten, sie seien Antipholus und Dromio, lachten die Mägde sie aus und sagten, Antipholus säße zu Tische mit ihrer Herrin, und Dromio wäre in der Küche. Und obgleich sie mit ihrem Klopfen die Tür fast einschlugen, konnten sie doch nicht Einlaß erhalten, und schließlich ging Antipholus sehr zornig weg; er war natürlich im höchsten Grade erstaunt zu hören, daß ein Herr mit seiner Gattin zu Tisch sitze.

Als Antipholus von Syrakus seine Mahlzeit beendet hatte, bestand die Frau noch immer darauf, ihn ihren Mann zu nennen, und er hörte zugleich, daß die Küchenmagd auf Dromio denselben Anspruch erhoben habe. Dadurch wurde er so verwirrt und bestürzt, daß er, sobald er nur einen Vorwand finden konnte, sich davon zu machen, das Haus verließ. Denn obgleich ihm Luciana, die Schwester, außerordentlich gefiel, so mochte er doch die eifersüchtige Adriana ganz und gar nicht leiden; auch war Dromio ebenso wenig entzückt von seiner dicken Braut in der Küche. Deshalb waren Herr und Diener froh, so schnell wie möglich von den Frauen, die Anspruch auf sie machten, loszukommen.

In dem Augenblick, da Antipholus von Syrakus das Haus verlassen hatte, begegnete ihm ein Goldschmied, der, ebenso wie Adriana ihn irrtümlich für Antipholus von Ephesus nehmend, ihm eine goldene Kette gab, indem er ihn mit seinem Namen anrief; und als Antipholus die Kette zurückweisen wollte, weil sie ihm nicht gehörte, erwiderte der Goldschmied, daß er sie auf seinen eigenen Befehl gemacht habe. Und er ging weg, die Kette zurücklassend in der Hand des Antipholus. Dieser aber befahl seinem Diener Dromio, seine Sachen an Bord eines Schiffes zu schaffen, denn er hatte nicht Lust, länger an einem Orte zu verweilen, wo ihm eine Menge so seltsamer Abenteuer begegnete, daß er wohl glauben konnte, behext zu sein.

Der Goldschmied, welcher die Kette dem unrichtigen

Antipholus gegeben hatte, sollte unmittelbar nachher für eine Summe Geld, die er schuldete, verhaftet werden, und Antipholus, der verheiratete Bruder, welchem der Goldschmied die Kette gegeben zu haben glaubte, kam gerade an die Stelle, wo der Gerichtsdiener den Goldschmied verhaften wollte. Als dieser Antipholus sah, bat er ihn, für die goldene Kette, die er ihm eben vorher abgeliefert hätte, den Preis zu zahlen, der sich ungefähr auf dieselbe Summe belief wie diejenige, für die er verhaftet werden sollte. Antipholus leugnete, die Kette empfangen zu haben; der Goldschmied aber bestand auf seiner Versicherung, daß er sie nur wenige Minuten vorher ihm gegeben habe; so stritten sie über die Sache ziemlich lange, beide glaubend, im Recht zu sein, denn Antipholus wußte, daß der Goldschmied ihm nie die Kette gegeben, und – so ähnlich waren die beiden Brüder – der Goldschmied war ebenso gewiß, daß er den Schmuck in seine Hand abgeliefert habe. Endlich aber führte der Gerichtsdiener den Goldschmied wegen der Schuld, die er zu zahlen hatte, ins Gefängnis, und gleichzeitig forderte der Goldschmied, daß der Gerichtsdiener Antipholus wegen des Preises der Kette verhafte, so daß ihr Streit damit endigte, daß Antipholus und sein Gegner beide miteinander ins Gefängnis geschleppt wurden.

Als Antipholus auf dem Weg ins Gefängnis war, begegnete er Dromio von Syrakus, dem Sklaven seines Bruders, und indem er ihn irrtümlich für seinen eigenen nahm, befahl er ihm, zu Adriana, seiner Gemahlin, zu gehen und ihr zu sagen, sie möge ihm das Geld, um dessentwillen er verhaftet sei, schicken. Dromio wunderte sich, daß sein Herr ihn zurücksende nach dem sonderbaren Haus, wo sie zu Mittag gegessen und von dem er eben vorher in so großer Eile Abschied genommen hatte; aber er wagte nichts zu erwidern, obgleich er gekommen war, seinem Herrn zu erzählen, daß das Schiff segelfertig sei. Denn er sah, daß Antipholus nicht in der Stimmung war, Spaß mit sich treiben

zu lassen. Deshalb ging er weg, indem er in sich hinein
knurrte, daß er wohl in Adrianas Haus zurückkehren
müsse, »wo«, sagte er, »die dicke Küchenfee Beschlag auf
mich legt als auf ihren Bräutigam; aber ich muß gehen,
denn Diener müssen den Befehlen ihrer Herren gehorchen.«

Adriana gab ihm das Geld, und als Dromio zurückkehrte, begegnete er Antipholus von Syrakus, der noch
ganz in Staunen versunken war über die seltsamen Abenteuer, die ihm begegnet waren; denn da sein Bruder in
Ephesus wohlbekannt war, so gab es kaum jemanden, dem
er in den Straßen begegnete, der ihn nicht begrüßt hätte als
alten Bekannten: einige boten ihm Geld an, das sie ihm
schuldig seien, andere luden ihn ein, sie zu besuchen, noch
andere dankten ihm für Gefälligkeiten, die er ihnen erwiesen hätte – denn sie alle hielten ihn irrtümlich für seinen Bruder. Ein Schneider zeigte ihm einige Seidenstoffe,
die er für ihn gekauft hätte, und drang darauf, ihm Maß zu
nehmen für einige Kleider.

Antipholus fing schon an zu glauben, er sei mitten in
einem Volke von lauter Zauberern und Hexen, und Dromio befreite seinen vermeintlichen Herrn durchaus nicht
von seinen in die Irre gehenden Vorstellungen; denn er
fragte ihn, wie er freigekommen wäre von dem Gerichtsdiener, der ihn ins Gefängnis geführt habe, und er gab ihm
die Goldbörse, die Adriana gesandt hatte, um damit die
Schuld zu bezahlen. Dies Geschwätz Dromios von der
Verhaftung und dem Gefängnis und dem Geld, das er von
Adriana gebracht hatte, mußte Antipholus vollständig
verwirren, und er sagte: »Dieser Bursche, der Dromio, ist
sicherlich verrückt, und wir wandeln hier unter lauter Trug
und Blendwerk«, und ganz erschrocken über seine eigenen
verworrenen Vorstellungen, rief er aus: »Eine himmlische
Macht möge uns befreien aus diesem verwünschten Nest!«

Und jetzt trat eine andere Fremde auf ihn zu, nämlich

eine Dame, und auch sie nannte ihn Antipholus und sagte, er habe heute mit ihr zu Mittag gegessen, und fragte ihn nach einer goldenen Kette, die er versprochen habe, ihr zu geben. Nun verlor Antipholus alle Geduld, und indem er sie eine Hexe nannte, leugnete er, daß er ihr jemals eine Kette versprochen oder mit ihr zu Mittag gegessen oder je vor diesem Augenblick ihr Antlitz gesehen habe. Die Fremde bestand auf ihrer Behauptung, daß er mit ihr zu Mittag gegessen und ihr einen Schmuck versprochen habe, aber Antipholus leugnete das noch immer, worauf sie weiter sagte, daß sie ihm einen wertvollen Ring gegeben, und wenn er ihr nicht die goldene Kette geben wolle, so bestehe sie darauf, ihren eigenen Ring wiederzubekommen. Da wurde aber Antipholus ganz rasend, und indem er sie wieder eine Hexe und Zauberin nannte und leugnete, irgend etwas von ihr und ihrem Ringe zu wissen, rannte er fort, indem er sie voll Erstaunen über seine Worte und seine wilden Blicke zurückließ; denn nichts schien ihr gewisser, als daß er mit ihr zu Mittag gegessen und daß sie ihm einen Ring gegeben habe, infolge seines Versprechens, sie mit einer goldenen Kette zu beschenken. Aber diese Dame war in denselben Irrtum verfallen wie die anderen, denn sie hatte ihn fälschlich für seinen Bruder genommen; der verheiratete Antipholus hatte all die Dinge getan, deren sie diesen Antipholus beschuldigte.

Als dem verheirateten Antipholus nämlich der Eintritt in sein eigenes Haus versagt war (indem die Bewohner annahmen, daß er bereits drinnen sei), war er sehr zornig weggegangen, in dem Gedanken, daß dies eine der eifersüchtigen Grillen seiner Frau sei, denen sie sehr unterworfen war; und da er sich erinnerte, daß sie oft ihn fälschlich angeklagt hatte, andere Damen zu besuchen, so hatte er beschlossen, um sich an ihr zu rächen für die Ausschließung aus seinem eigenen Hause, mit dieser Dame zu Mittag zu essen, und da sie ihn mit großer Höflichkeit empfing und seine Gattin ihn so schwer beleidigt hatte, so war Antipholus zu dem Versprechen gekommen, ihr eine goldene Kette zu geben, die eigentlich ein Geschenk für seine Gattin sein sollte; dies war dieselbe Kette, welche der Goldschmied irrtümlich seinem Bruder gegeben hatte. Der Dame gefiel der Gedanke, eine schöne goldene Kette zu haben, so gut, daß sie dem verheirateten Antipholus einen Ring gab; und als ihr vermeintlicher Liebhaber dies in Abrede stellte und sagte, daß er sie gar nicht kenne, und er sie so in wilder Leidenschaft verließ, so kam sie auf den Gedanken, daß er ganz von Sinnen wäre, und auf der Stelle beschloß sie zu Adriana zu gehen und ihr zu erzählen, daß ihr Mann verrückt wäre. Und während sie dies Adriana erzählte, kam er in Begleitung des Gefängniswärters (der ihm erlaubt hatte, nach Hause zu gehen, um das Geld zur Bezahlung der Schuld zu bekommen) und wollte die Goldbörse holen, welche Adriana durch Dromio schon gesandt, die er aber dem anderen Antipholus ausgeliefert hatte.

Adriana dachte, die Geschichte, welche die Frau ihr von ihres Mannes Verrücktheit erzählt hatte, müsse wahr sein, denn er machte ihr ja Vorwürfe, daß sie ihn aus seinem eigenen Hause ausgesperrt habe; und da sie sich erinnerte, wie er während der ganzen Mittagszeit aufs lebhafteste behauptet hatte, er sei nicht ihr Gatte und er sei bis zum heutigen Tage nie in Ephesus gewesen, so zweifelte sie keinen Augenblick an seinem Wahnsinn. Deshalb bezahlte sie dem Gefängniswärter das Geld, und sobald sie mit ihm fertig war, befahl sie ihren Dienern, ihren Mann mit Stricken zu binden, und ließ ihn in einen dunklen Raum schaffen und zu einem Arzt senden, damit er ihn von seinem Wahnsinn heile. Während dieser ganzen Zeit eiferte Antipholus in wilder Aufregung gegen die falsche Beschuldigung, welche die wunderbare Ähnlichkeit mit seinem Bruder ihm eintrug. Aber seine Wut bestärkte sie nur desto mehr in dem Glauben, daß er verrückt wäre; und da Dromio bei derselben Aussage blieb, so banden sie ihn gleichfalls und führten ihn zusammen mit seinem Herrn hinweg.

Bald jedoch, nachdem Adriana ihren Mann in Verschluß hatte bringen lassen, kam ein Diener, um ihr zu erzählen, Antipholus und Dromio müßten ihren Wächtern entsprungen sein, denn sie spazierten beide ganz frei in der nächsten Straße. Bei dieser Nachricht lief Adriana hinaus, ihren Mann heimzuholen, indem sie Leute mitnahm, um ihn wiederum in Sicherheit zu bringen; und ihre Schwester begleitete sie. Als sie an die Tore eines Klosters in ihrer Nachbarschaft kamen, sahen sie wirklich dort, wie sie meinten, Antipholus und Dromio: wiederum ließen sie sich täuschen durch die Ähnlichkeit der Zwillingsbrüder.

Antipholus von Syrakus war noch immer den Verwechslungen infolge der Ähnlichkeit mit seinem Bruder ausgesetzt. Die Kette, welche der Goldschmied ihm gegeben hatte, hing um seinen Nacken, und der Goldschmied machte ihm beständig Vorwürfe, daß er den Besitz ableugne und die Bezahlung verweigere, und Antipholus hörte nicht auf, dagegen einzuwenden, daß der Goldschmied ihm freiwillig den Schmuck gegeben und daß er von dieser Stunde an den Goldschmied kein einziges Mal gesehen habe.

Und nun trat Adriana auf ihn zu und machte Anspruch auf ihn als auf ihren wahnsinnigen Mann, der seinen Wächtern entsprungen wäre; und die Leute, welche sie mitgebracht hatte, rüsteten sich schon, Antipholus und Dromio mit Gewalt zu ergreifen, aber diese liefen in das Kloster, und Antipholus bat die Äbtissin, ihm Schutz in ihrem Hause zu gewähren.

Jetzt trat die Äbtissin selbst heraus, sich nach der Ursache dieser Ruhestörung zu erkundigen. Sie war ernst und ehrwürdig, eine Frau, die alles in ihrer Umgebung klug beurteilte; und sie wollte nicht vorschnell diejenigen aufgeben, welche Schutz in ihrem Hause gesucht hatten. So verhörte sie das Weib genau in bezug auf die Geschichte, die sie von ihres Mannes Wahnsinn erzählte, und sie sagte: »Was ist die Ursache dieser plötzlichen Geistesstörung Eures Mannes? Verlor er große Güter auf der See, oder ist es der Tod eines teuren Freundes, der sein Gemüt verstört hat?« Adriana erwiderte, daß nichts dergleichen die Ursache gewesen sei. »Vielleicht«, sagte die Äbtissin, »hat er seine Neigung einer andern zugewandt als Euch, seinem Weib, und das hat ihn in diesen Zustand versetzt?« Adriana sagte, sie hätte schon lange gedacht, daß die Liebe zu einer anderen die Ursache seiner häufigen Abwesenheit von Hause sei. Nun war es aber nicht seine Liebe für eine andere, sondern die quälende Eifersucht und Laune seines Weibes, die Antipholus oft zwang, sein Haus zu verlassen; und da die Äbtissin dies schon vermutete nach der heftigen Art Adrianas, so sagte sie, um sie auf die Probe zu stellen: »Ihr hättet ihn deshalb tadeln müssen.« – »Ei, das habe ich getan«, gab Adriana zur Antwort. »Doch vielleicht nicht genug«, sagte die Äbtissin. Adriana, welche die Äbtissin zu überzeugen wünschte, daß sie Antipholus in dieser Beziehung genug gesagt hätte, erwiderte: »Es war der Inhalt jegliches Gespräches. Im Bette schlief er nicht vor meinen Ermahnungen; bei Tische aß er nicht vor meinen Ermahnungen. Wenn ich allein mit ihm war, sprach ich von nichts anderem; und in Gesellschaft gab ich ihm häufige Winke darüber. Stets sagte ich ihm, wie gemein und schändlich es von ihm sei, eine andere mehr zu lieben als mich.«

Nachdem die Äbtissin dieses volle Geständnis der eifersüchtigen Adriana entrissen hatte, sagte sie: »Und daher kommt's, daß Euer Mann wahnsinnig wurde. Das giftige Schreien einer eifersüchtigen Frau ist ein tödlicheres Gift als eines tollwütigen Hundes Zahn. Es scheint, daß Euer Zanken ihn am Schlaf hinderte; kein Wunder, daß es in seinem Kopf jetzt nicht ganz richtig ist. Und sein Mahl wurde ihm durch Euer Schmähen gewürzt, aber unruhiges Essen gibt ein schlechtes Verdauen, und das hat ihm dies Fieber zugezogen. Ihr sagt, seine Lust sei gestört durch Euer Toben, aber da er so vom Genuß der Gesellschaft und der Erholung ausgeschlossen war, was konnte da anderes erfolgen als trübe Schwermut und trostlose Verzweiflung? Und hieraus folgt: Eure Eifersucht hat Euren Mann um seinen Verstand gebracht.«

Luciana wollte ihre Schwester entschuldigen, indem sie sagte, sie hätte ihren Gatten immer nur milde getadelt; und sie sagte zu ihrer Schwester: »Wie? Hörst du diesen Tadel an, ohne darauf zu antworten?« Aber die Äbtissin hatte sie so vollkommen zur Erkenntnis ihres Fehlers gebracht, daß sie nur erwidern konnte: »Sie hat mich nur den Vorwürfen meines eigenen Gewissens überlassen.«

Adriana, obwohl über ihr eigenes Betragen beschämt, bestand noch immer darauf, daß ihr Mann ihr ausgeliefert würde; aber die Äbtissin wollte nicht dulden, daß jemand ihr Haus betrete, noch auch wollte sie diesen unglücklichen Mann der Pflege des eifersüchtigen Weibes überlassen, sondern sie beschloß, selber wirksame Mittel zu seiner Wiederherstellung anzuwenden, und sie zog sich wieder in ihr Haus zurück und befahl, daß die Tore gegen die Fremden abgeschlossen würden.

Während des Verlaufs dieses ereignisvollen Tages, an welchem so viele Verwechslungen stattgefunden hatten infolge der Ähnlichkeit der Zwillingsbrüder miteinander, war die Gnadenfrist des alten Ägeon ihrem Ende nahe gerückt, indem es jetzt bald Sonnenuntergang war; denn er war ja verurteilt, um Sonnenuntergang zu sterben, wenn er nicht das Geld bezahlen könne.

Die Richtstätte war in der Nähe dieses Klosters; und hier kam er gerade an, als die Äbtissin sich in das Kloster zurückzog; der Herzog selber zog mit ihm, damit, wenn jemand sich erböte, das Geld zu bezahlen, er zur Stelle sein möchte, um ihn zu begnadigen.

55

Adriana hielt diesen traurigen Zug auf und bat flehentlich den Herzog um Gerechtigkeit, indem sie ihm erzählte, daß die Äbtissin sich geweigert habe, ihren wahnsinnigen Mann ihrer Pflege zu überantworten. Während sie noch sprach, kamen ihr wirklicher Ehemann und sein Dromio, die ihren Wächtern entsprungen waren, vor den Herzog, um Gerechtigkeit zu verlangen. Er beklagte sich, daß sein Weib ihn fälschlich des Wahnsinns beschuldigte und ihn habe einsperren lassen; zugleich erzählte er, in welcher Art er seine Bande zerrissen und die Aufsicht seiner Wächter getäuscht hatte. Adriana war im höchsten Grad überrascht, ihren Mann zu sehen, während sie geglaubt hatte, er wäre im Kloster.

Als Ägeon seinen Sohn sah, nahm er an, daß dies der Sohn wäre, der ihn verlassen hatte, um seine Mutter und seinen Bruder zu suchen; und er war ganz sicher, daß dieser teure Sohn bereitwillig das Geld bezahlen würde, welches für seine Lösung gefordert wäre. Er sprach deshalb zu Antipholus Worte väterlicher Zärtlichkeit, in der freudigen Hoffnung, daß er nun seiner Befreiung nahe wäre. Aber zu Ägeons äußerstem Erstaunen erklärte sein Sohn, er kenne ihn gar nicht – ganz natürlich, denn dieser Antipholus hatte nie seinen Vater gesehen, seitdem sie in seiner Kindheit durch den Sturm voneinander getrennt waren. Aber während der arme, alte Ägeon sich vergebens bemühte, es dahin zu bringen, daß sein Sohn ihn anerkennen möchte – denn er dachte natürlich, daß entweder sein Kummer und die erduldeten Leiden ihn so wunderbar verändert hätten, daß sein Sohn ihn nicht erkennen könnte, oder auch, daß er sich schäme, seinen Vater in diesem Elend anzuerkennen –, mitten in dieser Verlegenheit traten die Äbtissin und der andere Antipholus und Dromio heraus, und verdutzt sah Adriana zwei Ehemänner und zwei Dromios vor sich stehen.

Und nun wurden diese rätselhaften Irrungen, welche sie

alle in solche Verlegenheit gesetzt hatten, klar und reinlich entwirrt. Als der Herzog die beiden Antipholus und die beiden Dromio in ihrer überraschenden Ähnlichkeit sah, kam ihm plötzlich die richtige Lösung dieser scheinbaren Geheimnisse; denn er erinnerte sich der Geschichte, die Ägeon ihm am Morgen erzählt hatte, und er sagte, diese Männer müßten die beiden Söhne Ägeons und ihre Zwillingssklaven sein.

Und nun wurde Ägeons Geschichte durch eine nimmer geahnte Freude vervollständigt; und die Erzählung, die er am Morgen vorgebracht hatte, in schwerer Angst, weil das Urteil über ihm schwebte, er müsse sterben, bevor die Sonne untergehe, wurde nun zu einem glücklichen Schluß gebracht, denn die ehrwürdige Äbtissin gab sich als das lange verlorene Weib Ägeons und als die zärtliche Mutter der beiden Antipholus zu erkennen.

Als die Fischer den älteren Antipholus und Dromio von ihr getrennt hatten, war sie in ein Nonnenkloster eingetreten, und infolge ihrer weisen und tugendhaften Führung war sie schließlich Äbtissin dieses Klosters geworden; und indem sie einem unglücklichen Fremden den heiligen Brauch der Gastfreundschaft erwies, hatte sie, ohne es zu ahnen, ihren eigenen Sohn beschützt.

Freudige Glückwünsche und zärtliche Begrüßungen zwischen den lange getrennten Eltern und ihren Kindern ließen sie für eine Weile vergessen, daß über Ägeon doch noch das Todesurteil schwebte; aber als sie ein wenig ruhiger geworden waren, bot Antipholus von Ephesus dem Herzog das Lösegeld für seines Vaters Leben an. Doch der Herzog begnadigte den Ägeon aus freien Stücken und wollte das Geld nicht annehmen. Und der Herzog ging mit der Äbtissin und ihrem wiedergefundenen Gemahl und ihren Kindern in das Kloster, um diese glückliche Familie in behaglicher Muße sich aussprechen zu hören über den gesegneten Schluß ihres widerwärtigen Geschicks. Und dabei darf die bescheidene Freude der beiden Dromio nicht vergessen werden; sie hatten auch ihre Glückwünsche und Begrüßungen, und jeder Dromio sagte seinem Bruder artige Dinge über sein gutes Aussehen, indem er es sich wohlgefallen ließ, sich selber wie in einem Spiegel so hübsch gestaltet zu finden in seinem Bruder.

Adriana hatte aus den guten Ratschlägen ihrer Schwiegermutter so viel Nutzen gezogen, daß sie nachher nie wieder ungerechten Verdacht hegte, noch auch eifersüchtig war auf ihren Mann.

Antipholus von Syrakus heiratete die schöne Luciana, die Schwester von seines Bruders Weib; und der gute, alte Ägeon lebte mit seiner Frau und seinen Söhnen noch manches Jahr in Ephesus. Freilich entfernte die Entwirrung dieser Mißverständnisse nicht jeden Grund zu einer Verwechslung vollständig für die Zukunft, sondern bisweilen ereigneten sich, um sie an vergangene Abenteuer zu erinnern, drollige Verwechslungen, und der eine Antipholus und der eine Dromio wurden für den anderen genommen, aber sie spielten alle miteinander nur eine niedliche und erheiternde Komödie der Irrungen.

Ein Sommernachtstraum

Es gab in der Stadt Athen ein Gesetz, welches die Bürger ermächtigte, ihre Töchter zur Heirat zu zwingen, mit wem immer es ihnen beliebte, denn bei der Weigerung einer Tochter, den Mann zu heiraten, den ihr Vater zu ihrem Gatten ausgewählt hatte, war der Vater berechtigt, sie hinrichten zu lassen. Aber da Väter nicht oft den Tod ihrer eigenen Töchter wünschen, selbst wenn sie sich etwa ein wenig widerspenstig zeigen, so war jenes Gesetz selten oder nie ausgeführt worden, obwohl die jungen Mädchen der Stadt vielleicht öfter durch ihre Eltern mit den Schrecken desselben bedroht worden waren.

Indessen traf es sich doch einmal, daß ein alter Mann namens Egeus wirklich vor Theseus (dem damals regierenden Herzog von Athen) erschien, um sich zu beklagen, daß seine Tochter Hermia, der er befohlen hatte, Demetrius, einen jungen Mann aus einer edlen athenischen Familie, zu heiraten, ihm den Gehorsam verweigert hätte, weil sie einen anderen jungen Athener namens Lysander liebte. Egeus verlangte Gerechtigkeit von Theseus und wünschte, daß jenes grausame Gesetz gegen seine Tochter in Kraft gesetzt würde.

Hermia führte zur Entschuldigung ihres Ungehorsams an, daß Demetrius früher um ihre teure Freundin Helena geworben habe und daß Helena den Demetrius bis zum Wahnsinn liebe; aber dieser gewichtige Grund Hermias für ihre Weigerung, dem Befehl des Vaters zu gehorchen, rührte nicht den strengen Egeus.

Obgleich Theseus ein großer und gnädiger Fürst war,

hatte er doch nicht die Macht, seines Landes Gesetze zu ändern; deshalb konnte er nichts anderes tun, als Hermia vier Tage Bedenkzeit geben; und nach Ablauf dieser Frist war sie, wenn sie noch sich weigerte, Demetrius zu heiraten, dem Tode verfallen.

Als Hermia vom Herzog entlassen war, eilte sie zu ihrem Liebhaber Lysander, ihm von der Gefahr zu erzählen, die sie bedrohte: entweder müßte sie ihn aufgeben und Demetrius heiraten oder in vier Tagen sterben.

Lysander geriet in große Betrübnis, als er diese üble Nachricht hörte. Aber er besann sich, daß er eine Muhme hatte, die in einiger Entfernung von Athen lebte, und daß an ihrem Wohnort das grausame Gesetz gegen Hermia nicht angewandt werden könne, da das Gesetz sich nicht weiter erstrecke als auf das Weichbild der Stadt. Er schlug also Hermia vor, daß sie sich diese Nacht aus dem Haus ihres Vaters schleichen und mit ihm nach dem Haus seiner Muhme gehen solle, wo er sie heiraten würde. »Ich will«, sagte Lysander, »dich in dem Walde ein paar Wegestunden außerhalb der Stadt treffen, in jenem anmutigen Gehölz, wo wir so oft mit Helena im wonnigen Monat Mai gelustwandelt sind.«

Diesem Vorschlag stimmte Hermia freudig bei, und sie sagten niemandem etwas von ihrer beabsichtigten Flucht, außer ihrer Freundin Helena. Diese beschloß aber in recht kleinlicher Weise (wie junge Mädchen oft aus Liebe törichte Dinge tun), hinzugehen und Demetrius das zu erzählen, obgleich sie auf keinen Vorteil vom Verrat des Geheimnisses ihrer Freundin hoffen konnte, außer dem armseligen Vergnügen, ihrem treulosen Liebhaber in den Wald zu folgen; denn das konnte sie wohl wissen, daß Demetrius dorthin gehen würde, um Hermia nachzuspüren.

Der Wald, in welchem Lysander und Hermia sich zu treffen beabsichtigten, war der Lieblingsaufenthalt jener kleinen Wesen, die unter dem Namen »Elfen« bekannt sind.

Oberon, der König, und Titania, die Königin der Elfen, pflegten mit ihrem ganzen winzigen Gefolge in diesem Walde ihre mitternächtlichen Zusammenkünfte zu halten.

Zwischen diesem kleinen Geisterkönigspaar war damals eine traurige Mißhelligkeit ausgebrochen; in den schattigen Laubgängen dieses reizenden Waldes begegneten sie sich beim Mondlicht nie anders als mit lautem Gezänk, bis die Elfen in Eichelschalen zu kriechen pflegten und sich aus Furcht versteckten.

Die Ursache dieser unseligen Mißhelligkeit war Titanias Weigerung, Oberon einen kleinen angenommenen Knaben zu übergeben, dessen Mutter Titanias Freundin gewesen war; nach deren Tode hatte die Elfenkönigin das Kind ihrer Amme entführt und in den Wäldern aufgezogen.

In der Nacht, in welcher die beiden Liebenden sich in diesem Walde finden wollten, begegnete Titania, als sie eben mit einigen ihrer Ehrenjungfrauen lustwandelte, ihrem Gemahl Oberon in Begleitung seines Gefolges von Elfenhöflingen.

»Schlimm treffen wir uns bei Mondlicht, stolze Titania«, sagte der Elfenkönig. Die Königin erwiderte: »Wie, eifersüchtiger Oberon, bist du es? Elfen, schlüpft von hinnen; ich habe seine Gesellschaft verschworen.« – »Verweile noch, sei nicht zu rasch«, sagte Oberon, »bin ich nicht dein Herr? Warum kränkt Titania ihren Oberon? Gib mir dein kleines angenommenes Kind, daß es mein Edelknabe sei.«

»Beruhige dich«, antwortete die Königin, »dein ganzes Elfenkönigtum kauft mir den Knaben nicht ab.« Damit ließ sie ihren Herrn in großem Zorn zurück. »Gut, geh nur deines Weges«, sprach Oberon, »bevor der Morgen dämmert, sollst du mir diesen Trotz büßen.«

Oberon ließ dann Puck, seinen Günstling und Geheimrat, kommen.

Puck (oder wie er zuweilen genannt wird, Droll) war ein listiger und schelmischer Geist und pflegte in den benachbarten Dörfern allerlei lustige Streiche zu vollführen.

Zuweilen schlich er sich in die Milchkammern und rahmte die Milch ab, zuweilen tauchte er mit seiner behenden und luftigen Gestalt ins Butterfaß, und während er seine possierlichen Tänze im Faß aufführte, arbeitete die Magd vergeblich, ihren Rahm in Butter zu verwandeln. Auch die Burschen des Dorfs hatten keinen besseren Erfolg: Sooft es Puck einfiel, seinen Spaß im Braukessel zu treiben, wurde das Bier sicherlich verdorben. Wenn ein paar gute Nachbarn zusammenkamen, um miteinander einen gemütlichen Trunk zu tun, plumpste Puck in den Bierhumpen in Gestalt eines gekochten Krebses, und wenn dann eine gute Alte trinken wollte, fuhr er wohl gegen ihre Lippen und verschüttete das Bier über ihr welkes Kinn, und gleich danach, wenn dieselbe gute Alte sich ehrbar niedersetzen wollte, um ihren Nachbarn eine Trauermär zu erzählen, zog Puck den dreibeinigen Stuhl unter ihr weg, und die Alte purzelte nieder, und dann hielten sich die alten Gevatterinnen die Seiten und lachten über sie und schworen, daß sie nie eine lustigere Stunde verlebt hätten.

»Komm hierher, Puck«, sagte Oberon zu diesem kleinen lustigen Nachtwanderer; »hol mir die Blume, welche die Mädchen ›Lieb im Müßiggang‹ nennen; der Saft dieser kleinen purpurnen Blume, auf die Augenlider der Schlafenden geträufelt, bewirkt, daß sie, sobald sie erwachen, sich in das erste beste, das sie sehen, verlieben. Einige Tropfen vom Saft dieser Blume will ich auf die Augenlider meiner Titania, sobald sie entschlafen ist, träufeln; und das erste, worauf sie blickt, wenn sie ihre Augen öffnet, soll sie mit Liebe verfolgen, mag es ein Löwe oder ein Bär oder ein naseweiser Affe oder ein geschäftiger Pavian sein; und bevor ich diesen Zauber von ihrem Auge nehme, was ich mit einem anderen mir bekannten Kraut vermag, muß sie mir diesen Knaben zu meinem Dienste geben.«

Puck, der für sein Leben gern einen Schabernack ausübte, war höchlich erfreut über den beabsichtigten Spaß seines Meisters und eilte fort, die Blume zu suchen. Und während Oberon die Rückkehr Pucks erwartete, bemerkte er, wie Demetrius und Helena in den Wald eintraten. Er hörte mit an, wie Demetrius der Helena Vorwürfe machte, daß sie ihm gefolgt sei, und nach manchen rauhen Worten von seiner Seite und artigen Beschwerden Helenas, die ihn an seine frühere Liebe und die Versicherungen seiner Treue erinnerte, überließ er sie der Gnade der wilden Tiere, und sie ging ihm nach, so schnell sie nur konnte.

Der Elfenkönig, der gegen treue Liebende stets freundlich war, fühlte mit Helena großes Mitleid; und da, wie Lysander sagte, die Liebenden bei Mondlicht in diesem reizenden Walde zu lustwandeln pflegten, so mochte vielleicht Oberon Helena gesehen haben in jenen glücklichen Zeiten, als Demetrius sie noch liebte. Mochte dem sein, wie ihm wolle: jedenfalls sprach Oberon, als Puck mit der kleinen purpurnen Blume zurückkehrte, zu seinem Günstling: »Nimm einen Teil von dieser Blume; hier ist ein liebreizendes athenisches Mädchen gewesen, welches einen sie verschmähenden Jüngling liebt; wenn du ihn schlafend findest, träufele ihm von dem Liebeszauber in die Augen; aber bedenke wohl, daß du es tun mußt, wenn sie ihm nah ist, damit das erste, was er sieht beim Erwachen, dieses verschmähte junge Mädchen ist. Du wirst den Mann an seiner athenischen Kleidung erkennen.« Puck versprach diese Sache recht geschickt zu behandeln; dann eilte, unbemerkt von Titania, Oberon nach ihrer Laube, wo sie sich anschickte, zur Ruhe zu gehen. Ihre Elfenlaube war auf einem Hügel, wo wilder Thymian, Schlüsselblumen und süße Veilchen wuchsen unter einer Wölbung von Geißblatt, Jasmin und wilden Rosen. Hier schlummerte Titania immer einen Teil der Nacht; ihre Bettdecke war die im Schmelz schimmernde Haut einer Schlange, die, obgleich ein schmaler Mantel, doch weit genug war, um die Elfenglieder einzuhüllen.

Als er ankam, gab Titania eben ihren Elfen Befehle, was sie während ihres Schlummers zu tun hätten. »Einige von euch«, sprach Ihre Majestät, »müssen Käfer töten in den Jasminknospen, andere Krieg mit den Fledermäusen führen wegen ihres Flügelbalgs, um meinen kleinen Elfen Röcke daraus zu machen, andere sollen Wache halten, daß der nächtlich kreischende Kauz mir nicht zu nahe komme; aber erst singt mich in Schlaf.« Dann begannen sie das Lied zu singen:

> Bunte Schlangen, zweigezüngt,
> Igel, Molche, fort von hier!
> Daß ihr euer Gift nicht bringt
> in der Königin Revier.
> Nachtigall, mit Melodei,
> sing in unser Eiapopei!
> Eiapopeia, Eiapopei!
> Daß kein Spruch,
> kein Zauberfluch
> der holden Herrin schädlich sei!
> Nun gute Nacht mit Eiapopei!

Als die Elfen mit diesem niedlichen Eiapopei ihre Königin in Schlaf gesungen hatten, verließen sie dieselbe, um ihre wichtigen ihnen aufgetragenen Dienste zu verrichten. Dann schlich Oberon leise heran zu seiner Titania, ihr ein wenig von dem Liebessaft auf die Augenlider zu träufeln, indem er sagte:

> Was du wirst erwachend sehn,
> wähl es dir zum Liebchen schön.

Doch die Erzählung kehrt zu Hermia zurück, welche in dieser Nacht aus dem Haus ihres Vaters geflohen war, um dem Tode zu entgehen, zu dem man sie verurteilt hatte wegen ihrer Weigerung, Demetrius zu heiraten. Als sie den Wald betreten hatte, fand sie ihren teuren Lysander schon vor, der sie erwartete, um sie ins Haus seiner Muhme zu

geleiten; aber bevor sie den Wald halb durchschritten hatten, war Hermia so ermüdet, daß Lysander, zärtlich besorgt um seine teure Braut, die ihre Liebe für ihn selbst
durch das Wagnis ihres Lebens bewiesen hatte, sie überredete, bis zum Morgen auf einer Bank von weichem Moos
zu ruhen. Und indem er sich selbst in einiger Entfernung
auf den Boden niederlegte, schlummerten sie bald fest ein.
Hier fand sie Puck. Indem er einen hübschen Jüngling
schlafen sah und bemerkte, daß seine Kleider in der Art der
Athenertracht geschnitten waren und daß ein liebliches
Mädchen in seiner Nähe schlief, zog er den Schluß, daß
dies die athenische Jungfrau sein müsse und der sie ver-
schmähende junge Mann, den zu suchen ihn Oberon ausgesandt hatte. Und da sie allein miteinander waren, so war
es ganz natürlich, daß er vermutete, daß sie die erste sein
müsse, die er beim Erwachen sehen würde. Ohne weiteres
also goß er von dem Saft der kleinen purpurnen Blume auf
sein Auge. Aber es begab sich, daß Helena dieses Weges
kam und anstatt Hermia der erste Gegenstand war, den Lysander erschaute, als er die Augen öffnete; und – wunderbar! – so mächtig war der Liebeszauber, daß alle seine
Liebe für Hermia verschwunden war und Lysander ganz
für Helena entbrannte.

Hätte er beim Erwachen zuerst Hermia gesehen, so
hätte der Mißgriff, den Puck sich zuschulden kommen
ließ, nichts weiter auf sich gehabt, denn er konnte dieses
treue Mädchen nicht zu innig lieben; aber daß der arme Lysander durch einen Elfen-Liebeszauber gezwungen war,
seine eigene treue Hermia zu vergessen und hinter einem
andern Mädchen herzulaufen und Hermia schlafend in
einem Walde ganz allein um Mitternacht zu verlassen, das
war in der Tat ein trauriges Verhängnis.

Dieses Mißgeschick hatte sich aber folgendermaßen ereignet. Wie vorher erzählt worden ist, bemühte sich
Helena, mit Demetrius Schritt zu halten, als er so heftig

von ihr wegrannte; aber sie konnte diesen ungleichen Wettlauf nicht lange fortsetzen, da Männer auf einer weit-gestreckten Bahn immer bessere Renner sind als Frauen. Helena verlor also bald Demetrius aus den Augen; und da sie weit und breit umherirrte, langte sie niedergeschlagen und verzweifelt an der Stelle an, wo Lysander noch schlief. »Ach!« rief sie, »das ist Lysander, der hier am Boden liegt! Ist er tot oder schläft er?« Dann ihn leise berührend, sagte sie: »Lieber Herr, wenn Ihr lebt, so erwachet!« Darauf öff-nete Lysander die Augen, und, indem der Liebeszauber zu wirken begann, redete er sie unmittelbar in Ausdrücken schwärmerischer Liebe und Bewunderung an. Er sagte ihr, daß sie ebenso sehr an Schönheit Hermia übertreffe wie die Taube die Krähe und daß er durchs Feuer rennen würde um ihrer Holdseligkeit willen, und was es noch mehr der-gleichen liebegluhende Worte gibt. Helena, die Lysander als den Liebhaber ihrer Freundin Hermia kannte und wußte, daß er feierlich verpflichtet sei, sie zu heiraten, ge-riet in die äußerste Wut, als sie sich in dieser Art angeredet hörte; denn sie glaubte natürlich, daß er seinen Scherz mit ihr triebe. »Oh«, rief sie, »weswegen wurde ich geboren, um so von jedermann verspottet und verhöhnt zu werden? Ist es nicht genug, junger Mann, ist es nicht genug, daß ich nie einen holden Blick oder ein gütiges Wort von Deme-trius gewinnen kann? Müßt auch Ihr noch, Herr, in so höhnischer Weise mir den Hof machen? Ich dachte, Ly-sander, Ihr wärt ein Mann von echter Ritterlichkeit.« Nach diesen Worten lief sie in großem Zorne weg, und Lysander folgte ihr, ganz und gar seine eigene Hermia vergessend, die noch immer schlief.

Als Hermia erwachte, erschrak sie mächtig, sich so ganz allein zu finden. Sie irrte durch den Wald, ohne zu ahnen, was aus Lysander geworden ist oder welchen Weg sie gehen solle, um ihn zu suchen. Inzwischen war Demetrius, der nicht imstande gewesen war, Hermia und seinen Neben-

buhler Lysander zu finden, und sich durch sein fruchtloses
Suchen ermüdet fühlte, fest eingeschlafen. Ihn bemerkte
jetzt Oberon. Durch einige an Puck gerichtete Fragen
hatte er sich überzeugt, daß dieser den Liebeszauber in die
Augen des Unrechten geträufelt hatte; und nun, da er den
Rechten gefunden, berührte er die Augenlider des schlafenden Demetrius mit dem Liebessaft, und er erwachte
augenblicklich. Und da das erste, was er sah, Helena war, so
begann er, wie Lysander zuvor getan hatte, an sie Liebeserklärungen zu richten; und gerade in diesem Augenblick
trat Lysander auf, dem Hermia folgte (denn durch Pucks
unglücklichen Mißgriff war nun an Hermia die Reihe gekommen, hinter ihrem Geliebten herzulaufen); und jetzt
erklärten Lysander und Demetrius, beide durcheinander-
sprechend, Helena ihre Liebe, indem sie beide unter dem
Einfluß desselben mächtigen Zaubers standen.

Helena, sprachlos vor Erstaunen, dachte, daß Demetrius, Lysander und ihre sonst so teure Freundin Hermia
sich miteinander verabredet hätten, ihren Scherz mit ihr zu
treiben.

Hermia war ebensosehr überrascht wie Helena; sie
konnte sich nicht denken, wie Lysander und Demetrius,
die vorher beide sie geliebt hatten, nun Helenas Liebhaber
geworden seien; und der armen Hermia schien die Sache
kein Scherz zu sein.

Die beiden Jungfrauen, die zuvor immer die zärtlichsten
Freundinnen gewesen waren, brachen jetzt in zankende
Worte gegeneinander aus.

»Lieblose Hermia«, sagte Helena, »du hast Lysander angestiftet, mich mit spöttischen Lobpreisungen zu quälen;
und dein anderer Liebhaber Demetrius, der sonst mich am
liebsten mit Füßen trat – hast du ihn nicht bestellt, mich
Göttin, Nymphe, wunderschön, köstlich und himmlisch
zu nennen? Er würde nicht so zu mir, der Verhaßten, sprechen, wenn du ihn nicht angestiftet hättest, seinen Scherz

mit mir zu treiben. Lieblose Hermia! Pfui, dich zu Männern zu gesellen zur Verhöhnung deiner armen Freundin! Hast du unsere Schulfreundschaft vergessen? Wie oft haben wir beide, auf einem Polster sitzend, ein Liedchen summend, mit unseren Nadeln dieselbe Blume schaffend, nach einem und demselben Muster gestickt! Wir wuchsen auf miteinander wie eine Doppelkirsche, kaum dem Scheine nach getrennt, doch in der Trennung eins! Hermia, es ist nicht freundschaftlich, es ist nicht jungfräulich, zu Männern dich zu gesellen zur Verhöhnung deiner armen Freundin!«

»Ich bin erstaunt über deine ungestümen Worte«, sagte Hermia, »ich höhne dich nicht, es scheint, du höhnest mich.«

»Schon recht«, entgegnete Helena, »beharrt nur in eurem Tun! Heuchelt ernste Blicke und schneidet Gesichter, wenn ich den Rücken wende! Dann blinzelt euch zu und verfolgt den feinen Scherz! Wenn ihr Mitleid, Huld oder Sitte hättet in euch, so würdet ihr mich nicht so behandeln.«

Während Helena und Hermia einander diese heftigen Worte zuriefen, verließen Demetrius und Lysander sie, um im Walde Helenas wegen einen Zweikampf auszumachen. Und als sich nun die Mädchen von den Männern verlassen sahen, gingen sie voneinander und irrten noch einmal trotz ihrer Müdigkeit im Wald umher, um jede ihren Geliebten zu suchen.

Sobald sie weggegangen waren, sagte der Elfenkönig, der mit dem kleinen Puck ihrem Gezänk zugehört hatte, zu diesem: »Sieh, das kommt von deiner Nachlässigkeit, Puck; oder tatst du dies absichtlich?« – »Glaube mir, König der Schatten«, antwortete Puck, »es war ein Irrtum; sagtest du mir nicht, ich würde den Mann an seiner athenischen Kleidung erkennen? Indessen, ich gräme mich nicht, daß es so kam; denn ihr Gezänk, will mich bedünken, macht mir außerordentlich viel Vergnügen.« – »Du hast gehört«, sprach Oberon, »daß Demetrius und Lysander einen passenden Platz zum Zweikampf suchen wollen. Nun befehle ich dir, die Nacht mit einem dicken Nebel zu überziehen und diese händelsüchtigen Liebhaber im Dunkel so irrezuführen, daß sie nicht imstande sind, einander zu finden. Ahme für jeden die Stimme seines Gegners nach und reize sie mit bitteren Schmähungen, daß sie dir folgen, indem sie glauben, daß es ihres Nebenbuhlers Stimme sei, die sie hören. Tue das so lange, bis sie müde sind und nicht weiter gehen können; und wenn du dann sie im Schlafe findest, träufele diesen anderen Blumensaft auf Lysanders Augen, und sobald er erwacht, wird er seine neue Liebe für Helena vergessen und zu seiner alten Leidenschaft für Hermia zurückkehren; und dann mögen diese beiden schmucken Mädchen jede mit dem geliebten Manne glücklich sein, und sie werden glauben, daß alles, was vorgefallen, nur ein quälender Traum gewesen sei. Tummle dich, Puck; ich will inzwischen sehen, welch holdes Liebchen meine Titania gefunden hat.«

Titania schlummerte noch, und da Oberon in ihrer Nähe einen rüpelhaften Burschen sah, der sich im Walde verirrt hatte und gleichfalls schlief, sagte er: »Dieser Bursche soll meiner Titania Herzensschatz werden.« Und indem er dem Rüpel einen Eselskopf aufsetzte, schien dieser ihm so zu passen, als wenn er auf seinen eigenen Schultern gewachsen wäre. Obgleich Oberon den Eselskopf sehr leise befestigte, so erweckte das doch den Burschen, und er erhob sich, völlig unbewußt, was Oberon ihm getan hatte, und schwankte nach der Laube, wo die Elfenkönigin schlummerte.

»Ach! welch einen Engel sehe ich!« rief Titania, indem sie die Augen öffnete und der Saft der kleinen purpurnen Blume zu wirken begann, »bist du ebenso weise wie du schön bist?«

»Wie, Madame?« sagte der tölpelhafte Bursche, »wenn ich Witz genug hätte, um aus diesem Walde mich herauszufinden, so hätte ich gerade so viel, als mir nötig täte.«

»Begehre nicht, aus diesem Hain zu fliehen«, sagte die verliebte Königin. »Ich bin ein Geist von nicht gemeinem Stande. Ich liebe dich. Oh, folge mir, ich will dir Elfen zur Bedienung geben.«

Dann rief sie vier Elfen herbei; ihre Namen waren Bohnenblüte, Spinnweb, Senfsamen und Motte.

»Seid diesem lieben Herrn dienstbar«, sagte die Königin. »Hüpft, wo er geht, und gaukelt um ihn her. Stillt seinen Hunger mit Trauben und Aprikosen, und stehlt für ihn die Honigsäcke der Bienen. Komm, setze dich zu mir«, sagte sie zu dem Rüpel, »und laß mich spielen mit deinen schönen bärtigen Wangen, mein herrlicher Esel, und laß mich deine hübschen langen Ohren küssen, du meine Lust und Freude.«

»Wo ist Bohnenblüte?« fragte der Rüpel mit dem Eselskopf. Er bekümmerte sich nicht viel um die schönen Redensarten der Elfenkönigin, aber er war sehr stolz auf seine neuen Diener.

»Hier, gnädiger Herr«, sagte Klein-Bohnenblüte.

»Kraule er mir den Kopf«, sagte der Rüpel. »Wo ist Spinnweb?«

»Hier, gnädiger Herr«, rief Spinnweb.

»Ach, mein guter Musje Spinnweb«, sagte der dumme Rüpel, »töte er mir die rote Hummel auf jenem Distelkopf und bringe er mir, guter Musje Spinnweb, den Honigbeutel. Tummle er sich nicht zu sehr bei der Verrichtung, Musje Spinnweb, und trage er Sorge, daß der Honigbeutel nicht entzweigeht; es würde mir leid tun, wenn er sich mit einem Honigbeutel überschüttete. – Wo ist Senfsamen?«

»Hier, gnädiger Herr«, sagte Senfsamen. »Was befehlen Sie?«

»Weiter nichts«, sagte der Rüpel, »guter Musje Senfsamen, als daß er dem Musje Bohnenblüte kratzen helfe. Ich müßte eigentlich zu einem Barbier gehen, Musje Senfsamen; mir ist, als wäre ich gewaltig haarig ums Gesicht herum.«

»Mein süßer Engel«, sagte die Königin, »was wünschest du zu essen? Ich habe einen dreisten Elfen, der soll die Vorräte des Eichhorns durchsuchen und dir einige Nüsse bringen.«

»Ich hätte lieber eine Handvoll trockner Erbsen«, sagte der Rüpel, der mit seinem Eselskopf auch einen Eselshunger bekommen hatte. »Aber lassen Sie keinen von Ihren Leuten mich stören, denn ich habe Lust zu schlafen.«

»Schlafe denn«, sagte die Königin, »dich soll mein Arm umwinden. Oh, wie ich dich liebe! Wie ich dich vergöttere!«

Als der Elfenkönig den Rüpel schlafen sah in den Armen seiner Königin, trat er so weit vor, daß sie ihn sehen konnte, und er machte ihr Vorwürfe, daß sie ihre Gunst an einen Esel verschwendete.

Das konnte sie nicht leugnen, da der Rüpel noch in ihren Armen schlief; seinen Eselskopf hatte sie mit Blumen bekränzt.

Als Oberon sie einige Zeit gequält hatte, bat er sie wieder um das angenommene Kind; und sie, beschämt, von ihrem Herrn entdeckt zu sein mit ihrem neuen Liebhaber, durfte nicht wagen, es ihm zu weigern.

Da Oberon so das kleine Kind erlangt hatte, das er sich so lange zum Edelknaben gewünscht, fühlte er Mitleid mit der unwürdigen Lage, in die er durch sein übermütiges Benehmen seine Titania gebracht hatte, und er träufelte etwas von der anderen Blume Saft in ihr Auge, und die Elfenkönigin erlangte sogleich ihre Besinnung wieder und wunderte sich über ihre letzte Liebschaft, indem sie sagte, wie ihr nun graue vor dem Anblick des seltsamen Ungeheuers.

Gleicherweise nahm Oberon den Eselskopf dem Rüpel ab und ließ ihn mit seinem eigenen Narrenkopf auf den Schultern sein Schläfchen endigen.

Da Oberon und seine Titania nun wieder vollkommen ausgesöhnt waren, berichtete er ihr die Geschichte von den

Liebenden und ihren mitternächtigen Zänkereien, und sie willigte ein, mit ihm zu gehen und das Ende von deren Abenteuern zu erleben.

Der Elfenkönig und seine Gemahlin fanden die Liebhaber und ihre Schönen nicht weit voneinander auf einem Rasen schlummernd; denn Puck hatte, um seinen früheren Mißgriff wiedergutzumachen, sich mit der äußersten Sorgfalt bemüht, sie sämtlich an dieselbe Stelle zu bringen, ohne daß einer vom andern wußte, und er hatte vorsichtig den Liebeszauber von den Augen Lysanders mit dem Gegenmittel entfernt, das der Elfenkönig ihm gegeben hatte.

Hermia erwachte zuerst, und da sie ihren verlorenen Lysander in ihrer Nähe schlafen sah, blickte sie ihn lange Zeit an, voll von Verwunderung über seine rätselhafte Flatterhaftigkeit. Lysander aber öffnete sodann die Augen, und da er seine treue Hermia sah, gewann er seine Vernunft wieder, welche der Elfenzauber vorher verdunkelt hatte, und mit seiner Vernunft seine Liebe für Hermia. Und sie begannen über die Abenteuer dieser Nacht zu reden, noch voll von Zweifel, ob alle diese Dinge sich wirklich ereignet oder ob sie beide denselben verwirrenden Traum geträumt hätten.

Helena und Demetrius waren inzwischen erwacht, und da ein süßer Schlummer Helenas verstörtes und aufgeregtes Gemüt beruhigt hatte, horchte sie mit Entzücken den Liebesbekenntnissen, die Demetrius ihr auch jetzt noch machte und die sie mit ebensoviel Überraschung wie Vergnügen als aufrichtig zu empfinden begann.

Diese hübschen Nachtwandlerinnen, die nun nicht länger mit Eifersucht auf einander sahen, wurden erneut treue Freundinnen. Alle die lieblosen Worte, die vorgefallen, waren vergeben, und sie berieten ruhig miteinander, was in ihrer gegenwärtigen Lage zu tun sei. Es wurde bald abgemacht, daß Demetrius, da er seinen Ansprüchen auf Hermia entsagt hatte, nachdrücklich seinen Einfluß auf ihren

Vater geltend machen solle, daß dieser das gegen sie ge-
fällte grausame Todesurteil widerriefe. Demetrius war eben
im Begriff, zur Ausführung seines freundlichen Vorhabens
nach Athen zurückzukehren, da wurden sie überrascht
durch den Anblick des Egeus, des Vaters von Hermia, der
in Verfolgung seiner flüchtigen Tochter in den Wald gekommen war.

Als Egeus begriff, daß Demetrius jetzt nicht mehr seine
Tochter heiraten wolle, widersetzte er sich nicht länger
ihrer Ehe mit Lysander, sondern gab die Einwilligung, daß
sie vermählt werden sollten am vierten Tage, demselben
Tage, an welchem Hermia ihr Leben zu verlieren verurteilt
war; und Helena willigte freudig ein, an demselben Tag
ihren geliebten und nun getreuen Demetrius zu heiraten.

Der Elfenkönig und seine Gemahlin, die unsichtbare Zuschauer dieser Versöhnung waren und nun das glückliche
Ende der Geschichte der Liebenden durch die wirksame
Vermittlung Oberons herbeigeführt sahen, empfanden
darüber so viel Vergnügen, daß sie in ihrer Güte beschlossen, die herannahenden Hochzeiten mit Spielen und Ge-
lagen durch ihr ganzes Elfenreich zu feiern.

Sollte nun jemand mit dieser Geschichte von Elfen und
ihren Streichen unzufrieden sein, indem er sie für unglaub-
lich und ungereimt hielte, so möge er sich einbilden, geschlafen und geträumt zu haben, und er möge annehmen,
daß alle diese Abenteuer nur Traumerscheinungen seien,
die er im Schlaf gesehen habe. Und ich hoffe, daß keiner
von meinen Lesern so geschmacklos sein wird, sich verletzt zu fühlen durch einen artigen, harmlosen Sommernachtstraum.

Der Kaufmann von Venedig

Der Jude Shylock lebte in Venedig; er war ein Wucherer, der ein ungeheures Vermögen aufgehäuft hatte, indem er christlichen Kaufleuten Geld auf hohe Zinsen lieh. Shylock, ein hartherziger Mann, betrieb die Heimzahlung des ausgeliehenen Geldes mit solcher Strenge, daß alle guten Menschen ihn verabscheuten, und ganz besonders Antonio, ein junger Kaufmann von Venedig; und Shylock haßte nicht minder Antonio, weil er bedrängten Leuten Geld zu leihen pflegte und nie für das ausgeliehene Geld Zinsen nehmen wollte; deshalb herrschte große Feindschaft zwischen diesem habgierigen Juden und dem hochherzigen Kaufmann Antonio. Sooft Antonio dem Shylock auf dem Rialto begegnete, pflegte er ihm Vorwürfe zu machen über seinen Wucher und seine harte Handlungsweise; dies ertrug der Jude mit scheinbarer Geduld, aber heimlich sann er auf Rache.

Antonio war der gütigste Mann, den man sehen konnte, und von der besten Gemütsart, und nie wurde er müde, Gefälligkeiten zu erweisen; er war in der Tat ein Mann, in welchem die alte Römerehre mehr hervortrat als in irgend jemandem, der in Italien lebte. Alle seine Mitbürger liebten ihn sehr, aber der Freund, welcher seinem Herzen am nächsten stand, war Bassanio, ein junger Venezianer von Adel. Dieser, der nur ein geringes väterliches Erbgut besaß, hatte sein kleines Vermögen beinahe erschöpft, indem er für seine geringen Mittel zu verschwenderisch lebte, wie junge Leute von hohem Rang mit geringem Vermögen nur allzusehr zu tun geneigt sind. So oft Bassanio Geld bedurfte, stand Antonio ihm bei, und es schien, als hätten sie beide zusammen nur ein Herz und einen Geldbeutel.

Eines Tages kam Bassanio zu Antonio und erzählte ihm, daß er sein Vermögen aufzubessern wünsche durch eine reiche Heirat mit einem Fräulein, das er innig liebe. Ihr Vater, der vor kurzem gestorben sei, habe sie als alleinige Erbin eines großen Besitzes hinterlassen; und bei ihres Vaters Lebzeiten habe er oft in ihrem Hause Besuche gemacht und dabei zu bemerken geglaubt, daß dieses Fräulein bisweilen aus ihrem Auge stumme Botschaft zu ihm sende, die zu sagen schien, er würde kein unwillkommener Bewerber sein; aber da er kein Geld habe, um sich als Freier einer so reichen Erbin zu passendem Auftreten auszurüsten, so bitte er Antonio, zu der vielen Freundschaft, die er ihm schon bezeigt hätte, noch eine hinzuzufügen, indem er ihm dreitausend Dukaten leihe.

Antonio hatte zu dieser Zeit kein Geld vorrätig, um es seinem Freunde leihen zu können; aber da er bald die Rückkehr einiger mit Waren reich beladener Schiffe erwartete, so sagte er, er wolle zu Shylock, dem reichen Geldverleiher, gehen und das Geld unter Verpfändung dieser Schiffe borgen.

Antonio und Bassanio gingen zusammen zu Shylock, und Antonio bat den Juden, ihm dreitausend Dukaten auf beliebige Zinsen zu leihen; die Schuld solle bezahlt werden aus den Waren, welche seine zur See befindlichen Schiffe trügen. Da dachte Shylock bei sich selber: »Für den Fall, daß ich ihm einmal ein Bein stellen kann, will ich den alten Groll, den ich gegen ihn hege, recht fett füttern; er haßt unser jüdisches Volk; er leiht Geld umsonst aus, und unter den Kaufleuten schilt er über mich und meinen mit vollem Recht geernteten Gewinn, den er Wucher nennt. Verflucht sei mein Volk, wenn ich ihm je vergebe!« Da Antonio sah, daß er in sich brütete und nicht antwortete, und da er ungeduldig war wegen des Geldes, rief er aus: »Shylock, hört

Ihr? Wollt Ihr das Geld leihen?« Auf diese Frage versetzte der Jude: »Signor Antonio, auf dem Rialto habt Ihr viel und oftmals mich geschmäht um meine Gelder und um meine Zinsen, und ich habe das mit einem geduldigen Achselzucken ertragen, denn Dulden ist das Erbteil unseres ganzen Stammes; und Ihr habt mich einen Ungläubigen genannt, einen Halsabschneider, einen Bluthund und habt gespien auf meine jüdischen Kleider und mit Füßen nach mir gestoßen, als wenn ich ein Köter wäre. Gut denn, nun zeigt es sich, daß Ihr mich braucht, und Ihr kommt zu mir und sagt: ›Shylock, leiht mir Geld!‹ Hat ein Hund Geld? Ist es möglich, daß ein Köter Euch dreitausend Dukaten leihen könnte? Soll ich mich demütig verbeugen und sagen: ›Schöner Herr, am letzten Mittwoch spiet Ihr mich an, ein andermal hießt Ihr mich einen Bluthund, und für diese Höflichkeiten soll ich Euch Geld leihen?‹« Antonio erwiderte: »Es ist wahrscheinlich, daß ich Euch wieder so nenne und daß ich Euch wieder so anspeie und nach Euch trete. Wenn Ihr mir das Geld leihen wollt, leiht es mir nicht als einem Freunde, sondern leiht es mir vielmehr als einem Feinde, damit, wenn ich bankbrüchig werde, Ihr mit desto ruhigerer Stirn die Strafe beitreiben könnt.« – »Ei, seht Ihr«, sagte Shylock, »wie Ihr stürmt und aufbraust! Ich wollte mit Euch gut Freund sein, Eure Liebe gewinnen. Ich will die Schmach vergessen, die Ihr auf mich gehäuft habt. Ich will Eurem augenblicklichen Mangel abhelfen und keine Zinsen für mein Geld nehmen.« Dies scheinbar gütige Anerbieten überraschte Antonio höchlich, und dann heuchelte Shylock noch immer Freundlichkeit: alles, was er täte, wäre nur, um Antonios Liebe zu gewinnen, und er wiederholte, daß er ihm die dreitausend Dukaten leihen und keine Zinsen für sein Geld nehmen wollte; nur solle Antonio mit ihm zu einem Rechtsgelehrten gehen und dort zum reinen Spaß einen Vertrag unterzeichnen, daß, wenn er nicht bis zu einem gewissen Tage das Geld bezahle, er ein Pfund Fleisch verwirkt haben solle, das ihm aus einem beliebigen Teile seines Leibes auszuschneiden wäre.

»Es sei, aufs Wort!« sagte Antonio, »ich will diesen Vertrag unterzeichnen und sagen, daß in dem Juden viel Herzensgüte steckt.«

Bassanio sagte, Antonio solle nicht einen solchen Vertrag für ihn unterzeichnen, doch Antonio beharrte noch immer darauf, daß er ihn unterschreiben wolle, denn vor dem Zahlungstage würden seine Schiffe zurückkehren, reich beladen mit dem hundertfachen Wert des Geldes.

Als Shylock diesen Streit hörte, rief er aus: »O Vater Abraham, was für mißtrauische Leute doch diese Christen sind! Ihre eigene harte Handlungsweise lehrt sie, gegen die Gedanken anderer mißtrauisch zu sein. Ich bitte Euch, sagt mir doch, Bassanio: wenn er diesen Tag versäumen sollte, was würde ich gewinnen durch die Beitreibung der mir verfallenen Buße? Ein Pfund Menschenfleisch, von einem Manne genommen, ist weder so schätzenswert noch so nutzbar wie Hammel- oder Rindfleisch; ich sage, um seine Gunst mir zu erkaufen, biete ich diesen Freundschaftsdienst; will er ihn annehmen, nun gut; wo nicht, lebt wohl!«

Gegen den Rat Bassanios, der trotz allem, was der Jude von seinen freundlichen Absichten gesagt hatte, nicht zugeben wollte, daß sein Freund um seinetwillen der Gefahr dieser empörenden Buße sich unterzöge, unterzeichnete Antonio schließlich den Vertrag; er dachte, daß er in Wirklichkeit (wie der Jude sagte) nur zum reinen Spaß abgeschlossen sei.

Die reiche Erbin, die Bassanio zu freien wünschte, lebte an einem Orte mit Namen Belmont in der Nähe von Venedig; sie hieß Porzia, und in der Anmut ihrer Persönlichkeit und ihres Gemütes stand sie nicht jener Porzia nach, von welcher uns die Bücher erzählen, die Catos Tochter und Brutus' Gemahlin war.

Da Bassanio so gütig mit Geld unterstützt war durch seinen Freund Antonio, der freilich sein Leben dabei aufs Spiel setzte, reiste er ab nach Belmont mit einem glänzenden Gefolge; in seiner Begleitung war auch ein Edelmann mit Namen Graziano.

Bassanio erwies sich als glücklich in seiner Bewerbung: in kurzer Zeit willigte Porzia ein, ihn als Gemahl anzunehmen.

Bassanio gestand seiner Braut, daß er kein Vermögen habe und daß seine hohe Geburt und seine adligen Vorfahren alles seien, dessen er sich rühmen könne; sie, die ihn um seiner edlen Eigenschaften willen liebte und die Reichtümer genug hatte, um nicht Geld und Gut bei der Wahl eines Gatten in Betracht zu ziehen, antwortete mit lieblicher Bescheidenheit, daß sie sich tausendmal schöner und zehntausendmal reicher wünschte, um seiner würdiger zu sein. Und dann setzte die herrliche Porzia in liebenswürdiger Art ihren eigenen Wert herab und sagte, daß sie ein ungelehrtes, unerzogenes Mädchen sei, aber doch nicht so alt, daß sie nicht noch lernen könne, und sie wollte ihr weiches Gemüt ihm überlassen, um in allen Stücken von ihm geleitet und gelenkt zu werden; und sie sagte: »Ich selbst und was nur mein, ist jetzt in Euch und das Eurige verwandelt. Noch gestern, Bassanio, war ich die Herrin dieses schönen Gutes, Königin über mich selbst und Gebieterin über meine Diener; und nun sind dies Haus, diese Diener und ich selbst Euer eigen, mein Gebieter; ich gebe sie mit diesem Ring.« Und dabei reichte sie Bassanio einen Ring.

Bassanio war bei der anmutigen Art, in welcher die reiche und edle Porzia einen Mann von seinem geringen Vermögen annahm, von Dankbarkeit und Bewunderung so überwältigt, daß er seine Verehrung und Freude dem teuren Mädchen, das ihn so hoch stellte, nicht anders ausdrücken konnte als durch stammelnde Worte der Liebe und Ergebenheit; und indem er den Ring nahm, gelobte er, sich nie von ihm zu trennen.

Graziano und Nerissa, Porzias Kammerfräulein, warteten ihrem Herrn und ihrer Herrin auf, als Porzia so anmutsvoll versprach, das gehorsame Weib Bassanios zu werden, und Graziano, der Bassanio und seiner edlen Braut Heil und Segen wünschte, bat um die Erlaubnis, zur selben Zeit wie sie sich verheiraten zu dürfen.

»Von ganzem Herzen, Graziano«, sagte Bassanio, »gebe ich die Erlaubnis; wenn du nur ein Weib bekommen kannst.«

Da sagte Graziano, daß er Porzias schönes Kammerfräulein Nerissa liebe und daß sie versprochen habe, sein Weib zu werden, wenn ihre Herrin Bassanio heirate. Porzia fragte Nerissa, ob das wahr wäre. Nerissa erwiderte: »Gnädiges Fräulein, es ist so, wenn Ihr es billigt.« Da Porzia gern einwilligte, so sagte Bassanio scherzend: »Dann wird unser Hochzeitsfest durch eure Heirat hochgeehrt.«

Das Glück der Liebenden wurde in diesem Augenblick in betrübender Weise gestört durch den Eintritt eines Boten, der einen Brief von Antonio mit schrecklichen Nachrichten überbrachte. Als Bassanio den Brief Antonios las, fürchtete Porzia, ihm würde der Tod irgendeines teuren Freundes gemeldet, so bleich sah er aus, und indem sie sich erkundigte, was für Nachrichten ihn so verstört hätten, sagte er: »O süße Porzia, hier sind ein paar so widerwärtige Worte, wie sie je Papier befleckten. Holdes Fräulein, als ich zuerst Euch meine Liebe bot, sagte ich Euch, daß mein ganzer Reichtum in meinen Adern rinne, doch ich hätte Euch sagen sollen, er sei noch unter nichts: ich bin in Schulden.« Bassanio erzählte dann Porzia, was wir schon wissen: wie er Geld von Antonio geborgt und Antonio es von dem Juden Shylock beschafft und sich durch einen Schein verpflichtet habe, ein Pfund Fleisch zu verpfänden, wenn es nicht bis zu einem gewissen Tage wiederbezahlt wäre; und dann las Bassanio den Brief Antonios vor, dessen Inhalt folgender war: »Herzlieber Bassanio, meine Schiffe sind alle verloren, mein

Schein an den Juden ist verfallen; und da es unmöglich ist, daß ich es überlebe, wenn ich ihn bezahle, so wünsche ich nur, dich bei meinem Tode zu sehen. Indessen handle nach Belieben. Wenn deine Liebe zu mir dich nicht überredet, so soll es mein Brief nicht.« – »O mein Geliebter«, sagte Porzia, »laßt alles andere liegen, und geht, geht; Ihr sollt Gold haben, um das Geld mehr als zwanzigmal zu bezahlen, ehe dieser gütige Freund nur ein Haar verlieren soll durch meines Bassanio Schuld; und da Ihr so teuer erkauft seid, so sollt Ihr mir um so teurer sein.« Porzia sagte darauf, sie wünschte mit Bassanio vor seiner Abreise vermählt zu sein, damit er ein gesetzliches Recht an ihrem Vermögen habe; und so wurden sie noch denselben Tag verheiratet, und Graziano wurde auch mit Nerissa getraut; und in dem Augenblick, da sie ehelich verbunden waren, reisten Bassanio und Graziano eiligst ab nach Venedig, wo Bassanio seinen Freund Antonio im Gefängnis fand.

Da der Tag der Zahlung verstrichen war, so wollte der grausame Jude das Geld nicht annehmen, welches Bassanio ihm anbot, sondern er bestand darauf, er wolle ein Pfund von Antonios Fleisch haben. Ein Tag wurde anberaumt zur Verhandlung dieser empörenden Sache vor dem Herzog von Venedig, und Bassanio wartete mit schrecklicher Spannung den Ausgang der Verhandlung ab.

Als Porzia von ihrem Gemahl Abschied genommen, hatte sie heiter zu ihm gesprochen und ihn gebeten, er möge seinen teuren Freund mitbringen, wenn er zurückkehre; nun aber fürchtete sie doch, es möge mit Antonio schlimm gehen, und als sie allein war, fing sie an, mit sich selbst darüber zu Rate zu gehen, ob sie nicht durch irgendwelche Mittel ein Werkzeug werden könnte, dem Freund ihres teuren Bassanio das Leben zu retten. Und obgleich sie damals, als sie wünschte, ihrem Bassanio Ehre zu erweisen, ihm mit so demütiger und echt weiblicher Anmut gesagt hatte, daß sie in allen Stücken sich der Leitung seiner höheren Weisheit unterwerfen wolle, so fühlte sie sich doch jetzt zum tätigen Eingreifen aufgefordert durch die Gefahr des Freundes ihres teuren Gemahls. Sie zweifelte nicht an ihrer eigenen Geisteskraft, und von ihrem wahren und treffenden Urteil geleitet, beschloß sie plötzlich, selbst nach Venedig zu gehen und Antonios Verteidigung zu übernehmen.

Porzia hatte einen Verwandten, der Rechtsanwalt war; diesem Manne, der Bellario hieß, schrieb sie, und indem sie ihm den Fall auseinandersetzte, ersuchte sie ihn um seine Meinung und bat zugleich, daß er ihr mit seinem Rate die Kleidung eines Anwalts schicken möchte. Als der Bote zurückkehrte, brachte er briefliche Ratschläge von Bellario, wie vorzugehen wäre, sowie alles Notwendige für ihre Ausstattung.

Porzia kleidete sich und ihre Zofe Nerissa in Männertracht, und indem sie die lange Gewandung eines Anwalts anlegte, nahm sie Nerissa mit sich als ihren Schreiber; sie reisten sofort ab und kamen in Venedig an eben zum Tage der Verhandlung. Die Sache sollte gerade zur Entscheidung gebracht werden vor dem Herzog und den Ratsherren von Venedig im Stadthaus, als Porzia vor diesen hohen Gerichtshof trat und einen Brief von Bellario überreichte, in welchem dieser gelehrte Anwalt dem Herzog schrieb, er würde selbst gekommen sein, um Antonio zu verteidigen, aber er wäre durch Krankheit verhindert und er bitte, daß der gelehrte junge Doktor Balthasar (so nannte er Porzia) die Erlaubnis erhalten möchte, an seiner Statt vor Gericht aufzutreten. Dies bewilligte der Herzog, obgleich er sich sehr wunderte über das jugendliche Aussehen des Fremden, der so allerliebst verkleidet war durch das Anwaltsgewand und durch den mächtigen künstlichen Haarschmuck.

Und nun begann diese wichtige Verhandlung. Porzia sah um sich, und sie erblickte den erbarmungslosen Juden; sie sah auch Bassanio, aber er erkannte sie nicht in ihrer

Verkleidung. Er stand Antonio zur Seite, in tiefer Traurigkeit und Todesangst um seinen Freund.

Die Wichtigkeit der schwierigen Aufgabe, welche Porzia übernommen hatte, verlieh diesem zarten Mädchen Mut, und sie ging kühn vor in der Ausübung der Pflicht, die sie nun einmal als die ihrige betrachtete. Und zuallererst wandte sie sich an Shylock; und indem sie einräumte, daß er nach dem venezianischen Gesetz ein Recht auf das in der Verschreibung bezeichnete Pfand habe, sprach sie so hinreißend von dem herrlichen Wesen der Gnade, daß sie jedes Herz außer dem des gefühllosen Shylock rührte. Sie sagte, die Gnade träufele wie des Himmels milder Regen zur Erde unter ihr; Gnade sei doppelter Segen, sie segne den Geber und den Empfänger, und sie ziere den Fürsten auf dem Thron mehr als seine Krone, weil sie ein Vorrecht Gottes selber sei, und irdische Macht komme der göttlichen am nächsten, in dem Maße, wie Gnade die Gerechtigkeit mildere. Und sie hieß Shylock bedenken, daß, wie wir alle um Gnade beteten, dieses selbe Gebet uns lehren müsse, Gnade zu üben. Aber Shylock gab ihr nur Antwort durch sein Verlangen, die in dem Schein verwirkte Buße gezahlt zu erhalten. »Ist er nicht imstande das Geld zu bezahlen?« fragte Porzia. Bassanio bot darauf dem Juden die Zahlung von sovielmal dreitausend Dukaten, als er nur wünsche; aber Shylock wies das zurück, und indem er noch immer darauf bestand, er müsse ein Pfund von Antonios Fleisch haben, bat Bassanio den gelehrten jungen Anwalt, er möge sich doch bemühen, das Recht ein wenig zu beugen, um Antonios Leben zu retten. Aber ernst erwiderte Porzia, daß ein Gesetz, das einmal als gültig anerkannt sei, nie verdreht werden dürfe. Als Shylock Porzia sagen hörte, daß das Gesetz nicht verdreht werden dürfe, schien es ihm, daß sie zu seinen Gunsten spreche, und er rief: »Ein Daniel ist gekommen zu richten! O weiser junger Richter, wie ich Euch ehre! Um wieviel älter seid Ihr, als Ihr ausseht!«

Porzia verlangte nun, Shylock solle sie den Schein sehen lassen; und als sie ihn gelesen hatte, sagte sie: »Der Schein ist verfallen, und nach dem Rechte kann der Jude hierauf ein Pfund Fleisch verlangen, nächst dem Herzen Antonios auszuschneiden.« Dann sagte sie zu Shylock: »Sei barmherzig; nimm das Geld und laß mich den Schein zerreißen.« Aber der grausame Jude wollte keine Gnade erweisen; er sagte: »Bei meiner Seele schwöre ich, daß keines Menschen Zunge Gewalt über mich hat.« – »Nun wohl, Antonio«, sagte Porzia, »bereitet Euren Busen für sein Messer«; und während Shylock mit großem Eifer ein langes Messer schärfte, um das Pfund Fleisch auszuschneiden, sagte Porzia zu Antonio: »Habt Ihr noch etwas zu sagen?« Antonio erwiderte mit ruhiger Ergebung, daß er nur noch wenig zu sagen habe, weil sein Gemüt auf den Tod vorbereitet sei. Dann sprach er zu Bassanio: »Gib mir die Hand, Bassanio! Lebe wohl! Es kränke dich nicht, daß ich in dieses Unglück geraten bin um deinetwillen. Empfiehl mich deinem edlen Weibe, und erzähle ihr, wie sehr ich dich geliebt habe.« Bassanio erwiderte mit tiefem Kummer: »Antonio, ich habe ein Weib zur Ehe, das mir so lieb ist als mein Leben selbst; doch Leben selbst, mein Weib und alle Welt gilt höher als dein Leben nicht bei mir, ich gäbe alles hin, ich opferte alles dem Teufel da, um dich nur zu befreien.«

Als Porzia dies hörte, fühlte sie sich zwar in ihrer Herzensgüte durchaus nicht gekränkt von ihrem Gemahl, daß er der Liebe, welche er gegen einen so treuen Freund wie Antonio hegte, einen so starken Ausdruck gab, aber sie konnte doch nicht umhin, neckisch zu antworten: »Euer Weib würde, wenn sie zugegen wäre, Euch wenig Dank wissen, zu hören, wie Ihr ein solch Anerbieten macht.« Und Graziano, der alles nachzumachen liebte, was sein Herr tat, dachte sich, er müßte eine Rede halten gleich der Bassanios, und er sagte in Gegenwart Nerissas, die in ihrer Schreiberkleidung neben Porzia schrieb: »Ich habe ein

Weib, das ich gewiß und wahrhaftig liebe; doch wünschte ich, sie wäre im Himmel, wenn sie dort eine Macht erflehen könnte, des hündischen Juden grausames Herz zu wandeln.« – »Gut«, sagte Nerissa, »daß Ihr dies wünscht hinter ihrem Rücken, sonst störte wohl der Wunsch den Frieden des Hauses.«

Shylock rief nun ungeduldig aus: »Die Zeit geht hin; ich bitte Euch, kommt zum Spruch.« Und jetzt war alles ehrfurchtsvolle Erwartung im Gerichtshof, und jedes Herz bangte für Antonio.

Porzia fragte, ob die Waagschale da wäre, das Fleisch zu wiegen; und zum Juden sprach sie: »Shylock, Ihr müßt einen Wundarzt dabei haben, damit er sich nicht zu Tode blutet.« Shylock, dessen ganze Absicht darauf gerichtet war, daß Antonio sich zu Tode bluten sollte, sagte: »Ist das so angegeben in dem Schein?« Drauf erwiderte Porzia: »Es steht nicht da, allein was tut's? Es wäre doch gut, Ihr tätet das aus Menschenliebe.« Alles, was Shylock darauf antwortete, war: »Ich kann's nicht finden; 's ist nicht in dem Schein.« – »Dann«, sagte Porzia, »ist ein Pfund von Antonios Fleisch dein. Das Gesetz gestattet es, und das Gericht erkennt es an. Und Ihr mögt dieses Fleisch aus seiner Brust herausschneiden. Das Gesetz gestattet es, und das Gericht erkennt es an.« Noch einmal rief Shylock: »O weiser und gerechter Richter! Ein Daniel ist gekommen zu richten!« Und dann schärfte er sein langes Messer wieder, und gierig auf Antonio blickend, rief er: »Kommt her, macht Euch fertig.«

»Warte noch ein wenig, Jude«, sagte Porzia; »hier ist noch etwas außerdem zu merken. Dieser Schein gibt Euch nicht ein Tröpfchen Blut, die Worte sind ausdrücklich ›ein Pfund Fleisch‹. Wenn Ihr beim Ausschneiden des Pfundes Fleisch nur einen Tropfen Christenblut vergießt, so fällt Euer Hab und Gut nach dem Gesetz Venedigs dem Staat anheim.« Nun war es aber für Shylock durchaus unmög-

lich, das Pfund Fleisch auszuschneiden, ohne das Blut Antonios zu vergießen. Diese kluge Entdeckung Porzias, daß
nur Fleisch und nicht Blut im Schein genannt war, rettete
dem Antonio das Leben. Und alle bewunderten den er-
staunlichen Scharfsinn des jungen Anwalts, der so glücklich an dieses Auskunftsmittel gedacht hatte, so daß von
allen Seiten des Stadthauses Beifallsrufe ertönten; und Graziano rief mit denselben Worten, die Shylock gebraucht
hatte: »O weiser und gerechter Richter! Merke, Jude, ein
Daniel ist gekommen zu richten.«

Shylock fühlte, daß seiner grausamen Absicht eine Niederlage bereitet war, und sagte mit einem Blick, worin sich
seine ganze Enttäuschung aussprach, daß er das Geld nehmen wolle; und Bassanio, höchlich erfreut über Antonios
unerwartete Rettung, rief aus: »Hier ist das Geld.« Aber
Porzia trat ihm entgegen mit den Worten: »Sachte, sachte!
Die Sache hat nicht Eile; der Jude soll nichts als seine Buße
haben; deshalb macht Euch fertig, Shylock, das Fleisch
auszuschneiden; aber gebt acht, daß Ihr kein Blut vergießt;
auch schneidet nicht mehr oder weniger heraus als genau
ein Pfund; sollte es mehr oder weniger sein um ein elendes
Quentchen, ja sollte sich die Waagschale nur um eines
Haares Breite neigen, so seid Ihr durch die Gesetze Venedigs zum Tode verurteilt, und all Euer Gut ist dem großen
Rate verfallen.« – »Gebt mir mein Geld und laßt mich gehen«, sagte Shylock. »Ich habe es schon für dich bereit«,
sagte Bassanio, »hier ist's.«

Shylock schickte sich eben an, das Geld zu nehmen, als
Porzia wieder ihm entgegentrat mit den Worten: »Warte,
Jude, das Recht hat andern Anspruch noch an Euch. Nach
den Gesetzen Venedigs ist Euer Hab und Gut dem Staat
verfallen, weil Ihr gegen das Leben eines der Bürger einen
Anschlag gemacht habt, und Euer Leben hängt von der
Gnade des Herzogs ab. Darum nieder auf Eure Knie, ihn
um Gnade zu bitten.«

Der Herzog sagte darauf zu Shylock: »Damit Ihr seht, welch andrer Geist uns Christen lenkt, so schenke ich Euch das Leben, bevor Ihr darum bittet; Eures Gutes Hälfte gehört Antonio, die andere Hälfte fällt an den Staat.«

Voll Großmut sagte darauf Antonio, daß er seinen Anteil an Shylocks Gütern aufgeben wolle, wenn Shylock eine Schrift unterzeichne, durch die er sie seiner Tochter und deren Mann bei seinem Tode vermache. Denn Antonio wußte, daß der Jude eine einzige Tochter besaß, die sich kürzlich ohne seine Zustimmung verheiratet hatte mit einem Christen namens Lorenzo, einem Freund Antonios, wodurch Shylock so aufgebracht war, daß er sie enterbt hatte.

Der Jude war mit allem einverstanden; und da er sich in seinem Rachegelüst so hart enttäuscht und seines Reichtums beraubt sah, sprach er: »Ich bin krank. Laßt mich nach Hause gehen; sendet das Schriftstück mir nach, und ich will es unterzeichnen und die Hälfte meiner Güter meiner Tochter vermachen.« – »Fort denn«, sagte der Herzog, »und unterzeichne; wenn du deine Grausamkeit bereust und dich zum Christentum bekehrst, so wird der Staat dir die Buße der andern Hälfte deiner Güter erlassen.«

Der Herzog entledigte jetzt Antonio seiner Haft und entließ den Gerichtshof. Er pries darauf die Weisheit und den Scharfsinn des jungen Anwalts und lud ihn zum Mittagessen zu sich. Porzia, die vor ihrem Gemahl nach Belmont zurückzukehren gedachte, versetzte dagegen: »Ich danke Eurer Hoheit ehrerbietigst, doch muß ich geradewegs nach Hause.« Der Herzog sagte, es täte ihm leid, daß er nicht Zeit hätte, bei ihm zu verweilen und mit ihm zu speisen; dann sich zu Antonio wendend, fügte er hinzu: »Erweist Euch diesem Herrn dankbar; denn, wie mich bedünkt, seid Ihr ihm sehr verpflichtet.«

Der Herzog und seine Ratsherren verließen die Stätte; dann aber sagte Bassanio zu Porzia: »Sehr würdiger Herr,

ich und mein Freund Antonio sind heute durch Eure Weisheit von schweren Bußen losgesprochen, und ich bitte
Euch, diese dreitausend Dukaten, die Schuld des Juden,
dafür anzunehmen.« – »Und wir«, setzte Antonio hinzu,
»wir bleiben Eure Schuldner überdies an Liebe wie an
Diensten immerfort.«

Porzia konnte nicht überredet werden, das Geld anzunehmen; aber da Bassanio sie noch immer drängte, sich
eine Belohnung gefallen zu lassen, sagte sie: »Gebt Eure
Handschuh mir, ich will sie tragen zu Eurem Andenken«;
und indem Bassanio darauf seine Handschuh abzog, er-
spähte sie den Ring, den sie ihm geschenkt hatte. Nun war
aber die Veranlassung zu ihrer Bitte um die Handschuhe
nur der Ring, den die schlaue Porzia von ihm zu erhalten
wünschte, um beim Wiedersehen mit Bassanio sich einen
lustigen Scherz zu machen; und so sprach sie, den Ring sehend: »Und Euch zuliebe nehme ich den Ring von Euch.«
Bassanio war tief bestürzt, als der Anwalt ihn um das einzige bat, von dem er sich nicht trennen konnte, und er erwiderte sehr verwirrt, daß er ihm diesen Ring nicht geben
könne, weil er ein Geschenk seines Weibes sei und er ge-
lobt habe, sich nie von ihm zu trennen; aber er wolle ihm
den wertvollsten Ring in Venedig geben und diesen durch
öffentlichen Heroldsruf ausfindig machen. Da tat Porzia,
als wäre sie tief beleidigt, und verließ den Saal mit den Worten: »Ihr lehrt mich, Herr, wie man Bettlern Antwort zu
geben hat.«

»Liebster Bassanio«, sprach Antonio, »laß ihn den Ring
bekommen; laß sein Verdienst zugleich mit meiner Liebe
dir so viel gelten als deines Weibes Mißfallen.« Beschämt,
so undankbar zu erscheinen, willigte Bassanio ein und
sandte Graziano mit dem Ringe dem Anwalt nach. Nun
aber bat der »Schreiber« Nerissa, die ebenfalls Graziano
einen Ring geschenkt hatte, um seinen Ring, und Graziano,
der nicht Lust hatte, sich an Großmut von seinem Herrn

übertreffen zu lassen, schenkte ihn ihr. Und da gab es denn viel Gelächter zwischen den beiden jungen Frauen, wenn sie sich dachten, wie sie, sobald sie die Heimat erreicht hätten, ihren Männern Vorwürfe machen wollten, daß sie ihre Ringe weggegeben hätten, und wie sie dann beschwören könnten, daß jene sie als Geschenk an Frauen gegeben.

Porzia war bei ihrer Rückkehr in jener glücklichen Stimmung, die immer die Folge des Bewußtseins ist, eine gute Tat vollbracht zu haben. Alles, was sie sah, entzückte ihren heiteren Sinn: Der Mond schien, wie ihr dünkte, so hell wie nie zuvor; und als dieser liebliche Mond hinter einer Wolke versteckt war, da gefiel ein Licht, das sie von ihrem Hause zu Belmont herschimmern sah, ihrer erregten Einbildungskraft ebensosehr, und sie sagte zu Nerissa: »Das Licht, welches wir dort sehen, brennt in meiner Halle; so weit diese kleine Kerze Strahlen wirft, so weit leuchtet eine gute Tat in einer erbärmlichen Welt.« Und da sie Klänge von Musik von ihrem Hause her vernahm, sagte sie: »Mir deucht, daß Musik jetzt doch viel lieblicher klingt als bei Tage.«

Und nun betraten Porzia und Nerissa das Haus, und nachdem sie sich in ihre eigenen Kleider geworfen hatten, erwarteten sie die Ankunft ihrer Männer, die ihnen bald folgten mit Antonio. Und Bassanio stellte seinen teuren Freund seiner Gemahlin Porzia vor. Aber kaum waren das Willkommen und die Glückwünsche der Hausfrau vorüber, als sie vernahmen, daß Nerissa und ihr Mann in einem Winkel des Zimmers sich zankten. »Ei, schon ein Zank?« sagte Porzia, »worum handelt es sich?« Graziano erwiderte: »Gnädige Frau, es handelt sich um einen armseligen vergoldeten Ring, den Nerissa mir gab; ein Denkspruch war darauf an alle Welt, wie Verse, die man liest auf eines Messerschmiedes Klinge: ›Liebe mich und laß mich nicht.‹«

»Was kommen hier die Verse oder der Wert des Ringes in Betracht?« sagte Nerissa. »Als ich ihn dir gab, da schworst du mir, daß du ihn bis zur Todesstunde bewahren wolltest;

und nun sagst du, daß du ihn dem Schreiber des Rechtsanwalts gegeben hast. Ich weiß, du gabst ihn einem Weibe.« – »Bei meiner Ehre!« erwiderte Graziano, »ich gab ihn einem Jüngling, einer Art von Knaben, einem kleinen Knirps, nicht größer als du selbst; er war der Schreiber des jungen Anwalts, der durch seine kluge Verteidigung Antonios Leben rettete. Dieser Plauderbub erbat ihn sich zur Belohnung, und ich hätte ihm um mein Leben den Ring nicht abschlagen können.« Porzia sagte: »Ihr wart zu tadeln, Graziano, Euch von dem ersten Geschenk Eures Weibes zu trennen. Ich gab meinem Gemahl Bassanio einen Ring, und ich bin fest überzeugt, daß er sich von ihm nicht trennen würde für alle Schätze, so die Welt besitzt.« Graziano sagte darauf zur Entschuldigung seines Fehlers: »Mein Herr Bassanio gab seinen Ring dem Anwalt, und da erbat sich der Bursche, sein Schreiber, der viel Mühe beim Schreiben hatte, den meinen.«

Als Porzia das hörte, schien sie sehr ärgerlich zu sein, und sie machte Bassanio Vorwürfe, daß er ihren Ring weggeschenkt habe; und sie sagte, Nerissa habe ihr gezeigt, was von der Sache zu halten sei, und sie wisse recht gut, daß ein Weib den Ring jetzt besitze. Bassanio war sehr unglücklich, seine liebe Gemahlin so beleidigt zu haben, und er sagte sehr ernst: »Nein, auf Ehre! Kein Weib hat ihn, sondern ein hochgelehrter Doktor, der dreitausend Dukaten von mir ausschlug und um den Ring bat; als ich ihm denselben verweigerte, ging er mißvergnügt hinweg. Was konnte ich tun, süße Porzia? Scham über meine scheinbare Undankbarkeit quälte mich so, daß ich mich gezwungen sah, ihm den Ring nachzusenden. Vergib mir, liebes Weib; wärest du dort gewesen, du würdest, denke ich, den Ring von mir erbeten haben, um ihn dem würdigen Doktor zu schenken.«

»Ach«, sprach Antonio, »ich bin der Unglücksgrund von diesem Zwist.«

Porzia bat Antonio, sich darüber nicht zu grämen, denn er sei nichtsdestoweniger willkommen; und darauf sprach Antonio: »Ich lieh einst meinen Leib hin um seinetwillen; ohne ihn, der Eures Gatten Ring bekam, war ich verloren. Ich darf mich noch verbürgen, meine Seele zum Pfande! daß Euer Gemahl nimmermehr Euch die Treue brechen wird.« – »So seid denn Ihr sein Bürge«, sagte Porzia, »gebt ihm diesen Ring und heißt ihn denselben besser hüten als den anderen.«

Als Bassanio diesen Ring ansah, war er höchlich erstaunt zu finden, daß dies derselbe war, den er weggegeben hatte; und nun erzählte Porzia, daß sie der junge Anwalt und Nerissa ihr Schreiber gewesen sei; und Bassanio mußte zu seiner namenlosen Verwunderung und Freude erkennen, daß nur durch den edlen Mut und die Klugheit seines Weibes Antonios Leben gerettet wurde.

Und Porzia hieß von neuem Antonio willkommen und gab ihm Briefe, die zufällig ihr in die Hände gefallen waren. In diesen war ein Bericht von Antonios Schiffen enthalten, daß sie, die man für verloren gehalten hatte, wohlbehalten in den Hafen eingelaufen seien. So wurde der traurige Beginn der Geschichte dieses reichen Kaufmannes bald gänzlich über dem unerwarteten Glück vergessen, das nachfolgte; und man hatte nun Zeit, über die drollige Begebenheit mit den Ringen zu lachen und über die Männer, die die eigenen Frauen nicht erkannt hatten. Graziano aber schwor in einer Art von gereimter Rede:

Nein! Lebenslang hüt' ich kein ander Ding
mit solchen Ängsten, als Nerissas Ring.

Viel Lärmen um nichts

Es lebten im Palast zu Messina zwei junge Mädchen, die hießen Hero und Beatrice. Hero war die Tochter und Beatrice die Nichte Leonatos, des Statthalters von Messina.

Beatrice besaß eine lebhafte Gemütsart und erheiterte gern ihre Freundin Hero, die eine mehr ernste Richtung hatte, mit ihren munteren Einfällen. Jeder Vorfall gab gewiß Veranlassung zu Scherz und Lust für die stets fröhliche Beatrice.

Um die Zeit, da die Geschichte dieser beiden jungen Mädchen beginnt, erhielt Leonato Besuch von einigen jungen Männern von hohem Rang im Heere. Sie kamen durch Messina auf ihrer Rückkehr von einem gerade beendeten Krieg, in welchem sie sich durch ihre große Tapferkeit ausgezeichnet hatten. Unter diesen Männern befanden sich Don Pedro, Fürst von Aragonien, und sein Freund Claudio, ein Edelmann aus Florenz, und mit ihnen kam der in ausgelassener Heiterkeit immer witzsprudelnde Benedikt. Der war ein Edelmann aus Padua.

Diese Gäste waren schon vorher in Messina gewesen, und der gastfreundliche Statthalter führte sie seiner Tochter und seiner Nichte als alte Freunde des Hauses vor.

Benedikt begann sofort, wie er ins Zimmer getreten war, sich lebhaft mit Leonato und dem Prinzen zu unterhalten. Beatrice, die sich nicht gern von einem Gespräch ausgeschlossen sah, unterbrach Benedikt mit den Worten: »Mich wundert, daß Ihr immer etwas zu sagen habt, Signor Benedikt; kein Mensch achtet auf Euch.« Benedikt war gerade ein solcher Brausekopf wie Beatrice, doch fühlte er sich

unsanft berührt von ihrer kecken Anrede; er dachte sich, es
sei für eine wohlerzogene junge Dame nicht geziemend, so
zungenfertig zu sein, und er trug's noch im Gedächtnis,
daß sich Beatrice bei seiner letzten Anwesenheit in Messina gern ihn auserlesen hatte, um ihr als Zielscheibe für
ihre witzigen Spöttereien zu dienen. Und wie es nicht
leicht jemanden gibt, dem es so wenig behagt, einen Witz
über sich ergehen zu lassen, wie diejenigen, die geneigt
sind, für sich dieselbe Freiheit in Anspruch zu nehmen, so
verhielt es sich auch mit Benedikt und Beatrice; diese beiden scharfen und witzigen Zungen waren auch schon in
früheren Zeiten nie zusammengetroffen, ohne daß ein
förmliches Scharmützel von beißenden Reden zwischen
ihnen aufgeführt wurde, weshalb sie auch immer gegenseitig gereizt voneinander geschieden waren. Als Beatrice
daher ihn mitten in seiner Rede so jäh unterbrochen hatte,
indem sie sagte, kein Mensch beachte seine Worte, tat Benedikt, als ob er ihrer Anwesenheit gar nicht innegeworden wäre, und erwiderte: »Ei, liebes Fräulein Naseweis, lebt
Ihr auch noch?« Und nun brach der Krieg von neuem zwischen ihnen aus, und es folgte ein langes Wortgefecht, in
dessen Verlauf Beatrice, obgleich ihr nicht unbekannt war,
daß er im letzten Kampf seine Tapferkeit glänzend bewährt
hatte, spöttisch sagte, sie wolle jeden, den er in der
Schlacht getötet hätte, mit Haut und Haar verzehren, und
da sie bemerkte, daß der Fürst an Benedikts Unterhaltung
Gefallen fand, so nannte sie ihn »des Fürsten Hofnarren«.
Der Stachel dieses Spottes drang tiefer in Benedikts Herz
ein als alles, was Beatrice früher gesagt hatte. Den Hieb,
den sie ihm mit dem Worte gab, daß er ein Feigling wäre
(denn sie hatte ja gesagt, sie wolle jeden mit Haut und
Haar verzehren, den er getötet hätte) –, diesen Hieb ließ er
unbeachtet, im Bewußtsein, daß er ein tapferer Mann sei;
aber nichts fürchten witzige Köpfe so sehr, als daß man sie
eines närrischen Wesens zeiht, denn der Vorwurf kommt

bisweilen der Wahrheit allzu nahe. Deshalb faßte Benedikt einen förmlichen Haß gegen Beatrice, als sie ihn »des Fürsten Hofnarren« nannte.

Die bescheidene junge Hero schwieg vor den edlen Gästen; und während Claudio mit Aufmerksamkeit beobachtete, wie sich im Laufe der Zeit ihre Schönheit entwickelt hatte, und der vollendeten Anmut ihrer Gestalt seine Betrachtung zuwandte (sie war in der Tat eine bewunderungswürdige Jungfrau), fand der Fürst großes Vergnügen daran, der neckischen Unterhaltung zwischen Benedikt und Beatrice zu lauschen, und er flüsterte Leonato zu: »Dies ist eine reizende, geistreiche junge Dame, sie würde sich vortrefflich zum Weibe für Benedikt eignen.« Auf diese Bemerkung erwiderte Leonato: »O mein Fürst, mein Fürst, wenn sie nur eine Woche verheiratet wären, sie würden einander närrisch schwatzen.« Aber obgleich Leonato meinte, sie würden als Ehepaar nicht zusammen stimmen, so gab der Fürst doch den Gedanken nicht auf, diese beiden witzigen und schneidigen Menschen miteinander zu verheiraten.

Als der Fürst mit Claudio aus dem Palast zurückkehrte, sollte er bald merken, daß die Vermählung, die er sich zwischen Benedikt und Beatrice ersonnen hatte, nicht die einzige sei, die in dieser erlauchten Gesellschaft am Werke war; denn Claudio sprach von Hero in Ausdrücken, die den Fürsten ahnen ließen, was in seinem Herzen vorging, und ihm gefiel das wohl, und er sagte zu Claudio: »Liebt Ihr Hero?« Auf diese Frage versetzte Claudio: »O mein Fürst, als ich zuletzt in Messina war, sah ich sie mir mit Soldatenblick an, dem sie gefiel, doch vor der rauhen Arbeit kam's nicht zur Liebe. Aber jetzt, in diesen glücklichen Friedenszeiten, haben Kriegsgedanken den Platz in meinem Herzen geräumt; statt ihrer drängen sanfte, holde Wünsche sich ein und mahnen an der jungen Hero Reiz und wecken mir Erinnerung, daß ich liebte, schon ehe ich in das Kriegsgewitter zog.« Claudios Liebesgeständnis machte solchen Eindruck auf den Fürsten, daß er keine Zeit verlor, die Zustimmung Leonatos zu erbitten, daß er Claudio zum Schwiegersohn annehmen möchte. Leonato genehmigte diesen Vorschlag, und der Fürst überredete mit leichter Mühe die anmutige Hero selbst, die Bewerbung des edlen Claudio, eines Mannes von seltener Begabung und hoher Bildung, zu erhören; und Claudio wußte bald, unter dem Beistand seines gütigen Fürsten, Leonato zu bewegen, daß er einen nicht zu fernen Tag für die Feier seiner Vermählung ansetzte.

Claudio sollte nur noch wenige Tage warten bis zu seiner Vermählung mit seiner schönen Braut, aber doch empfand er Mißvergnügen über die langweilige Zwischenzeit, wie denn in der Tat die meisten jungen Männer ungeduldig sind, wenn sie warten müssen auf die Erfüllung eines Wunsches, an den sie ihr Herz gehängt haben. Der Fürst machte daher, um ihm die Wartefrist möglichst kurz erscheinen zu lassen, den Vorschlag, sie möchten zu einer Art von lustigem Zeitvertreib irgendeine listige Veranstaltung erfinden, daß Benedikt und Beatrice sich ineinander verliebten. Claudio ging mit großer Befriedigung auf diesen Wunsch des Fürsten ein, und Leonato versprach ihnen seinen Beistand; ja selbst Hero sagte, auch sie würde ihren bescheidenen Anteil dazu beitragen, ihrer Freundin zu einem guten Gemahl zu verhelfen.

Der Plan, den der Fürst entwarf, ging darauf hinaus, daß die Herren Benedikt glauben machen sollten, daß Beatrice in ihn verliebt wäre, und daß Hero ihrer Freundin einreden sollte, Benedikt wäre in sie verliebt.

Der Fürst, Leonato und Claudio begannen zuerst ihre Tätigkeit. Sie warteten eine günstige Gelegenheit ab, als Benedikt in einer Gartenlaube ruhig lesend saß. Der Fürst und seine Genossen stellten sich unter die Bäume hinter der Laube, so nahe, daß Benedikt nicht umhin konnte, je-

des Wort, das sie sagten, zu hören, und nach einigen gleich-
gültigen Äußerungen begann der Fürst: »Kommt hierher,
Leonato. Was war es doch, das Ihr mir kürzlich erzähltet?
Daß Eure Nichte Beatrice in Benedikt verliebt sei? Ich
hätte doch nie geglaubt, daß das Fräulein irgendeinen
Mann lieben könnte.« – »Nein, wahrlich, ich ebensowenig,
mein Fürst«, antwortete Leonato. »Aber das ist das Wun-
derbarste, daß sie gerade für Benedikt schwärmt, den sie,
nach ihrem äußeren Benehmen zu schließen, so gründlich
verabscheut.« Claudio bestätigte das alles. Hero hätte ihm
erzählt, daß Beatrice so ganz verliebt sei in Benedikt, daß
sie sicher vor Kummer sterben würde, wenn nicht auch
in ihm noch die Liebe sich regte. Aber Leonato und Claudio schienen einverstanden zu sein, daß dies unmöglich
sei, da er immer ein so arger Spötter allen schönen Frauen
gegenüber gewesen sei, ganz besonders aber gegen Beatrice.

Der Fürst tat, als hörte er alledem mit großer Teilnahme
für Beatrice zu, und er sagte: »Es wäre gut, wenn man Benedikt dies erzählte.« – »Wozu?« sagte Claudio, »er würde
sich nur einen Spaß daraus machen und die Arme noch ärger quälen.« – »Wenn er das täte«, sagte der Fürst, »so wäre
es ein gutes Werk, ihn zu hängen; denn Beatrice ist ein vortreffliches, süßes Mädchen, und sie ist außerordentlich verständig in allen Dingen, nur nicht darin, daß sie Benedikt
liebt.« Dann veranlaßte der Fürst seine Gefährten fortzugehen und Benedikt allein zu lassen, damit er über das, was
er mit angehört hatte, nachdenke.

Benedikt hatte mit großem Eifer dieser Unterhaltung
gelauscht; und als er hörte, daß Beatrice ihn liebe, sprach er
zu sich selbst: »Ist es möglich? Bläst der Wind aus dieser
Ecke?« Und als sie weggegangen waren, fing er an, folgendermaßen mit sich selbst zu reden: »Das kann keine Schel-
merei sein! Sie waren zu ernsthaft, und sie haben die
Gewißheit von Hero, und sie scheinen das Fräulein zu

95

bedauern. In mich verliebt? Ei, das muß erwidert werden! Ich dachte nie zu heiraten; aber als ich sagte, ich würde sterben als Junggeselle, konnte ich ja nicht denken, es zu erleben, daß ich noch eine Frau nehmen würde. Sie sagen, das Fräulein sei tugendhaft und schön: ja, das ist sie. Und verständig in allen Dingen, nur nicht darin, daß sie mich liebt: ei, das ist noch kein großer Beweis für ihre Torheit. Aber da kommt Beatrice! Beim Sonnenlicht, sie ist ein schönes Fräulein! Ich erspähe an ihr schon einige Zeichen von Liebe.« Beatrice kam jetzt näher und sagte mit ihrer gewohnten Schärfe: »Wider meinen Willen hat man mich hergeschickt, Euch zu Tische zu rufen.« Benedikt, der nie zuvor sich aufgelegt gefühlt hatte, so höflich zu ihr zu sprechen, erwiderte: »Schöne Beatrice, ich danke Euch für Eure Mühe«; und als Beatrice nach noch zwei oder drei unfreundlichen Worten ihn verlassen hatte, glaubte Benedikt, eine versteckte gütige Gesinnung hinter ihren unhöflichen Worten entdeckt zu haben, und er sagte laut: »Wenn ich nicht Mitleid für sie fühle, so bin ich ein Schurke; wenn ich sie nicht liebe, so bin ich ein hartherziger Jude. Ich will gleich gehen und mir ihr Bildnis verschaffen.«

Da so der Edelmann in dem Netz gefangen war, das sie für ihn ausgespannt hatten, kam jetzt an Hero die Reihe, ihre Rolle zu spielen mit Beatrice; und zu diesem Ende sandte sie nach Ursula und Margarete, zwei Kammerjungfern, die ihr dienten, und sie sagte zu Margarete: »Liebe Margarete, laufe in den Saal hinauf; dort findest du meine Freundin Beatrice im Gespräch mit dem Fürsten und Claudio. Raune ihr ins Ohr, daß ich und Ursula im Garten spazieren gehen und daß sie der Gegenstand unserer Unterhaltung ist. Dann heiße sie in die schöne Laube schleichen, wo Geißblattranken, an der Sonne erblüht, gleich undankbaren Fürstengünstlingen der Sonne den Zutritt wehren.« Diese Laube, in welche Margarete nach Heros Befehl Beatrice locken sollte, war eben die nämliche liebliche Laube, wo Benedikt kürzlich ein so aufmerksamer Lauscher gewesen war. »Ich schaffe gleich sie her, verlaßt Euch drauf«, sagte Margarete.

Hero nahm dann Ursula mit sich in den Garten und sagte zu ihr: »Nun, Ursula, wenn Beatrice kommt und wir im Baumgang auf und nieder wandeln, sei einzig nur von Benedikt die Rede. Wenn ich ihn nenne, sei es deine Sache, ihn mehr zu preisen, als ein Mann verdient. Darauf erzähle ich dir, wie Benedikt in Beatrice sterblich verliebt ist. So, nun beginnt's! Denn sieh nur, Beatrice gleich dem Kiebitz streicht dicht am Boden hin, uns zu belauschen.« Dann fingen sie an; Hero sagte, als ob sie auf etwas, das Ursula gesprochen hätte, antwortete: »Nein, wahrlich! Ursula, sie ist zu stolz; ihr Herz ist spröde gleich den wilden Vögeln, die hoch, unnahbar, auf den Felsen horsten.« – »Aber seid Ihr sicher«, sagte Ursula, »daß Benedikt wirklich Beatrice so heiß liebt?« Hero entgegnete: »So sagt der Fürst und auch mein Bräutigam. Sie baten mich, ich möge es ihr entdecken; doch riet ich ihnen, wenn sie Benedikt treu liebten, es stets jener zu verschweigen.« – »Gewiß«, sprach Ursula, »es wäre nicht gut, erführe sie von seiner Liebe; sie würde ihn nur verspotten.« – »Ja, ja, wenn ich die Wahrheit sagen soll«, sprach Hero, »ich sah noch keinen Mann, wie klug auch immer oder edel, wie jung und schön von Zügen, den sie nicht herabzusetzen versucht hätte.« – »Gewiß, gewiß, solch ewiges Kritteln macht nicht beliebt«, sagte Ursula. »Nein«, erwiderte Hero, »aber wer wagt ihr das zu sagen? Wollte ich reden, ich müßte an ihrem Spott vergehn.« – »O Ihr tut Eurer Freundin unrecht«, sprach Ursula dagegen, »sie kann nicht alles Urteil so verleugnen, daß sie einen so seltenen Edelmann wie Signor Benedikt zurückwiese.« – »Gewiß, er ist von hochbewährtem Ruf«, entgegnete Hero; »er ist in der Tat der erste Mann in Italien, meinen treuen Claudio natürlich ausgenommen.« Und jetzt, da Hero ihrer Dienerin einen Wink gab, daß es Zeit sei, das Gespräch auf etwas anderes zu bringen, warf Ursula die Frage hin: »Und wann denkt Ihr Euch zu vermählen, gnädiges Fräulein?« Hero teilte ihr dann mit, daß ihre Vermählung mit Claudio am folgenden Tage stattfinden würde, und hieß sie darauf mit ihr hineingehen und einige neue Kleider mustern, da sie sich mit ihr zu beraten wünsche, welches Kleid sie beim Fest tragen solle. Aber Beatrice, die in atemloser Spannung dieser Unterhaltung gelauscht hatte, rief, sobald sie weggegangen waren, aus: »Welch Feuer durchströmt mein Ohr! Ist's wirklich wahr? Lebe wohl denn, Hochmut und Verachtung und Mädchenstolz! O Benedikt, liebe nur weiter! Ich will dir vergelten und mein wildes Herz so zähmen, daß es von deiner liebenden Hand sich leiten läßt.«

Es muß ein reizender Anblick gewesen sein, die alten Feinde in neue Freunde verwandelt zu sehen und ihrer ersten Begegnung beizuwohnen, nachdem sie durch den lustigen Trug des gutgelaunten Fürsten in gegenseitige Liebe hineingetäuscht waren. Aber jetzt müssen wir eines traurigen Wechsels in Heros Glück gedenken. Der Morgen, der bestimmt war, ihr Hochzeitstag zu werden, brachte schweren Kummer über das Herz Heros und ihres edlen Vaters Leonato.

Der Fürst hatte einen Halbbruder, der aus dem Krieg mit ihm nach Messina gekommen war. Dieser Bruder (er hieß Don Juan) war ein finsterer, unzufriedener Mann, dessen Kopf immer nur beschäftigt schien, Schlechtigkeiten zu ersinnen. Er haßte den Fürsten, und er haßte Claudio, aus keinem anderen Grunde, als weil er des Fürsten Freund war, und er beschloß, Claudios Vermählung mit Hero zu verhindern, einzig um das boshafte Vergnügen zu genießen, Claudio und den Fürsten unglücklich zu machen. Denn er wußte, daß dem Fürsten diese Vermählung sehr am Herzen lag, fast ebenso sehr wie Claudio; und um seinen ruchlosen Zweck zu erreichen, verwandte er einen gewissen Borachio, einen an Niedertracht ihm ähnlichen

Menschen, den er durch das Versprechen einer großen Belohnung dazu ermunterte. Dieser Borachio machte Margarete, der Kammerjungfer Heros, den Hof, und Don Juan, der dies wußte, brachte ihn dahin, daß er Margarete das Versprechen abnahm, in jener Nacht, sobald Hero eingeschlafen wäre, aus dem Kammerfenster ihrer Herrin sich mit ihm zu unterhalten und dabei Heros Kleider anzulegen. Dadurch solle Claudio desto mehr getäuscht werden, so daß er glaubte, Hero hielte diese nächtliche Zwiesprache; denn das meinte er erreichen zu können durch diesen teuflischen Anschlag.

Don Juan ging zu dem Fürsten und Claudio und erzählte ihnen, Hero sei eine schamlose Dirne: sie unterhielte sich um Mitternacht von ihrem Kammerfenster aus mit Männern. Nun war es der Abend vor der Hochzeit, und er erbot sich, sie diese Nacht dahin zu führen, wo sie selber mit anhören könnten, wie Hero von ihrem Fenster aus mit einem Mann rede; sie willigten ein, mit ihm zu gehen, und Claudio sagte: »Sehe ich diese Nacht irgend etwas, weshalb ich sie nicht heiraten könnte, so will ich sie morgen vor der ganzen Versammlung, in welcher ich mit ihr Hochzeit zu halten gedachte, beschämen und beschimpfen.« Auch der Fürst sagte: »Und so wie ich für Euch warb, sie zu erlangen, so will ich mich nun mit Euch vereinigen, ihr den Ehrenkranz abzureißen.«

Als Don Juan sie nun in jener Nacht in die Nähe von Heros Schlafgemach geführt hatte, sahen sie, wie Borachio unter dem Fenster stand und wie Margarete sich aus Heros Fenster hinausbeugte, und sie hörten ihr Gespräch mit Borachio; und da Margarete dieselben Kleider trug, in welchen sie Hero gesehen hatten, so glaubten der Fürst und Claudio, daß die Sprechende Hero selber wäre.

Unbeschreiblich war der Zorn Claudios, als er die vermeintliche Schmach seiner Braut entdeckt hatte. Alle seine Liebe für die unschuldige Hero war urplötzlich in Haß umgewandelt, und er beschloß, sie seiner Drohung gemäß am nächsten Tag öffentlich in der Kirche zu beschimpfen; und der Fürst war mit ihm einverstanden, denn er glaubte, keine Strafe könne zu streng sein für die Nichtswürdige, die mit einem Mann von ihrem Fenster aus spricht, sogar noch in der Nacht vor ihrer Vermählung mit dem edlen Claudio.

Am nächsten Tage waren sie alle versammelt, um die Vermählung zu feiern, und Claudio und Hero standen vor dem Priester, und der Geistliche war eben im Begriff, die Trauungsformel auszusprechen: da verkündete Claudio in der leidenschaftlichsten Sprache laut und öffentlich die Schuld der reinen Hero, die, entsetzt über die seltsamen Worte, die er sprach, demütig sagte:

»Ist Euch nicht wohl, daß Ihr so irre sprecht?«

Leonato sagte in furchtbarer Aufregung zum Fürsten: »Mein Fürst, warum sprecht Ihr nicht?«

»Was sollte ich sprechen?« erwiderte der Fürst. »Ich stehe entehrt, weil ich die Hand geboten, den teuren Freund der Dirne zu verbinden. Leonato, auf Ehre, ich selbst, mein Bruder und dieser schwergekränkte Claudio sahen und hörten in vergangener Nacht um die zwölfte Stunde, wie sie mit einem Mann an ihrem Kammerfenster sprach.«

Benedikt, voll Erstaunen über alles, was er hörte, rief: »Das sieht nicht aus wie Hochzeit!«

»Wahr, o Gott!« rief die ins Herz getroffene Hero; und darauf sank die Unglückliche nieder in Ohnmacht; allem Anschein nach war sie tot. Der Fürst und Claudio verließen die Kirche, ohne abzuwarten, ob Hero sich wieder erholen würde, oder im geringsten den Kummer zu beachten, dem sie Leonato preisgegeben hatten; so sehr hatte der Zorn ihre Herzen versteinert.

Benedikt blieb zurück und half Beatrice, Hero aus ihrer Ohnmacht zu erwecken. »Wie geht's dem Fräulein?« sagte

er. »Tot, fürchte ich«, erwiderte Beatrice in großer Seelenangst, denn sie liebte ihre Freundin zärtlich; und da sie ihre
tugendhaften Grundsätze kannte, glaubte sie nichts von
dem, was sie zu ihren Ungunsten hatte sprechen hören.
Nicht so der arme greise Vater; er glaubte die Geschichte
von seines Kindes Schande, und es war zum Erbarmen, ihn
über sie jammern zu hören, als sie gleich einer Toten vor
ihm lag; er wünschte nur, sie möchte nie wieder die Augen
öffnen.

Aber der alte Priester war ein weiser Mann und ein sorgfältiger Beobachter der menschlichen Natur, und er hatte
mit aller Aufmerksamkeit die Haltung des Fräuleins betrachtet, während sie sich anklagen hörte: Da hatte er bemerkt, wie blitzartig schnell über ihr Antlitz Schamröte
flammte und dann wieder die Unschuldsengel der Blässe
jene Röte hinwegtrugen, und in ihrem Auge sah er ein
Feuer, das den Irrwahn Lügen strafte, den der Fürst wider
ihre Mädchentreue vorgebracht hatte. Und er sprach zu
dem tiefgebeugten Vater: »Nennt mich einen Toren, traut
meinem Wissen nicht noch der Erfahrung, traut meinem
Alter nicht noch meinem ehrwürdigen Stand und Beruf,
wenn dies süße Mädchen nicht schuldlos hier liegt, von gif-
tigem Wahn getroffen.«

Als Hero sich von der Ohnmacht, in die sie gesunken
war, wieder erholt hatte, sagte der Priester zu ihr: »Fräulein, wer ist's, mit dem man Euch verklagt?« Hero versetzte: »Die mich verklagten, wissen's, ich weiß keinen.«
Dann wandte sie sich an Leonato und sagte: »Mein Vater,
wenn Ihr beweist, daß irgendwer mit mir gesprochen um
Mitternacht und daß ich gestern Abend mit irgendeinem
Wesen Worte gewechselt, verstoßt mich, haßt mich, mar-
tert mich zu Tode.«

»Ein seltsam Mißverständnis«, sagte der Priester, »muß
den Fürsten und Claudio täuschen.« Und dann riet er Leonato, er möge das Gerücht verbreiten, Hero sei gestorben;

und er sagte, wegen der totenähnlichen Ohnmacht, in der sie Hero verlassen hatten, würden sie das leicht glauben. Und er meinte, Leonato solle Trauerkleider anlegen und ein Grabmal für sie errichten und jede Feier vollziehen, die zu einem Begräbnis gehöre. »Und wohin führt dies alles?« fragte Leonato, »was dann weiter?« Der Priester antwortete: »Das Gerücht von ihrem Tode wird Verleumdung in Mitleid wandeln gegen sie; das ist schon viel, doch mehr noch hoffe ich von so kühnem Wagnis. Hört Claudio, daß seine Worte sie getötet haben, so schleicht ihres Lebens Bild mit süßer Macht sich in die Werkstatt seiner Einbildung. Dann wird er trauern, wenn je Liebe in seinem Herzen gewohnt hat, und er wird wünschen, sie nicht so hart angeklagt zu haben, selbst wenn er dächte, seine Klage wäre wahr.«

»Leonato«, sagte jetzt Benedikt, »laßt Euch vom Priester raten. Obgleich Ihr wißt, wie sehr ich den Fürsten und Claudio liebe, so will ich doch bei meiner Ehre ihnen dieses Geheimnis nicht offenbaren.«

So überredet, gab Leonato nach, und er sagte kummervoll: »In dieser Flut des Grams könnt Ihr mich lenken an dem schwächsten Faden.« Der gute Priester führte dann Leonato und Hero hinweg, sie zu beruhigen und zu trösten; und Benedikt und Beatrice blieben allein zurück, und dies war die Begegnung, von welcher sich ihre Freunde, welche die lustige Verschwörung gegen sie angestiftet, soviel Kurzweil versprochen hatten, diese Freunde, die jetzt von Kummer völlig niedergedrückt waren und aus deren Herzen alle Gedanken der Lust für immer verbannt schienen.

Benedikt war der erste, der das Schweigen brach, und er sagte: »Meine Beatrice, habt Ihr die ganze Zeit geweint?« – »Ja, und ich werde noch viel länger weinen«, erwiderte Beatrice. »Gewiß, ich denke«, sagte Benedikt, »Eurer schönen Freundin ist Unrecht geschehen.« – »Ach«, seufzte Beatrice, »wie hoch würde sich der Mann um mich verdient machen, der ihr Recht widerfahren ließe!« Benedikt sagte darauf: »Gibt es einen Weg, solche Freundschaft zu zeigen? Ich liebe nichts in der Welt so sehr wie Euch; ist das nicht seltsam?« – »Es wäre«, versetzte Beatrice, »ebenso möglich für mich zu sagen, ich liebte nichts in der Welt so sehr wie Euch; aber glaubt's mir nicht, und doch lüge ich nicht. Ich bekenne nichts und leugne nichts. Mich jammert meine Freundin.« – »Bei meinem Schwerte«, sagte Benedikt, »Ihr liebt mich, und ich schwöre, daß ich Euch liebe. Kommt, heißt mich irgend etwas für Euch vollbringen.« – »Tötet Claudio«, sagte Beatrice. »Ha, nicht um die Welt!« erwiderte Benedikt; denn er liebte seinen Freund Claudio, und er glaubte, er sei getäuscht worden. »Ist Claudio nicht ein Schurke, der meine Freundin verhöhnt, verleumdet und entehrt hat?« rief Beatrice; »oh, daß ich ein Mann wäre!« – »Hört mich!« sagte Benedikt. Aber Beatrice wollte nichts zugunsten Claudios hören; und sie fuhr fort, Benedikt zu drängen, er möge den an ihrer Freundin begangenen Frevel rächen; und sie rief: »Mit einem Mann aus ihrem Fenster reden! Ein feines Märchen! Die süße Hero! Sie ist gekränkt, sie ist verleumdet, sie ist vernichtet! Oh, daß ich ein Mann wäre um Claudios willen! Oder daß ich einen Freund hätte, der um meinetwillen ein Mann sein wollte! Aber Tapferkeit ist heutzutage zerschmolzen in Höflichkeiten und Artigkeiten. Durch meinen Wunsch kann ich kein Mann werden, so will ich denn als ein Weib mich grämen und sterben!« – »Wartet, liebe Beatrice«, sagte Benedikt, »bei dieser Hand, ich liebe Euch.« – »Braucht Eure Hand mir zuliebe zu etwas Besserem, als dabei zu schwören!« versetzte Beatrice. »Seid Ihr überzeugt in tiefster Seele«, fragte Benedikt, »daß Claudio Eurer Hero unrecht getan hat?« – »Ja«, antwortete Beatrice, »so gewiß ich einen Gedanken oder eine Seele habe.« – »Genug«, rief Benedikt, »zählt auf mich: ich will ihn fordern. Ich küsse Eure

Hand, und damit verlasse ich Euch. Bei dieser Hand! Claudio soll mir eine schwere Rechenschaft ablegen! Wie Ihr von mir hört, so denkt von mir. Geht, tröstet Eure Freundin!«

Während Beatrice so nachdrücklich die Sache Heros führte und Benedikts ritterlichen Sinn durch das Feuer ihres Zorns mächtig entzündete, sich zur Verteidigung Heros zu verpflichten und selbst mit seinem treuen Freund Claudio einen Zweikampf zu bestehen, forderte Leonato den Fürsten und Claudio heraus, mit ihren Schwertern einzustehen für die Beleidigung, die sie seinem Kinde zugefügt hätten. Hero wäre vor Gram, sagte er, gestorben. Aber sie fühlten Ehrfurcht vor seinem Alter und seinem Schmerz und sagten: »Nein, streitet nicht mit uns, guter Alter!« Nun aber kam Benedikt und forderte gleichfalls Claudio heraus, mit dem Schwert einzustehen für die Kränkung, die er Hero angetan habe, und Claudio und der Fürst sagten einander: »Dazu hat ihn Beatrice angestiftet.« Nichtsdestoweniger hätte Claudio diese Forderung Benedikts annehmen müssen, wenn nicht die Gerechtigkeit des Himmels in diesem Augenblick einen besseren Beweis, als es das ungewisse Schicksal eines Zweikampfes gewesen wäre, von Heros Unschuld zu Tage gefördert hätte.

Während der Fürst und Claudio noch über die Forderung Benedikts sprachen, brachte ein Gerichtsdiener den Borachio als Gefangenen vor den Fürsten. Borachio war belauscht worden, wie er mit einem seiner Genossen über den Bubenstreich sprach, zu dessen Ausführung er von Don Juan gedungen war.

Borachio legte dem Fürsten in Claudios Gegenwart ein volles Bekenntnis ab: Es sei Margarete gewesen in den Kleidern ihrer Herrin, mit welcher er am Fenster gesprochen habe, und diese hätten sie fälschlich für Fräulein Hero selber gehalten. Und jeder Zweifel an der Unschuld Heros schwand aus den Herzen Claudios und des Fürsten. Wenn noch irgendein Verdacht geblieben wäre, so hätte er getilgt werden müssen durch die Flucht Don Juans, der, als er sah, daß seine Schändlichkeiten entdeckt waren, aus Messina fortgeeilt war, um dem gerechten Zorn seines Bruders zu entgehen.

Claudios Herz war tief bekümmert, als er inne wurde, daß er fälschlich Hero angeklagt hatte, Hero, die unter den Streichen seiner grausamen Worte gestorben sei. Und das Andenken an das Bild seiner geliebten Hero überkam ihn; es strahlte jetzt in dem reinen Glanz, in dem er es zuerst geliebt hatte. Und als der Fürst ihn fragte, ob die vernommenen Worte nicht wie Eisen durch seine Seele schnitten, gab er zur Antwort, er habe das Gefühl, als hätte er während des Geständnisses Borachios Gift getrunken.

Und der reuige Claudio flehte den alten Leonato um Vergebung an für das Unrecht, das er seinem Kinde getan hatte; und er versprach, welche Buße Leonato ihm auch auferlegen würde für seine Schuld, der falschen Anklage wider seine verlobte Braut Glauben geschenkt zu haben, er wolle sie aus Liebe zu ihr ertragen.

Die Buße, welche Leonato ihm auferlegte, bestand darin, daß er am nächsten Morgen eine Verwandte Heros heiraten solle, die jetzt seine Erbin sei und an Gestalt seiner Hero völlig gleiche. In Anbetracht des Leonato gegebenen feierlichen Versprechens sagte Claudio, er würde die Unbekannte heiraten, selbst wenn sie eine Mohrin wäre; aber sein Herz war tief bekümmert, und er brachte die folgende Nacht in Tränen und in der Qual von Gewissensbissen an dem Grabmal zu, das Leonato für Hero hatte errichten lassen.

Als der Morgen kam, begleitete der Fürst seinen Freund Claudio in die Kirche, wo der Priester und Leonato mit seiner Nichte bereits versammelt waren, um eine zweite Hochzeit zu feiern. Und Leonato stellte vor Claudio die ihm versprochene Braut hin; und sie trug eine Larve, damit

Claudio nicht ihr Angesicht erkenne. Und Claudio sagte
zu der Unbekannten: »Gebt mir Eure Hand vor diesem
würdigen Priester; wenn Ihr mich wollt, so bin ich Euer
Gatte.« – »Und als ich lebte, war ich Euer Weib«, sagte die
Unbekannte; und die Larve herunternehmend erwies sie
sich nicht als die vorgebliche Nichte, sondern als die wirkliche Tochter Leonatos, die schöne Hero selber. Wir dürfen versichert sein, daß dies eine höchst angenehme Überraschung für Claudio war, der sie für tot gehalten hatte, so
daß er jetzt vor Freuden kaum seinen Augen trauen
konnte; und der Fürst, der über alles, was er sah, nicht minder erstaunt war, rief aus: »Ist das nicht Hero? Hero, welche tot war?« Leonato erwiderte: »Sie war tot, mein Fürst,
aber nur so lange, wie die Verleumdung lebte.« Der Priester
versprach ihnen, er wolle dieses scheinbare Wunder nach
beendeter Trauung erklaren; und er schickte sich eben an,
sie zu vermählen, als Benedikt ihn unterbrach, der den
Wunsch ausdrückte, zu gleicher Zeit mit Beatrice vermählt
zu werden. Beatrice erhob einige Bedenken dagegen, und
Benedikt neckte sie mit ihrer Liebe zu ihm, über die ihn
Hero unterrichtet hatte. Das gab denn ein allerliebstes er-
klärendes Nachspiel; und sie entdeckten, daß sie durch
Trug und Täuschung zum Glauben an eine Liebe verführt
waren, die nie vorhanden gewesen, und daß sie wahrhafte
Liebe zueinander gefaßt hatten durch den Einfluß einer
scherzhaften Lüge. Aber die Neigung, die ihnen von einer
lustigen Erfindung angedichtet war, hatte zu mächtige
Wurzeln geschlagen, als daß sie hätte erschüttert werden
können durch ein Wort ernster Erörterung; und seit Benedikt sich vorgenommen hatte zu heiraten, war er entschlossen, alles, was die Welt dagegen sagen könnte, für un-
wesentlich zu halten; und in lustiger Laune setzte er den
Scherz fort und schwor Beatrice, daß er sie nur aus Mitleid
nähme und weil er hörte, daß sie vor Liebe zu ihm stürbe;
und Beatrice versicherte, daß sie nur auf dringendes Zu-

reden ihrer Freunde nachgäbe, zum Teil auch um sein Leben zu retten, denn er leide, wie sie höre, an Auszehrung. So waren diese beiden Sprudelköpfe miteinander ausgesöhnt, und sie wurden ein Paar, nachdem Claudio und Hero vermählt waren. Und – damit unsere Geschichte den vollen Abschluß gewinnt – Don Juan, der Anstifter des Bubenstreiches, wurde auf seiner Flucht gefangengenommen und nach Messina zurückgebracht; und es war eine wohlverdiente Strafe für diesen düsteren und unzufriedenen Mann, die Freuden und Festlichkeiten mit anzusehen, die, infolge des Mißlingens seiner Anschläge, im Palast von Messina stattfanden.

Wie es euch gefällt

Als Frankreich noch in Provinzen oder sogenannte Herzogtümer zerfiel, regierte in einer dieser Provinzen ein Thronräuber, der seinen älteren Bruder, den rechtmäßigen Herzog, abgesetzt und verbannt hatte.

Der Herzog, welcher so aus seinen Besitzungen vertrieben war, hatte sich mit wenigen Getreuen in den Ardennerwald zurückgezogen; und hier lebte der gute Herzog mit seinen anhänglichen Freunden, welche sich um seinetwillen in eine freiwillige Verbannung begeben hatten, während ihre Ländereien und Einkünfte den Thronräuber bereicherten. Die Gewohnheit machte das sorglos behagliche Leben, das sie führten, ihnen bald süßer als die Pracht und der unbequeme Glanz des Höflingslebens. Hier hausten sie wie der alte Robin Hood von England, und in diese Wälder zogen täglich vom Hofe viele edle Jünglinge, denen sorglos die Stunden dahinflossen wie im Goldenen Zeitalter. Im Sommer lagen sie der Länge nach im herrlichen Schatten der mächtigen Waldbäume, den harmlosen Spielen der wilden Tiere zuschauend, und diesen armen gefleckten Narren, welche die eingebornen Bewohner des Waldes zu sein schienen, waren sie so zärtlich zugetan, daß es ihnen weh tat, gezwungen zu sein, sie zu töten, um sich mit Wildbret behufs ihrer Ernährung zu versehen. Wenn aber die kalten Stürme des Winters dem Herzog den Wechsel seines Glücks fühlbar machten, pflegte er das mit Geduld zu tragen, indem er sprach: »Diese schaurigen Winde, die mir auf den Leib blasen, sind getreue Räte: sie schmeicheln nicht, sondern stellen mir wahrhaft meine Lage vor

Augen; und obgleich sie scharf beißen, so ist ihr Zahn doch keineswegs so schmerzhaft wie der Zahn der Lieblosigkeit und der Undankbarkeit. Was man auch immer wider das Unglück sagt, ich finde doch, daß einige süße Frucht ihm abgewonnen werden kann; ebenso wie das für die Heilkunde so kostbare Juwel, das man dem Kopf der giftigen und verabscheuten Kröte sorgsam entnimmt.« In dieser Art zog der geduldige Herzog aus allem, was er sah, eine nützliche Lehre; und mit Hilfe dieser Neigung zu sittlichen Betrachtungen konnte er in diesem seinem Leben, das so weit ablag vom öffentlichen Treiben, beredte Zungen finden in Bäumen, Bücher in rinnenden Bächen, Predigten in Steinen – Gutes überall.

Der verbannte Herzog besaß eine einzige Tochter namens Rosalinde, die der Thronräuber, Herzog Friedrich, bei der Verbannung ihres Vaters noch an seinem Hof zur Gefährtin seiner eigenen Tochter Celia zurückbehalten hatte. Zwischen diesen beiden Jungfrauen bestand innige Freundschaft, welche durch die Zwietracht ihrer Väter nicht im mindesten gestört wurde: Celia bemühte sich durch jede nur irgend mögliche Freundlichkeit Rosalinde für die Ungerechtigkeit zu entschädigen, die ihr eigener Vater durch die Vertreibung des Vaters Rosalindes begangen hatte; und wann immer die Gedanken an ihres Vaters Verbannung und an die eigene Abhängigkeit von dem Thronräuber Rosalinde tief traurig stimmten, war Celias ganze Sorge darauf gerichtet, sie zu ermuntern und zu trösten.

Eines Tages, als Celia in ihrer gewohnten liebevollen Art zu Rosalinde sprach, indem sie sagte: »Ich bitte dich, Rosalinde, meine süße Freundin, sei fröhlich«, trat ein Bote des Herzogs herein, ihnen mitzuteilen, daß, wenn sie einen Ringkampf mit anzusehen wünschten, der sogleich beginnen sollte, sie alsbald sich auf den Hof vor den Palast begeben müßten, und Celia, welche sich dachte, daß dies

Rosalinde aufheitern würde, willigte gern ein, hinzugehen und das Schauspiel zu betrachten.

In jenen Zeiten war der Ringkampf, den jetzt nur noch Bauernburschen betreiben, ein Lieblingsspiel selbst an Fürstenhöfen und vor schönen Damen und Fürstinnen. Zu diesem Ringkampf also kamen Celia und Rosalinde. Sie sahen, daß er wahrscheinlich sich als ein wahrhaft tragisches Schauspiel erweisen würde; denn ein breitgebauter und kräftiger Mann, der lange sich in der Kunst des Ringens geübt und manchen Mann in Kämpfen solcher Art erschlagen hatte, war eben im Begriff, mit einem sehr jungen Gegner zu ringen, von dem nach seiner zarten Jugend und seiner Unerfahrenheit in der Kunst alle Zuschauer dachten, daß er sicherlich seinen Tod finden würde.

Als der Herzog Celia und Rosalinde gewahrte, sagte er: »Ei, ei! Tochter und Nichte, seid ihr hierher geschlichen, um das Ringen mit anzusehen? Ihr werdet wenig Vergnügen daran finden; das Paar ist zu ungleich. Aus Mitleid mit diesem jungen Mann möchte ich ihm gern abraten vom Ringen. Sprecht mit ihm, Kinder, und seht, ob ihr auf ihn einwirken könnt.«

Die jungen Mädchen waren wohl zufrieden, diesen Dienst der Nächstenliebe zu vollbringen. Und zunächst bat Celia den jungen Fremden, er möge von dem Versuch abstehen, und dann sprach Rosalinde so gütig zu ihm und mit so zarter Rücksicht auf die Gefahr, der er sich unterziehen wollte, daß, weit entfernt durch ihre liebenswürdigen Worte zum Aufgeben seines Vorsatzes überredet zu werden, alle seine Gedanken darauf gerichtet waren, in den Augen dieser lieblichen Jungfrau sich durch seinen Mut auszuzeichnen. Er weigerte sich der Bitte Celias und Rosalindes in so hübschen und bescheidenen Worten, daß sie nur noch mehr Teilnahme für ihn fühlten; er schloß die Ablehnung mit folgenden Sätzen: »Es tut mir leid, so schönen und vortrefflichen Fräulein irgend etwas zu verweigern. Aber laßt eure schönen Augen und freundlichen Wünsche mich zu meiner Erprobung geleiten. Werde ich zu Boden geworfen, so kommt Schmach nur über einen, der niemals in Ehren war; komme ich um, so ist nur jemand tot, der zu sterben wünscht. Ich werde meinen Freunden kein Leid zufügen, denn ich habe keine, mich zu beweinen; der Welt keinen Nachteil, denn ich besitze nichts in ihr: ich fülle in der Welt nur einen Platz aus, der besser besetzt werden kann, wenn ich ihn räume.«

Und nun begann der Ringkampf. Celia wünschte, der junge Fremde möge keine Verletzung davontragen; aber Rosalinde fühlte tiefer für ihn. Der Zustand der Freudlosigkeit, in welchem er, wie er sagte, sich befand, und sein Lebensüberdruß brachten Rosalinde auf den Gedanken, daß er wie sie selber unglücklich sei; und es ergriff sie so tiefes Mitleid mit ihm und sie nahm so innigen Anteil an seiner Gefahr, während der Ringkampf dauerte, daß man in diesem Augenblick fast hätte sagen können, sie fühle warme Liebe für ihn.

Die Güte, welche diese schönen und edlen Jungfrauen dem unbekannten Jüngling erwiesen, gab ihm Mut und Kraft, so daß er Wunder vollbrachte; und schließlich warf er vollständig seinen Gegner nieder, der so starke Verletzungen erlitt, daß er für eine Weile sich unfähig fühlte, zu sprechen oder sich zu rühren.

Dem Herzog Friedrich gefiel der Mut und die Geschicklichkeit, die der junge Fremde gezeigt hatte, in hohem Grade, und er wünschte seinen Namen und seine Verwandtschaft zu erfahren, um ihn unter seinen besonderen Schutz zu nehmen.

Der Fremde sagte, sein Name sei Orlando und er sei der jüngste Sohn des Sir Roland de Boys.

Sir Roland de Boys, der Vater Orlandos, war seit einigen Jahren tot; aber solange er lebte, war er ein treuer Untertan und lieber Freund des verbannten Herzogs gewesen.

Daher kam's, daß, sobald Friedrich hörte, Orlando sei der Sohn von dem Freund seines verbannten Bruders, all sein Wohlgefallen an diesem tapferen jungen Mann sich in Mißfallen verwandelte und er den Platz in sehr übler Stimmung verließ. Er haßte schon den bloßen Namen eines der Freunde seines Bruders, und da er doch noch immer die Tapferkeit des Jünglings bewunderte, sagte er im Weggehen, er wollte, daß Orlando der Sohn eines anderen Mannes wäre.

Rosalinde dagegen hörte zu ihrer größten Freude, daß der Jüngling, an dem sie neuerdings so großes Wohlgefallen gefunden hatte, der Sohn von ihres Vaters altem Freunde sei; und sie sagte zu Celia: »Mein Vater liebte Sir Roland de Boys, und wenn ich gewußt hätte, daß dieser junge Mann sein Sohn ist, würde ich meinen Bitten gern Tranen zugesellt haben, bevor er das Wagnis unternommen hätte.«

Die beiden Jungfrauen traten jetzt auf ihn zu; und da sie ihn durch das plötzliche Mißfallen des Herzogs niedergeschlagen fanden, sprachen sie in gütiger und ermutigender Weise mit ihm. Und als sie im Begriff waren wegzugehen, kehrte Rosalinde noch einmal um, dem tapferen jungen Sohne von ihres Vaters altem Freund noch einige verbindliche Worte zu sagen; und sie nahm eine Kette von ihrem Nacken und sprach: »Junger Mann, tragt dies von mir. Ich bin vom Glück verstoßen, sonst gäbe ich Euch ein Geschenk von höherem Wert.«

Als die Jungfrauen allein waren, sprach Rosalinde noch immer von Orlando, und Celia bemerkte, daß ihre Freundin eine Neigung gefaßt hatte zu dem hübschen jungen Ringer, und sie sagte zu Rosalinde: »Ist es möglich, daß du so plötzlich eine Neigung gefaßt hast?« – »Der Herzog, mein Vater«, erwiderte Rosalinde, »liebte seinen Vater über alles.« – »Aber«, sagte Celia, »folgt daraus, daß du seinen Sohn über alles liebst? Dann müßte ich ihn ja hassen, denn mein Vater haßte seinen Vater, aber doch hasse ich Orlando nicht.«

Friedrich war bei dem Anblick des Sohnes Sir Roland de Boys' in Wut geraten, weil er ihn erinnerte an die vielen Freunde, die der verbannte Herzog unter dem Adel hatte, und schon seit einiger Zeit war er mit seiner Nichte wenig zufrieden gewesen, weil das Volk sie um ihrer Tugenden willen pries und sie wegen ihres edlen Vaters bemitleidete. Plötzlich brach daher sein Unwille gegen sie aus. Und während Celia und Rosalinde noch über Orlando sprachen, trat Friedrich in das Zimmer, und mit zornigen Blicken befahl er Rosalinde, augenblicklich den Palast zu verlassen und ihrem Vater in die Verbannung zu folgen, und gegen Celia, die vergeblich für sie eintrat, ließ er das Wort fallen, daß er einzig ihr zuliebe Rosalindes Bleiben bisher geduldet habe. Aber Celia sagte darauf: »Ich bat damals nicht, daß sie bleiben möchte; ich war zu jung um die Zeit, sie zu schätzen. Doch nun, da ich ihren Wert kenne, nun, da wir so lange zusammen geschlafen haben, in demselben Augenblick aufgestanden sind, miteinander gelernt, gespielt und gegessen haben, nun kann ich nicht leben, wenn sie nicht bei mir ist.« Friedrich erwiderte: »Sie ist zu fein für dich, und ihre Sanftmut, ihr Schweigen selbst und ihre Duldsamkeit spricht zu dem Volk, und es bedauert sie. Du Törin du, für sie noch einzutreten! Denn du wirst glänzender und tugendreicher scheinen, ist sie erst fort. Drum öffne nicht den Mund zu ihren Gunsten. Fest und unwiderruflich ist mein Spruch.«

Als Celia sah, daß sie nicht ihren Vater bewegen könnte, Rosalinde bei ihr bleiben zu lassen, entschloß sie sich großmütig, sie zu begleiten; und indem sie in der folgenden Nacht ihres Vaters Palast verließ, zog sie mit ihrer Freundin aus, um Rosalindes Vater, den verbannten Herzog, im Ardennerwald zu suchen.

Vor ihrer Abreise hatte Celia klug erwogen, daß es für

zwei vornehme junge Mädchen unsicher sein würde, in den reichen Kleidern, die sie damals trugen, zu pilgern; sie hatte deshalb vorgeschlagen, sie möchten ihren hohen Rang verbergen, indem sie sich wie Bauernmädchen kleideten. Rosalinde meinte, noch größerer Schutz würde es für sie sein, wenn eine von ihnen wie ein Mann gekleidet wäre; und so wurde rasch zwischen ihnen verabredet, daß Rosalinde, weil sie die größere wäre, die Tracht eines jungen Landmanns anlegen und Celia sich wie ein Bauernmädchen kleiden solle und daß sie vorgeben sollten, sie wären Bruder und Schwester, und Rosalinde sagte, sie wolle Ganymed heißen, und Celia wählte den Namen Aliena.

So verkleidet und ausgerüstet mit ihrem Geld und ihren Juwelen, um die Kosten zu bestreiten, begaben sich die schönen Prinzessinnen auf ihre lange Reise; denn der Ardennerwald lag noch weit über die Grenzen des Herzogtums hinaus.

Rosalinde (oder Ganymed, wie sie nun genannt werden muß) schien mit ihrer männlichen Tracht auch männlichen Mut angelegt zu haben. Die treue Freundschaft, welche Celia dadurch bewies, daß sie Rosalinde auf so viele langwierige Meilen begleitete, bewirkte, daß der neue Bruder zur Vergeltung dieser treuen Liebe einen männlich heiteren Geist zeigte, als ob er in der Tat Ganymed wäre, der bäurische, stämmige Bruder des niedlichen Dorfmädchens Aliena.

Als sie endlich in den Ardennerwald kamen, fanden sie nicht länger die passenden Herbergen und Bequemlichkeiten, die sie auf der Heerstraße getroffen hatten. Und da es ihnen an Nahrung und Ruhe fehlte, gestand Ganymed, der auf dem ganzen Wege seine Schwester mit lustigen Reden und glücklichen Einfällen erheitert hatte, er sei so müde, daß er wohl geneigt sein könne, seiner männlichen Tracht Schande zu machen und zu weinen wie ein Weib; und Aliena versicherte, sie könne nicht weitergehen; und dann

wieder versuchte Ganymed sich zu erinnern, daß es Man-
nespflicht sei, ein Weib als das schwächere Geschöpf zu
trösten und zu stärken, und um seiner neuen Schwester
mutig zu erscheinen, sprach er: »Komm, sei guten Muts,
meine Schwester Aliena, wir sind nun am Ziel unserer
Reise, im Ardennerwald.« Aber erdichtete Männlichkeit
und erzwungener Mut versagten nunmehr als Stützen,
denn obgleich sie im Ardennerwald waren, wußten sie
doch nicht, wo der Herzog zu finden sei. Und hier hätte
wohl die Reise dieser müden Mädchen ein trübes Ende gefunden, denn sie hatten allen Mut verloren und wären vor
Hunger umgekommen, aber da trat eine Fügung der Vorsehung ein: Während sie im Gras saßen, halbtot vor Er-
schöpfung und ohne Hoffnung auf irgendeine Hilfe, kam
zufällig ein Bauer des Weges, und Ganymed versuchte
noch einmal mit männlicher Kühnheit ihn mit den Worten
anzureden: »Höre, Schäfer, können Geld und gute Worte
in dieser Wildnis uns Bewirtung schaffen, so bringe, bitte
ich, uns an eine Stelle, wo wir uns ruhen können; denn das
junge Mädchen, meine Schwester, ist von der langen Reise
ganz ermüdet, sie sinkt in Ohnmacht, weil ihr Speise
fehlt.«

Der Mann erwiderte, daß er nur Schäferknecht sei und
daß seines Herrn Haus gerade verkauft werden solle und
sie deshalb nur geringe Bewirtung finden könnten; aber
wenn sie mit ihm gehen wollten, so würden sie willkommen sein bei dem, was da sei. Sie folgten dem Mann, indem
die Aussicht auf Erquickung ihnen frische Kraft gab. Und
sie kauften das Haus und die Herden des Schäfers und
nahmen den Mann, der sie zum Haus des Schäfers geleitet
hatte, in ihren Dienst. Und da sie hierdurch so glücklich in
den Besitz einer sauberen Hütte gelangt und mit Vorräten
wohl versehen waren, so kamen sie überein, hier zu verweilen, bis sie erfahren würden, in welchem Teile des Waldes der Herzog sich aufhielte.

Als sie sich von den Anstrengungen ihrer Reise aus-
geruht hatten, gewannen sie nach und nach ihre neue Lebensweise lieb, und beinahe glaubten sie, wirklich das
Schäferpaar zu sein, das sie vorstellten. Indessen erinnerte
sich Ganymed bisweilen, daß er einstmals dieselbe Rosalinde gewesen sei, die den tapferen Orlando mit solcher
Hingebung geliebt habe, weil er der Sohn des alten Sir Roland, des Freundes ihres Vaters, sei. Und Ganymed glaubte
zwar, daß Orlando viele Meilen entfernt wäre, gerade so
viele, mühevolle Wegesstunden, als sie gewandert seien,
aber bald sollte sich herausstellen, daß auch Orlando im
Ardennerwalde sich aufhalte. Das aber hatte sich auf folgende merkwürdige Weise zugetragen.

Orlando war der jüngere Sohn des Sir Roland de Boys,
der bei seinem Tode ihn noch in zartester Jugend der Obhut seines älteren Bruders Oliver anvertraut hatte, indem
er Oliver ans Herz legte, bei Verlust seines väterlichen Segens seinem Bruder eine gute Erziehung zu geben und so
für ihn zu sorgen, wie es der Würde dieses alten Hauses gezieme. Aber Oliver erwies sich als einen unwürdigen Bruder, und ohne die Befehle seines sterbenden Vaters zu beachten, sandte er seinen Bruder niemals in die Schule,
sondern hielt ihn in völliger Vernachlässigung und Verwahrlosung zu Hause. Aber Orlando glich in seinen natürlichen Anlagen und in den edlen Eigenschaften seines
Gemüts so sehr seinem herrlichen Vater, daß er auch ohne
die Vorteile einer guten Erziehung den Eindruck hervor-
rief, als wäre er ein äußerst sorgfältig erzogener Jüngling;
und Oliver beneidete seinen ungebildeten Bruder so sehr
um seine schöne Gestalt und um die angeborene Würde
seines Benehmens, daß er zuletzt beschloß, seinen Tod
herbeizuführen. Er stiftete daher einige Menschen an, ihn
zu überreden, daß er sich in einen Ringkampf mit dem
berühmten Ringer einließe, der, wie vorher erzählt wurde,
schon so viele getötet hatte. Ebendiese Verwahrlosung, die

sein grausamer Bruder ihm hatte zuteil werden lassen, hatte Orlando damals zu der Äußerung veranlaßt, er wünsche zu sterben, weil er so ganz freundlos sei.

Als im Gegensatz zu den schändlichen von ihm gehegten Hoffnungen sein Bruder als Sieger aus dem Kampf hervorgegangen war, kannten sein Neid und seine Bosheit keine Grenzen mehr, und er verschwor sich, das Schlafzimmer seines Bruders Orlando in Brand zu stecken. Diesen Schwur vernahm ein alter und treuer Diener seines Vaters, der Orlando liebte wegen seiner Ähnlichkeit mit Sir Roland. Dieser alte Mann ging ihm entgegen, als er aus des Herzogs Palast zurückkehrte, und als er Orlando sah, ließ die Gefahr, in der sein junger Herr schwebte, ihn diesen leidenschaftlichen Ausruf tun: »O mein edler Herr! Mein geliebter Herr! O treues Abbild des alten Sir Roland! Warum seid Ihr so tugendhaft? Und warum seid Ihr edel, stark und tapfer? Was wart Ihr so erpicht, den stämmigen Ringer zu überwinden? Euer Ruhm kam allzu schnell vor Euch nach Haus!« Orlando, voll Verwunderung, was alles dies bedeute, fragte, was vorgefallen sei. Und nun erzählte der alte Mann ihm, wie sein verruchter Bruder, neidisch auf die Liebe, die alle Menschen gegen ihn hegten, und nun wutentbrannt durch den Ruhm, den er durch seinen Sieg in des Herzogs Palast gewonnen habe, ihm nach dem Leben trachte und in der nächsten Nacht sein Schlafzimmer in Brand setzen wolle; schließlich gab er ihm den Rat, der ihm drohenden Gefahr durch die Flucht sich zu entziehen. Und da er wußte, daß Orlando kein Geld besaß, so hatte Adam (dies war der Name des guten alten Mannes) seinen eigenen kleinen Schatz mitgebracht, und er sagte: »Ich habe fünfhundert Kronen, den schmalen Lohn, erspart bei Eurem Vater; ich habe sie beiseite gelegt zum Notpfennig, wenn meinen alten Gliedern die Kraft zum Dienst versagen sollte; nehmt das, und der die jungen Raben füttert, sei meines Alters Trost! Hier ist das Gold; nehmt alles, laßt mich Eurer Diener sein; sehe ich auch alt aus, will ich doch den Dienst eines jüngeren Mannes tun in aller Eurer Notdurft und Angelegenheit.« – »O guter Alter«, sprach Orlando, »wie so recht in dir der treue Dienst der alten Welt erscheint! Du bist nicht nach der Sitte dieser Zeiten. Komm, komm, wir brechen miteinander auf, und ehe wir deinen Jugendlohn verzehrt haben, werde ich auf Mittel stoßen, uns beide zu unterhalten.«

Zusammen brachen also dieser treue Diener und sein geliebter Herr auf; und Orlando und Adam wanderten vorwärts, ungewiß, welchen Weg sie einzuschlagen hätten, bis sie in den Ardennerwald kamen. Hier befanden sie sich aus Mangel an Nahrung in derselben Not wie vorher Ganymed und Aliena. Sie gingen weiter, eine menschliche Wohnung zu suchen, bis sie vor Hunger und Ermüdung völlig erschöpft waren. Adam sagte zuletzt: »O mein teurer Herr, ich sterbe vor Hunger, ich kann nicht weitergehen.« Darauf legte er sich nieder und dachte, diese Stätte zu seinem Grab zu machen, und sagte seinem teuren Herrn Lebewohl. Als Orlando ihn in dieser Schwäche sah, nahm er seinen alten Diener auf die Arme und trug ihn in den Schatten herrlicher Bäume, und er sagte zu ihm: »Mut gefaßt, alter Adam! Hier ruhe eine Weile deine müden Glieder aus, und sprich nicht von Sterben.«

Orlando suchte dann einige Nahrung, weit umherstreifend, und er kam zufällig in den Teil des Waldes, wo der Herzog sich aufhielt; dieser und seine Freunde waren gerade im Begriff, ihr Mittagsmahl einzunehmen, wobei der königliche Herzog im Grase saß, unter keinem anderen Thronhimmel als dem schattigen Schirm mächtiger Bäume.

Orlando, den der Hunger zur Raserei getrieben hatte, zog sein Schwert, um ihnen ihr Mahl mit Gewalt zu nehmen, und rief: »Halt! Esset nicht mehr! Ich muß eure Speise haben.« Der Herzog fragte ihn, ob Not und Elend

ihn so kühn gemacht hätten oder ob er ein rauher Verächter guter Sitten sei. Darauf gab Orlando zur Antwort, er
sterbe vor Hunger, und der Herzog hieß ihn willkommen,
er möge sich setzen und mit ihnen essen. Als Orlando ihn
so freundlich sprechen hörte, steckte er sein Schwert ein
und errötete vor Scham über die rauhe Weise, in welcher er
ihr Mahl gefordert hatte. »O vergebt, ich bitte«, sprach er;
»ich dachte, alles müßte hier wild sein, und deshalb versetzte ich mich in die Stimmung des trotzigen Befehls. Wer
ihr auch seid, die ihr in dieser unzugangbaren Wildnis im
Schatten dieser düsteren Wipfel säumt und die Stunden
träger Zeit vergeßt: wenn je ihr bessere Tage gesehen habt,
wenn je zur Kirche Glocken euch geläutet, wenn je ihr bei
guter Menschen Mahl saßt, wenn je vom Auge Tränen ihr
getrocknet und wißt, was Mitleid ist und Mitleid findet, so
laßt durch sanfte Reden euch bewegen, mir Menschlichkeit und Güte zu erweisen.« Der Herzog erwiderte: »Ei
freilich sind wir Menschen, die, wir Ihr sagt, bessere Tage
gesehen haben, und obgleich wir jetzt in diesem wilden
Walde siedeln, so haben wir doch einst in Städten gelebt,
und heilige Glocken haben uns zur Kirche geläutet, und
guter Menschen Mahl hat uns gelabt, auch wischten wir
aus unserem Auge Tränen, die ein geheiligt Mitleid hatte
erzeugt, und darum setzt in Freundlichkeit Euch hin und
nehmt nach Wunsch, was wir an Hilfe haben, das Eurem
Mangel irgend dienen kann.« – »Dort ist ein armer Alter«,
gab Orlando zur Antwort, »der manchen sauren Schritt
aus bloßer Liebe mir nachgehinkt ist; auf ihm lastet schwer
ein doppelt Leid, das Alter und der Hunger; bis er befriedigt, nehme ich keinen Bissen.« – »Geht, suchet ihn und
bringet ihn hierher«, sagte der Herzog, »wir wollen nichts
verzehren, bis Ihr kommt.« Da ging Orlando hin gleich einer Hindin, die ihre Jungen sucht und sie füttert; und er
kehrte sofort zurück, Adam auf seinen Armen tragend,
und der Herzog sagte: »Setzt nieder Eure würdige Last; ihr

seid beide willkommen«; und sie labten den alten Mann und erquickten ihm das Herz, und er erholte sich und gewann seine Kraft und Gesundheit wieder.

Der Herzog forschte, wer Orlando sei; und als sich ergab, daß er der Sohn seines alten Freundes, des Sir Roland de Boys, war, nahm er ihn unter seinen Schutz, und Orlando und sein alter Diener lebten fortan mit dem Herzog im Walde.

Orlando war wenige Tage nach dem Eintreffen Ganymeds und Alienas in den Wald gekommen und nach dem vorher erzählten Ankauf der Schäferhütte.

Ganymed und Aliena waren höchlich überrascht, den Namen Rosalinde in die Bäume geschnitten und Liebeslieder, die sämtlich an Rosalinde gerichtet waren, an ihnen befestigt zu sehen, und während sie sich noch wunderten, wie das habe geschehen können, begegneten sie einst Orlando und bemerkten die Kette, die Rosalinde jenem um den Nacken gehängt hatte.

Orlando ahnte nicht, daß Ganymed die schöne Prinzessin Rosalinde war, die durch ihre adlige Herablassung und ihre Freundlichkeit sein Herz so gewonnen hatte, daß er seine ganze Zeit damit zubrachte, ihren Namen in die Bäume zu schneiden und Verse zum Preis ihrer Schönheit zu dichten; aber weil er an den anmutigen Zügen dieses hübschen Schäferjünglings großes Wohlgefallen fand, so ließ er sich in ein Gespräch mit ihm ein, und er glaubte, an Ganymed Ähnlichkeit mit seiner geliebten Rosalinde zu entdecken, nur daß er nichts von der würdevollen Haltung dieser edlen Jungfrau hätte; denn Ganymed nahm den kecken Brauch an, den man oft an Jünglingen, die zwischen Knaben und Männern stehen, gewahrt, und er sprach zu Orlando mit viel Mutwillen und lustiger Laune von einem gewissen Liebhaber, »der«, sagte er, »in unserem Walde spukt und unsere jungen Bäume verdirbt, indem er den Namen Rosalinde in ihre Rinde einschneidet; und er hängt an Weißdorn- und Brombeersträucher Lieder, die alle diese selbige Rosalinde preisen. Könnte ich diesen Herzenskrämer antreffen, so gäbe ich ihm einen guten Rat, der ihn bald von seinem Liebesfieber heilen sollte.«

Orlando bekannte, daß er der zärtliche Liebhaber sei, von dem jener spreche, und er bat Ganymed, ihm den eben erwähnten guten Rat zu geben. Das Mittel, das Ganymed vorschlug, und der Rat, den er ihm erteilte, bestand darin, daß Orlando täglich in die Hütte kommen sollte, wo er und seine Schwester Aliena wohnten. »Und dann«, sagte Ganymed, »will ich mir einbilden, daß ich Rosalinde bin, und Ihr sollt Euch einbilden, daß Ihr um mich ebenso werbt, wie Ihr tun würdet, wenn ich Rosalinde wäre, und dann will ich die närrischen Künste nachahmen, die von launenhaften Mädchen ihren Liebhabern gegenüber angewandt werden, bis Ihr anfangt, Euch Eurer Liebe zu schämen – das ist der Weg, den ich vorschlage zu Eurer Heilung.« Orlando setzte kein großes Vertrauen in das Heilmittel, doch gab er gern seine Zustimmung, täglich in Ganymeds Hütte zu kommen und im Scherz den Bewerber zu spielen. Und täglich kam Orlando, Ganymed und Aliena zu besuchen, und Orlando nannte den Schäfer Ganymed seine Rosalinde, und täglich sagte er die ganze Reihe hübscher Redensarten und gefälliger Schmeicheleien auf, an denen junge Männer ihre Freude finden, wenn sie der Geliebten den Hof machen. Es trat indessen nicht zutage, daß Ganymed in dem Bemühen, Orlando von seiner Liebe für Rosalinde zu heilen, erhebliche Fortschritte machte.

Obgleich Orlando wähnte, daß dies alles nur Scherz und Tändelei wäre (denn er ließ sich ja nicht träumen, daß Ganymed seine wirkliche Rosalinde war), so war doch die Gelegenheit, welche dies Spiel ihm gab, alle Zärtlichkeit seines Herzens zu offenbaren, seiner Einbildungskraft fast ebenso willkommen wie der Ganymeds, welcher sich an dem heimlichen Spaß erfreute, denn er hatte ja das Bewußtsein, daß alle diese hübschen Liebesworte zu der richtigen Persönlichkeit gesprochen waren.

In dieser Weise vergingen den jungen Leuten in Scherz und Lust viele Tage; und die gutherzige Aliena, welche sah, daß dies Ganymed glücklich machte, ließ ihn seinen eigenen Weg gehen und fand Vergnügen an der scheinbaren Bewerbung, und sorglos erinnerte sie ihren Bruder Ganymed nicht, daß Rosalinde sich dem Herzog, ihrem Vater, dessen Aufenthalt im Walde sie durch Orlando erfahren hatten, noch nicht zu erkennen gegeben habe. Ganymed begegnete dem Herzog eines Tages und hatte ein Gespräch mit ihm, und der Herzog fragte nach seiner Familie. Ganymed antwortete, daß er aus ebenso gutem Hause wie er stamme; darüber lächelte der Herzog, denn er ahnte ja nicht, daß der niedliche Schäferknabe königlichem Blut entsprossen war. Als Ganymed bei dieser Gelegenheit bemerkte, daß der Herzog wohl und glücklich aussah, war er zufrieden, alle weiteren Erklärungen ein paar Tage weiter hinauszuschieben.

Eines Morgens, als Orlando auf dem Wege war, Ganymed zu besuchen, sah er einen Mann schlafend auf der Erde liegen, und eine große grünschillernde Schlange hatte sich um seinen Hals geringelt. Wie die Schlange den sich nähernden Orlando erblickte, glitt sie unter den Büschen hinweg. Orlando kam heran und sah eine Löwin hingekauert daliegen, den Kopf am Boden, katzenartig lauernd, wartend, bis der Schläfer erwachte (denn man sagt, daß sich Löwen auf keine Beute, die tot oder schlafend daliegt, zu stürzen pflegen). Es schien, als ob Orlando von der Vorsehung gesandt wäre, um den Mann von der Gefahr der Löwin und der Schlange zu befreien, aber als Orlando dem Mann ins Gesicht sah, gewahrte er, daß der Schläfer, der dieser doppelten Gefahr ausgesetzt war, sein eigener Bruder Oliver war, der ihn so grausam behandelt und gedroht hatte, ihn durch Feuer zu verderben. Und er war beinahe in Versuchung, ihn der hungrigen Löwin als Beute zu überlassen; aber brüderliche Zuneigung und der Adel seiner Natur besiegten bald seinen ersten Zorn gegen seinen Bruder, und er zog sein Schwert und griff die Löwin an und erschlug sie und rettete so seines Bruders Leben vor der giftigen Schlange und zugleich vor der wütenden Löwin; aber vor der völligen Besiegung hatte die Löwin einen seiner Arme mit ihren scharfen Klauen verwundet.

Während Orlando im Kampf mit der Löwin begriffen war, erwachte sein Bruder Oliver, und er sah, daß Orlando, den er so grausam behandelt hatte, ihn vor der Wut eines wilden Tieres mit eigener Lebensgefahr retten wollte. Da fühlte er zugleich Scham und Gewissensbisse, und er bereute sein unwürdiges Verhalten und erflehte mit vielen Tränen seines Bruders Verzeihung für das Unrecht, das er so vielfach gegen ihn begangen hatte. Orlando freute sich, ihn so reuig zu sehen, und verzieh ihm ohne Verzug; sie umarmten einander, und von Stund an liebte Oliver Orlando mit treuer brüderlicher Neigung, obwohl er noch mit Mordgedanken in den Wald gekommen war.

Da die Wunde, die Orlandos Arm davongetragen hatte, stark blutete, fühlte er sich zu schwach, Ganymed zu besuchen, und deshalb bat er seinen Bruder hinzugehen und Ganymed, den er im Scherz seine Rosalinde nenne, den Unfall, von dem er betroffen sei, zu erzählen.

Oliver machte sich auf den Weg und erzählte Ganymed und Aliena, wie Orlando sein Leben gerettet habe; und als er die Geschichte von Orlandos Tapferkeit und seiner eigenen durch den Himmel gefügten Rettung beendet hatte, gestand er ihnen, daß er Orlandos Bruder sei, der jenen so grausam behandelt habe, und er erzählte ihnen auch von ihrer Versöhnung.

Die aufrichtige Reue, die Oliver über seine bösen Anschläge kundgab, machte einen so lebhaften Eindruck auf

Alienas weiches Herz, daß sie augenblicklich Liebe für ihn empfand; und Oliver, der beobachtete, wie tiefes Mitleid sie mit der Qual fühlte, die ihn wegen seines Vergehens ergriffen hatte, war ebenso plötzlich in Liebe zu ihr entbrannt. Aber während so die Liebe sich leise der Herzen Alienas und Olivers bemächtigte, war sie nicht minder wirksam in Ganymed; denn als er von der Gefahr hörte, in welcher Orlando geschwebt hatte, und daß er von der Löwin verwundet worden war, wurde er ohnmächtig, und nachdem er wieder zu sich gekommen war, tat er, als ob er sich nur deshalb so schwach gestellt hätte, damit er seiner angenommenen Rosalindenrolle treu bleibe. Daher sagte Ganymed zu Oliver: »Erzählt Eurem Bruder Orlando, wie gut ich mich verstellt habe.« Aber Oliver sah an der Blässe seiner Gesichtsfarbe, daß er wirklich ohnmächtig geworden war, und indem er sich über die Schwäche des jungen Mannes sehr wunderte, sprach er: »Gut! Wenn Ihr Euch verstellt, so faßt ein Herz, und stellt Euch als ein Mann.« – »Das tue ich«, erwiderte Ganymed, »wahrhaftig! Aber von Rechts wegen hätte ich ein Weib werden sollen.«

Oliver dehnte diesen Besuch sehr lange aus, und als er endlich zu seinem Bruder zurückkehrte, hatte er ihm viel Neues zu erzählen; denn außer dem Bericht von Ganymeds Ohnmacht, die bei dem ersten Schrecken über Orlandos Verwundung eingetreten sei, teilte ihm Oliver mit, wie er eine tiefe Liebe zu der schönen Schäferin Aliena gefaßt und wie sie seine Werbung freundlich aufgenommen habe, schon bei diesem ersten Zusammentreffen. Und er sprach mit seinem Bruder als über eine so gut wie abgemachte Sache, daß er Aliena heiraten würde; er liebe sie so heiß und innig, daß er hier als Schäfer leben und seine Güter und sein Haus auf Orlando übertragen wolle.

»Du hast meine Zustimmung«, sprach Orlando. »Laß deinen Hochzeitstag morgen sein; ich will den Herzog und seine Freunde dazu einladen. Geh und überrede deine

Schäferin, daß sie einwilligt: sie ist jetzt allein; denn sieh, hier kommt ihr Bruder!« Oliver ging zu Aliena; und Ganymed, dessen Nahen Orlando bemerkt hatte, kam sich nach der Gesundheit seines verwundeten Freundes zu erkundigen.

Orlando und Ganymed besprachen ausführlich die plötzliche Liebe, die sich Olivers und Alienas bemächtigt hatte. Orlando sagte, er habe seinem Bruder geraten, seine schöne Schäferin zu überreden, daß sie sich morgen verheiraten möchten; und der fügte seufzend hinzu, wie sehr er den Wunsch hege, an demselben Tage mit seiner Rosalinde vermählt zu werden.

Ganymed, der mit dieser Anordnung durchaus einverstanden war, sagte, daß, wenn Orlando wirklich Rosalinde so liebte, wie er behauptete, er seinen Wunsch erfüllt sehen solle; denn er wolle sich verbindlich machen, auf morgen Rosalinde persönlich erscheinen zu lassen und auch Rosalindes Einwilligung zur Vermählung mit Orlando zu gewinnen.

Diesen dem Anschein nach wunderbaren Erfolg, welchen er, da ja Ganymed kein anderer war als Rosalinde, so leicht herbeiführen konnte, gab er vor, mit Hilfe der Zauberei durchsetzen zu wollen, die er von einem Oheim, einem berühmten Zauberer, gelernt habe.

Der zärtliche Liebhaber Orlando, halb gläubig und halb zweifelnd an dem, was er hörte, fragte Ganymed, ob er in nüchternem Ernst spräche. »Das tue ich, bei meinem Leben!« sagte Ganymed; »deshalb legt Eure besten Kleider an und ladet den Herzog und Eure Freunde zu Eurer Hochzeit; denn wenn Ihr wünscht, morgen mit Rosalinde vermählt zu werden, so soll sie hier sein.«

Am nächsten Morgen, da Oliver die Einwilligung Alienas erlangt hatte, traten sie vor den Herzog, und mit ihnen kam auch Orlando.

Als sie alle versammelt waren, um diese Doppelhochzeit

zu feiern, und bis dahin doch nur eine der beiden Bräute sich zeigte, gab es viel Verwunderung und Vermutung, aber die meisten glaubten, daß Ganymed einen Scherz mit Orlando treibe.

Da der Herzog hörte, daß es seine eigene Tochter wäre, die auf diesem sonderbaren Wege herbeigeschafft werden sollte, fragte er Orlando, ob er glaube, daß der Schäferknabe sein Versprechen wirklich ausführen könne; und während Orlando antwortete, er wisse nicht, was er denken solle, trat Ganymed ein und fragte den Herzog, ob er, wenn er seine Tochter brächte, in ihre Vermählung mit Orlando willigen würde. »Das würde ich«, sagte der Herzog, »wenn ich auch Königreiche mit ihr zu vergeben hätte.« Darauf wandte sich Ganymed an Orlando: »Und Ihr sagt, Ihr wollt sie heiraten, wenn ich sie herbringe?« – »Das würde ich«, sagte Orlando, »selbst wenn ich vieler Königreiche König wäre.«

Ganymed und Aliena gingen dann zusammen weg, und Ganymed warf die männliche Kleidung ab und legte wieder Frauentracht an und wurde schnell Rosalinde, ohne daß Zauberei nötig war, und Aliena, die ihre Bauernmädchenkleider mit ihren eigenen reichen Gewändern vertauschte, verwandelte sich mit ebenso geringer Mühe in die Prinzessin Celia.

Während sie fort waren, sagte der Herzog zu Orlando, ihn dünke, der Schäfer Ganymed gleiche sehr seiner Tochter Rosalinde; und Orlando meinte, auch er habe die Ähnlichkeit bemerkt.

Sie hatten indessen keine Zeit, mit Verwunderung zu fragen, wo das alles hinaus wolle, denn schon traten Rosalinde und Celia herein, in ihren eigenen Gewändern; und nicht länger behauptend, daß sie durch die Macht der Zauberei hierherkäme, warf sich Rosalinde vor ihrem Vater auf die Knie und bat um seinen Segen. Daß sie so urplötzlich erschien, deuchte allen Anwesenden so wunderbar, daß es

wohl als Zauberblendwerk hätte gelten können; aber Rosalinde wollte nicht länger mit ihrem Vater ihr Spiel treiben,
und sie erzählte ihm die Geschichte von ihrer Verbannung
und wie sie sich im Wald als Schäferknabe aufgehalten
habe, während ihre Freundin Celia für ihre Schwester ge-
golten.

Der Herzog bestätigte die Einwilligung, die er schon zu
der Vermählung gegeben hatte; und Orlando wurde mit
Rosalinde, Oliver mit Celia zur selben Stunde verheiratet.
Und obgleich ihre Hochzeit in diesem wilden Walde nicht
mit der Pracht und Herrlichkeit gefeiert werden konnte,
wie sie sonst bei solchen Gelegenheiten üblich ist, so hatte
doch nie ein glücklicherer Hochzeitstag stattgefunden;
und während sie noch im kühlen Schatten der Baumkro-
nen ihr Wildbret aßen, traf, als ob nichts fehlen sollte, das
Glück des guten Herzogs und der treuen Liebenden vollständig zu machen, ein unerwarteter Bote mit der fröh-
lichen Nachricht für den Herzog ein, daß sein Herzogtum
ihm zurückgegeben sei.

Der Thronräuber, durch die Flucht seiner Tochter Celia
in Wut versetzt und vernehmend, daß täglich Männer von
großem Gewicht in den Ardennerwald strömten, um sich
dem rechtmäßigen Herzog in seiner Verbannung anzuschließen, zugleich auch von Neid und Haß getrieben, weil
sein Bruder in seinem Unglück sich so hoher Achtung erfreute, hatte ein mächtiges Heer geworben und war damit
gegen den Wald vorgerückt, um seinen Bruder gefangenzu-
nehmen und ihn mit allen seinen treuen Anhängern durch
das Schwert zu tilgen. Aber durch eine wunderbare Fügung
der Vorsehung war dieser arge Mann von seinem bösen
Vorhaben bekehrt worden. Denn gerade beim Betreten des
Saumes des wilden Waldes war ihm ein alter frommer
Mann, ein Einsiedler, begegnet; mit diesem hatte er ein langes Gespräch gehabt, und schließlich war sein Herz von
seinem verruchten Vorhaben völlig abgekehrt worden. Seit-

dem hatte er wahre Reue gefühlt und beschlossen, seiner ungerechten Herrschaft zu entsagen und den Rest seines Lebens in einem Kloster hinzubringen. Die erste Handlung seiner inneren Umkehr war, seinem Bruder einen Boten zu senden (wie schon erzählt wurde), um ihm sein Herzogtum, das er räuberisch an sich gerissen hatte, zurückzugeben und damit zugleich die Güter und Einkünfte seiner Freunde, der treuen Gefährten seines Unglücks.

Diese fröhliche Nachricht, ebenso unerwartet wie willkommen, traf gerade zur rechten Zeit ein, um die Festesfreude bei der Hochzeit der jungen Prinzessinnen zu erhöhen. Celia sprach ihrer Freundin ihr warmes Mitgefühl aus über das Glück, das dem Herzog, Rosalindes Vater, widerfahren war, und ihre Worte kamen aus aufrichtigem Herzen, obgleich sie fortan nicht mehr Erbin des Herzogtums war, sondern infolge der Verzichtleistung ihres Vaters jetzt Rosalinde die Erbansprüche hatte: so vollkommen war die Liebe dieser beiden Freundinnen, in die sich nichts von Eifersucht, nichts von Neid mischte.

Der Herzog hatte jetzt Gelegenheit, die treuen Freunde zu belohnen, die mit ihm in der Verbannung ausgeharrt hatten; und diese würdigen Anhänger, die geduldig sein Unglück geteilt hatten, empfanden doch eine große Genugtuung, in Frieden und Freude in den Palast ihres rechtmäßigen Herzogs zurückzukehren.

Was ihr wollt

Sebastian, ein junger Edelmann aus Messaline, und seine Schwester Viola waren Zwillinge, und, wunderbar zu sagen, von ihrer Geburt an glichen sie einander so vollkommen, daß sie nicht anders zu unterscheiden waren als nach der Verschiedenheit ihrer Kleidung. Wie sie einstmals in ein und derselben Stunde geboren wurden, so schwebten sie beide auch in Lebensgefahr in ein und derselben Stunde, denn sie erlitten Schiffbruch an der Küste von Illyrien, als sie eine Seereise miteinander machten. Das Schiff, das sie an Bord hatte, zerschellte in einem heftigen Sturm an einem Felsen, und nur eine sehr kleine Zahl der Reisenden kam mit dem Leben davon. Der Führer des Schiffes gewann mit wenigen Matrosen, die gerettet wurden, in einem kleinen Boot das Land; mit sich brachten sie Viola glücklich ans Ufer, aber hier begann die Arme, anstatt sich ihrer eigenen Rettung zu freuen, laut um ihres Bruders Verlust zu jammern. Jedoch tröstete der Schiffshauptmann sie mit der Versicherung, daß er gesehen habe, wie ihr Bruder beim Bersten des Schiffes sich an einen starken Mast gebunden habe, und auf diesem habe er, solange als irgend etwas wegen der Entfernung von ihm wahrzunehmen gewesen sei, ihn über die Wogen dahingetragen gesehen. Viola fühlte sich sehr getröstet durch die Hoffnung, welche dieser Bericht ihr gab, und nun erwog sie, was sie selbst in einem so fremden Lande so weit von der Heimat anfangen solle. Und sie fragte den Hauptmann, ob er irgend etwas von Illyrien kenne. »Ja freilich, mein Fräulein«, erwiderte der Hauptmann, »ich kenne es sehr genau, denn mein

Geburtsort ist kaum drei Stunden von hier entfernt.« – »Und wer regiert hier?« fragte Viola. Der Hauptmann erzählte ihr, daß über Illyrien Orsino herrsche, ein Herzog, der sich ebensosehr durch Naturanlagen wie durch Würde des Benehmens auszeichne. Viola sagte, sie habe ihren Vater von Orsino sprechen hören, der damals noch unvermählt gewesen sei. »Und er ist es auch jetzt noch«, versetzte der Hauptmann; »oder er war es noch ganz kürzlich, denn erst vor einem Mond reiste ich von hier ab, und damals war es das allgemeine Gespräch (Ihr wißt ja, was die Großen tun, darüber schwatzen gern die Kleinen), daß Orsino sich um die Liebe der schönen Olivia bewerbe, einer sittsamen Jungfrau, der Tochter eines vor zwölf Monden gestorbenen Grafen, der sie im Schutz ihres Bruders zurückließ; aber bald nachher starb dieser auch, und um dieses teuren Bruders willen, sagt man, hat sie dem Anblick und der Gesellschaft der Männer abgeschworen.« Viola, die selber in so trüber Stimmung über den Verlust ihres Bruders war, hegte den sehnlichen Wunsch, in der Nähe jener Jungfrau zu leben, die so zärtlich den Tod eines Bruders betrauerte. Sie fragte den Hauptmann, ob er sie bei Olivia einführen könne; sie wolle gern dieser Dame dienen. Aber er erwiderte, das würde schwer zu machen sein, weil Olivia seit ihres Bruders Tod niemandem den Eintritt in ihr Haus gestatte, nicht einmal dem Herzog. Da dachte sich Viola einen andern Plan aus, nämlich in Mannskleidung dem Herzog Orsino als Edelknabe zu dienen. Gewiß war es ein sonderbarer Gedanke für ein junges Mädchen, männliche Tracht anzulegen und sich für einen Jüngling auszugeben; doch die hilf- und schutzlose Lage Violas, die jung und von ungewöhnlicher Schönheit war, dazu noch allein stand und sich in einem fremden Lande wußte, das alles muß ihr zur Entschuldigung dienen.

Da sie an dem Hauptmann ein feines Betragen bemerkt hatte, auch daß er freundliche Teilnahme für ihr Wohlergehen bezeigte, so vertraute sie ihm ihren Plan an, und er ging bereitwillig darauf ein, ihr beizustehen. Viola gab ihm Geld und wies ihn an, ihr einen passenden Anzug zu liefern. Dabei sprach sie den Wunsch aus, daß ihre Kleider von derselben Farbe, auch nach demselben Schnitt gemacht würden, wie sie ihr Bruder Sebastian zu tragen pflegte. Und als sie ihr männliches Gewand angelegt hatte, glich sie so völlig und genau ihrem Bruder, daß sie dadurch zu seltsamen Irrungen Veranlassung gab, indem die Geschwister miteinander verwechselt wurden; denn auch Sebastian, wie wir bald sehen werden, war aus dem Schiffbruch gerettet.

Als Violas guter Freund, der Schiffshauptmann, das niedliche Mädchen in einen jungen Mann umgewandelt hatte, gelang es ihm, da er Beziehungen am Hofe hatte, sie dem Herzog vorgestellt zu sehen unter dem erdichteten Namen Cesario. Orsino war außerordentlich befriedigt von der Geschicklichkeit und dem anmutigen Benehmen des schönen Jünglings und machte Cesario zu einem seiner Edelknaben – das war ja die Stellung, die Viola zu erlangen gewünscht hatte; und sie erfüllte die Pflichten ihres neuen Amtes so vortrefflich und zeigte ihrem Herrn so aufmerksame Bereitwilligkeit und anhängliche Treue, daß sie bald sein Lieblingsdiener wurde. Orsino vertraute dem Cesario sogar die ganze Geschichte seiner Liebe zu der schönen Olivia an. Er erzählte Cesario von seiner langen und erfolglosen Bewerbung um die Jungfrau, die, nachdem sie seine vielfachen Huldigungen zurückgewiesen und ihn verschmäht, nun sogar verweigert habe, ihn bei sich vorzulassen. Um dieser Jungfrau willen, die ihn so wenig gütig behandelt hatte, gab der edle Herzog die Jagd und alle männlichen Übungen, an denen er sonst immer seine Lust gefunden hatte, verdrossen auf und brachte seine Stunden in unrühmlicher Trägheit hin, und er lauschte nur den weichlichen Klängen sanfter Musik, artiger Weisen und

leidenschaftlicher Liebeslieder; und indem er die Gesellschaft der klugen und gelehrten Herren, mit denen er gewöhnlich umgegangen war, vernachlässigte, unterhielt er
sich jetzt täglich und lange mit dem jungen Cesario. Der
sei, dachten die ernsten und gewichtigen Männer des Hofes, ein unzweifelhaft ganz ungeeigneter Freund und Gefährte für ihren einst so ritterlichen Herrn, den großen
Herzog Orsino.

Es ist eine gefährliche Sache für junge Mädchen, vertrau-
lichen Umgang mit jungen Herzögen zu pflegen. Das
empfand Viola nur allzubald zu ihrem großen Schmerz,
denn alles, was Orsino ihr von seinen Qualen um Olivias
willen erzählte, das fühlte sie sehr bald als ihr eigenes Leid
um seinetwillen. Und es erregte sehr ihre Verwunderung,
daß Olivia so ganz achtlos für ihren unvergleichlichen
Herrn und Gebieter sein könne, den doch niemand ohne
die tiefste Verwunderung ansehen könne; und sie wagte,
Orsino in feiner Art anzudeuten, daß es doch schade wäre,
wenn er eine Jungfrau liebte, die so blind wäre für den Adel
seiner Eigenschaften; und sie sagte: »Wenn Euch ein
Mädchen liebte, wie Ihr Olivia liebt (und vielleicht gibt es
eine, die es tut), und Ihr könntet sie nicht wieder lieben,
würdet Ihr dann ihr nicht sagen, daß Ihr sie nicht lieben
könntet, und müßte sie nicht mit dieser Antwort zufrieden sein?« Aber Orsino wollte nichts von der Schlußfolge-
rung wissen, denn er meinte, es sei unmöglich, daß eine
Frau liebe wie er: Keines Weibes Herz sei groß genug, den
Andrang solcher Liebe zu ertragen; deshalb sei es unpassend, irgendeine Frauenliebe mit seiner Liebe für Olivia zu
vergleichen. Obgleich nun Viola die äußerste Hochachtung und Ehrerbietigkeit für des Herzogs Meinungen
hatte, konnte sie doch nicht umhin zu denken, daß dies
nicht ganz wahr sei, denn sie glaubte, ihr Herz fasse gerade
so viel Liebe in sich wie Orsinos; und sie sagte: »Jedoch ich
weiß …« – »Was weißt du, Cesario?« fragte dagegen Or-

sino. »Zu gut nur weiß ich«, antwortete Viola, »was ein Weib für Liebe hegen kann. Fürwahr, sie sind so treuen Sinnes wie wir. Mein Vater hatte eine Tochter, welche liebte, wie ich vielleicht, wäre ich ein Weib, mein Fürst, Euch lieben würde.« – »Was war ihr Lebenslauf?« fragte Orsino. »Ein leeres Blatt«, entgegnete Viola; »niemals erzählte sie von ihrer Liebe, sie ließ Verheimlichung, wie in der Knospe den Wurm, an ihrer Purpurwange nagen. Sich härmend und in bleicher, welker Schwermut saß sie wie die Geduld auf einer Gruft, dem Grame lächelnd.« Der Herzog forschte, ob dieses junge Mädchen an ihrer Liebe gestorben sei, aber auf diese Frage gab Viola nur ausweichende Antwort, wie sie wahrscheinlich die Geschichte nur ersonnen hatte, um die geheime Liebe und den stillen Gram um Orsino einmal auszusprechen.

Während sie noch sprachen, trat ein Edelmann ein, den der Herzog zu Olivia gesandt hatte. Er sprach: »Verzeiht, mein Fürst, ich wurde nicht vorgelassen; ihr Mädchen gab mir dies zur Antwort nur: Der Himmel selbst, bis sieben Jahr verflossen, soll ihr Gesicht nicht ohne Hülle schaun; sie will wie eine Nonne im Schleier gehen, ihr Zimmer rings mit ihren Tränen netzend im Angedenken an den toten Bruder.« Als das der Herzog vernahm, rief er aus: »O sie mit diesem zart gebauten Herzen, die schon dem Bruder so viel Liebe zahlt, wie wird sie lieben, wenn der goldne Pfeil ihr Herz berührt!« Und darauf wandte er sich an Viola mit den Worten: »Du weißt nun alles, Cesario, ich habe dir alle Geheimnisse meines Herzens erzählt. Drum, guter Jüngling, gehe zu Olivia. Laß dir den Zutritt nicht verweigern; warte vor ihrer Tür und sprich, es solle fest dein Fuß da wurzeln, bis Gehör du findest.« – »Und wenn ich sie spreche, mein Fürst, was dann?« fragte Viola. »O dann«, gab Orsino zur Antwort, »entfalte ihr meiner Liebe Leidenschaft. Sprich lange zu ihr von meiner treuen Liebe. Es wird dir wohl stehen, meinen Schmerz zu klagen;

sie wird deiner Jugend wegen geneigter horchen als einem Boten ernsten Angesichts.«

Viola ging weg; aber nicht gern unternahm sie diesen Freiergang; denn sie sollte ja werben um ein Fräulein für den Mann, den sie selbst zu heiraten wünschte. Aber da sie einmal den Auftrag übernommen hatte, so richtete sie ihn auch treulich aus; und Olivia hörte bald, daß ein Jüngling vor ihrer Tür stünde, der darauf dringe, vorgelassen zu werden. »Ich sagte ihm«, erzählte die Magd, »Ihr wäret krank; er meinte, das wüßte er schon, und deshalb käme er, mit Euch zu sprechen. Ich sagte ihm, Ihr schliefet; er schien auch das schon im voraus gewußt zu haben und sagte, gerade darum müßte er mit Euch sprechen. Was soll man ihm noch sagen, gnädiges Fräulein? Denn er scheint gegen jede Verleugnung gerüstet zu sein und will mit Euch sprechen, Ihr mögt wollen oder nicht.« Olivia war denn neugierig zu sehen, wer dieser entschiedene Bote wäre, und gab Befehl, ihn vorzulassen, und indem sie den Schleier über ihr Angesicht warf, sagte sie, sie wolle noch einmal Orsinos Boten hören: denn seiner Rücksichtslosigkeit nach zweifelte sie nicht, daß er vom Herzog käme. Viola trat ein, sie trug die männlichste Miene, die sie annehmen konnte; und indem sie die feine höfische Sprache der Edelknaben vornehmer Herren nachahmte, sagte sie: »Allerstrahlendste, auserlesene, unvergleichliche Schönheit. Ich bitte Euch, sagt mir, ob Ihr die Dame des Hauses seid. Denn es sollte mir leid tun, meine Rede verkehrt anzubringen; denn abgesehen davon, daß sie meisterhaft abgefaßt ist, habe ich mir viel Mühe gegeben, sie auswendig zu lernen.« – »Woher kommt Ihr, mein Herr?« sagte Olivia. »Ich kann wenig mehr sagen, als was ich mir eingeprägt habe«, entgegnete Viola, »und diese Frage steht nicht in meiner Rolle.« – »Seid ihr ein Schauspieler?« fragte Olivia. »Nein«, versetzte Viola, »und doch bin ich nicht, was ich spiele.« Sie deutete damit an, daß sie, obgleich sie ein Weib sei, sich für einen Mann ausgebe. Und wieder fragte sie Olivia, ob sie die Dame des Hauses sei. Olivia bejahte das; und nun sagte Viola, die mehr neugierig war, das Gesicht ihrer Nebenbuhlerin zu sehen, als daß sie Eile gehabt hätte, ihres Herrn Botschaft auszurichten: »Gnädige Frau, laßt mich Euer Antlitz sehen.« Diese kühne Bitte zu erfüllen war Olivia nicht abgeneigt; denn diese stolze Schönheit, die der Herzog Orsino so lange vergeblich geliebt hatte, hatte beim ersten Anblick eine Leidenschaft zu dem vermeintlichen Edelknaben, dem bescheidenen Cesario gefaßt.

Als Viola bat, Olivias Antlitz zu sehen, sagte diese: »Habt Ihr irgendeinen Auftrag von Eurem Herrn, mit meinem Gesicht zu verhandeln?« Und dann vergaß sie den Entschluß, sieben Jahre lang verschleiert zu gehen, und schlug ihren Schleier zurück mit den Worten: »Doch ich will den Vorhang wegziehen und Euch das Gemälde zeigen. Ist das Bild nicht gut gemalt?« Viola versetzte: »Naturgetreu ist Schönheit hier gemischt; das Rot und Weiß auf Euren Wangen hat Natur mit eigner kluger Hand gemalt. Fräulein, Ihr seid die grausamste, die lebt, wenn Ihr zum Grabe diese Reize tragt und der Welt kein Abbild laßt.« – »O Herr«, gab Olivia zur Antwort, »ich will nicht so hartherzig sein. Die Welt mag ein feierlich aufgenommenes Verzeichnis der Bestandteile meiner Schönheit haben. Item, zwei leidlich rote Lippen; item: zwei graue Augen mit dazugehörigen Lidern; ein Nacken; ein Kinn und so weiter. Wurdet Ihr eigentlich hierhergeschickt, meinen Wert abzuschätzen?« Viola entgegnete: »Ich sehe, was Ihr seid. Ihr seid zu stolz, doch, wahrlich! Ihr seid schön. Mein Herr und Meister liebt Euch. Solche Liebe wäre nie zu reich erwidert, wäret Ihr als Königin der Schönheit auch gekrönt. Denn Orsino liebt Euch mit Anbetung und Tränen, mit Stöhnen, das Liebe donnert, und mit Flammenseufzern.« – »Euer Herr«, sprach Olivia, »kennt zur

Genüge mein Herz. Ich kann ihn nicht lieben. Doch halte ich ihn für tugendhaft, ich weiß, daß er, von edlem Stamm, von großen Gütern, in frischer fleckenloser Jugend blüht. Ihn nennt die Welt gelehrt, freigebig, tapfer; doch lieben – nein! Das kann ich nimmermehr. Er konnte längst sich den Bescheid erteilen.« – »O liebte ich Euch mit meines Herren Glut«, sagte Viola, »ich baute an Eurer Tür ein Weiden- hüttchen und riefe immer wieder Euren Namen. Ich schriebe Klaggesänge für Olivia und ließe sie in stiller Nacht erklingen. Die Hügel sollten Euren Namen tönen, daß Echo, diese Schwätzerin der Luft, ›Olivia‹ schrie. O Ihr solltet mir nicht Ruh genießen zwischen Erde und Himmel, nein, solltet meiner Euch erbarmen.« – »Wer weiß, wie weit Ihr's bringen könntet!« sprach Olivia. »Wie ist Eure Herkunft?« – »Höher als mein jetziges Los, ob- wohl es mir gutgeht. Ich bin ein Edelmann.« Olivia entließ jetzt mit Widerstreben Viola, indem sie sagte: »Geht nur zu Eurem Herrn, und sagt ihm, daß ich ihn nicht lieben kann. Laßt ihn nicht wieder jemand schicken, außer Ihr kommt etwa wieder, um mir zu melden, wie er's nimmt.« Und Viola nahm Abschied, indem sie dem Fräulein zurief: »Lebt wohl, schöne Grausame!«

Als sie gegangen war, wiederholte Olivia für sich die Worte: »Höher als mein jetziges Los, obwohl es mir gut- geht. Ich bin ein Edelmann.« Und sie sagte laut: »Ich schwöre drauf: er ist's. Seine Sprache, sein Antlitz, seine Gestalt und Gebärde, sein Geist – alles beweist klar, daß er ein Edelmann ist.« Und dann wünschte sie, Cesario möchte der Herzog sein; und da sie inne wurde, wie rasch er ihre Neigung gewonnen hatte, tadelte sie diese plötz- liche Liebe. Aber der leichte Tadel, den man über eigene Fehler ausspricht, hat keine tiefe Wurzel, und alsbald ver- gaß das edle Fräulein Olivia so weit die Ungleichheit zwi- schen ihren Verhältnissen und denen des scheinbaren Edel- knaben wie auch die jungfräuliche Zurückhaltung, welche der Hauptschmuck eines jungen Mädchen ist, daß sie beschloß, sich um die Liebe des jungen Cesario zu bewerben, und sie sandte ihm einen Diener nach mit einem Diamantring, unter dem Vorwand, daß er ihn bei ihr als Geschenk von Orsino zurückgelassen hätte. Wenn sie in dieser listigen Weise Cesario mit einem Ring beschenkte, hoffte sie, ihm eine Andeutung ihrer Absichten zu geben; und in der Tat erweckte dies Violas Argwohn. Denn da sie wußte, daß Orsino keinen Ring durch sie übersandt hatte, besann sie sich nach und nach, daß Olivias Gebärden und Blicke viel Bewunderung für sie kundgegeben hätten, und sofort vermutete sie, daß ihres Herrn Geliebte sich in sie verliebt habe. »Ach«, sagte sie, »das gute Fräulein könnte ebensogut einen Traum lieben. Eine Verkleidung, sehe ich, ist doch ein verwünschtes Ding; denn sie hat bewirkt, daß Olivia ebenso fruchtlose Seufzer nach mir sendet wie ich nach Orsino.«

Viola kehrte in den Palast Orsinos zurück und gab ihrem Herrn Bericht von dem üblen Erfolg der Unterhandlung; sie wiederholte den Befehl Olivias, der Herzog möge sie nicht länger beunruhigen. Aber doch ließ der Herzog nicht von der Hoffnung, daß der artige Cesario sie mit der Zeit dahin bringen könnte, einiges Erbarmen zu zeigen, und deshalb trug er ihm auf, am nächsten Tag wieder zu ihr zu gehen. Inzwischen suchte er möglichst gut über die verdrießliche Wartezeit hinwegzukommen und wollte sich ein Lieblingslied vortragen lassen; und er sagte: »Mein guter Cesario, als ich gestern abend dieses Lied hörte, kam es mir vor, als wirke es beruhigend auf meine Leidenschaft. Merke dir das Lied, Cesario, es ist alt und schlicht. Die Spinnerinnen und Stickerinnen, wenn sie im Sonnenschein sitzen, und die jungen Mägde, die ihren Faden klöppeln, singen dieses Lied. Es ist zwar nur einfältig, aber ich liebe es doch, denn es erzählt von der Unschuld süßer Liebe im Geiste der alten Zeit.«

Volkslied

Komm herbei, komm herbei, Tod,
und ins Leichentuch bette den Leib!
Laß mich frei, laß mich frei, Not!
Mich erschlägt ein holdseliges Weib.
Mit Rosmarin mein Leichenhemd,
o bestellt es!
Der Tod, wie wär' er dem Herzen fremd?
Treu' hält es.

Keine Blum', keine Blum' süß
sei gestreut auf den schwärzlichen Sarg!
Keine Seel', keine Seel' grüß'
mein Gebein, wo die Erd' es verbarg.
Der Freunde Seufzer wehrt mir ab
und bergt alleine
mich, wo keine Trauer wall' ans Grab
und weine.

Viola prägte sich die Worte des alten Liedes ein, welches in so treuer Einfalt die Qualen unerwiderter Liebe kundgab, und der Ausdruck ihres Gesichts bezeugte, daß sie im Innern fühlte, was das Lied sagte. Ihr trauriger Blick entging dem Herzog nicht, der zu ihr sprach: »Mein Leben wette ich drauf, Cesario: wie jung du auch bist, dein Auge hat doch schon auf einem Antlitz geruht, das es liebt; nicht wahr, Kleiner?« – »Ja, mit Eurer Gunst, ein wenig«, entgegnete Viola. »Und was für ein Mädchen ist's und von welchem Alter?« fragte Orsino. »Von Eurem Alter und von Eurer Gesichtsfarbe, gnädiger Herr«, antwortete Viola. Der Herzog mußte lächeln, als er hörte, daß dieser junge Knabe zu einem Weib Liebe trüge, das soviel älter wäre als er selbst und von einer so dunklen Gesichtsfarbe wie ein Mann; aber Viola hatte eigentlich Orsino im Sinn, nicht ein Weib, das ihm gliche.

Als Viola zum zweiten Mal Olivia besuchte, war es leicht für sie, Zutritt zu gewinnen. Dienerinnen pflegen es bald zu entdecken, wenn ihre Herrinnen sich gern mit hübschen jungen Boten unterhalten; und im Augenblick, da Viola kam, standen die Tore weit offen, und des Herzogs Edelknabe wurde achtungsvoll in die Gemächer Olivias geleitet. Und als Viola dem Fräulein erzählte, sie sei noch einmal gekommen, um ihres Herrn Sache zu führen, sagte Olivia: »Ich wünsche, daß Ihr nie wieder von ihm sprecht, aber wenn Ihr sonst irgendein Gesuch hättet, so hörte ich lieber, daß Ihr das betriebt, als daß eine himmlische Musik erklänge.« Das war hübsch offen gesprochen, aber Olivia drückte sich bald noch deutlicher aus, und sie bekannte frank und frei ihre Liebe; und als sie in Violas Antlitz Mißvergnügen und Verlegenheit sich spiegeln sah, fuhr sie fort: »Wie reizend steht ihm dieser höhnische Zug der Lippen, die Verachtung und der Zorn! Cesario, bei des Frühlings Rosenblüte! Bei jungfräulicher Ehre und Mädchentreue! Trotz deiner Sprödigkeit liebe ich dich so, daß mein Verstand die Leidenschaft nicht zügelt.« Aber umsonst war all ihr Werben; Viola eilte hinweg und drohte, nie wiederzukommen, um Orsinos Sache zu führen; und alles, was sie auf Olivias zärtliche Bitten erwiderte, war ihre feste Willenserklärung, nie ein Weib zu lieben.

Kaum hatte Viola das Fräulein verlassen, als auch schon ihre Tapferkeit auf die Probe gestellt wurde. Ein zurückgewiesener Freier Olivias, der erfahren hatte, daß das Fräulein dem herzoglichen Boten ihre Gunst zugewandt habe, ließ ihm seine Herausforderung zum Zweikampf zugehen. Was sollte die arme Viola tun, die zwar männliche Kleidung trug, aber doch eines echten Weibes Herz hatte und sich fürchtete, nur einen Blick auf ihr eigenes Schwert zu werfen?

Als sie sah, wie ihr furchtbarer Nebenbuhler auf sie mit gezogenem Schwerte eindrang, kam ihr der Gedanke, zu bekennen, daß sie ein Weib sei; aber plötzlich wurde sie von ihrem Entsetzen und der Schande solcher Entdeckung durch einen vorübergehenden Fremden befreit. Dieser warf sich zwischen beide, und als ob er lange mit Viola bekannt gewesen und ihr teuerster Freund wäre, rief er ihrem Gegner zu: »Den Degen weg! Wenn dieser junge Mann zu nah Euch trat, so nehme ich es auf mich; beleidigt Ihr ihn, fordere ich Euch für ihn.« Bevor Viola Zeit hatte, ihm für seinen Schutz zu danken oder ihn nach der Ursache seiner gütigen Dazwischenkunft zu fragen, trat ihrem neuen Freund ein Feind entgegen, bei welchem seine Tapferkeit ihm nichts nützte. Denn in diesem Augenblick kamen Gerichtsboten und ergriffen den Fremden im Namen des Herzogs, damit er sich für ein Unrecht verantworte, das er einige Jahre vorher begangen hatte; und er sagte zu Viola: »Das kommt davon, daß ich Euch suchte.« Und dann fragte er sie nach einem Geldbeutel, indem er sagte: »Nun drängt die Not mich, meinen Beutel wieder von Euch zu fordern; und es schmerzt mich mehr um das, was ich nun nicht für Euch vermag, als was mich selbst betrifft. Ihr steht erstaunt, doch seid getrost.« Diese Worte setzten in der Tat Viola in Erstaunen, und sie versicherte, daß sie ihn nicht kenne und daß sie nie einen Geldbeutel von ihm erhalten habe; aber für die Güte, die er eben jetzt ihr erwiesen hatte, bot sie ihm eine kleine Summe Geldes, die so ziemlich alles war, was sie besaß. Und nun sprach der Fremde bittere Worte, er warf ihr Undankbarkeit und liebloses Wesen vor. »Dieser Jüngling, den ihr da seht«, rief er, »ich entriß ihn dem Rachen des Todes, und um seinetwillen allein kam ich nach Illyrien und begab mich in diese Gefahr.« Aber den Gerichtsboten lag wenig daran, die Klagen ihres Gefangenen zu hören, und sie schleppten ihn mit den Worten hinweg: »Was geht das uns an?« Und als er weggeführt wurde, rief er Viola mit dem Namen »Sebastian« und machte dem vermeintlichen Sebastian, solange er sich noch vernehmlich machen konnte, Vorwürfe, daß er seinen Freund verleugne.

Als Viola hörte, daß sie Sebastian gerufen wurde, war der Fremde zwar zu schleunig weggeführt, als daß sie um Aufklärung hätte bitten können, aber sie vermutete doch, dieses Rätsel könne seine Lösung in einer Verwechslung ihrer selbst mit ihrem Bruder finden; und in ihr begann die liebliche Hoffnung zu dämmern, daß es ihres Bruders Leben wäre, das jener Mann gerettet zu haben behauptete. Und so war's in der Tat. Der Fremde, der Antonio hieß, war ein Schiffshauptmann. Er hatte Sebastian aufgenommen, als dieser, von den Anstrengungen erschöpft, auf dem Mast herumtrieb, an den er sich im Sturm festgebunden hatte. Antonio faßte solche Neigung zu Sebastian, daß er beschloß, ihn zu begleiten, wohin er auch immer ginge; und als der Jüngling aus Neugierde den Hof Orsinos zu besuchen wünschte, wollte Antonio, lieber als daß er sich von ihm getrennt hätte, ihn nach Illyrien begleiten. Freilich wußte er, daß, wenn er dort erkannt würde, sein Leben in Gefahr wäre, weil er in einem Seegefecht einstmals den Neffen des Herzogs Orsino gefährlich verwundet hatte. Das war das Vergehen, um dessen willen er jetzt gefangengenommen war.

Sebastian und Antonio waren miteinander nur wenige Stunden vor der Begegnung Antonios mit Viola gelandet. Der Schiffshauptmann hatte Sebastian seinen Geldbeutel übergeben mit der Anweisung, uneingeschränkten Gebrauch davon zu machen, wenn er etwas sähe, das er zu kaufen wünschte; er wolle im Wirtshaus warten, während Sebastian ausginge, die Stadt zu besehen. Weil aber Sebastian nicht zur verabredeten Zeit zurückgekehrt war, so hatte Antonio gewagt, sich nach ihm umzusehen; und da Viola dieselbe Kleidung trug wie ihr Bruder und von Angesicht ihm so genau glich, so zog Antonio sein Schwert (wie er annahm) zur Verteidigung des von ihm geretteten

141

Jünglings, und als der vermeintliche Sebastian ihn verleug-
nete und ihm die Herausgabe seines eigenen Geldbeutels
verweigerte, so war es ganz natürlich, daß er den Jüngling
der Undankbarkeit zieh.

Als Antonio weg war, fürchtete Viola, wiederum zum
Zweikampf gefordert zu werden, und schlich sich so eilig
wie möglich nach Hause. Sie war noch nicht lange weg, da
glaubte ihr Gegner, er sähe sie zurückkommen; aber es war
ihr Bruder Sebastian, der zufällig an diesen Ort gekommen
war. Und der feige Junker, der das Feld behauptet hatte,
weil Viola noch weniger Mut bewies als er, rief überrascht:
»Nun, Herr, treffe ich Euch endlich wieder? Da habt Ihr
was!« und er versetzte ihm einen Schlag mit der Faust. Sebastian aber war nicht blöde; er vergalt den Schlag mit Zinsen und zog sein Schwert.

Ein Fräulein machte jetzt dem Kampf ein Ende; denn
Olivia trat aus dem Hause, und da auch sie Sebastian irrtümlich für Cesario nahm, so lud sie ihn ein, in ihre Wohnung zu kommen. Sie war dabei zärtlich besorgt über den
rohen Angriff, den er zu bestehen gehabt hatte. Obgleich
Sebastian höchlich erstaunt über die Höflichkeit des Fräuleins wie über die Roheit seines unbekannten Gegners war,
so ging er doch sehr willig in das Haus, und Olivia war entzückt zu sehen, daß der vermeintliche Cesario viel emp-
fänglicher für die Aufmerksamkeiten von ihrer Seite geworden war; denn obgleich die Gesichtszüge noch genau
dieselben waren, so entdeckte sie doch in seinem Antlitz
keine Spur mehr von der Verachtung und dem Zorn, über
den sie sich bei ihren früheren Liebesversicherungen gegen
Cesario zu beklagen gehabt hatte.

Sebastian hatte durchaus nichts einzuwenden gegen die
Zärtlichkeit, welche das Fräulein an ihn verschwendete. Er
schien ihre Freundlichkeit vielmehr sehr gut aufzunehmen,
aber er mußte sich doch wundern, wie das alles gekommen
war, und dann war er geneigt zu glauben, daß es in Olivias

Kopfe nicht ganz richtig stünde. Aber wenn er dann wieder wahrnahm, daß sie die Gebieterin eines großen und schönen Hauses war und daß sie alles mit Klarheit ordnete und daß sie Haus und Dienerschaft mit Klugheit regierte und daß sie in jeder Hinsicht – abgesehen von ihrer plötzlichen Liebe für ihn – im vollen Besitz ihres Verstandes zu sein schien, dann ließ er sich ihr zärtliches Entgegenkommen wohl gefallen; und Olivia, die glücklich war, Cesario in dieser guten Stimmung zu sehen, aber immer in Angst schwebte, daß in seinem Herzen ein Wandel eintreten könne, schlug ihm vor, sie möchten sich sofort verheiraten: einen Priester hätte sie im Hause. Sebastian stimmte diesem Vorsatz gern zu; und als die Trauung vollzogen war, verließ er auf eine kurze Zeit seine Frau, denn er wollte seinen Freund Antonio aufsuchen und ihm das große Glück erzählen, das ihm widerfahren war.

Während seiner Abwesenheit kam der Herzog, um Olivia zu besuchen, und in demselben Augenblick, als er bei ihrem Haus angelangt war, brachten die Gerichtsboten ihren Gefangenen, Antonio, vor Orsino. Viola war im Gefolge ihres Herrn; und als Antonio Viola sah, die er noch immer für Sebastian hielt, trug er dem Herzog vor, wie er diesen Jüngling aus den Gefahren der See gerettet habe; und nachdem er umständlich von aller Güte berichtet hatte, die er in Wahrheit Sebastian erwiesen, schloß er seine Klage mit den Worten, daß seit drei Monden dieser undankbare Jüngling Tag und Nacht bei ihm verweilt habe. Aber jetzt trat Frau Olivia aus dem Hause heraus, und da konnte der Herzog sich nicht länger überwinden, Antonios Geschichte anzuhören, und er rief: »Die Gräfin kommt! nun wandelt lichter Himmel auf dunkler Erde! Doch was dich angeht, Geselle, so sind deine Worte Wahnsinn; drei Monde dient mir dieser junge Mann«; und er gab Befehl, Antonio beiseite zu führen.

Aber Orsinos »himmlische Gräfin« gab dem Herzog

bald Veranlassung, Cesario ebenso großer Undankbarkeit zu beschuldigen, wie es eben Antonio getan hatte; denn alle Worte, die er von Olivia vernahm, waren Worte der zärtlichsten Liebe für Cesario, und als er sah, daß sein Edelknabe in Olivias Gunst so hoch thronte, drohte er ihm mit allen Schrecken gerechter Rache; und beim Abschied befahl er Viola herrisch, ihm zu folgen, und er rief: »Komm hierher, Knabe! Meine Gedanken sind unheilschwanger.« Es schien, als ob er in der Raserei seiner Leidenschaft auf dem Punkt stünde, Viola zu augenblicklichem Tode zu verurteilen, aber ihre Liebe ließ sie nicht erzittern, und sie sagte, sie würde freudig den Tod erleiden, nur um ihrem Herrn und Gebieter einen Trost zu geben. Aber Olivia wollte ihren Gemahl nicht so verlieren, und sie schrie verzweiflungsvoll: »Wohin geht mein Cesario?« Viola gab zur Antwort: »Ich folge ihm, den ich mehr liebe, denn mein Leben.« Olivia versuchte jedoch den Herzog und sein Gefolge durch die laute Versicherung zurückzuhalten, daß Cesario ihr Gemahl sei, und sandte nach dem Priester; dieser kam sofort und erklärte, noch nicht zwei Stunden seien verflossen, seit er Olivia mit diesem jungen Mann vermählt habe. Viola beteuerte vergebens, sie sei nicht mit Olivia vermählt; die bestimmtesten Aussagen der jungen Frau wie des Priesters überzeugten Orsino, daß sein Edelknabe ihn wirklich des Schatzes beraubt habe, den er höher als sein Leben wertete. Aber er bedachte, daß das Geschehene nicht zu widerrufen sei, und sagte schon seiner treulosen Geliebten ein bitteres Lebewohl, ebenso wie dem jungen Heuchler, ihrem Gemahl, wie er Viola nannte, ihm die Warnung zurufend, er möge ihm nie wieder vor die Augen kommen; da geschah ein Wunder, wie es ihnen deuchte; denn ein anderer Cesario trat herein und redete Frau Olivia als seine Gemahlin an. Dieser neue Cesario war Sebastian, der wirkliche Gemahl Olivias; und als sich ihr Staunen, zwei Menschen mit demselben Antlitz, derselben Stimme, derselben Kleidung zu sehen, ein wenig gelegt hatte, begannen Bruder und Schwester einander auszufragen, denn Viola konnte sich kaum überzeugen, daß ihr Bruder wirklich noch lebte, und Sebastian vermochte nicht zu begreifen, wie die Schwester, die er ertrunken geglaubt hatte, in der Kleidung eines jungen Mannes erschien. Aber Viola gestand alsbald ein, daß sie nur verkleidet und in der Tat seine Schwester Viola sei.

Als die sämtlichen Irrungen aufgeklärt waren, welche die wunderbare Ähnlichkeit der Zwillingsgeschwister veranlaßt hatte, lachten sie herzlich über Frau Olivia wegen der drolligen Verwechslung, daß sie sich in ein Weib verliebt habe; und Olivia bezeugte kein Mißfallen an ihrem Tausch, als sie gewahrte, daß sie den Bruder statt der Schwester geheiratet hatte.

Den Hoffnungen Orsinos war für immer ein Ende gemacht durch Olivias Vermählung, und mit seinen Hoffnungen schien auch alle seine fruchtlose Liebe dahinzuschwinden, und alle seine Gedanken richteten sich auf das Ereignis, daß sein Liebling Cesario in ein schönes junges Mädchen verwandelt war. Er betrachtete Viola mit großer Aufmerksamkeit und besann sich, wie hübsch er immer Cesario gefunden hatte, und er vermutete, sie würde in weiblicher Kleidung wahrhaft schön aussehen; und dann erinnerte er sich, wie oft sie gesagt hätte, daß sie ihn liebe, was damals nur der Ausdruck der pflichtmäßigen Gesinnung eines treuen Edelknaben zu sein schien, aber jetzt dachte er mit Recht, daß sie etwas mehr damit gemeint habe; denn viele hübsche Worte von ihr, die ihm früher rätselhaft gewesen waren, fielen ihm jetzt wieder ein. Und kaum war ihm alles dies in den Sinn gekommen, als er auch schon beschloß, Viola zu seiner Gemahlin zu machen; und er sagte zu ihr (aus alter Gewohnheit mußte er sie noch immer Cesario und Junge nennen): »Du hast mir, Junge, tausendmal gesagt, du würdest ein Weib nie lieben so wie

mich, und für die treuen Dienste, die du mir geleistet hast
und die oft deiner zarten Erziehung so wenig würdig waren, und weil du mich so lange deinen Herrn genannt hast,
sollst du jetzt deines Herrn Frau sein und Orsinos treue
Herzogin.«

Als Olivia sah, daß Orsino sein Herz, das sie so ungnädig zurückgewiesen hatte, der reizenden Viola zuwandte,
lud sie das Paar ein, ihr Haus zu betreten, und bot ihnen
den Beistand des guten Priesters an, der am Morgen sie mit
Sebastian vermählt hatte; dieser sollte in den noch übrigen
Stunden des Tages auch an Orsino und Viola die Trauung
vollziehen. So wurden die Zwillingsgeschwister an ein und
demselben Tage vermählt: Sturm und Schiffbruch, die sie
getrennt hatten, wurden nun die Mittel, ihr hohes und
mächtiges Glück zu vollenden. Viola war die Gemahlin
Orsinos, des Herzogs von Illyrien, und Sebastian Gemahl
der reichen und edlen Gräfin Olivia.

Maß für Maß

Es regierte einmal in der Stadt Wien ein Herzog von so milder und gütiger Sinnesart, daß er es seinen Untertanen ungestraft hingehen ließ, wenn sie die Gesetze nicht beachteten; und es gab im besonderen ein Gesetz, dessen Vorhandensein fast vergessen war, weil es der Herzog während seiner ganzen Regierung nie in Kraft gesetzt hatte. Das war ein Gesetz, das jeden zur Todesstrafe verurteilte, der mit einem Weibe leben würde, das nicht seine wirkliche Gattin wäre; und da dieses Gesetz infolge der allzu großen Nachsicht des Herzogs äußerst mißachtet wurde, so widerfuhr der heiligen Einrichtung der Ehe grobe Vernachlässigung, und fast jeden Tag brachten die Eltern junger Mädchen in Wien Klagen vor den Herzog, daß ihre Töchter verleitet worden wären, sich ihrem Schutze zu entziehen, und als die Gefährtinnen unverheirateter Männer lebten.

Der gute Herzog bemerkte mit rechter Sorge dieses Übel, das bei seinen Untertanen wucherte; aber er dachte, daß ein plötzlicher Übergang von der bisher bewiesenen Nachsicht zu der scharfen Strenge, die nötig wäre, diesem Unfug zu steuern, für sein Volk (das ihn bisher so geliebt hatte) Veranlassung werden könnte, ihn als grausamen Gewaltherrn zu betrachten. Deshalb beschloß er, sich auf einige Zeit aus seinem Herzogtum zu entfernen und einen anderen mit der vollen Ausübung seiner Macht zu betrauen, damit das Gesetz gegen jene Verächter der Ehe wirksam werden könne, ohne daß er selber durch eine Strenge, die man von ihm nicht gewohnt war, Anstoß erregte.

Angelo, ein Mann, der in Wien wegen seines strengen und nie vom Pfade der Pflicht abweichenden Lebenswandels den Ruf eines Heiligen genoß, wurde vom Herzog als die geeignetste Persönlichkeit ausersehen, sich dieser wichtigen Aufgabe zu unterziehen; und als der Herzog diesen Plan seinem ersten Rat Escalus mitteilte, meinte dieser: »Wenn irgend jemand in Wien würdig ist, so reiche Huld und Ehre zu erfahren, so ist es Angelo.« Und jetzt nahm der Herzog Abschied von Wien, als gedenke er, eine Reise nach Polen zu machen. Angelo ließ er als Statthalter während seiner Abwesenheit zurück; aber die Abreise von Wien war nur vorgegeben, denn heimlich kehrte er als Mönch verkleidet sofort zurück, um ungesehen das Benehmen des heilig scheinenden Angelo zu überwachen.

Gerade um die Zeit, als Angelo mit seiner neuen Würde bekleidet war, traf es sich, daß ein Edelmann namens Claudio ein junges Mädchen den Eltern entführt hatte; und für dieses Vergehen wurde auf Befehl des neuen Statthalters Claudio aufgegriffen und ins Gefängnis geworfen, und kraft des alten, so lange vernachlässigten Gesetzes sprach Angelo das Urteil, daß Claudio enthauptet werden solle. Große Mühe wurde aufgewandt, um die Begnadigung des jungen Claudio zu erlangen, und vom guten alten Escalus selber wurden Schritte zu seinen Gunsten unternommen. »Ach«, sagte er, »dieser Edelmann, den ich gern retten möchte, hatte einen hochehrenwerten Vater, um dessentwillen ich Euch bitte, die Übertretung des jungen Mannes zu verzeihen.« Aber Angelo versetzte: »Wir dürfen nicht das Gesetz zu einer Vogelscheuche machen, die wir aufrichten, um Raubvögel abzuhalten, bis die Gewöhnung sie unschädlich findet und sie zum Ruheplatz, nicht zum Schrecken des Gesindels macht. Nein, Herr, er muß sterben.«

Lucio, der Freund Claudios, besuchte ihn im Gefängnis, und Claudio sagte zu ihm: »Ich bitte dich, Lucio, erweise mir diesen Liebesdienst. Geh zu meiner Schwester Isabella, die heute vorhat, ins Kloster der heiligen Clara einzutreten. Erzähle ihr die Gefahr, die mich bedroht; in meinem Namen flehe, daß sie Freundschaft mit dem strengen Richter schließt; bitte sie, selbst zu Angelo zu gehen. Ich hoffe viel von ihr; sie ist mit glücklicher Redekunst begabt, und leicht gewinnt sie jeden; zudem liegt im Schmerz der Jugend eine stumme Beredsamkeit, die Männerherzen rührt.«

Isabella, die Schwester Claudios, war, wie er sagte, an diesem Tag ins Kloster eingetreten, um ihr Probejahr zu bestehen, und sie hatte die Absicht, nach bestandener Prüfung den Schleier zu nehmen, und eben erkundigte sie sich bei einer Nonne nach den Regeln des Klosters; da hörte sie die Stimme Lucios, der beim Eintritt in das heilige Haus sagte: »Friede diesem Orte!« – »Wer ruft denn da?« sprach Isabella. »Es ist eines Mannes Stimme«, versetzte die Nonne; »liebe Isabella, geht zu ihm und fragt, was sein Begehr. Ihr könnt es tun, ich nicht. Wenn Ihr erst den Schleier genommen habt, dürft Ihr mit Männern nur in Gegenwart der Äbtissin sprechen. Dann dürft Ihr beim Sprechen Euer Angesicht nicht enthüllen, oder wenn Ihr das Antlitz zeigt, müßt Ihr schweigen.« – »Und habt ihr Nonnen keine weiteren Vorrechte?« fragte Isabella. »Sind diese nicht umfassend genug?« entgegnete die Nonne. »Ja, gewiß«, sagte Isabella; »ich spreche nicht, als ob ich mehr begehrte, ich wünsche vielmehr eine strengere Zucht, die über der Schwesterschaft walte, den Getreuen der heiligen Clara.« Wieder hörten sie Lucios Stimme, und die Nonne sagte: »Er ruft wieder, ich bitte Euch, antwortet ihm.« Nun ging Isabella hinaus zu Lucio, und als Antwort auf seinen Gruß sagte sie: »Frieden und Heil mit Euch! Wer ist's, der ruft?« Da näherte sich ihr Lucio mit Ehrfurcht und sagte: »Heil, Jungfrau! daß Ihr's seid, verkünden mir die Rosen Eurer Wangen. Könnt Ihr mich zu Isabella führen, der

Klosterschülerin und schönen Schwester ihres unseligen Bruders Claudio?« – »Warum ihres unseligen Bruders?« sprach Isabella; »verstattet mir diese Frage; denn ich bin Isabella, seine Schwester.« – »Holdselige Schöne«, versetzte Lucio, »Euer Bruder schickt Euch freundliche Grüße durch mich; er ist im Gefängnis.« – »Weh mir! warum?« sprach Isabella. Lucio erzählte ihr nun, daß Claudio wegen Entführung eines jungen Mädchens gefangen sitze. »Ach«, rief sie, »ich fürchte, es ist meine Verwandte Julia.« Julia und Isabella waren nicht verwandt, aber sie nannten einander so in Erinnerung an die Freundschaft ihrer Schultage; und weil Isabella wußte, daß Julia Claudio liebte, so fürchtete sie, sie habe sich durch ihre Neigung für ihn zu diesem Fehltritt verleiten lassen. »Sie ist es«, erwiderte Lucio. »Nun wohl denn, so möge mein Bruder Julia heiraten«, sprach Isabella. Lucio entgegnete, daß Claudio mit Freuden Julia heiraten würde, daß aber der Statthalter ihn für sein Vergehen zum Tode verurteilt habe; »es sei denn«, setzte er hinzu, »daß Ihr die Gnade habt, durch Euer holdes Flehen Angelo zu erweichen, und das ist der Kern des Auftrags, den Euer Bruder mir für Euch gegeben hat.« – »Ach!« rief Isabella, »was könnte meine schwache Kraft ihm helfen? Ich zweifle, ob ich die Macht habe, den strengen Angelo zu rühren.« – »Unsere Zweifel sind Verräter«, sagte Lucio; »sie lassen uns das Gute, das wir oft gewinnen könnten, durch die Furcht vor dem Versuch verlieren. Geht zu Angelo: Wenn Jungfrauen flehen und knien und weinen, dann sind die Männer gütig wie die Götter.« – »Ich will versuchen, was ich kann«, sprach Isabella. »Ich will nur der Äbtissin Nachricht von der Sache geben, dann will ich zu Angelo gehen. Empfehlt mich meinem Bruder; noch vor Nacht sende ich ihm sichere Nachricht des Erfolgs.«

Isabella eilte nach dem Palast und warf sich auf die Knie vor Angelo und sprach: »Von Gram erfüllt möchte ich Euer Gnaden anflehen, wenn Ihr geruhen wollt, mich anzuhören.« – »Wohlan, was wünscht ihr?« sprach Angelo. Sie brachte dann in den rührendsten Ausdrücken ihre Bitte für das Leben ihres Bruders vor. Aber Angelo entgegnete: »Jungfrau, hier gibt's kein Mittel; Euer Bruder ist verurteilt, und er muß sterben.« – »O gerechtes, aber strenges Gesetz!« rief Isabella, »dann hatte ich einen Bruder. Der Himmel beschirme Euer Gnaden!« Und sie wollte schon gehen. Aber Lucio, der sie begleitet hatte, sagte: »Gebt es so nicht auf; kehrt wieder zu ihm um und bittet, kniet vor ihm, hängt Euch an seinen Mantel. Ihr seid zu kalt; hättet Ihr um eine Nadel zu bitten, Ihr könntet nicht mit zahmerer Zunge reden.« Da flehte noch einmal Isabella auf ihren Knien um Gnade. »Er ist verurteilt«, sprach Angelo; »es ist zu spät!« – »Zu spät?« rief Isabella; »o nein doch! mein gesprochnes Wort, ich kann es widerrufen. O glaubt mir, gnädiger Herr! Kein Fürstenprunk der Großen dieser Erde, nicht Königskrone, nicht des Reichsverwesers Schwert, des Marschalls Stab, des Richters Amtsgewand, keins schmückt sie alle halb mit solchem Glanz, wie Gnade tut.« – »Ich bitte Euch, hinweg!« sprach Angelo. Aber noch immer lag Isabella flehend da; sie sagte: »Wäre mein Bruder an Eurer Stelle gewesen und Ihr an seiner, so hättet Ihr gleich ihm wohl straucheln können, aber er würde nicht gleich Euch so streng gewesen sein. Ich wollte beim Himmel, ich hätte Eure Macht und Ihr wärt Isabella. Würde es dann ebenso stehen? Nein, ich würde Euch sagen, was es hieße, ein Richter sein, und was ein Gefangener.« – »Faßt Euch, schöne Jungfrau«, sprach Angelo, »das Gesetz, nicht ich, verdammt Euren Bruder. Wäre er mein Vetter, Bruder, ja mein Sohn, nicht anders ginge es ihm. Morgen muß er sterben.« – »Morgen?« rief Isabella, »das ist schnell. O schont ihn, schont ihn. Er ist noch nicht bereit zum Tode. Selbst für unsere Küche schlachten wir das Geflügel zur rechten Zeit; sollten wir dem Himmel mit minderer Ehrfurcht dienen als unserem groben Ich?

O gütiger, gütiger Herr, bedenkt doch: keiner hat den Tod erlitten für das Vergehen meines Bruders, obgleich es von vielen begangen ist. Ihr würdet der erste sein, der dieses Urteil fällt, und er der erste, über den es erginge. Fragt Euer Herz; klopft an die eigne Brust, ob nichts drin wohnt, das meines Bruders Fehltritt gleicht; bekennt sie menschliche Schwachheit, wie die seine war, so steige aus ihr kein Laut auf Eure Zunge, der wider meines Bruders Leben spricht.«

Ihre letzten Worte bewegten Angelo mehr als alles, was sie vorher gesagt hatte; denn Isabellas Schönheit hatte in seinem Herzen eine schlimme Leidenschaft erregt, und es begannen schon allerlei Bilder vor seiner Seele zu gaukeln von unreiner Liebe, wie sie Claudios Verbrechen gewesen war. Und der Kampf in seinem Gemüt ließ ihn sich abwenden von Isabella; aber sie rief ihn zurück mit den Worten: »O teurer Herr, kehrt um! Hört, wie ich Euch bestechen will! Kehrt um, mein gütiger Herr!« – »Wie, mich bestechen?« sagte Angelo, erstaunt, daß sie daran denken könne, ihm ein Geschenk anzubieten. »Ja«, erwiderte Isabella, »mit solchen Gaben, die der Himmel selbst mit Euch teilt. Nicht mit goldenen Schätzen oder jenen glänzenden Steinen, deren Wert groß oder gering ist, je nachdem die Laune sie schätzt, nein, mit frommem Gebet, das auf zum Himmel steigt und zu ihm dringt vor Sonnenaufgang, Bitten reiner Seelen, fastender Jungfrauen, deren Herz nicht an irdischen Dingen hängt.« – »Gut, kommt morgen zu mir«, sprach Angelo. Und dank dieser kurzen Frist, die ihres Bruders Leben gewonnen hatte, und dank dieser Erlaubnis, noch einmal wieder Gehör zu finden, verließ sie ihn in der freudigen Hoffnung, daß sie zuletzt über sein strenges Wesen den Sieg davontragen würde; und im Weggehen sagte sie: »Der Himmel schütze Euer Gnaden! Der Himmel behüte Euer Gnaden!« Bei diesen Worten dachte Angelo im Herzen: »Amen! Er behüte mich vor dir und deiner Tugend!« und erschrocken über die eigenen bösen Gedanken setzte er hinzu: »Was ist das? Was ist das? Liebe ich sie, daß mich's verlangt, sie wieder reden zu hören, an ihrem Blick mich zu weiden? Wovon träume ich? Der listige böse Feind will Heilige fangen und ködert seinen Haken mit Heiligen. Nie konnte ein unkeusches Weib meine Leidenschaft erregen, doch dieses fromme Mädchen besiegt mich ganz. Bis heute konnte ich nur in stiller Verwunderung über Verliebte lächeln.«

In dem Kampf, den die Schuld in seinem Herzen angefacht hatte, litt Angelo mehr während dieser Nacht als der Gefangene, den er so streng verurteilt hatte; denn im Gefängnis erhielt Claudio den Besuch des guten Herzogs, der in seiner Mönchstracht dem jungen Mann den Weg zum Himmel zeigte, ihm die Worte der Reue und des Friedens predigend. Aber Angelo fühlte sämtliche Qualen der unentschlossenen Schuld: Bald wünschte er Isabella vom Pfad der Unschuld und der Ehre zu verlocken, bald fühlte er der Gewissensbisse Pein, und es erfaßte ihn ein Schauder vor einem Verbrechen, das bis jetzt doch nur in Gedanken begangen war. Aber schließlich behielten die bösen Wünsche die Oberhand; und er, der noch eben erst vor dem Anerbieten einer Bestechung zurückgeprallt war, beschloß die schöne Jungfrau mit einer Bestechung zu versuchen, der zu widerstehen sie unfähig wäre, mit der kostbaren Gabe des Lebens ihres teuren Bruders.

Als am Morgen Isabella kam, gab Angelo Befehl, sie allein vor ihn zu führen; und als sie dort war, sagte er ihr, wenn sie ihm das Opfer ihrer jungfräulichen Ehre bringen und mit ihm sich vergehen wolle, wie Julia mit Claudio getan habe, so würde er ihr ihres Bruders Leben schenken; »denn«, sagte er, »ich liebe dich, Isabella.« – »Mein Bruder«, entgegnete Isabella, »liebte Julia so, und doch sagt Ihr mir, daß er darum sterben soll.« – »Nein«, sagte Angelo, »Claudio soll nicht sterben, wenn du einwilligst, mich

heimlich bei Nacht zu besuchen, gerade wie Julia ihres Vaters Haus verließ, um nächtens zu Claudio zu kommen.«
Isabella, erstaunt über diese Worte, daß er sie zu demselben
Vergehen zu verleiten suchte, wegen dessen er über ihren
Bruder das Todesurteil verhängt hatte, sagte: »Ich würde
für meinen armen Bruder gerade so viel tun wie für mich;
das heißt: wäre über mich das Todesurteil gesprochen, so
würde ich, ehe ich den Leib dieser Schmach hingäbe, der
scharfen Geißel Striemen stolz wie Rubinen tragen und in
den Tod gehen wie in ein Bett, nach welchem ich mich
herzlich gesehnt hätte.« Und sie äußerte die Hoffnung, er
hätte jene Worte nur gesprochen, um ihre Tugend zu prüfen. Aber er entgegnete: »Glaube mir, auf Ehre! Meine
Worte drücken meinen Willen aus.« Doch Isabella, bis ins
Herz empört, daß er das Wort »Ehre« gebrauchte, um so
ehrlose Grundsätze kundzugeben, rief: »Ein Wisch von
Ehre, der viel Glauben fordert! Ein gottverhaßter Vorsatz!
Aber sieh dich vor, ich stelle dich an den Pranger, Angelo!
Gleich unterzeichne mir des Bruders Gnade, sonst rufe
ich's aller Welt mit lautem Schrei, was für ein Mann du
bist!« – »Wer wird dir's glauben, Isabella?« sprach dagegen
Angelo. »Mein unbefleckter Name, die Strenge meines Lebens, mein Zeugnis gegen deines wird deine Klage voll auf-
wiegen. Kaufe deinen Bruder los, indem du meinem Willen
dich ergibst, oder er wird morgen sterben. Was dich betrifft, sage, was du kannst: meine Lüge wird deine Wahrheit überwiegen. Antworte mir morgen.«

   »Wem sollte ich's klagen? Wenn ich dies erzählte, wer
glaubte mir's?« sprach Isabella, als sie nach dem düsteren
Gefängnis ging, welches ihren Bruder umschloß. Als sie
hier ankam, war ihr Bruder in frommer Unterhaltung mit
dem Herzog, der in Mönchstracht auch Julia besucht hatte
und sich bemühte, diese beiden schuldigen Liebenden zur
Erkenntnis ihres Vergehens zu bringen; und die unglückliche Julia bekannte unter Tränen und mit wahrer Reue,

daß sie mehr zu tadeln sei als Claudio, insofern sie seiner unehrenhaften Werbung willig nachgegeben habe.

Als Isabella den Raum betrat, in dem Claudio gefangen saß, sprach sie: »Friede sei mit euch und Gnade, und der Herr behüte euch!« – »Wer da?« sagte der verkleidete Herzog. »Komm herein! Der Wunsch verdient Willkommen.« – »Ich wünsche nur ein kurzes Wort mit Claudio«, sagte Isabella. Da ließ der Herzog die Geschwister allein und sprach gegen den Schließer, der die Aufsicht über die Gefangenen hatte, den Wunsch aus, er möchte ihn an einen Ort bringen, von wo aus er ihr Gespräch belauschen könnte.

»Nun, Schwester, welchen Trost bringst du?« fragte Claudio. Isabella teilte ihm mit, er müsse sich zu morgen auf den Tod vorbereiten. »Ist denn kein Mittel?« rief Claudio. »Ja, Bruder«, erwiderte Isabella, »es gibt eins, aber ein solches, das, wenn du einwilligtest, die Ehre von deinem Stamm abschälte und dich nackend ließe.« – »Laß mich die Sache wissen«, sagte Claudio. »O Claudio, ich fürchte dich«, erwiderte seine Schwester, »und ich zittre, du mögest wünschen zu leben und die elende Frist von sechs oder sieben Wintern Lebensverlängerung teurer achten als die Ehre für immer und ewig. Hast du Mut zum Tod? Des Todes Schmerz liegt in der Vorstellung; der arme Käfer, den dein Fuß zertritt, fühlt körperlich ein Leiden ganz so groß, als wenn ein Riese stirbt.« – »Warum sprichst du zu mir diese beschämenden Worte?« sagte Claudio. »Meinst du, ich suche mir entschlossenen Mut aus zartem Blumenschmelz? Nein! Muß ich sterben, grüße ich die Finsternis als meine Braut und drücke sie ans Herz.« – »Das sprach mein Bruder«, rief Isabella, »das war wie eine Stimme aus meines Vaters Grab. Ja, du mußt sterben. Und doch, kannst du es glauben, Claudio? Dieser scheinheilige Statthalter würde dir dein Leben schenken, wollte ich ihm das Opfer meiner jungfräulichen Ehre bringen. O wäre es nur mein Leben, ich würfe es leicht für deine Freiheit hin, wie eine Nadel.« – »Dank, lieb Isabella«, sagte Claudio. »Mache dich fertig, morgen zu sterben«, sprach Isabella. »Sterben ist entsetzlich«, sagte Claudio. »Und ehrlos leben hassenswert«, erwiderte seine Schwester.

Aber die Gedanken an den Tod überwältigten die Festigkeit von Claudios Gemüt, und Schrecken, wie bloß die Schuldigen vor ihrem Tode sie fühlen, bestürmten ihn, und er schrie auf: »Süße Schwester, laß mich leben! Die Sünde, die du tust, des Bruders Leben zu retten – die Natur entschuldigt deine Tat, so daß sie Tugend wird.« – »Treuloser Feigling, Ehrvergessener du!« rief Isabella. »Dein Leben retten durch der Schwester Schande? O pfui, pfui, pfui! Ich dachte, mein Bruder, du trügst in dir solch Ehrgefühl, daß, hättest du zwanzig Häupter auf zwanzig Blöcke zu legen, du sie alle hingeben würdest, ehe deine Schwester sich solcher Schande beugen sollte.« – »O höre mich, Isabella«, rief Claudio. Aber was er auch gesagt haben würde zur Verteidigung seiner Schwäche, die er kundgab durch den Wunsch, sein Leben zu retten durch die Schande seiner tugendhaften Schwester – es wurde unterbrochen durch den Eintritt des Herzogs. »Claudio«, sagte dieser, »ich habe alles dieses mit angehört, was sich zwischen Euch und Eurer Schwester begeben hat. Angelo hatte nie die Absicht, sie zu verführen; alles, was er sagte, hatte nur die Absicht, ihre Tugend zu prüfen. Sie, im wahren Gefühl echter Ehre, hat ihm diese fromme Weigerung entgegengestellt, der zu begegnen er sehr froh ist. Es ist keine Hoffnung vorhanden, daß er Euch begnadigen wird; deshalb bringt Eure Stunden im Gebete zu, und macht Euch fertig für den Tod.« Da bereute Claudio seine Schwäche, und er sagte: »Laßt mich meine Schwester um Verzeihung bitten! Die Liebe zum Leben ist mir so vergangen, daß ich bitten will, davon befreit zu sein.« Und Claudio zog sich zurück, überwältigt von Scham und Schmerz über seine Schwachheit.

Als der Herzog nun allein war mit Isabella, pries er ihren

tugendhaften Entschluß. Er sagte: »Dieselbe Hand, die Euch schön erschuf, hat Euch auch gut erschaffen.« – »Oh«, rief Isabella, »wie arg ist der edle Herzog betrogen in Angelo! Wenn er je zurückkehrt und ich ihn sprechen kann, will ich ihm Angelos Verwaltung aufdecken.« Isabella wußte ja nicht, daß sie gerade jetzt die Enthüllung machte, mit der sie drohte. Der Herzog erwiderte: »Das würde nicht unrecht getan sein. Indes, wie die Sache nun steht, wird Angelo Eurer Anklage leicht begegnen. Drum leiht meinen Ratschlägen ein aufmerksames Ohr. Ich glaube, Ihr könnt mit aller Rechtschaffenheit einem armen gekränkten Weib eine verdiente Wohltat erzeigen, Eurer eignen frommen Seele die Reinheit erhalten und den abwesenden Herzog sehr erfreuen, wenn er vielleicht dereinst zurückkehren und von dieser Sache hören sollte.« Isabella sagte, sie hätte den Mut, alles zu tun, was er wünsche, vorausgesetzt, daß es nichts Unrechtes wäre. »Tugend ist kühn und fürchtet sich nie«, sagte der Herzog; und dann fragte er sie, ob sie jemals von Mariane gehört hätte, der Schwester des großen Helden Friedrich, der auf der See verunglückt sei. »Ich habe von der Frau gehört«, erwiderte Isabella, »und ein guter Ruf ging mit ihrem Namen.« – »Diese Frau«, sagte der Herzog, »ist vermählt mit Angelo. Aber ihre Mitgift war an Bord des Schiffes, auf welchem ihr Bruder ertrank, und nun hört, wie furchtbar dieses arme Weib getroffen wurde. Denn abgesehen von dem Verlust ihres edlen und geliebten Bruders, dessen Liebe gegen sie die zärtlichste wie brüderlichste war, verlor sie zugleich mit dem Untergang ihres Vermögens auch die Neigung ihres Gatten, des scheinbar redlichen Angelo; und dieser schützte vor, etwas Schmachvolles an diesem edlen Weib entdeckt zu haben (obgleich der wirkliche Grund seines Benehmens der Verlust ihrer Mitgift war), und verließ sie in ihren Tränen und trocknete nicht eine durch seinen Trost. Seine ungerechte Lieblosigkeit, die, wenn man nach

Vernunftgründen urteilt, ihre Liebe hätte auslöschen müssen, hat wie eine Hemmung im Strome sie nur noch heftiger und unaufhaltsamer gemacht, und Mariane liebt ihren grausamen Gatten mit der vollen Dauer ihrer ersten Neigung.« Der Herzog entwickelte dann in Gänze seinen Plan: Isabella solle zu dem Statthalter Angelo gehen und scheinbar einwilligen, seinem Wunsche gemäß um Mitternacht zu ihm zu kommen; dadurch würde sie die versprochene Begnadigung erlangen; doch an ihrer Statt sollte Mariane zu dem Stelldichein gehen und im Dunkel selber für Isabella gelten. »Und nun fürchtet nichts«, sagte der angebliche Mönch, »fürchtet nichts, liebe Tochter, Angelo ist ihr Gatte, und diese beiden auf diese Weise zusammenzubringen ist keine Sünde.« Isabella, die wohl zufrieden war mit diesem Plan, eilte fort, um nach seinen Weisungen zu handeln; und er ging zu Mariane, sie von ihren Absichten in Kenntnis zu setzen. Er hatte schon früher dieses unglückliche Weib in einer Verkleidung besucht, indem er ihr religiöse Belehrung und freundlichen Trost spendete; dabei hatte er ihre traurige Geschichte aus ihrem eigenen Munde gehört. Und nun willigte sie, auf ihn als auf einen heiligen Mann sehend, bereitwillig ein, sich bei seinem Unternehmen von ihm leiten zu lassen.

Als Isabella von ihrer Zusammenkunft mit Angelo in Marianens Haus zurückkehrte, wo sie der Herzog angewiesen hatte, ihm zu begegnen, sagte er: »Gut, das nenne ich pünktlich. Welche Nachricht bringt Ihr von dem trefflichen Statthalter?« Isabella berichtete nun, in welcher Art sie die Angelegenheit bestimmt hätten. »Angelo«, sagte sie, »hat einen Garten, der umgeben ist von einer Ziegelmauer; an dessen westlicher Seite liegt ein Weinberg, und dahin führt ein Tor.« Und dann zeigte sie dem Herzog und Marianen zwei Schlüssel, die Angelo ihr gegeben hatte: »Dieser größere Schlüssel«, sagte sie, »öffnet das Weinbergstor, dieser andere schließt eine kleine Tür, die von dem Weinberg in den Garten führt. Dort habe ich ihm versprochen, ihn in der Stille der Nacht zu rufen, und habe von ihm das Leben meines Bruders zugesichert erhalten. Ich habe mir die Stelle mit angemessener Vorsicht gemerkt: mit Flüstern und höchst sündenvollem Eifer wies er mir zweimal den Weg.« – »Sind sonst keine Zeichen, die Mariane beobachten muß, zwischen euch vereinbart?« fragte der Herzog. »Nein, keine«, erwiderte Isabella, »nur daß wir uns im Dunkeln begegnen. Ich habe ihm gesagt, daß meine Zeit nur kurz sei; denn ich habe ihn glauben gemacht, daß eine Dienerin mich dahin begleite und daß die Dienerin der Meinung sei, ich komme um meines Bruders willen.« Der Herzog lobte das kluge Verfahren, und sie, an Mariane sich wendend, sagte: »Zu sagen habt Ihr wenig gegenüber Angelo, wenn Ihr von ihm scheidet, nur flüstert sanft und leise: ›Gedenkt jetzt meines Bruders!‹«

Mariane wurde diese Nacht von Isabella an die verabredete Stelle geführt. Isabella freute sich, daß sie durch diesen Plan sowohl ihres Bruders Leben wie die eigene Ehre gerettet hätte. Aber der Herzog war nicht völlig überzeugt, daß ihres Bruders Leben gerettet sei, und deshalb ging er um Mitternacht wieder nach dem Gefängnis; und es war ein Glück für Claudio, daß er dies tat, sonst würde Claudio diese Nacht enthauptet worden sein. Denn bald nachdem der Herzog das Gefängnis betreten hatte, kam vom grausamen Statthalter ein Befehl, daß Claudio enthauptet und sein Kopf ihm um fünf Uhr morgens gesandt werden solle. Aber der Herzog überredete den Schließer, die Hinrichtung Claudios zu verschieben und Angelo dadurch zu täuschen, daß er ihm den Kopf eines Mannes übersendete, der diesen Morgen im Gefängnis gestorben war. Und um den Schließer dazu zu bewegen, zeigte ihm der Herzog, den der Schließer bis dahin für nichts Größeres und Vornehmeres hielt, als er schien, einen von des Herzogs Hand geschriebenen und mit seinem Petschaft untersiegelten

Brief. Als diesen der Schließer sah, mußte er vermuten, der Mönch habe einen geheimen Befehl vom abwesenden Herzog, und deshalb gab er die Einwilligung, Claudios Enthauptung zu verschieben; und er schnitt den Kopf des toten Mannes ab und sandte ihn dem Statthalter.

Dann schrieb der Herzog in seinem eigenen Namen an Angelo einen Brief. Darin sagte er, daß gewisse Zufälligkeiten ihn zum Abschluß seiner Reise bewogen hätten und daß er am folgenden Morgen in Wien ankommen würde. Angelo gebot er, ihn beim Eingang in die Stadt zu empfangen und seine Herrschermacht ihm wieder zu übergeben. Zugleich befahl der Herzog öffentlich bekanntzumachen, daß, wenn einer von seinen Untertanen um Abstellung einer Ungerechtigkeit bäte, er seine Bittschrift auf der Straße beim ersten Einzug in die Stadt einreichen möge.

Früh am Morgen kam Isabella ins Gefängnis, und der Herzog, der sie hier erwartet hatte, hielt es aus geheimen Gründen für richtig, ihr mitzuteilen, daß Claudio enthauptet wäre. Als daher Isabella fragte, ob Angelo die Begnadigung für ihren Bruder gesandt habe, sprach er: »Angelo hat Claudio von dieser Welt erlöst; das abgeschlagne Haupt wurde ihm gesandt.« Da schrie die tiefbekümmerte Schwester: »Weh, armer Claudio! Weh dir, Isabella! Grausame Welt! Verruchter Angelo!« Der angebliche Mönch hieß sie sich trösten, und als sie ein wenig zur Ruhe gekommen war, machte er sie mit der nahen Aussicht auf des Herzogs Rückkehr bekannt und belehrte sie, wie sie vorzugehen hätte, um ihre Klage wider Angelo vorzubringen; und er hieß sie getrost sein, wenn es auch für eine Weile scheinen sollte, als nähme die Angelegenheit einen für sie ungünstigen Verlauf. Nachdem er Isabella hinlänglich unterrichtet hatte, ging er zunächst zu Mariane und gab ihr ebenfalls Ratschläge, wie sie zu handeln hätte.

Dann legte der Herzog sein Mönchskleid ab, und in seinen eigenen königlichen Gewändern, umringt von einer freudigen Menge treuer Untertanen, die zur Begrüßung seiner Ankunft versammelt waren, hielt er seinen Einzug in die Stadt Wien. Hier empfing ihn Angelo, welcher die Zeichen seiner Herrschermacht in der geeigneten Form in seine Hände legte. Und dahin kam Isabella, wie um eine Bittschrift wegen Abstellung einer Ungerechtigkeit zu überreichen, und sie rief: »Gerechtigkeit, mein königlicher Herzog! Ich bin die Schwester jenes, der wegen Entführung einer Jungfrau zum Tode verurteilt wurde. Ich bat flehentlich den Statthalter Angelo um die Begnadigung meines Bruders. Es wäre nutzlos, Eurer Hoheit zu erzählen, wie ich flehte und kniete, wie er mich zurückstieß und wie ich von neuem bat; denn dies dauerte sehr lange. Nur den schmählichen Ausgang will ich mit Kummer und Scham berichten. Angelo wollte meinen Bruder nicht anders erlösen, als wenn ich seiner ehrlosen Liebe zu Willen wäre; und nach vielen Kämpfen, die ich innerlich mit mir selber zu bestehen hatte, überwältigte mein schwesterliches Angstgefühl meine Tugend, und ich gab mich ihm hin. Aber am nächsten Morgen in der Frühe brach er sein Versprechen und sandte einen Vollziehungsbefehl für die Hinrichtung meines armen Bruders.« Der Herzog tat, als glaube er ihrer Erzählung nicht; und Angelo sagte, der Kummer und der Tod ihres Bruders, der nach dem gerechten Lauf des Gesetzes gestorben sei, habe ihre Sinne verwirrt.

Und nun näherte sich eine andere Bittstellerin, nämlich Mariane; und diese sagte: »Edler Fürst! So gewiß wie das Licht vom Himmel kommt und das Wort sich aus dem Hauche gebiert, so gewiß wie Sinn in der Wahrheit ist und Wahrheit in der Tugend, so gewiß bin ich dieses Mannes Weib; und, hoher Herr, das Wort Isabellas ist falsch, denn die Nacht, in welcher sie behauptet, bei Angelo gewesen zu sein, habe ich mit ihm in dem Gartenhaus zugebracht. Wie dies die Wahrheit ist, so laßt mich in Sicherheit mich von den Knien erheben; wo nicht – auf ewig festgebannt hier haften, ein marmorn Denkmal.« Für die Wahrheit dessen, was sie sagte, rief Isabella den Bruder Ludwig (dies war der Name, den der Herzog in seiner Verkleidung angenommen hatte) als Zeugen auf. Isabella wie Mariane waren in allem, was sie sagten, den Anweisungen des Mönches gefolgt, indem der Herzog die Absicht hatte, daß die Unschuld Isabellas in dieser öffentlichen Weise vor der ganzen Stadt Wien dargetan werden sollte; aber Angelo war weit entfernt zu glauben, daß der Unterschied in ihren Erzählungen nur daher rühre, und er hoffte, durch ihren augenscheinlichen Widerspruch sich leicht von Isabellas Anklage reinigen zu können; und er sagte, den Blick der beleidigten Unschuld annehmend: »Bisher hörte ich's mit Lächeln; aber jetzt, gnädiger Fürst, ist meine Geduld zu Ende. Ich sehe es wohl, daß diese beiden geistesverwirrten Frauen nur Werkzeuge für einen Höheren sind, der sie angestiftet hat. Gebt Freiheit mir, mein Fürst, die Ränke zu entlarven.« – »Ja, von ganzem Herzen«, sagte der Fürst, »und straft sie nur, so wie's Euch wohlgefällt. Ihr, Escalus, sitzt zu Gericht mit Angelo; steht ihm bei, die Quelle dieses Unfugs zu erspähen. Nach dem Mönch, der sie angestiftet hat, ist bereits gesandt, und wenn er kommt, verfahrt mit dieser Schmähung, wie Ihr mögt, und wählt die Strafe. Ich verlasse Euch jetzt auf kurze Zeit; Ihr bleibt, bis Ihr durchaus mit den Verleumdern alles abgetan.«

Der Herzog ging darauf weg; Angelo blieb zurück, wohl zufrieden, daß er in seiner eigenen Sache zum Richter und Schiedsmann ausersehen war. Aber der Herzog hatte sich nur deshalb entfernt, um seine königlichen Gewänder abzulegen und die Mönchskutte wieder anzutun; und in dieser Verkleidung trat er vor Angelo und Escalus; und dieser alte Herr, welcher glaubte, daß Angelo fälschlich angeklagt sei, sagte zu dem vermeintlichen Mönch: »Habt Ihr diese Weiber angestiftet, Angelo zu verleumden?« Er erwiderte:

»Wo ist der Herzog? Er ist es, der mich hören sollte.« Escalus erwiderte: »Der Herzog ist in uns, und wir wollen Euch hören. Redet geziemend.« – »Kühn wenigstens«, entgegnete der Mönch; und er tadelte den Herzog, daß er Isabellas Angelegenheit in die Hände dessen, den sie angeklagt, gelegt habe, und er sprach so freimütig über viele verderbliche Ränke, die er beobachtet habe, während er als Zuschauer in Wien gewesen sei, daß Escalus ihm mit der Folter drohte, weil er hochverräterische Worte spreche und das Benehmen des Herzogs tadele. Schließlich gab er Befehl, ihn ins Gefängnis zu führen. Aber da, zum Erstaunen aller Anwesenden und zur äußersten Bestürzung Angelos, warf der vermeintliche Mönch seine Verkleidung ab, und alle sahen, daß es der Herzog selber war.

Der Herzog wandte sich zuerst an Isabella. Er sagte zu ihr: »Kommt hierher, Isabella. Euer Mönch ist jetzt Euer Fürst, aber mit meinem Kleid habe ich nicht zugleich mein Herz vertauscht. Ich bin noch immer Eurem Dienste treu ergeben.« – »O Fürst, verzeiht«, rief Isabella, »daß ich, Eure Untertanin, mit Geschäft und Mühen die unbekannte Hoheit beschwert habe.« Er antwortete, daß er am meisten ihrer Verzeihung bedürfe, weil er nicht den Tod ihres Bruders verhütet habe; denn er wollte ihr noch nicht erzählen, daß Claudio am Leben sei; er gedachte, ihre Herzensgüte erst noch auf eine weitere Probe zu stellen. Jetzt sah Angelo völlig klar, daß der Herzog ein geheimer Zeuge seines niederträchtigen Tuns gewesen war, und er sagte: »O mein furchtbarer Fürst! Ich trüge größere Schuld, als ich verdient, dächte ich, ich könnte Euch irgend noch entschlüpfen, da ich erkannt, wie Ihr mein Tun durchschaut, dem ewigen Richter gleich. Drum, gnädiger Fürst, nicht längere Sitzung prüfe meine Schande; statt des Verhörs nehmt mein Bekenntnis hin. Unmittelbarer Spruch und schneller Tod ist alles, was ich flehe.« Der Herzog erwiderte: »Angelo, deine Sünden liegen klar zutage. Wir verurteilen dich zu demselben Block, auf dem Claudio den Todesstreich empfing. Und mit derselben Hast hinweg mit ihm! Und was seine Besitzungen betrifft, Mariane, so belehnen wir Euch als Witwe damit. Kauft Euch einen besseren Mann!« – »O mein teurer Herr!« sagte Mariane, »ich flehe um keinen andern, keinen besseren Gemahl«; und dann auf ihren Knien, gerade wie Isabella um das Leben Claudios gebeten hatte, bat dies gute Weib eines undankbaren Gatten um das Leben Angelos; und sie sagte: »O milder Fürst, o guter gnädiger Herr! Hilf, süße Isabella, hilf mir flehen; leihe mir dein Knie, mein ganzes Leben will ich, alle meine Zukunft deinem Dienste leihen.« Der Herzog erwiderte: »Ganz wider allen Sinn bedrängt Ihr sie. Wenn Isabella niederkniete um Gnade, zersprengte Claudios Geist sein steinern Bett und risse hin sie in des Grabes Schauer.« Noch immer bat Mariane: »Isabella, Holde, knie nur neben mir, erhebe die Hand, sprich nichts, ich rede allein. Aus Fehlern, sagt man, sind die besten Menschen herausgebildet, werden meistens besser, weil sie ein bißchen schlimm gewesen. So mag's meinem Gatten gehen. Isabella leihst du mir nicht ein Knie?« Der Herzog sagte drauf: »Er stirbt für Claudios Tod.« Aber innig gerührt war der edle Herzog, als sein Liebling Isabella, welcher er alles, was huldreich und preisenswert war, zutraute, vor ihm niederkniete mit den Worten: »Gnädigster Fürst! Ich flehe Euch, schaut auf diesen Mann der Schuld, als lebte Claudio noch. Fast muß ich denken, aufrichtige Pflicht hat all sein Tun regiert, bis er mich sah. Wenn es sich so verhält, laßt ihn nicht sterben. Claudio wurde sein Recht, weil er den Fehl beging, für den er starb.«

Dieser edlen Jungfrau, die für das Leben ihres Feindes flehte, gab der Herzog die beste Antwort, die er erteilen konnte. Er ließ Claudio aus dem Gefängnis holen, wo er in Sorgen um sein Schicksal gelegen hatte, und führte den als tot beweinten Bruder ihr lebendig vor; und er sprach zu

Isabella: »Reiche mir deine Hand, Isabella; um deiner Lieblichkeit willen verzeihe ich Claudio. Sage, daß du die meine
sein willst, und er soll mein Bruder dazu werden.« Daran
erkannte Angelo, daß er gerettet war; und der Herzog, der
sein Auge ein wenig aufleuchten sah, fuhr fort: »Nun wohl,
Angelo! Seht zu, daß Ihr Euer Weib liebt; ihr Wort hat
Eure Begnadigung erwirkt; Glück Euch, Mariane! Liebt
sie, Angelo; ich war ihr Beichtiger, ihre Tugend kenne ich.«
Angelo erinnerte sich fortan, wie hart sein Herz gewesen
war, als er für eine kurze Spanne Zeit mit der höchsten Gewalt bekleidet gewesen, und er fühlte jetzt, wie süß die
Gnade sei.

Der Herzog befahl Claudio, seine Julia zu heiraten, und
bot selber nochmals seine Hand der lieblichen Isabella, deren tugendhaftes und edles Verhalten ihres Fürsten Herz
gewonnen hatte. Für Isabella, die noch nicht den Schleier
genommen hatte, war kein Hindernis vorhanden, zu heiraten, und die freundlichen Dienste, welche der edle Herzog
ihr unter der Verkleidung eines armen Mönches erwiesen
hatte, ließen sie mit dankbarer Freude die ihr gebotenen
Ehren annehmen. Und als sie Herzogin von Wien geworden war, brachte das herrliche Vorbild der tugendhaften
Isabella eine so völlige Sinneswandlung unter den Jungfrauen dieser Stadt hervor, daß fortan keine mehr sündigte
wie einst Julia, das reuige Weib des umgewandelten Claudio. Und der gnadenreiche Herzog regierte noch lange mit
seiner geliebten Isabella, der glücklichste der Gatten und
der Fürsten.

Ende gut, alles gut

Bertram, Graf von Roussillon, hatte erst kürzlich durch den Tod seines Vaters Titel und Rang geerbt. Der König von Frankreich liebte den Vater Bertrams, und als er von seinem Tode hörte, sandte er Botschaft an seinen Sohn, er möge ohne Verzug an seinen königlichen Hof in Paris kommen. Er hatte die Absicht, um der Freundschaft willen, die er für den verstorbenen Grafen hegte, den jungen Bertram mit seiner besonderen Gunst zu begnaden.

Bertram lebte mit seiner Mutter, der verwitweten Gräfin, als Lafeu, ein alter Herr vom französischen Hofe, ankam, um Bertram zum König zu geleiten. Der König von Frankreich war ein unumschränkter Alleinherrscher, und die Einladung an den Hof galt soviel wie ein königlicher Auftrag oder ein bestimmter Befehl, welchem kein Untertan, von wie hohem Rang auch immer, den Gehorsam verweigern durfte. Obgleich es der Gräfin also vorkam, als ob der Abschied von ihrem teuren Sohn eine Erneuerung des Begräbnisses ihres Gemahls wäre, den sie erst so kürzlich verloren hatte, so wagte sie dennoch nicht, ihn einen einzigen Tag zurückzuhalten, sondern gab schleunige Befehle zu seiner Abreise. Lafeu, welcher ihn abzuholen kam, suchte die Gräfin über den Verlust des verstorbenen Gemahls und über ihres Sohnes Abwesenheit zu trösten; und er sagte in der schmeichlerischen Art eines Höflings, daß der König ein so gütiger Fürst sei, daß sie in Seiner Majestät einen Gemahl finden und daß er ihrem Sohn ein Vater sein würde; er meinte damit nichts weiter, als daß der gute König wie ein Freund für Bertrams Glück sorgen würde.

Lafeu erzählte der Gräfin auch, daß der König an einer traurigen Krankheit litte, welche die Ärzte für unheilbar erklärt hätten. Die Gräfin gab große Sorge kund, als sie diese Nachricht von dem Unwohlsein des Königs vernahm, und sagte, sie möchte wohl, daß der Vater Helenas (eines jungen Hoffräuleins ihres Gefolges, welches anwesend war) noch am Leben wäre, denn sie zweifle nicht, daß er Seine Majestät von seinem Leiden geheilt haben würde. Und sie erzählte Lafeu einiges aus der Lebensgeschichte Helenas: Sie sei die einzige Tochter des berühmten Arztes Gerhard von Narbonne, und dieser habe sie bei seinem Tode ihrer Pflege befohlen, so daß seit seinem Hingang sie Helena unter ihren Schutz genommen habe. Dann pries die Gräfin die Tugenden und die vortrefflichen Eigenschaften Helenas, die sie von ihrem würdigen Vater geerbt habe. Während dieser Worte vergoß Helena in düsterem und tieftraurigem Schweigen Tränen, was zur Folge hatte, daß die Gräfin ihr sanfte Vorwürfe machte über ihren allzutiefen Kummer um ihres Vaters Tod.

Bertram sagte jetzt seiner Mutter Lebewohl. Die Gräfin nahm von ihrem teuren Sohn unter Tränen und Segenswünschen Abschied und empfahl ihn der väterlichen Sorge Lafeus, indem sie sagte: »Mein guter Herr, beratet ihn; denn er ist noch nicht gereift zum Hofmann.«

Bertrams letzte Worte waren an Helena gerichtet, aber es waren Worte reiner Höflichkeit; er wünschte ihr Glück, und er schloß sein kurzes Lebewohl an sie, indem er sagte: »Seid meiner Mutter, Eurer Gebieterin, ein Trost, und haltet sie wert.«

Helena liebte Bertram schon lange, und als sie in düsterem und tieftraurigem Schweigen weinte, galten die Tränen, die sie vergoß, nicht Gerhard von Narbonne. Helena liebte ihren Vater, aber in dem gegenwärtigen Gefühl einer tieferen Liebe, deren Gegenstand sie bald verlieren sollte, hatte sie ihres verstorbenen Vaters wirkliche Gesichtszüge vergessen, indem ihre Einbildungskraft ihrem Herzen kein anderes Bild darbot als Bertrams.

Ja, Helena liebte Bertram schon lange, aber doch erinnerte sie sich immer, daß er der Graf von Roussillon war, der Sprößling der ältesten Familie von Paris; sie von niederer Geburt, ihre Eltern durchaus ohne Ansehen; seine sämtlichen Ahnen erlaucht. Und deswegen blickte sie zu dem hochgeborenen Bertram auf wie zu ihrem Gebieter und teuren Herrn, und sie wagte keinen anderen Wunsch zu hegen, als nur als seine Magd zu leben und so als sein Eigentum zu sterben. So groß schien ihr der Unterschied zwischen seiner hohen Geburt und ihrem niederen Stand, daß sie zu sagen pflegte: »Es wäre ganz dasselbe, als wenn ich einen hellen Stern am Himmel liebte und ihn zum Gemahl wünschte: so hoch steht Bertram über mir.«

Bertrams Abwesenheit füllte ihr Auge mit Tränen und ihr Herz mit Sorge; denn obgleich sie ihn hoffnungslos liebte, war es doch ein süßer Trost für sie, ihn stündlich zu sehen, und Helena saß dann wohl und blickte auf sein dunkles Auge, seine hochgewölbten Brauen und die Locken seines schönen Haares, bis sie sein Bild auf die Tafel ihres Herzens gebannt zu haben schien, dieses Herzens, das nur zu sehr imstande war, das Gedächtnis jeder Linie in den Zügen dieses geliebten Antlitzes festzuhalten.

Gerhard von Narbonne hatte ihr bei seinem Tod kein anderes Erbteil hinterlassen als einige Heilvorschriften von seltener und wohlerprobter Kraft, die er durch tiefe Versenkung in die Arzneiwissenschaft und durch lange Erfahrung als höchst wirksame, ja meistens unfehlbare Mittel gesammelt hatte. Unter ihnen war auch eines als eine bewährte Arznei für das Leiden niedergeschrieben, an welchem nach Lafeus Aussage der König zu dieser Zeit krankte; und als Helena von des Königs Siechtum hörte, faßte sie, die bis jetzt so demütig und so hoffnungslos gewesen war, den kühnen Gedanken, selbst nach Paris zu gehen und die Heilung des Königs zu unternehmen. Aber obgleich Helena im Besitz dieses unvergleichlichen Heilmittels war, so mußte es ihr doch als unwahrscheinlich vorkommen, daß der König mit seinen Ärzten, die der Meinung waren, daß sein Leiden unheilbar sei, einer armen und ungelehrten Jungfrau Vertrauen schenken würde, wenn sie sich erböte, eine Heilung auszuführen. Die Zuversichtlichkeit der Hoffnung jedoch, die Helena auf Erfolg hatte, wenn es ihr erlaubt würde, den Versuch zu machen, schien noch mehr Gewähr in sich zu tragen als selbst ihres Vaters große Kunst (obgleich er der berühmteste Arzt seiner Zeit gewesen war), denn sie hegte den festen Glauben, daß diese treffliche Arznei durch die glücklichsten Sterne des Himmels geweiht wäre, das Vermächtnis zu werden, das ihr Glück fördern sollte, selbst zu der hohen Ehre, Graf Roussillons Weib zu sein.

Bertram war noch nicht lange abgereist, als die Gräfin von ihrem Haushofmeister erfuhr, daß er Helena im Selbstgespräch belauscht und aus einigen von ihr geäußerten Worten verstanden habe, daß sie Bertram liebe und daran denke, ihm nach Paris zu folgen. Die Gräfin entließ den Haushofmeister mit ihrem Dank und trug ihm auf, Helena zu sagen, sie wünsche mit ihr zu sprechen. Was sie eben von Helena gehört hatte, erweckte in ihrem Herzen Erinnerungen an längst vergangene Tage, wahrscheinlich an die Tage, in denen ihre Liebe zu Bertrams Vater zuerst aufkeimte; und sie sprach zu sich selbst: »Gerade so war es mit mir, als ich jung war. Liebe ist ein Dorn, der zu der Rose Jugend gehört; denn in der Jugendzeit, wenn wir anders Kinder der Natur sind, tragen wir diese Fehler, obgleich wir meinen, daß es keine Fehler sind.« Während die Gräfin so über die Liebesverirrungen ihrer eigenen Jugend nachsann, trat Helena ein, und sie sagte zu ihr: »Helena, du weißt, ich bin dir eine Mutter.« Helena erwiderte: »Ihr seid meine verehrte Herrin.« – »Du bist meine Tochter«, sagte die Gräfin dagegen; »ich sage, ich bin deine Mutter. Warum fährst du so erschreckt auf und erbleichst bei meinen Worten?« Mit unruhigen Blicken und verwirrten Gedanken entgegnete Helena noch, indem sie fürchtete, die Gräfin möchte argwöhnisch ihre Liebe erraten: »Verzeihung, gnädige Frau! Ihr seid nicht meine Mutter; der Graf Roussillon kann nicht mein Bruder sein, so wenig wie ich Eure Tochter.« – »Doch, Helena«, sagte die Gräfin, »du könntest meine Schwiegertochter sein; ich fürchte, das ist es, was du zu sein wünschest, so verwirren dich die Worte ›Mutter‹ und ›Tochter‹. Helena, liebst du meinen Sohn?« – »Gnädige Frau, verzeiht mir!« sagte die erschrockene Helena. Dagegen wiederholte die Gräfin ihre Frage: »Liebst du meinen Sohn?« – »Liebt Ihr ihn denn nicht, gnädige Frau?« sagte Helena. Die Gräfin versetzte: »Gib mir nicht so ausweichende Antwort, Helena. Komm, komm, entdecke mir dein Herz, denn deine Liebe hat sich allzusehr verraten.« Da gestand Helena auf den Knien ihre Liebe, und sie flehte beschämt und erschrocken ihre edle Herrin um Verzeihung an; und mit Worten, die deutlich ihr Gefühl ausdrückten von der Ungleichheit zwischen ihren Verhältnissen, versicherte sie, Bertram ahne nichts von ihrer Zuneigung; sie verglich ihre demütige uneigennützige Liebe mit einem armen Inder, der die Sonne auf den Knien verehre – diese schaue wohl auf den Beter herab, aber wisse von ihm nichts weiter. Die Gräfin fragte Helena, ob sie nicht jüngst die Absicht gehabt hätte, nach Paris zu gehen. Helena gestand, daß sie diesen Gedanken gefaßt hätte, als sie Lafeu von des Königs Krankheit sprechen gehört hatte. »Das war also der Grund für dein Verlangen nach Paris zu gehen?« fragte die Gräfin, »war er es wirklich? Sprich die Wahrheit.« Helena antwortete mit edlem Freimut: »Mein Gebieter, Euer Sohn, hat in mir diesen Gedanken erweckt; sonst hätten wohl Paris und die Heilkunst und der König nie Eingang in meine Seele gefunden.« Die Gräfin hörte dieses ganze Bekenntnis an, ohne ein Wort der Billigung oder des Tadels zu sagen, aber sie fragte Helena aufs Gewissen, ob es wahrscheinlich wäre, daß das Heilmittel dem König Nutzen brächte. Sie erfuhr, daß Gerhard von Narbonne dieser Arznei von allen, die er besessen, den höchsten Wert beigelegt und sie seiner Tochter auf seinem Totenbett gegeben habe. Und sie erinnerte sich des feierlichen Versprechens, das sie in jener ernsten Stunde hinsichtlich dieses jungen Mädchens dem Vater gegeben hatte. Helenas Geschick und das Leben des Königs selbst schienen ja an der Ausführung eines Planes zu hängen, von welchem, wenn er auch zunächst aus den zärtlichen Eingebungen der Gedanken eines liebenden Mädchens entstanden war, die Gräfin nicht recht wußte, ob er nicht aus dem verborgenen Wirken der Vorsehung entsprungen wäre, um die Genesung des Königs herbeizuführen und den Grund zum künftigen Glück der Tochter Gerhards von Narbonne zu legen. Sie gab also Helena Urlaub, ihren eigenen Weg zu verfolgen, und versah sie großmütig mit bedeutenden Mitteln und anständigem Gefolge; und Helena reiste nach Paris mit dem Segen der Gräfin und den freundlichsten Wünschen auf guten Erfolg.

Helena kam in Paris an und erlangte durch den Beistand ihres Freundes, des alten Lafeu, Zutritt zum König. Sie mußte indessen noch manchen Schwierigkeiten begegnen, denn der König wurde nicht leicht vermocht, das Heilmittel zu versuchen, das dieser schöne junge Doktor ihm anbot. Aber sie erzählte ihm, daß sie die Tochter Gerhards von Narbonne sei (dessen Ruf der König sehr wohl kannte), und sie bot das kostbare Heilmittel als den wertvollsten Schatz an, welcher das Wesen von all der langen Erfahrung und Kunst ihres Vaters enthielte, und sie machte sich kühn anheischig, daß ihr Leben verwirkt sein solle, wenn es nicht gelänge, innerhalb zweier Tage die volle Gesundheit Seiner Majestät herzustellen. Endlich willigte der

König ein, es zu versuchen, und in zwei Tagen sollte
Helena ihr Leben verlieren, wenn der König nicht genese;
aber wenn ihr Vorhaben gelänge, so versprach er, ihr die
Wahl eines Gatten durch ganz Frankreich (mit einziger
Ausnahme des königlichen Geblütes) freizugeben. Denn
die Wahl eines Gatten war der Lohn, den Helena verlangte,
wenn sie den König von seiner Krankheit heilte.

Helena täuschte sich nicht in ihrer Hoffnung auf die
Wirksamkeit der Arznei ihres Vaters. Innerhalb zweier
Tage war der König vollkommen hergestellt, und er versammelte die jungen Edelleute seines Hofes, um seinem
schönen Arzt die versprochene Belohnung eines Gatten zu
gewähren; und er wünschte, Helena möge um sich blicken
auf diese Versammlung edler Jünglinge und ihren Gatten
wählen. Helena zögerte nicht, ihre Wahl zu treffen, denn
unter diesen jungen Herren sah sie den Grafen Roussillon,
und sie wandte sich an Bertram mit den Worten: »Dies ist
der Mann. Ich wage nicht, mein Herr, zu sagen, daß ich
Euch nehme, aber ich stelle mich und meinen Dienst, solange ich lebe, unter Eure Führung und Euer Gebot.« –
»Wohlan denn«, rief der König, »junger Bertram, nehmt
sie; sie ist Euer Weib.« Doch Bertram erklärte sofort sein
entschiedenes Mißfallen an diesem Geschenk, das der König ihm mit der sich selbst anbietenden Helena mache: sie
sei die Tochter eines armen Arztes, erzogen auf seines Vaters Kosten und noch jetzt abhängig von der Freigebigkeit
seiner Mutter. Helena hörte ihn diese zurückweisenden
und höhnischen Worte sprechen und sagte zum König:
»Daß Ihr genesen seid, mein Herr und Gebieter, des bin
ich froh, das andere lasset ruhen.« Aber der König wollte
nicht dulden, daß sein fürstlicher Befehl so gering geachtet
würde; denn die Macht, ihren Adel zu verheiraten, war
eines der vielen Vorrechte der Könige von Frankreich. Und
noch an demselben Tag wurde Bertram mit Helena vermählt; aber es war für Bertram eine gezwungene und un-

willkommene Ehe, und sie versprach keine Hoffnung für die arme Helena, die, obgleich sie den adeligen Gatten gewann, den zu erringen sie ihr Leben gewagt hatte, doch nur eine glänzende Niete gewonnen zu haben schien, da ihres Gatten Liebe nicht eine Gabe war, deren Verleihung in der Macht des Königs von Frankreich stand.

Helena war kaum verheiratet, als Bertram ihr den Wunsch ausdrückte, sie möge sich an den König wenden, um ihm Urlaub vom Hofe zu verschaffen; und als sie ihm des Königs Einwilligung in seine Abreise brachte, sagte Bertram ihr, daß, da er nicht vorbereitet gewesen sei auf diese plötzliche Heirat, sie ihn aus allen Fugen gebracht habe, und deshalb müsse sie sich nicht über die Bahn wundern, die er verfolgen werde. Wenn Helena sich auch nicht wunderte, so grämte sie sich doch, als sie hörte, daß er die Absicht hatte, sie zu verlassen. Er befahl ihr, heim zu seiner Mutter zu gehen. Als Helena diesen lieblosen Befehl hörte, erwiderte sie: »Herr, ich kann nichts dazu sagen, als daß ich Eure treu ergebene Magd bin und mich immer mit wahrer Sorglichkeit bemühen werde, das Verdienst zu ersetzen, worin mein niedriges Gestirn verabsäumt hat, mich auf die Höhe eines so großen Glücks zu stellen.« Aber diese demütige Sprache Helenas bewog durchaus nicht den hochmütigen Bertram, sein edles Weib zu bedauern, und er beeilte sich abzureisen ohne die gemeine Höflichkeit eines gütigen Lebewohls.

Dann kehrte Helena zur Gräfin zurück. Sie hatte den Zweck ihrer Reise erfüllt, sie hatte das Leben des Königs erhalten, und sie war vermählt mit ihrem teuren Herrn, dem Grafen Roussillon; aber sie kehrte zu ihrer edlen Schwiegermutter als eine tiefgebeugte Frau zurück, und sobald sie das Haus betrat, empfing sie von Bertram einen Brief, der ihr beinahe das Herz brach.

Die gute Gräfin empfing sie mit einem herzlichen Willkommen, als wenn sie ihres Sohnes eigene Wahl und eine

Dame von hohem Stande gewesen wäre, und sie sprach gütige Worte, um sie über Bertrams lieblose Vernachlässigung zu trösten, welche darin lag, daß er sein Weib allein an ihrem Hochzeitstage nach Hause sandte. Aber diese huldreiche Aufnahme vermochte Helenas trüben Sinn nicht aufzuheitern, und sie sagte: »Gnädige Frau, mein Herr ist weg, ist auf ewig weg.« Dann las sie diese Worte aus Bertrams Brief: »Wann Ihr den Ring von meinem Finger gewinnen könnt, von dem er sich nie scheiden wird, dann, aber auch nur dann nennt mich Euren Gatten; doch dieses ›dann‹ bedeutet ›nie‹. – Das ist ein schrecklicher Spruch«, sagte Helena. Die Gräfin bat sie, Geduld zu haben, und sagte, jetzt da Bertram weg wäre, solle sie ihr Kind sein, und sie verdiene einen Gemahl, dem zwanzig solcher gefühllosen Buben wie Bertram hold und gewärtig sein müßten, um sie stündlich ihre Herrin zu nennen. Aber umsonst versuchte diese unvergleichliche Mutter durch achtungsvolle Gleichstellung und freundliche Liebkosung den Kummer ihrer Schwiegertochter zu besänftigen. Helena hielt immer noch unablässig die Augen auf den Brief gerichtet, und einmal rief sie in der Seelenangst ihres Schmerzes aus: »Bis ich meines Weibes ledig bin, habe ich nichts in Frankreich zu suchen.« Die Gräfin fragte sie, ob diese Worte im Brief ständen. »Ja« war alles, was Helena antworten konnte.

Am nächsten Morgen war Helena verschwunden. Sie hatte einen Brief hinterlassen, der nach ihrer Abreise der Gräfin ausgeliefert werden sollte, um sie mit dem Grund ihrer plötzlichen Entfernung bekanntzumachen; darin schrieb sie, daß sie so bekümmert sei, Bertram von Haus und Heimat vertrieben zu haben, daß sie, um dies Vergehen zu sühnen, eine Pilgerfahrt nach den Gebeinen des heiligen Jakob unternommen habe, und sie schloß mit der Bitte an die Gräfin, ihrem Sohne zu berichten, daß das Weib, das er so hasse, ihr Haus für immer verlassen habe.

Bertram war, als er Paris verlassen hatte, nach Florenz gegangen und dort Hauptmann im Heer des Herzogs von Florenz geworden, und nach einem erfolgreichen Krieg, in welchem er sich durch manche tapfere Taten auszeichnete, empfing er von seiner Mutter einen Brief mit der ihm angenehmen Nachricht, daß Helena ihn nicht mehr beunruhigen werde; und er bereitete sich eben zur Rückkehr nach Hause vor, als Helena selbst in ihrer dunklen Pilgertracht in der Stadt Florenz ankam.

Florenz war eine Stadt, durch welche die Pilger auf ihrem Wege zum heiligen Jakob zu kommen pflegten; und als Helena hier ankam, hörte sie, daß hier eine gastfreundschaftliche Witwe wohne, die in ihr Haus die Pilgerinnen aufzunehmen pflegte, welche die Gebeine jenes Heiligen besuchen wollten; sie gebe ihnen Wohnung und reichliche Bewirtung. Zu dieser guten Frau kam deshalb Helena, und die Witwe bot ihr ein höfliches Willkommen und lud sie ein, alle Merkwürdigkeiten in dieser berühmten Stadt in Augenschein zu nehmen. Auch erzählte sie ihr, daß, wenn sie gern das Heer des Herzogs sähe, sie sie an einen Platz mitnehmen wolle, von wo aus sie einen vollen Überblick über dasselbe haben würde. »Und Ihr werdet auch einen Landsmann von Euch sehen«, sagte die Witwe; »er heißt Graf Roussillon, er hat dem Herzog treffliche Dienste geleistet in seinen Kriegen.« Helena bedurfte nicht einer zweiten Einladung, als sie hörte, daß Bertram mit an der Schaustellung teilnehmen solle. Sie begleitete ihre Wirtin, und es war für sie ein wehmütiges und trauriges Vergnügen, noch einmal das Antlitz ihres teuren Gatten zu schauen. »Ist er nicht ein schöner Mann?« sagte die Witwe. »Er gefällt mir sehr«, erwiderte Helena mit voller Wahrhaftigkeit. Auf dem ganzen Weg, den sie gingen, bewegte sich die Unterhaltung der gesprächigen Witwe nur um Bertram; sie erzählte Helena die Geschichte von seiner Heirat, und wie er sein armes Weib verlassen habe und in das herzogliche Heer getreten sei, nur um nicht mit ihr leben zu müssen. Dieser Erzählung von ihrem eigenen Unglück hörte Helena geduldig zu, und als sie ein Ende gefunden hatte, war die Geschichte von Bertram doch noch nicht abgetan; denn nun begann die Witwe mit einer anderen Erzählung aus seinem Leben, von welcher jedes Wort sich tief eingrub in Helenas Herz – die Geschichte, die nun vorgetragen wurde, handelte von Bertrams Liebe zu ihrer Tochter.

Obgleich Bertram an der vom König ihm aufgezwungenen Ehe kein Gefallen fand, so schien er doch für Liebe nicht unempfänglich zu sein; denn seit er bei dem Heer in Florenz stand, schwärmte er für Diana, ein hübsches junges Mädchen, die Tochter der Witwe, bei welcher Helena Wohnung genommen hatte, und jede Nacht kam er mit Musik und allerlei Gesängen, die zum Preise von Dianas Schönheit erklangen, unter ihr Fenster und warb um ihre Liebe, und sein dringendes Anliegen war, daß sie ihm erlauben möchte, sie heimlich zu besuchen, nachdem die Angehörigen sich zur Ruhe begeben hätten. Aber Diana ließ sich durchaus nicht überreden, diese zudringliche Bitte zu bewilligen oder seine Bewerbung irgendwie zu ermutigen; sie wußte ja, daß er ein verheirateter Mann war. Denn sie verdankte ihre Bildung der klugen Leitung einer ehrbaren Mutter, die, obschon sie jetzt in beschränkten Umständen lebte, von vornehmer Geburt war und von der adligen Familie der Capulets abstammte.

Alles dies berichtete die gute Frau ihrem Gast, indem sie die tugendhaften Grundsätze ihrer vorsichtigen Tochter außerordentlich pries; diese seien die Folge der ausgezeichneten Erziehung und der guten Ratschläge, die sie ihr gegeben habe. Und sie machte die weitere Mitteilung, daß Bertram ihre Diana ganz besonders mit dem Wunsche belästigt habe, in dieser Nacht den begehrten Besuch zu gestatten, weil er im Begriff stehe, am nächsten Morgen in der Frühe Florenz zu verlassen.

Obgleich es Helena tief bekümmerte, von Bertrams Liebe für die Tochter der Witwe zu hören, so faßte doch aus Anlaß dieser Erzählung ihr heißglühendes Herz, keineswegs entmutigt durch den üblen Erfolg ihres früheren Anschlags, den Gedanken, ihren unzuverlässigen Herrn wiederzugewinnen. Sie eröffnete der Witwe, daß sie Helena, die verlassene Gattin Bertrams, sei, und sprach den Wunsch aus, daß ihre gütige Wirtin und ihre Tochter den Besuch Bertrams dulden und ihr selbst gestatten möchten, daß sie sich bei Bertram für Diana ausgäbe; ihr Hauptgrund für den Wunsch, diese geheime Zusammenkunft mit ihrem Gemahl zu haben, sei der, daß sie einen Ring von ihm gewinnen wolle, von dessen Besitz es abhinge, ob er sie je als sein Weib anerkennen würde.

Die Witwe und ihre Tochter versprachen ihren Beistand in dieser Angelegenheit; teils waren sie von Mitleid für dieses unglückliche verlassene Weib ergriffen, teils für ihre Sache durch die Versprechungen gewonnen, welche Helena ihnen machte, indem sie ihnen als Handgeld für ihre künftigen Gunstbezeugungen eine gefüllte Börse übergab. Im Laufe dieses Tages veranlaßte Helena, daß Bertram die Nachricht von ihrem Tode zuging; denn sie hoffte, wenn er durch die Kunde von ihrem Ableben sich frei glaubte, um eine neue Wahl zu treffen, so würde er ihr, der vermeintlichen Diana, die Ehe anbieten. Und wenn sie den Ring und dies Versprechen dazu erlangen könnte, so zweifelte sie nicht, daß ihr daraus künftig Glück erblühen würde.

Am Abend, nach eingetretener Dunkelheit, wurde Bertram in Dianas Gemach eingelassen, und Helena war hier bereit, ihn zu empfangen. Die schmeichelhaften Artigkeiten und die Liebesworte, die er an Helena richtete, waren für sie liebliche Töne, obgleich sie wußte, daß sie eigentlich für Diana bestimmt waren; und Bertram war von ihr so hingerissen, daß er ihr ein feierliches Versprechen gab, ihr

Gemahl zu werden und sie ewig zu lieben. Sie hoffte natürlich, dies würde eine Vorbedeutung sein für eine wahrhafte Zuneigung, wenn er zur Einsicht käme, daß es sein eigenes Weib, die verschmähte Helena, sei, deren Unterhaltung ihn so entzückt habe.

Bertram war nie innegeworden, wie geistreich Helena war, sonst würde er vielleicht nicht so rücksichtslos gegen sie gewesen sein, und weil er sie jeden Tag sah, war ihm ihre Schönheit völlig entgangen; denn ein Gesicht, das wir beständig zu sehen gewöhnt sind, verliert den Eindruck der Schönheit oder der Häßlichkeit, der durch den ersten Anblick hervorgebracht wird. Und über ihren Verstand konnte er unmöglich urteilen, weil in ihre Liebe für ihn sich solche Ehrfurcht mischte, daß sie in seiner Gegenwart immer schweigsam war. Aber jetzt, da ihr künftiges Geschick und das glückliche Ende ihrer ganzen Liebespein davon abzuhängen schien, daß sie aus der Zusammenkunft dieser Nacht einen günstigen Eindruck auf Bertrams Herz hinterließ, nahm sie alle ihre Geisteskraft zusammen, um ihm zu gefallen; und die einfache Anmut ihrer lebhaften Unterhaltung und die gewinnende Lieblichkeit ihres Benehmens bezauberten ihn so, daß er feierlich gelobte, sie solle sein Weib werden. Helena bat um den Ring von seinem Finger als ein Zeichen seiner Liebe, und er gab ihn ihr; und zum Ersatz für diesen Ring, dessen Besitz von solcher Wichtigkeit für sie war, gab sie ihm einen anderen Ring, mit welchem der König sie beschenkt hatte. Nach Ablauf der ihm bewilligten Stunde entließ sie Bertram; unmittelbar am nächsten Morgen trat er seine Reise nach der Heimat an.

Helena brachte durch ihre Bitten die Witwe und Diana dahin, daß sie sie nach Paris begleiteten, da ihr fernerer Beistand notwendig erschien zum vollständigen Gelingen ihres Planes. Als sie hier ankamen, erfuhren sie, daß der König verreist sei, um die Gräfin von Roussillon zu besuchen, und Helena folgte dem König in aller möglichen Eile.

Dieser erfreute sich noch vollkommener Gesundheit, und seine Dankbarkeit gegen diejenige, welche seine Wiederherstellung vermittelt hatte, war so lebendig in seinem Gemüt, daß er im Augenblick, da er die Gräfin von Roussillon sah, von Helena zu sprechen begann, indem er sie ein kostbares Juwel nannte, das durch die Torheit ihres Sohnes verloren wäre. Aber als er sah, daß dieser Gegenstand die Gräfin aufregte, die den Tod Helenas aufrichtig beklagte, sagte er: »Meine gute Gräfin, ich habe alles vergeben und vergessen.« Aber der gutherzige alte Lafeu, der zugegen war und es nicht ertragen konnte, daß man so leicht über das Andenken seines Lieblings Helena hinwegginge, sagte: »Das ist wahr, der junge Herr hat Seine Majestät, seine Mutter und seine Gattin höchlich beleidigt; aber sich selber hat er am meisten Unrecht getan, denn er hat ein Weib verloren, dessen Schönheit alle Augen blendete, dessen Rede jedes Ohr gefangennahm, dessen hoher Wert auch überstolze Herzen zum Dienen zwang.« Der König erwiderte: »Das preisen, was dahin ist, macht im Erinnern Schmerz. Wohlan, rufet ihn hierher!« Er meinte damit Bertram, der sich nun dem König vorstellte; und da er tiefen Schmerz aussprach über das Unrecht, das er Helena getan habe, so verzieh ihm der König um seines verstorbenen Vaters und um seiner bewunderungswürdigen Mutter willen und schenkte ihm noch einmal wieder seine volle Gunst. Aber die gnädige Haltung des Königs gegen ihn erlitt bald einen Stoß, denn er bemerkte, daß Bertram an seinem Finger den nämlichen Ring trug, welchen er Helena geschenkt hatte; und er erinnerte sich sehr gut, daß Helena alle Heiligen im Himmel zu Zeugen angerufen hatte, sie würde sich nie von dem Ring scheiden, es sei denn, daß sie ihn dem König selbst sende, wenn ihr ein großes Unglück zugestoßen sei. Und Bertram erzählte auf des Königs Frage, wie er zu dem Ring gekommen sei, eine höchst unwahrscheinliche Geschichte von einer Dame, die ihm denselben aus einem Fenster zugeworfen habe, und er leugnete, je Helena seit dem Tag ihrer Vermählung gesehen zu haben. Der König, welcher Bertrams Mißfallen an seinem Weibe kannte, fürchtete, er hätte sie aus dem Wege geräumt, und er befahl seiner Leibwache, ihn zu verhaften, indem er sagte: »Ein düsterer Argwohn quält mich; denn Helena, fürchte ich, wurde schändlich abgetan.«

In diesem Augenblick traten Diana und ihre Mutter ein und überreichten dem König eine Bittschrift des Inhalts: Sie flehten Seine Majestät an, seine königliche Macht zu gebrauchen, um Bertram zur Ehe mit Diana zu zwingen, da er ihr ein feierliches Heiratsversprechen gegeben hätte. Bertram, welcher des Königs Zorn fürchtete, leugnete, je ein solches Versprechen gegeben zu haben. Dann aber zog Diana den Ring, welchen Helena ihr eingehändigt hatte, hervor zur Bekräftigung der Wahrheit ihrer Worte, und sie sagte, daß sie Bertram den Ring, den er nun trüge, zum Austausch für den seinigen gegeben hätte, damals als er ihr gelobte, sie zu heiraten. Bei diesen Worten befahl der König seiner Leibwache, sie gleichfalls zu verhaften: da ihre Erzählung vom Ring von der Bertrams abwich, so schien des Königs Argwohn bestätigt; und er sagte, wenn sie nicht ein Geständnis ablegten, wie sie zu diesem Ringe Helenas kämen, so wären sie beide dem Tode verfallen. Diana bat, es möge ihrer Mutter erlaubt werden, den Kleinodienhändler, von dem sie den Ring gekauft hätten, herbeizuholen, und da dies bewilligt war, ging die Witwe hinaus und kehrte augenblicklich zurück, indem sie Helena an der Hand hereinführte.

Die gute Gräfin, die in stillem Kummer die Gefahr ihres Sohnes gesehen und sogar gefürchtet hatte, daß der Verdacht, sein Weib aus dem Wege geräumt zu haben, möglicherweise begründet sein könne, fühlte jetzt, da sie ihre teure Helena noch leben sah, die sie mit einer wahrhaft mütterlichen Zärtlichkeit liebte, ein Entzücken, das sie kaum fähig war zu ertragen. Und der König, der vor Freuden kaum glaubte, daß es Helena sei, rief: »Ist das in der Tat Bertrams Weib, das ich sehe?« Helena jedoch, die sich noch als unanerkanntes Weib fühlte, erwiderte: »Nein, teurer Fürst, Ihr seht hier nur den Schatten einer Frau, den Namen, nicht das Wesen.« Bertram aber rief laut: »O beides, beides! Kannst du mir verzeihen?« – »O lieber Herr«, sagte Helena, »als ich die Rolle dieses hübschen Mädchens spielte, fand ich Euch wunderzärtlich; und seht, hier ist Euer Brief.« Und sie las ihm in fröhlichem Tone jene Worte vor, die sie einst so schmerzlich wiederholt hatte: »Wenn Ihr den Ring gewinnt von meinem Finger – dies ist gelungen, denn mir gabt Ihr den Ring. Wollt Ihr nun der meine sein, nun da Ihr doppelt gewonnen seid?« Bertram entgegnete: »Wenn Ihr das beweisen könnt, daß Ihr die Dame wart, mit der ich in jener Nacht sprach, so will ich Euch herzlich lieben, jetzt und immerdar.« Das war nicht schwierig, denn die Witwe und Diana waren ja eigens in der Absicht, diese Tatsache zu beweisen, mit Helena gekommen. Und der König war so eingenommen für Diana, wegen des freundlichen Beistands, den sie der teuren jungen Frau gewährte, die er so wahrhaft hoch für den ihm geleisteten Dienst schätzte, daß er ihr auch einen edlen Gemahl versprach; denn Helenas Geschichte gab ihm einen Wink, daß dies eine höchst passende Belohnung sei, die schönen Damen von Königen erteilt werden könnte, wenn sie bedeutende Dienste leisteten.

So fand Helena zuletzt, daß ihres Vaters Vermächtnis in der Tat geweiht sei durch die glücklichsten Sterne des Himmels; denn sie war nun das geliebte Weib ihres treuen Bertrams, die Schwiegertochter ihrer edlen Gebieterin und sie selbst die Gräfin von Roussillon.

Perikles, Fürst von Tyrus

Perikles, Fürst von Tyrus, verbannte sich freiwillig aus seinem Reich, um eine furchtbare Trübsal abzuwenden, welche seinen Untertanen und der Stadt Tyrus drohte von Antiochus, dem ruchlosen Kaiser von Griechenland. Dieser hatte nämlich Rache geschworen, weil der Fürst eine heimlich vom Kaiser verübte Schandtat entdeckt hatte, wie es sich denn gewöhnlich als gefahrvoll erweist, in die verhüllten Verbrechen der Mächtigen einen Blick zu tun. Er ließ die Regierung seines Volkes in den Händen seines fähigen und höchst rechtlichen Ministers Helicanus, und er segelte von Tyrus ab in dem Gedanken, sich so lange von seiner Heimat fernzuhalten, bis der Zorn des mächtigen Antiochus verraucht wäre.

Die erste Stadt, nach welcher der Fürst den Lauf seines Schiffes richtete, war Tarsus, und auf die Nachricht, daß diese Stadt damals unter einer furchtbaren Hungersnot litt, hatte er große Vorräte mit sich genommen, um dem Elend abzuhelfen. Bei seiner Ankunft fand er die Stadt schon zur äußersten Verzweiflung getrieben; da er also gleich einem Boten vom Himmel kam mit seiner unverhofften Hilfe, so bewillkommnete Kleon, der Statthalter von Tarsus, ihn mit unbegrenztem Dank. Aber Perikles war hier noch nicht lange gewesen, als ein Brief anlangte von seinem treuen Minister, der ihn warnte, daß es nicht sicher für ihn sei, länger in Tarsus zu verweilen; denn Antiochus kenne seinen dortigen Aufenthalt, und er stelle durch geheime Sendboten, die er zu diesem Zweck abgefertigt habe, seinem Leben nach. Sofort nach Empfang dieses Briefes segelte Perikles wieder ab, begleitet von den Segensgebeten eines ganzen Volkes, das durch seine Güte vom Hungertod errettet war.

Er war noch nicht weit gesegelt, da überfiel sein Schiff ein furchtbarer Sturm, und alles, was an Bord war, ging unter mit Ausnahme von Perikles, der von den Wogen nackt an ein unbekanntes Gestade geworfen wurde. Hier war er noch nicht weit gewandert, als er einigen armen Fischern begegnete, die ihn in ihre Hütten einluden und ihm Kleider und Nahrung gaben. Die Fischer erzählten Perikles, daß ihr Land Pentapolis heiße und daß ihr König Simonides sei, gemeiniglich der gute Simonides genannt wegen seiner friedlichen Regierung und seiner guten Verwaltung. Von ihnen erfuhr er auch, daß König Simonides eine schöne junge Tochter habe und daß am folgenden Tag ihr Geburtstag sei; dann werde ein großes Lanzenstechen am Hofe abgehalten, und viele Fürsten und Ritter seien von allen Seiten gekommen, um ihre Waffenkunst zu Ehren von Thaisa, der schönen Königstochter, zu versuchen. Während der Fürst diesem Bericht zuhörte und im stillen den Verlust seiner guten Rüstung beklagte, wodurch er verhindert wurde, unter diesen tapferen Rittern als einer ihresgleichen aufzutreten, brachte ein anderer Fischer eine vollständige Rüstung, die er mit seinem Fischnetz aus der See gezogen hatte. Diese Rüstung erwies sich als dieselbe, die er beim Schiffbruch verloren hatte. Bei der Betrachtung seines eigenen Panzerrockes rief Perikles aus: »Dank dir, Göttin des Glücks! Nach all meiner Trübsal gibst du mir einen Ersatz. Diese Rüstung war ein Vermächtnis meines verstorbenen Vaters, um dessentwillen ich sie so sehr geliebt habe, daß ich sie auf allen meinen Reisen mit mir führte. Die wilde See raubte sie mir, aber da sie ruhig geworden ist, hat sie mir sie zurückgegeben. Dafür danke ich ihr, denn seit ich meines Vaters Erbteil wiederhabe, erachte ich meinen Schiffbruch für gar kein Unglück.«

Am nächsten Tag erschien Perikles in seines tapferen Vaters Rüstung am königlichen Hof des Simonides, wo er im
Lanzenstechen Wunder der Tapferkeit und Geschicklichkeit verrichtete; denn er besiegte mit Leichtigkeit alle die
tapferen Ritter und Fürsten, die mit ihm zu Ehren von
Thaisa in Waffen stritten. Wenn tapfere Krieger am Hof in
ritterlichen Spielen miteinander wetteiferten um eine Königstochter, so war es herkömmlich, daß, wenn ein einziger
sich als Sieger über alle andern erwies, die hohe Dame, de-
rentwegen diese Taten der Kraft unternommen waren, dem
Überwinder Ehrerbietung und Gunst erwies; und Thaisa
wich nicht ab von dieser Gewohnheit, denn sie entließ sofort alle Fürsten und Ritter, die Perikles besiegt hatte, und
zeichnete vor allen ihn aus durch ihre besondere Gunst
und Aufmerksamkeit: Sie flocht ihm den Siegerkranz ums
Haupt als dem König des Tages; und Perikles faßte vom ersten Augenblick an, da er sie gesehen hatte, eine leidenschaftliche Liebe für die schöne Königstochter.

Der edle Simonides erkannte völlig die Tapferkeit und
die herrlichen Eigenschaften des Perikles an, der in der Tat
ein vollkommener Ritter war und wohlgeschult in allen
einem solchen geziemenden Künsten. Er kannte zwar
nicht den Rang dieses königlichen Gastes (denn Perikles
hatte sich aus Furcht vor Antiochus für einen einfachen
Bürger von Tyrus ausgegeben), aber doch verschmähte er
nicht, den tapferen Unbekannten als Schwiegersohn anzunehmen, als er gewahr wurde, daß die Neigung seiner
Tochter fest und unwandelbar ihm zugewandt war.

Perikles war noch nicht viele Monde mit Thaisa vermählt, als er Nachricht erhielt, daß sein Feind Antiochus
gestorben sei und daß seine tyrischen Untertanen, ungeduldig über die lange Dauer seiner Abwesenheit, mit
einer staatlichen Umwälzung drohten und davon sprächen,
Helicanus auf den ledigen Thron zu setzen. Die Nachrichten kamen von Helicanus selbst, denn dieser, als treuer

Untertan seines königlichen Herrn, wollte nicht die ihm
angebotene hohe Würde annehmen, sondern sandte zu Perikles, um ihm die Absichten der Tyrier kundzugeben, er
möge nach Hause zurückkehren und sein gesetzliches
Recht in Anspruch nehmen. Dem Simonides gereichte es
zu großer Überraschung und Freude, zu sehen, daß sein
Schwiegersohn (der unbekannte Ritter) der berühmte
Fürst von Tyrus sei; aber wiederum konnte er sein Bedauern nicht unterdrücken, daß er nicht der einfache Bürger
sei, für den er ihn gehalten hatte, denn er sah ja ein, daß er
sich nun von seinem bewunderten Schwiegersohn und seiner geliebten Tochter trennen müsse. Er fürchtete freilich,
sie den Gefahren der See auszusetzen, weil Thaisa ein Kind
erwartete, und Perikles selber wünschte, sie möge bei ihrem
Vater bleiben bis nach ihrem Wochenbett, aber die arme
junge Frau wünschte so ernstlich, mit ihrem Gemahl zu gehen, daß am Ende Mann und Vater einwilligten, in
der Hoffnung, sie würde Tyrus vor ihrer Niederkunft erreichen.

Das Meer war kein freundliches Element für den unglücklichen Perikles, denn lange bevor sie Tyrus erreichten,
erhob sich abermals ein furchtbarer Sturm, der Thaisa so
ängstigte, daß sie krank wurde, und nach kurzer Zeit kam
ihre Pflegerin Lychorida zu Perikles, ein kleines Kind in
ihren Armen haltend: Sie berichtete dem Fürsten die traurige Kunde, daß sein Weib in demselben Augenblick, wo
sie dem kleinen Kind das Leben gegeben habe, gestorben
sei. Sie hielt das Kind dem Vater hin mit den Worten: »Hier
ist etwas, das zu zart ist für diesen Platz. Dies ist das Kind
Eurer verstorbenen Gemahlin.« Keine Zunge kann den
Schrecken und den Kummer schildern, den Perikles empfand, als er hörte, sein Weib sei gestorben. Sobald er Worte
fand, rief er: »O ihr Götter, warum erweckt ihr uns Liebe
für eure herrlichen Gaben und entreißt uns dann diese Geschenke?« – »Geduld, guter Herr«, sagte Lychorida, »hier

ist alles Lebendige, das übrig ist von Eurer toten Gemahlin, eine kleine Tochter; schon um Eures Kindes willen seid männlicher. Geduld, guter Herr, gerade dieser süßen Bürde wegen!« Perikles nahm das neugeborene Kind in die Arme, und er sagte zu dem kleinen Säugling: »Möge jetzt dein Leben sanft hinfließen, denn eine mehr von Donner umbrüllte Geburt hatte ein Kind nie! Möge dein Geschick mild und friedlich sein, denn du hast den rauhesten Empfang gehabt, der je einem fürstlichen Sprößling zuteil geworden ist! Möge dein späteres Leben glücklich sein, denn du hast eine so lärmende Geburtsstunde gehabt, als Feuer, Luft, Erde, Wasser und Himmel nur irgend mit schmetterndem Heroldsruf dich aus dem Mutterschoß empfangen konnten! Schon gleich zu Anfang ist dein Verlust« (er deutete damit auf den Tod ihrer Mutter) »größer, als daß er je dir ersetzt werden könnte durch alle Freuden, die du auf dieser Erde, auf die du als neuer Besucher gekommen bist, finden wirst.«

Der Sturm fuhr noch immer fort zu rasen, und da die Schiffer den Aberglauben hatten, daß, solange ein Leichnam an Bord sei, der Sturm nimmer aufhören würde, traten sie an Perikles mit der Forderung heran, daß seine Gemahlin über Bord geworfen werden solle, und sie sagten: »Welchen Mut habt Ihr? Gott sei Euch gnädig!« – »Mut genug«, sagte der schmerzerfüllte Fürst; »ich zittere nicht vor dem Sturm, er hat mir bereits sein Schlimmstes angetan, aber dieses armen Kindes wegen, dieses neugeborenen Seefahrers, möchte ich, der Sturm wäre vorüber.« – »Herr«, sagten die Schiffer, »Eure Gemahlin muß über Bord. Die See geht hoch, der Wind heult, und der Sturm wird sich nicht legen, bevor das Schiff von der Toten erleichtert ist.« Obgleich Perikles wußte, wie haltlos und unbegründet dieser Aberglaube war, so unterwarf er sich ihm doch geduldig, indem er sagte: »Verfahrt mit der Leiche nach Gutdünken. Dann muß sie über Bord, die unseligste der

Königinnen!« Und nun ging dieser unglückliche Fürst hin, zum letzten Mal sein teures Weib zu sehen, und als er auf Thaisa blickte, sprach er: »Ein furchtbares Kindbett hast du gehabt, meine Teure. Kein Licht hat dir geleuchtet, kein Feuer dich gewärmt, die unholden Elemente vergaßen dich gänzlich. Auch kann ich dich nicht in ein geweihtes Grab bringen, sondern muß dich kaum eingesargt in die See werfen, wo statt eines Denkmals, das über deinen Gebeinen sich wölbte, die brausenden Wasser deinen Leichnam überfluten werden, wenn er daliegt bei einfachen Muscheln. Lychorida, befiehl dem Nestor, mir Spezereien und Tinte samt Papier zu bringen, mein Schmuckkästchen und meine Juwelen, und befiehl dem Nikander, mir die Kiste mit Atlasstoffen zu bringen. Lege das Kind auf das Kissen, und gehe, dies schnell zu besorgen, Lychorida, während ich meiner Thaisa ein priesterliches Lebewohl sage.«

Sie brachten Perikles eine mächtige Kiste, in die er seine Gemahlin, eingehüllt in ein Atlasleichentuch, legte, und über sie streute er süßduftende Spezereien, und neben sie legte er reiche Juwelen und ein beschriebenes Papier, welches sagte, wer sie wäre, und die Bitte zugleich enthielt, daß, wenn etwa jemand den Leichnam seines Weibes finden sollte, er ihr ein Begräbnis zuteil werden lasse; dann ließ er die Kiste mit seinen eigenen Händen ins Meer gleiten. Als der Sturm vorüber war, befahl Perikles den Schiffern, nach Tarsus zu steuern. »Denn«, sagte Perikles, »das Kind kann die Fahrt nicht aushalten, bis wir nach Tyrus kommen. In Tarsus will ich es in liebevolle Pflege geben.«

Nach dieser stürmischen Nacht, in welcher Thaisa dem Meer übergeben wurde, stand in aller Morgenfrühe Cerimon, ein angesehener Einwohner von Ephesus und höchst geschickter Arzt, am Ufer. Seine Diener brachten ihm eine Kiste, die von den Wogen ans Land geworfen war. »Ich habe noch nie«, sagte einer von ihnen, »eine so ungeheure Woge gesehen wie die, welche den Kasten an unsere Küste warf.« Cerimon befahl, die Kiste nach seinem eigenen Hause zu bringen, und als sie geöffnet war, betrachtete er mit Staunen den Leichnam einer jungen und lieblichen Frau; und die süßduftenden Spezereien und das reiche Juwelenkästchen ließen ihn vermuten, daß es eine hochgestellte Persönlichkeit sei, die ein so absonderliches Begräbnis empfangen habe; und da er weiter suchte, fand er ein Papier, aus dem er erfuhr, daß der Leichnam, der vor ihm läge, eine Königin und Gemahlin des Perikles, Fürsten von Tyrus, gewesen sei. Und er wunderte sich sehr über die Seltsamkeit des Ereignisses, und voll Mitleid mit dem Gatten, der dies süße Weib verloren hatte, rief er aus: »Wahrlich, Perikles, wenn du noch am Leben bist, so muß dein Herz vor Weh brechen.« Dann aber, wie er aufmerksam Thaisas Gesicht beobachtete, sah er, wie frisch und gar nicht totenähnlich ihre Züge waren, und er sagte: »Sie waren zu rasch, dich in die See zu werfen«; denn er glaubte nicht, daß sie wirklich tot sei. Er befahl, ein Feuer anzumachen und geeignete Stärkungsmittel zu bringen und eine sanfte Musik zu spielen, damit, wenn sie wieder aufleben sollte, ihre staunenden Lebensgeister beruhigt würden. Und er sagte zu denen, welche voll Verwunderung über das, was sie sahen, dicht gedrängt herumstanden: »Ich bitte euch, lieben Leute, gebt ihr Luft; diese Königin wird leben, sie ist nicht über fünf Stunden eingeschlossen gewesen; und seht, sie beginnt wieder wie eine Blume zum Leben zu erwachen; sie lebt; seht, die Augenlider bewegen sich; dieses schöne Wesen wird leben, um uns zu Tränen zu rühren, wenn wir ihr Schicksal hören.« Thaisa war nicht wirklich gestorben, sondern nach der Geburt des Kindes nur in eine tiefe Ohnmacht gefallen, so daß alle, die sie sahen, meinten, sie wäre tot; und nun war ihr durch die sorgfältige Pflege des freundlichen Arztes noch einmal Licht und Leben geschenkt; und sie öffnete die Augen und sagte: »Wo bin ich? Wo ist mein Gemahl? Welche Welt umgibt mich hier?« Nach und nach gab Cerimon ihr zu verstehen, was ihr zugestoßen sei; und als er glaubte, sie hätte sich hinreichend erholt, um den Anblick zu ertragen, zeigte er ihr das von ihrem Gemahl beschriebene Papier und die Juwelen; und sie warf einen Blick auf das Papier und sagte: »Es ist meines Herrn Handschrift. Daß ich mit ihm auf die See ging, dessen erinnere ich mich wohl, aber ob ich hier von einem Kind entbunden wurde, das kann ich bei den heiligen Göttern nicht genau sagen. Aber da ich meinen Eheherrn nie wieder sehen soll, so will ich Vestalinkleidung anlegen und nie wieder Freude haben.« – »Fürstin«, sprach Cerimon, »wenn das wirklich Euer Vorsatz ist: der Tempel der Diana ist nicht weit von hier, dort könnt Ihr leben als Vestalin. Überdies soll, wenn es Euch beliebt, eine Nichte von mir dort Eure Dienerin sein.« Diesen Vorschlag nahm Thaisa mit Dank an; und als sie völlig wiederhergestellt war, brachte Cerimon sie in Dianas Tempel, wo sie eine Vestalin oder Priesterin dieser Göttin wurde und ihre Tage verlebte, trauernd um ihres Gemahls vermeintlichen Verlust und den frömmsten Übungen jener Zeiten sich widmend.

Perikles brachte seine junge Tochter (die er, weil sie auf dem Meer geboren war, Marina nannte) nach Tarsus, in der Absicht, sie bei Kleon, dem Statthalter, und seiner Gemahlin Dionysa zu lassen; denn er dachte, sie würden für die Wohltaten, die er ihnen in der Zeit ihrer Hungersnot erwiesen hatte, gütig gegen seine kleine mutterlose Tochter sein. Als Kleon Fürst Perikles sah und von dem großen Verlust hörte, der ihn betroffen hatte, sprach er: »Oh, die liebe gütige Königin! Hätte es doch dem Himmel gefallen, daß Ihr sie hierher gebracht hättet, um mein Auge zu segnen mit ihrem Anblick!« Perikles erwiderte: »Wir müssen den Mächten da droben gehorchen. Wollte ich auch wüten und brüllen wie die See, die meine Thaisa umschließt, mein Schicksal ist unabänderlich. Mein liebliches kleines Kind,

meine Marina hier, muß ich Eurer Barmherzigkeit übergeben. Ich lasse sie hier als das Kind Eurer Sorge und bitte
Euch, sie fürstlich zu erziehen.« Und dann wandte er sich
an Kleons Weib Dionysa und sagte: »Edle Frau, Eure Sorgfalt in der Erziehung meines Kindes bringe mir Segen.«
Und sie antwortete: »Ich habe selbst ein Kind, welches
meiner Sorgfalt nicht teurer sein soll als das Eurige, mein
gnädiger Herr.« Und Kleon gab das gleiche Versprechen,
indem er sagte: »Eurer edlen Dienste, Fürst Perikles, die
Ihr mir erwieset in der Ernährung meines ganzen Volkes
mit Eurem Korn (wofür sie täglich noch in ihren Gebeten
Eurer gedenken), werde ich in Eurem Kinde mich erinnern. Sollte ich Euer Kind vernachlässigen, so würde
mich das ganze Volk, das durch Euch erquickt wurde, zu
meiner Pflicht zwingen; aber wenn dazu ein Sporn nötig
ist, so mögen die Götter es an mir und den Meinigen
rächen bis ins letzte Glied!« Da Perikles so versichert war,
daß seine Tochter sorgfältige Pflege finden würde, überließ
er sie dem Schutze Kleons und seiner Gattin Dionysa, und
bei ihr ließ er die Amme Lychorida. Als er abreiste, wußte
die kleine Marina nichts von ihrem Verlust, aber Lychorida
weinte bitterlich beim Abschied von ihrem königlichen
Herrn. »Weine nicht, Lychorida«, sagte Perikles, »weine
nicht; sieh auf deine kleine Herrin, von deren Gnade du
später abhängen wirst.«

Perikles kam wohlbehalten in Tyrus an und gelangte noch
einmal in den ruhigen Besitz seines Throns, während seine
schmerzensreiche Gemahlin, die er für tot hielt, in Ephesus
blieb. Ihre kleine Tochter Marina, welche der unglücklichen
Mutter nie vors Auge gekommen war, wurde von Kleon im
Verhältnis zu ihrer hohen Geburt standesgemäß aufgezogen. Er ließ sie so sorgfältig unterrichten, daß um die Zeit,
da Marina das Alter von vierzehn Jahren erreichte, die ge-
lehrtesten Männer nicht mehr bewandert in den Wissenschaften jener Zeiten waren als Marina. Sie sang gleich einer

Göttin, und ebenso tanzte sie, und mit der Nadel war sie so geschickt, daß sie die eigenen Schöpfungen der Natur nachzubilden schien in Vögeln, Früchten oder Blumen, wenigstens ähnelten die natürlichen Rosen einander kaum mehr als den in Seide gestickten Blumen Marinas. Aber als die Erziehung ihr alle diese Anmut verliehen hatte, die sie zum Gegenstand der allgemeinen Bewunderung machte, wurde Dionysa, die Gattin Kleons, aus Eifersucht ihre tödliche Feindin, weil deren eigene Tochter infolge ihrer Geistesträgheit unfähig war, die Vollendung zu erreichen, die Marina auszeichnete; und da sie sah, daß Lob und Preis Marina zuteil wurden, während ihre Tochter, die ebenso alt und mit derselben Sorgfalt, wenn auch nicht mit demselben Erfolg, erzogen war wie Marina, im Vergleich mit ihr geringgeschätzt wurde, so faßte sie den Plan, Marina beiseite zu schaffen, indem sie sich törichter Weise einbildete, daß man ihre stumpfsinnige Tochter mehr beachten würde, wenn man Marina nicht mehr sähe. Sie bestach einen Mann, Marina zu ermorden, und sie wählte zur Ausführung ihres verruchten Vorhabens die rechte Zeit unmittelbar nach dem Tode der treuen Lychorida.

Dionysa war gerade im Gespräch mit dem Manne, den sie angestiftet hatte, diesen Mord zu vollbringen, da nahte die junge Marina, weinend über Lychoridas Tod. Leonin, der Mann, den sie zu dieser scheußlichen Tat gewonnen hatte, war freilich ein ganz ruchloser Mensch, aber er konnte doch nur mit Mühe überredet werden, sie zu unternehmen; so sehr hatte Marina sich alle Herzen gewonnen. Er sagte: »Sie ist ein prächtiges Geschöpf.« – »Um so passender also, daß die Götter sie bekommen«, war die Antwort ihrer unbarmherzigen Feindin; »da kommt sie, und schon wieder weint sie über den Tod ihrer Amme Lychorida; seid Ihr entschlossen, mir zu gehorchen?« Leonin, welcher sich scheute, ihr ungehorsam zu sein, erwiderte: »Ich bin entschlossen.« Und so wurde durch diesen einzigen

kurzen Spruch die unvergleichliche Marina zu einem früh-
zeitigen Tode verurteilt. Sie kam jetzt heran mit einem
Körbchen Blumen in der Hand; sie wollte davon täglich,
sagte sie, auf das Grab der guten Lychorida streuen. Dunkle
Veilchen und goldene Ringelblumen sollten wie ein Teppich
über ihrem Grabe hängen, solange die Sommertage dauer-
ten. »Wehe, weh mir!« sagte sie, »ich armes, unglückliches
Mädchen, geboren in einem Sturme, während meine Mutter
starb! Diese Welt ist für mich ein fortwährender Sturm, der
im Wirbel mich meinen Freunden entführt.« – »Nun, Marina«, sagte die heuchlerische Dionysa, »weinst du allein?
Wie kommt's, daß meine Tochter nicht bei dir ist? Gräme
dich nicht um Lychorida, du hast eine Pflegerin an mir.
Deine Schönheit ist völlig verwandelt durch diese nutzlose
Klage. Komm, gib mir deine Blumen; die Seeluft wird sie
verderben. Geh spazieren mit Leonin; die Luft ist schön und
wird dir wohltun. Komm, Leonin, nimm sie beim Arm, und
geh mit ihr spazieren.« – »Nein, nein!« sagte Marina, »ich
bitte dich, laß dich nicht durch mich deines Dieners berauben.« Leonin war nämlich einer vom Gefolge Dionysas.
»Komm, komm«, sagte das arglistige Weib, das nur einen
Vorwand zu haben wünschte, um sie mit Leonin allein zu
lassen, »ich liebe den Fürsten, deinen Vater, und ich liebe
dich. Wir erwarten täglich deinen Vater hier; und wenn er
kommt und dich durch Kummer so verändert findet,
während wir dich als Urbild der Schönheit darstellten, wird
er denken, daß wir dich vernachlässigt haben. Ich bitte dich,
geh spazieren, und sei doch einmal wieder recht heiter.
Trage Sorge um deine roten Wangen, welche dir noch vor
kurzem die Herzen von alt und jung gewinnen halfen.« So
gedrängt sagte Marina: »Nun wohl, ich will gehen, aber Lust
habe ich nicht dazu.« Als Dionysa wegging, sagte sie zu
Leonin: »Erinnere dich meines Auftrags« – ein böser Mahn-
ruf, der bedeutete, er solle daran denken, Marina zu ermorden.

Marina schaute auf das Meer, ihre Geburtsstätte, und sagte: »Weht der Wind von Westen?« – »Südwest«, erwiderte Leonin. »Als ich geboren wurde, wehte Nordwind«, sagte sie; und dann wurde ihre Seele ganz erfüllt von Gedanken an Sturm und Ungewitter und an ihres Vaters Sorgen und an ihrer Mutter Tod, und sie sagte: »Wie Lychorida mir erzählte, fürchtete mein Vater sich gar nicht, sondern rief den Schiffern zu: Auf, ihr wackeren Seeleute! Dabei zerrieben die Taue seine fürstlichen Hände, und indem er sich an den Mast klammerte, überstand er eine See, die fast das Deck zersplitterte.« – »Wann war das?« fragte Leonin. »Als ich geboren wurde«, antwortete Marina; »nie erhoben sich die Wogen gewaltiger, nie heulte der Wind furchtbarer.« Und dann beschrieb sie den Sturm, die Geschäftigkeit der Matrosen, das Pfeifen des Hochbootsmannes und den lauten Ruf des Schiffsführers; »das alles«, sagte sie, »verdreifachte die Verwirrung auf dem Schiff.« Lychorida hatte Marina so häufig die Geschichte von ihrer unglücklichen Geburt erzählt, daß ihrer Vorstellung nach diese Dinge stets gegenwärtig zu sein schienen. Aber hier unterbrach Leonin sie mit der Aufforderung, ihr Gebet zu sprechen. »Was meint Ihr?« sagte Marina, die sich, sie wußte nicht warum, zu fürchten begann. »Wenn Ihr nur wenig Zeit braucht zum Gebet, so sei sie bewilligt«, sagte Leonin; »aber seid nicht zu langsam; die Götter hören schnell, und ich habe geschworen, mein Werk in Eile zu vollbringen.« – »Wollt Ihr mich töten?« rief Marina; »ach! warum?« – »Um dem Willen meiner Herrin zu genügen«, erwiderte Leonin. »Warum sollte sie meinen Tod verlangen?« sagte Marina; »ich habe sie doch, soweit ich mich erinnern kann, in meinem ganzen Leben nie beleidigt. Ich sprach nie ein schlimmes Wort, auch habe ich keinem lebenden Wesen je Böses getan. Glaubt mir doch, ich tötete nie eine Maus, nie tat ich einer Fliege weh. Einmal trat ich wider Willen auf einen Wurm, aber ich weinte darüber. Was

habe ich denn getan, daß ich sterben muß?« Der Mörder
entgegnete: »Mein Auftrag ist nicht, die Gründe der Tat zu
erklären, sondern sie zu vollbringen.« Und er schickte sich
schon an, sie zu töten: da landeten zufällig Seeräuber, die,
als sie Marina erblickten, sie als gute Beute auf ihr Schiff
forttrugen.

Der Seeräuber, welcher Marina zu seiner Beute gemacht
hatte, brachte sie nach Mitylene und verkaufte sie als Sklavin. Aber Marina wurde trotz ihrer niedrigen Lebensstellung bald in der ganzen Stadt Mitylene wegen ihrer Schönheit und ihrer Tugenden bekannt; und derjenige, dem sie
verkauft war, wurde reich durch das Geld, das sie für ihn
verdiente. Sie lehrte Musik, Tanz und feine Stickerei, und
das Geld, das sie von ihren Schülerinnen einnahm, gab sie
ihrem Herrn und ihrer Herrin; und der Ruf von ihrem
Wissen und ihrem großen Kunstfleiß kam Lysimachus zu
Ohren, einem jungen Edelmann, der Statthalter von Mitylene war, und Lysimachus selber suchte das Haus auf, wo
Marina wohnte, um dieses Urbild von Vortrefflichkeit, das
die ganze Stadt so pries, kennenzulernen. Die Unterhaltung mit ihr entzückte ihn über die Maßen; denn obgleich
er viel von dem bewunderten Mädchen gehört hatte, so erwartete er doch nicht, sie so gefühlvoll, so tugendhaft und
so gut zu finden, wie er nun sah; und er verließ sie mit den
Worten, er hoffe, sie würde bei ihrer fleißigen und tugendhaften Lebensweise verharren, und wenn sie je wieder von
ihm höre, würde es für sie etwas Gutes sein. Lysimachus
sah in Marina ein solches Wunder von feiner Empfindung,
guter Erziehung und ausgezeichneten Eigenschaften
gleichwie von Schönheit und Anmut des Benehmens, daß
er wünschte, sie zu heiraten, und ungeachtet ihrer niederen
Lebensstellung hoffte er, daß ihre Geburt sich als edel erweisen würde; aber jedesmal, wenn man sie nach ihrer Ab-
stammung fragte, saß sie still da und weinte.

Inzwischen hatte Leonin in Tarsus aus Furcht vor Dionysas Zorn erzählt, daß er Marina getötet hätte; und dies verruchte Weib sprengte nun aus, daß sie gestorben wäre, und veranstaltete für sie ein Leichenbegängnis und errichtete ein prächtiges Denkmal. Und kurz nachher machte Perikles, begleitet von seinem treuen Minister Helicanus, eine Reise von Tyrus nach Tarsus, um seine Tochter zu sehen; er hatte dabei die Absicht, sie mit sich nach Hause zu nehmen. Und da er sie nie geschaut hatte, seitdem er sie als kleines Kind in der Pflege Kleons und seines Weibes gelassen, wie weidete sich der gute Fürst an dem Gedanken, dieses teure Kind seiner verstorbenen Gemahlin zu sehen! Aber als sie ihm erzählten, daß Marina tot sei, und ihm das Denkmal zeigten, das sie für sie errichtet hatten, da kam unendlicher Jammer über diesen unglückseligsten der Väter, und da er nicht den Anblick des Landes ertragen konnte, wo seine letzte Hoffnung und das einzige Andenken an seine teure Thaisa begraben war, so schiffte er sich ein und nahm eiligst Abschied von Tarsus. Aber von dem Tag an, daß er das Schiff betreten hatte, ergriff ihn eine düstere, tiefe Schwermut. Er sprach nie ein Wort, und er schien völlig unempfänglich für alles, was ihn umgab.

Auf der Fahrt von Tarsus nach Tyrus kam das Schiff bei Mitylene vorüber, wo Marina weilte. Als der Statthalter Lysimachus vom Ufer aus das königliche Fahrzeug bemerkte, wünschte er zu erfahren, wen es an Bord habe, und legte, um seine Neugierde zu befriedigen, in einer Barke an der Seite des Schiffes an. Helicanus nahm ihn mit großer Höflichkeit auf und erzählte ihm, daß das Schiff nach Tyrus gehöre und daß sie Perikles, ihren Fürsten, dahin geleiteten. »Er ist ein Mann«, sagte Helicanus, »der diese drei Monde hindurch mit niemandem gesprochen, auch keine Nahrung zu sich genommen hat, außer so viel, als gerade hinreicht, seinen Kummer zu verlängern; es würde zu weit führen, dem ganzen Umfang nach die Ursache seiner Verstimmung zu erzählen, aber hauptsächlich entspringt sie aus dem Verlust einer geliebten Tochter und seiner Gemahlin.« Lysimachus wünschte diesen tiefbetrübten Fürsten zu sehen, und als er Perikles betrachtete, sah er, daß er einst ein stattlicher Mann gewesen war, und er sprach zu ihm: »Heil Euch, König! Die Götter mögen Euch behüten! Heil, königlicher Herr!« Aber vergebens sprach Lysimachus ihm zu. Perikles antwortete nicht, auch schien er nicht wahrzunehmen, daß ein Fremder sich ihm genähert hatte. Da besann sich Lysimachus auf die unvergleichliche Jungfrau Marina, die vielleicht mit ihrer süßen Stimme dem schweigenden Fürsten eine Antwort abgewinnen könnte; und mit Helicanus' Einwilligung sandte er nach Marina, und als sie das Schiff betrat, in welchem ihr eigener Vater regungslos in Kummer versunken saß, boten ihr die Schiffer ein Willkommen an Bord, als wenn sie gewußt hätten, sie wäre ihre Fürstin; und sie riefen: »Ei! Das ist ein herrliches Weib!« Lysimachus war wohl zufrieden, ihr Lob verkünden zu hören, und er sagte: »Sie ist wundervoll. Wäre ich sicher, sie stammte von edler Geburt, würde ich mir keine bessere Vermählung wünschen, und ich würde glauben, einen seltenen Segen in einem solchen Weibe zu besitzen.« Und dann redete er sie in den höflichsten Ausdrücken an, als ob die scheinbar niedrige Magd die hochgeborene Jungfrau wäre, die er in ihr zu finden wünschte; er nannte sie die schöne, die herrliche Marina und erzählte ihr, daß sich ein großer Fürst an Bord dieses Schiffes befinde, der in düsteres und tieftrauriges Schweigen versunken sei. Und als wenn Marina die Macht hätte, Glück und Gesundheit um sich zu verbreiten, bat er sie, die Heilung des königlichen Fremden von seiner Schwermut zu unternehmen. »Herr«, sagte Marina, »ich will alle meine Geschicklichkeit aufbieten, daß er genese, vorausgesetzt, daß man niemandem als mir und meiner Dienerin gestattet, ihm nahe zu kommen.«

Sie, die in Mitylene so sorgfältig ihre Herkunft verheim-

licht hatte, weil sie sich schämte zu erzählen, daß eine, die
von königlichen Ahnen stamme, nun eine Sklavin sei, sie
begann dem Fürsten zuerst von dem wunderlichen Wechsel ihres eigenen Schicksal zu berichten: Sie sagte ihm, von
einem wie hohen Range sie selbst herabgestürzt sei. Als ob
sie gewußt hätte, daß es ihr königlicher Vater sei, vor dem
sie stünde, galten alle Worte, die sie sprach, nur ihrem eignen Kummer. Der Grund ihres Verfahrens aber lag darin,
daß sie wußte, nichts gewinne mehr die Aufmerksamkeit
der Unglücklichen, als der Bericht von einem traurigen
Mißgeschick, welches dem ihrigen gleichkommt. Der Ton
ihrer süßen Stimme weckte die Aufmerksamkeit des in sich
versunkenen Fürsten; er hob sein Auge empor, das so lange
starr und regungslos gewesen war; und Marina, die das voll-
kommene Ebenbild ihrer Mutter war, bot seinem erstaun-
ten Blick die Züge seiner geliebten Gemahlin dar. Der so
lange schweigende Fürst sprach endlich wieder vernehm-
liche Worte. »Mein teures Weib«, sagte der wie aus einem
Traum erwachende Fürst, »glich dieser Jungfrau, und so
könnte meine Tochter ausgesehen haben. Meiner Gemahlin
hohe Stirn! Ihre Größe bis auf den Zoll! Ebenso gerade von
Wuchs! Eben solcher Silberklang in der Stimme! Ebenso
blitzend ihr Auge! Wo lebst du, junge Maid? Berichte mir
von deinen Eltern. Du sagtest, dünkt mich, du wärest von
einer Unbill in die andere geschleudert, und du dächtest,
deine Leiden würden den meinigen gleichkommen, wenn
beide enthüllt würden.« – »So etwas sagte ich«, erwiderte
Marina, »und doch sagte ich nicht mehr, als was mir meine
Gedanken als wahrscheinlich verbürgten.« – »Erzähle mir
deine Geschichte«, antwortete Perikles; »wenn ich sehe,
daß du nur den tausendsten Teil meiner Leiden gekannt
hast, so hast du deine Schmerzen wie ein Mann ertragen,
und ich habe gelitten wie ein Mädchen, und doch blickst du
wie ein Marmorbild der Geduld, das auf Königsgräbern
durch Lächeln die Verzweiflung entwaffnet. Wie heißest

du, liebliche Jungfrau? Erzähle deine Geschichte, ich bitte dich. Komm, setze dich her zu mir.« Wie war Perikles überrascht, als sie sagte, sie heiße Marina; denn er wußte, daß dies kein gewöhnlicher Name war, sondern daß er ihn selbst erfunden habe für sein eigenes Kind, um »die auf dem Meer Geborene« zu bezeichnen. »Oh, man spottet mein«, rief er aus, »dich hat irgendein erzürnter Gott hierher gesandt, die Welt soll über mich lachen!« – »Geduld, guter Herr«, sagte Marina, »oder ich muß hier mit der Erzählung aufhören.« – »Wahrhaftig«, sagte Perikles, »ich will geduldig sein; o Kind, du ahnst nicht, welchen Todesschrecken du mir einjagst, indem du dich Marina nennst.« – »Der Name«, erwiderte sie, »wurde mir von einem gegeben, der große Macht hatte, meinem Vater, einem König.« – »Wie, du eines Königs Tochter!« rief Perikles, »und Marina heißest du! Aber bist du Fleisch und Blut? Bist du nicht ein überirdisches Wesen? Fahre fort. Wo wurdest du geboren und warum Marina genannt?« Sie entgegnete: »Ich wurde Marina genannt, weil ich auf dem Meer geboren wurde. Meine Mutter war eine Königstochter; sie starb im Augenblick, da ich geboren war, wie mir von meiner guten Amme Lychorida oft unter Tränen erzählt worden ist. Der König, mein Vater, ließ mich in Tarsus, bis das grausame Weib Kleons mich zu ermorden trachtete. Eine Bande von Seeräubern erschien und befreite mich und brachte mich hierher nach Mitylene. Aber, guter Herr, warum weint Ihr? Vielleicht denkt Ihr, ich sei eine Betrügerin. Aber in der Tat, Herr! Ich bin die Tochter des Königs Perikles, wenn der edle König Perikles noch am Leben ist.« Da rief Perikles, erschrocken, wie es schien, bei seiner eigenen plötzlichen Freude und zweifelnd, ob das alles Wirklichkeit wäre, laut nach seinen Dienern, die freudig überrascht waren beim Klang der Stimme ihres geliebten Königs; und er sagte zu Helicanus: »O Helicanus, schlage mich, verwunde mich, bereite mir einen augenblicklichen Schmerz, damit nicht die Sturmflut von Freuden, die auf mich hereinbrausen, die Ufer meiner Lebenskraft überflute. O komm hierher, du Liebliche, die du auf dem Meer geboren wurdest, in Tarsus begraben und nun auf dem Meere wiedergefunden! O Helicanus, nieder auf die Knie, daß wir den heiligen Göttern danken! Dies ist Marina. Nun des Himmels Segen über dich, mein Kind! Gib mir frische Kleider, meine königlichen, Helicanus! Sie ist nicht in Tarsus gestorben, wie es hieß durch die Schuld der grausamen Dionysa. Sie wird euch alles erzählen, wenn ihr vor ihr kniet und sie eure Fürstin nennt.« Da bemerkte er zum ersten Mal Lysimachus. »Wer ist das?« fragte er. »Herr«, sagte Helicanus, »es ist der Statthalter von Mitylene, der, als er von Eurer Schwermut hörte, kam, um Euch zu besuchen.« – »Ich umarme Euch, Herr«, sagte Perikles. »Gebt mir meine fürstlichen Kleider. Mein Aussehen muß wüst sein. O Himmel, segne mein Mädchen. Aber horch! Was für Musik ist das?« Denn jetzt, sei es, daß ein gütiger Gott sie wirklich sandte oder daß er von seiner eigenen entzückten Einbildungskraft getäuscht war, schien er sanfte Musik zu hören. »Mein Fürst, ich höre keine«, erwiderte Helicanus. »Keine?« sagte Perikles; »ei, es ist die himmlische Musik der kreisenden Welten.« Da man in Wirklichkeit keine Musik hörte, so vermutete Lysimachus, daß die plötzliche Freude den Verstand des Fürsten verstört hätte; und er sagte: »Es ist nicht gut, ihm zu widersprechen; laßt ihm seinen Glauben.« Und sie sagten ihm, daß sie die Musik hörten; und da er jetzt klagte, daß eine tiefe Müdigkeit ihn überkäme, so überredete Lysimachus ihn, auf seinem Lager zu ruhen, und er legte ihm ein Kissen unter den Kopf. Da sank Perikles, völlig überwältigt vom Übermaß der Freude, in einen gesunden Schlaf, und Marina hielt schweigend am Lager ihres schlafenden Vaters die Wacht.

Während Perikles schlief, träumte er einen Traum, der ihn zu dem Entschluß brachte, nach Ephesus zu reisen.

Ihm träumte nämlich, daß Diana, die Göttin von Ephesus, ihm erschiene und ihm den Befehl erteilte, nach ihrem Tempel zu Ephesus zu reisen und dort vor ihrem Altar die Geschichte seines Lebens und seines Mißgeschicks kundzugeben; und sie schwor bei ihrem Silberbogen, daß, wenn er ihren Auftrag vollzöge, ihm ein seltenes Glück widerfahren würde. Als er, wunderbar gestärkt, erwachte, erzählte er seinen Traum und daß er entschlossen sei, dem Wink der Göttin zu gehorchen.

Hierauf lud Lysimachus den Perikles ein, ans Land zu kommen und sich mit der Bewirtung, die ihm Mitylene bieten könne, zu erfrischen. Dieses Anerbieten nahm Perikles an, und er versprach, ein oder zwei Tage bei ihm zu verweilen. Es läßt sich denken, welche Feste, welche Genüsse, welche kostbaren Schaustellungen und Unterhaltungen der Statthalter während dieser Zeit in Mitylene zur Begrüßung des königlichen Vaters seiner teuren Marina veranstaltete, vor welcher er schon in ihren düsteren Tagen so große Hochachtung gefühlt hatte. Auch war Perikles nicht unwillig über Lysimachus' Bewerbung, als er hörte, wie er sein Kind in den Tagen ihrer Erniedrigung geehrt habe, und daß Marina selbst seinen Vorschlägen nicht abgeneigt sei. Nur machte er die Bedingung, daß, ehe er seine Zustimmung gebe, sie mit ihm den Altar der Ephesischen Diana besuchen müßte. Nach deren Tempel unternahmen sie denn kurz nachher alle drei die Reise; und da die Göttin selber ihre Segel mit günstigem Winde füllte, so langten sie nach wenigen Wochen wohlbehalten in Ephesus an.

Als hier Perikles mit seinem Gefolge den Tempel betrat, stand nahe dem Altar der Göttin der gute, jetzt alt gewordene Cerimon, welcher Thaisa, des Perikles' Gemahlin, wieder ins Leben zurückgerufen hatte; und Thaisa, jetzt eine Priesterin des Tempels, stand vor dem Altar. Und obgleich die vielen Jahre, die er in Gram und Schmerz um ihren Verlust hingebracht, ihn sehr verändert hatten, so glaubte Thaisa doch ihres Gatten Züge zu erkennen, und als er dem Altar sich näherte und zu sprechen begann, da erinnerte sie sich seiner Stimme und lauschte seinen Worten mit Verwunderung und freudigem Staunen. Perikles aber sprach vor dem Altar folgende Worte: »Heil dir, Diana! Deiner Weisung folgend, bekenne ich hier: ich bin der Fürst von Tyrus. Aus meinem Lande flüchtig, freite ich die schöne Thaisa zu Pentapolis; sie starb im Kindbett auf dem Meer, jedoch entsproß ein Mädchen ihr, genannt Marina. In Tarsus fand sie Pflege bei Dionysa, die in der Jugendblüte Tod ihr sann, doch brachten ihre besseren Sterne sie nach Mitylene. Als ich dort im Segeln die Küste streifte, brachte ihr gutes Glück sie mir an Bord, und hier Erinnerungen mit hellstem Blick aus ihrer Kindheit sammelnd, schuf sie, daß ich als Tochter sie erkannte.«

Thaisa, unfähig das Entzücken zu ertragen, das diese Worte in ihr hervorgerufen hatten, rief aus: »Du bist, du bist – o königlicher Perikles!« und sie fiel in Ohnmacht. »Was will dies Weib?« sagte Perikles; »sie stirbt! Ihr Leute, helft!« – »Herr«, sagte Cerimon, »wenn Ihr dem Altar Dianas die Wahrheit gesagt habt, so ist dies Euer Weib.« – »Nein, ehrwürdiger Priester«, erwiderte Perikles; »ich ließ sie aus diesen meinen Armen über Bord gleiten.« Nun erzählte Cerimon, wie in der Frühe eines sehr stürmischen Morgens diese Frau ans Gestade von Ephesus geworfen wurde; wie er, den Sarg öffnend, darin reiche Juwelen und ein Papier gefunden, wie glücklich er sie wieder ins Leben zurückgerufen und sie hier in Dianas Tempel als Priesterin gebracht habe. Und nun sagte Thaisa, die sich von ihrer Ohnmacht wieder erholt hatte: »O mein Herr, seid Ihr nicht Perikles? Ihr sprecht wie er, Euer Wesen gleicht ihm. Nanntet Ihr nicht einen Sturm, eine Geburt und ein Sterben?« Staunend sprach er: »Die Stimme der toten Thaisa!« – »Diese Thaisa bin ich«, erwiderte sie, »die tot und ertrunken geglaubte Thaisa.« – »O wahrhaftige Diana!« rief

Perikles in frommem Staunen aus. »Und nun«, sagte Thaisa, »kenne ich Euch besser. Solch einen Ring, wie ich an Eurem Finger sehe, schenkte mein königlicher Vater Euch, als wir unter Tränen von ihm in Pentapolis Abschied nahmen.« – »Genug, ihr Götter!« rief Perikles, »eure jetzige Güte wiegt meine vergangenen Leiden über und über auf. O komm, Thaisa; laß dich noch einmal begraben – in meinen Armen!«

Und Marina sagte: »Mein Herz hebt sich vor Sehnsucht, an die Brust meiner Mutter zu fliegen.« Da zeigte Perikles seine Tochter ihrer Mutter, indem er sagte: »Sieh, wer hier kniet, Fleisch von deinem Fleisch, deine Frucht auf der wilden See und Marina genannt, weil sie dort zur Welt kam.« – »Gesegnet bist du und mein eigen«, sagte Thaisa. Und während sie in verzückter Freude sich über ihr kniendes Kind beugte, kniete Perikles vor dem Altar und sagte: »Reine Diana, der Himmel segne dich für deine Traumerscheinung. Dafür will ich dir allnächtlich Opfergaben bringen.« Und dann und an diesem Ort verlobte Perikles, mit Thaisas Zustimmung, ihre Tochter, die tugendhafte Marina, feierlich mit dem so hoch um sie verdienten Lysimachus.

So haben wir in Perikles, seiner Gemahlin und seiner Tochter ein erlauchtes Beispiel gesehen von jener Tugend, die wohl von Leiden bestürmt wird (unter Zulassung des Himmels, damit die Menschen Geduld und Standhaftigkeit lernen), die aber schließlich unter derselben himmlischen Führung reichen Erfolg hat und den Sieg über Zufall und irdischen Wechsel davonträgt. In Helicanus haben wir ein achtungswertes Vorbild von Wahrheit, Redlichkeit und Treue betrachtet: Als er einen Thron hätte besteigen können, wollte er lieber den rechtmäßigen Eigentümer in seinen Besitz zurückrufen als selber groß werden durch Unrecht. In dem würdigen Cerimon, der Thaisa ins Leben zurückrief, empfangen wir die Lehre, wie

Herzensgüte, von reichem Wissen geleitet, nahe heran-
kommt an das Wesen der Gottheit, wenn sie ihre Wohltaten über die Menschheit ausstreut. Es bleibt nur noch
übrig, zu erzählen, daß Dionysa, das ruchlose Weib Kleons,
ein Ende fand, das ihren Taten entsprach: Als ihr grausamer Mordanschlag auf Marina bekanntgeworden war, erhoben sich die Bewohner von Tarsus wie ein Mann, um die
Tochter ihres Wohltäters zu rächen, und sie legten Feuer
an Kleons Palast und verbrannten ihn und sie und ihr
ganzes Gesinde. Die Götter aber schienen wohl zufrieden,
daß ein so scheußlicher Mord, wenn auch nur beabsichtigt
und nie ausgeführt, seine Strafe fand in einer Weise, die zu
der Größe der Verruchtheit stimmte.

Das Wintermärchen

Leontes, König von Sizilien, und seine Gemahlin, die schöne und tugendhafte Hermione, lebten in der größten Eintracht miteinander. So glücklich fühlte sich Leontes durch die Liebe seines herrlichen Weibes, daß er ein seliges Genügen empfand, nur daß er bisweilen den Wunsch hegte, seinen Jugendgefährten und Schulfreund Polyxenes, König von Böhmen, wiederzusehen und seiner Gemahlin vorzuführen. Leontes und Polyxenes waren seit ihrer frühesten Kindheit zusammen aufgezogen worden, aber da sie durch den Tod ihrer Väter jeder auf den Thron seines Königreichs berufen waren, so hatten sie sich seit vielen Jahren nicht gesehen, obgleich sie häufig Briefe, Gaben und liebevolle Botschaften miteinander austauschten.

Endlich, nach wiederholten Einladungen, kam Polyxenes von Böhmen an den sizilianischen Hof, um seinem Freund Leontes einen Besuch zu machen.

Zuerst gewährte dieser Besuch Leontes nur Vergnügen. Er empfahl den Freund seiner Jugend der besonderen Aufmerksamkeit der Königin, und in der Gegenwart seines teuren Freundes und alten Gefährten schien sein Glück durchaus vollständig zu sein. Sie sprachen über vergangene Zeiten, erinnerten sich ihrer Schultage und jugendlichen Streiche und erzählten sie Hermione, die immer an diesen Unterhaltungen fröhlich teilnahm.

Als nach einem langen Aufenthalt Polyxenes seine Vorbereitungen zur Abreise traf, vereinigte Hermione auf den Wunsch ihres Gemahls ihre Bitten mit den seinigen, daß Polyxenes seinen Aufenthalt noch verlängern möchte.

Und nun begann die Leidenszeit dieser guten Königin. Denn obwohl Polyxenes den Bitten des Leontes, länger zu verweilen, seine Weigerung entgegengesetzt hatte, ließ er sich durch Hermiones artige und gewinnende Worte überreden, seine Abreise noch auf einige Wochen hinauszuschieben. Infolgedessen wurde Leontes, obwohl er so lange die Rechtschaffenheit und die ehrenhaften Grundsätze seines Freundes Polyxenes gekannt hatte, wie nicht minder die herrlichen Eigenschaften seiner tugendhaften Gemahlin, dennoch von einer unbezähmbaren Eifersucht ergriffen. Jede Aufmerksamkeit, die Hermione dem König Polyxenes erwies – und wenn es auch auf den besonderen Wunsch ihres Gemahls geschah und bloß, um ihm zu gefallen –, vermehrte die Eifersucht des unglücklichen Königs; und aus einem liebevollen und treuen Freund und dem besten und zärtlichsten Gemahl wurde Leontes plötzlich ein wildes und unmenschliches Ungeheuer. Er sandte zu Camillo, einem seiner Hofleute, erzählte ihm von dem Argwohn, den er nährte, und befahl ihm, Polyxenes zu vergiften.

Camillo war ein redlicher Mann; und da er zur Genüge wußte, daß Leontes' Eifersucht nicht die geringste Begründung in der Wahrheit hatte, machte er, anstatt Polyxenes zu vergiften, ihn mit den Befehlen seines Herrn, des Königs, bekannt und verabredete mit ihm, daß sie zusammen aus dem sizilianischen Reich entfliehen wollten. Und Polyxenes langte mit Camillos Beistand wohlbehalten in seinem eigenen Königreich Böhmen an; Camillo lebte seitdem an des Königs Hof und wurde der vorzüglichste Freund und Günstling des Polyxenes.

Diese Flucht versetzte den eifersüchtigen Leontes in noch größere Wut. Er stürmte in die Zimmer der Königin, wo die gute Frau mit ihrem kleinen Sohn Mamillius verweilte. Dieser war eben im Begriff, eine seiner besten Geschichten zu erzählen, um seine Mutter zu erheitern, als der König eintrat, ihr das Kind wegnahm und Hermione ins Gefängnis werfen ließ.

Mamillius war noch ein sehr kleiner Knabe, aber er liebte seine Mutter zärtlich; und als er sie so schmählich behandelt sah und hörte, daß sie von seiner Seite weggerissen sei, um ins Gefängnis gesetzt zu werden, nahm er sich die Sache tief zu Herzen, verlor die Lust zum Essen und den Schlaf und welkte und siechte langsam hin, bis man deutlich sah, sein Kummer würde ihn töten.

Als der König seine Gemahlin ins Gefängnis geworfen hatte, befahl er Cleomenes und Dion, zwei sizilianischen Edelleuten, nach Delphi zu reisen, um dort das Orakel im Tempel des Apollo zu fragen, ob sein Weib ihm die Treue gebrochen habe.

Als Hermione eine kurze Zeit im Gefängnis zugebracht hatte, wurde sie von einer Tochter entbunden; und die arme Mutter erfuhr manchen Trost durch den Anblick ihres niedlichen Kindes, und sie sagte zu dem Säugling: »Arme kleine Gefangene, ich bin ebenso unschuldig, wie du bist.«

Hermione hatte eine hingebende Freundin an der hochherzigen Paulina, der Gemahlin des Antigonus, eines sizilianischen Edelmannes; und als Paulina hörte, daß ihre königliche Herrin entbunden habe, eilte sie in das Gefängnis, das Hermionen einschloß; und sie sagte zu Emilia, der Kammerfrau der Königin: »Ich bitte Euch, Emilia, sagt der guten Königin, daß, wenn Ihre Majestät mir den kleinen Säugling anvertrauen wolle, ich ihn dem König, seinem Vater, zu bringen bereit sei; wir können nicht wissen, ob er nicht beim Anblick dieses unschuldigen Kindes weicher und sanfter wird.« – »Würdigste Frau«, gab Emilia zur Antwort, »ich will die Königin von Eurem edlen Anerbieten in Kenntnis setzen; sie wünschte gerade heute, daß sie eine Freundin besitzen möchte, die den Mut hätte, das Kind dem König zu zeigen.« – »Und erzählt ihr«, sagte

Paulina, »daß ich kühn ihre Sache vor Leontes führen werde.« – »Seid für immer gesegnet«, sagte Emilia, »für Eure Güte gegen unsere gnädige Königin.« Emilia eilte dann zu Hermione, die freudig ihr kleines Kind der Sorge Paulinas anvertraute; denn sie hatte gefürchtet, daß niemand es wagen würde, das Kind seinem Vater zu zeigen.

Paulina nahm das neugeborene Kind und erzwang den Zutritt zum König, obgleich ihr Gemahl, den königlichen Zorn fürchtend, sich eifrig bemühte, sie zu hindern; sie legte das Kind seinem Vater zu Füßen und sprach mit edlem Mut vor dem König zugunsten Hermiones, und sie tadelte ihn strenge wegen seiner Unmenschlichkeit und beschwor ihn, an seinem unschuldigen Weib und Kind Barmherzigkeit zu üben. Aber Paulinas mutige Vorstellungen hatten nur die Wirkung, Leontes' Unwillen zu erhöhen, und er befahl ihrem Gatten Antigonus, sie aus seinen Augen zu entfernen.

Paulina ließ bei ihrem Weggang das kleine Kind zu den Füßen seines Vaters, denn sie dachte, daß, wenn es allein mit ihm wäre, er es beachten und mit seiner hilflosen Unschuld Mitleid haben würde.

Aber die gute Paulina irrte sich sehr, denn kaum war sie gegangen, als der erbarmungslose Vater dem Antigonus, Paulinas Gemahl, den Befehl erteilte, das Kind zu nehmen und an die See zu bringen und an irgendeiner wüsten Küste auszusetzen.

Antigonus, unähnlich dem wackern Camillo, gehorchte Leontes' Befehlen nur zu pünktlich; denn sofort brachte er das Kind zu Schiffe und stach in See, um an der ersten öden Küste, die er finden konnte, das arme Geschöpf zu verlassen.

So fest war der König von Hermiones Schuld überzeugt, daß er die Rückkehr des Cleomenes und des Dion, die er ausgesandt hatte, um das Orakel des Apollo in Delphi zu befragen, nicht erst abwarten zu müssen glaubte; sondern ehe die Königin sich von ihrem Wochenbett und von ihrem Kummer um den Verlust ihres reizenden kleinen Kindes erholt hatte, ließ er sie zu einer öffentlichen Untersuchung vor alle Herren und Edlen seines Hofes bringen. Und als alle Grafen seines Hofes, die Richter und der ganze Adel des Landes versammelt waren, um über Hermione Gericht zu halten, und die unglückliche Königin als Gefangene vor ihren Untertanen stand, um ihr Urteil zu empfangen, da traten Cleomenes und Dion in die Versammlung ein und überreichten dem König versiegelt die Antwort des Orakels; und Leontes befahl, das Siegel zu erbrechen und die Worte des Orakels laut zu verlesen, und dies waren die Worte: »Hermione ist unschuldig, Polyxenes tadellos, Camillo ein treuer Untertan, Leontes ein eifersüchtiger Tyrann, und der König wird ohne Erben leben, wenn das, was verloren ist, nicht wiedergefunden wird.« Der König wollte den Worten des Orakels nicht glauben; er sagte, das wäre eine Lüge, welche die Freunde der Königin erfunden hätten, und er verlangte von den Richtern, sie sollten in der Untersuchung gegen die Königin fortfahren. Aber während Leontes noch sprach, trat ein Mann herein und erzählte ihm, daß Prinz Mamillius bei der Nachricht von der peinlichen Anklage seiner Mutter, von Kummer und Scham bis ins Herz getroffen, plötzlich gestorben sei.

Auf diese Kunde vom Tod ihres heißgeliebten Kindes, das der Schmerz über ihr Schicksal niedergestreckt hatte, fiel Hermione in Ohnmacht; und Leontes, den jene Nachricht wie ein Dolchstoß traf, begann für seine bedauernswerte Gemahlin Mitleid zu fühlen, und er befahl Paulina und den Damen ihres Gefolges, sie hinwegzutragen und für ihre Wiederbelebung alle Mittel anzuwenden. Paulina kehrte bald zurück und meldete dem König, daß Hermione verschieden wäre.

Als Leontes das vernahm, bereute er seine Grausamkeit gegen sie; und jetzt, da er annehmen mußte, daß seine

Mißhandlung Hermione das Herz gebrochen habe, glaubte er sie unschuldig. Und jetzt hielt er die Worte des Orakels für wahr, insofern schon eines sich bestätigt hatte, denn, »wenn das, was verloren sei, nicht wiedergefunden würde«, welche Worte sich offenbar auf seine junge Tochter bezogen, so würde er ja ohne einen Erben sein, weil der junge Prinz Mamillius gestorben war. Und er würde sein Königreich nun hingegeben haben, um seine verlorene Tochter wiederzuerlangen. So gab er sich willenlos seinen Gewissensbissen hin und verbrachte manches Jahr in traurigen Gedanken und reuevollem Kummer.

Das Schiff, in welchem Antigonus die kleine Prinzessin auf die See hinaus gefahren hatte, wurde durch einen Sturm an die Küste Böhmens, das eben das Königreich des guten Königs Polyxenes war, verschlagen. Hier landete Antigonus, und hier setzte er das kleine Kind aus.

Antigonus aber kehrte nie nach Sizilien zurück, um Leontes zu erzählen, wo er seine Tochter gelassen hatte, denn als er nach dem Schiff zurückkehrte, brach ein Bär aus dem Wald und zerriß ihn in Stücke. Das war eine gerechte Strafe für ihn, weil er dem verruchten Befehl des Leontes gehorcht hatte.

Das Kind war in reiche Kleider, die mit Juwelen besetzt waren, gehüllt; denn Hermione hatte es schön geschmückt, als sie es Leontes sandte. Und Antigonus hatte an seine Gewandung ein Papier gesteckt, worauf der Name »Perdita« geschrieben stand und einige Worte, welche dunkel hindeuteten auf seine hohe Geburt und sein widriges Geschick.

Dieses arme verlassene Geschöpf wurde von einem Schäfer gefunden. Dieser Mann fühlte menschlich und brachte die kleine Perdita nach Hause zu seinem Weibe, das sie zärtlich hegte und pflegte. Aber durch Armut wurde der Schäfer in Versuchung gebracht, den reichen Lohn, den er gefunden hatte, zu verheimlichen. Deswegen verließ er diese Gegend, damit niemand erführe, woher er seine Reichtümer gewonnen hatte, und mit einem Teil von Perditas Juwelen kaufte er Schafherden und wurde ein vermögender Schäfer. Er erzog Perdita als sein eigenes Kind, und sie wußte nicht, daß sie etwas anderes war als eines Schäfers Tochter.

Die kleine Perdita wuchs heran zu einem lieblichen Mädchen; und obgleich sie keiner besseren Erziehung teilhaftig wurde, als wie sie bei einer Schäferstochter gewöhnlich ist, so trat doch die natürliche Anmut, die ein Erbteil ihrer königlichen Mutter war, in ihrem urwüchsigen Wesen so leuchtend hervor, daß niemand an ihrem Benehmen hätte merken können, daß sie nicht am Hof ihres Vaters erzogen wäre.

Polyxenes, der König von Böhmen, hatte einen einzigen Sohn namens Florizel. Als dieser junge Prinz einst in der Nähe der Wohnung des Schäfers jagte, sah er des alten Mannes vermeintliche Tochter; und Perditas Schönheit, Bescheidenheit und königlicher Anstand bewirkten sogleich, daß er von Liebe zu ihr ergriffen wurde. Er wurde bald, unter dem Namen Dorikles, ein ständiger Gast im Hause des alten Schäfers.

Florizels häufige Abwesenheit vom Hofe beunruhigte Polyxenes, und indem er Leute zur Überwachung seines Sohnes anstellte, entdeckte er seine Liebe zur schönen Schäferstochter.

Da rief Polyxenes Camillo zu sich, den treuen Camillo, der sein Leben vor der sinnlosen Wut des Leontes geschützt hatte, und er forderte ihn auf, ihn nach dem Hause des Schäfers, des vermeintlichen Vaters Perditas, zu begleiten.

Polyxenes und Camillo, beide verkleidet, trafen bei der Wohnung des alten Schäfers ein, als sie gerade das Fest der Schafschur feierten; und obgleich sie Fremde waren, so wurde doch bei der Schafschur jeder Gast willkommen geheißen. Sie wurden eingeladen, hereinzukommen und an der allgemeinen Festlichkeit teilzunehmen.

Nur Lust und Fröhlichkeit war hier zu schauen. Tische waren gedeckt, und große Vorbereitungen waren im Gange für das ländliche Fest. Einige Burschen und Dirnen tanzten auf dem Rasen vor dem Hause, während andere junge Leute Bänder, Handschuh und ähnlichen Tand von einem an der Tür stehenden Krämer kauften.

Während dieses geschäftige Schauspiel sich entwickelte, saßen Florizel und Perdita ruhig in einem stillen Winkel; sie fanden dem Anschein nach mehr Gefallen an der Unterhaltung miteinander, als daß sie Verlangen getragen hätten, an den Belustigungen und törichten Vergnügungen derjenigen, die sie umgaben, teilzunehmen.

Der König war so verkleidet, daß sein Sohn ihn unmöglich erkennen konnte; er trat deshalb nahe genug heran, um die Unterhaltung zu hören. Die einfache, doch anmutige Weise, in welcher Perdita mit seinem Sohn verkehrte, überraschte Polyxenes nicht wenig; er sagte zu Camillo: »Dies ist das schmuckste Hirtenkind, das ich jemals sah; nichts tut noch spricht sie, das nicht nach Größerem aussieht, als sie ist, zu hoch für diesen Platz.«

Camillo erwiderte: »In der Tat, sie ist die echte Königin von Milch und Rahm.«

»Bitte, mein lieber Freund«, sagte der König zum alten Schäfer, »wer ist der hübsche Bursch, der dort mit Eurer Tochter spricht?« – »Die Leute nennen ihn Dorikles«, entgegnete der Schäfer; »er sagt, daß er meine Tochter liebt, und wenn ich die Wahrheit sagen soll, am Küssen ist nicht zu entscheiden, wer den andern am meisten liebt. Wenn der junge Dorikles sie bekommt, so wird sie ihm etwas mitbringen, wovon er sich wenig träumen läßt.« Er meinte damit die Juwelen Perditas, die noch vorhanden waren; nachdem er mit einem Teil derselben Schafherden gekauft hatte, sollte der Rest, sorgfältig zurückgelegt, ihren Brautschatz bilden.

Polyxenes wandte sich hierauf an seinen Sohn. »Nun, junger Mann?« sprach er; »Euer Herz scheint voll von etwas, das Euch vom Fest den Sinn ablenkt. Als ich jung war, da pflegte ich meine Liebste mit Geschenken zu überhäufen; aber Ihr habt den Krämer gehen lassen, ohne für Euer Mädchen Schmucksachen zu kaufen.«

Der junge Prinz, der nicht entfernt dachte, daß er mit seinem königlichen Vater spräche, erwiderte: »Alter Herr, sie achtet nicht auf solchen Tand; Geschenke, welche Perdita von mir erhofft, sind im Verschluß von meinem Herzen.« Dann wandte er sich an Perdita und sagte: »O höre mich, Perdita, in Gegenwart dieses edlen Greises, der, wie es scheint, auch einst warm geliebt hat; er soll mein Bekenntnis hören.« Florizel rief alsdann den ehrwürdigen Alten auf, sein Zeuge zu sein für ein Eheversprechen, welches er Perdita mache, und sagte zu Polyxenes: »Ich bitte Euch, merkt wohl unser Verlöbnis.«

»Merkt wohl darauf, was Euch unterscheidet, junger Herr«, sagte der König, indem er sich zu erkennen gab. Dann warf Polyxenes seinem Sohne vor, daß er gewagt habe, sich zu verloben mit diesem niedrig geborenen Mädchen; er nannte Perdita »Schäferbrut«, »Hirtenstab, der sich etwas angeln wolle«, und mit anderen Schimpfnamen; und er drohte, wenn sie je wieder seinem Sohn erlaubte, sie zu sehen, so würde er sie und den alten Schäfer, ihren Vater, einem grausamen Tod überliefern.

Der König verließ sie darauf in großem Zorn und befahl Camillo, ihm mit dem Prinzen Florizel zu folgen.

Als der König weggegangen war, rief Perdita, deren königliche Natur durch Polyxenes' Vorwürfe gereizt worden war: »Obgleich wir alle verloren sind, war ich doch nicht sehr erschrocken; und ein- oder zweimal wollte ich schon reden und ihm offen sagen, daß dieselbe Sonne, die auf seinen Palast scheine, ihr Antlitz nicht verberge vor unsrer Hütte, sondern auf beide gleich leuchte.« Dann sagte sie schmerzlich: »Aber nun bin ich erwacht aus diesem Traume, ich will nicht weiter Königin spielen; verlaßt mich, Herr; ich will gehen, meine Schafe zu melken, und weinen.«

Der gutherzige Camillo war von dem Geist und dem Anstand in Perditas Benehmen entzückt; und da er begriff, daß des jungen Prinzen Liebe zu innig war, um seine Braut auf den Befehl seines königlichen Vaters aufzugeben, so sann er auf Mittel und Wege, um für die Liebenden als Freund zu sorgen und zugleich einen lockenden Gedanken seines Herzens auszuführen.

Camillo wußte längst, daß Leontes, der König von Sizilien, ernstlich bereute; und obwohl er jetzt der begünstigte Freund des Königs Polyxenes war, konnte er doch nicht den Wunsch unterdrücken, noch einmal seinen vorherigen königlichen Herrn und seine Heimat zu sehen. Er schlug deshalb Florizel und Perdita vor, daß sie ihn an den sizilianischen Hof begleiten möchten; er bürge dafür, daß Leontes sie beschützen würde, bis sie durch seine Vermittelung Verzeihung von Polyxenes und die Einwilligung zu ihrer Heirat erlangten.

Diesem Vorschlag stimmten sie freudig zu; und Camillo, der alles auf ihre Flucht Bezügliche leitete, erlaubte dem alten Schäfer, mit ihnen zu gehen.

Der Schäfer nahm alles, was von Perditas Juwelen noch übrig war, mit sich, ebenso ihre Kinderkleider und das Papier, welches damals, als er sie gefunden hatte, an ihren Mantel gesteckt war.

Nach einer glücklichen Reise langten Florizel und Perdita, Camillo und der alte Schäfer wohlbehalten an Leontes' Hof an. Leontes, der noch immer um seine verstorbene Hermione und um sein verlorenes Kind trauerte, empfing Camillo mit großer Güte und bot dem Prinzen Florizel ein herzliches Willkommen. Aber Perdita, die Florizel als seine Braut einführte, schien des Königs Aufmerksamkeit mächtig in Anspruch zu nehmen; da er eine Ähnlichkeit zwischen ihr und seiner verstorbenen Gemahlin Hermione bemerkte, so brach sein Schmerz von neuem wieder aus, und er meinte, daß seine eigene Tochter, wenn er sie nicht so grausam beseitigt hätte, wohl ein ebenso liebliches Wesen geworden wäre. »Und dann noch außerdem«, sprach er zu Florizel, »habe ich den Umgang und die Freundschaft Eures trefflichen Vaters verloren, den ich jetzt über alles gern noch einmal wiedersähe.«

Als der alte Schäfer hörte, wie sehr der König Perdita beachtet und daß er eine Tochter verloren hatte, die in ihrer Kindheit ausgesetzt wäre, kam er auf den Gedanken, die Stunde, zu welcher die kleine Perdita gefunden war, zu vergleichen mit der Zeit ihrer Aussetzung, den Juwelen und anderen Zeichen ihrer hohen Geburt, und aus allem diesem mußte er notwendig den Schluß ziehen, daß Perdita niemand anders sei als des Königs verlorene Tochter.

Florizel und Perdita, Camillo und die treue Paulina waren zugegen, als der alte Schäfer dem König berichtete, wie er das Kind gefunden hatte, ebenso die Umstände von Antigonus' Tod, da er selbst den Bären sich auf ihn hatte stürzen sehen. Er zeigte den reichen Mantel, in welchen, wie sich Paulina erinnerte, Hermione das Kind gehüllt hatte; und er wies ein Juwel vor, von dem sie sich entsann, daß Hermione es um Perditas Hals gelegt hatte; und er überreichte das Papier, auf welchem Paulina die Handschrift ihres Gatten erkannte. Es konnte nicht mehr zweifelhaft sein, daß Perdita Leontes' eigene Tochter war; aber wer beschreibt nun in Paulinas edler Seele den Kampf zwischen dem Schmerz um ihres Gatten Tod und der Freude, daß das Orakel in Erfüllung gegangen war, da man des Königs Erbin, seine lange verlorene Tochter, wiedergefunden hatte! Als Leontes hörte, daß Perdita seine Tochter sei, ließ der große Schmerz, daß Hermione nicht mehr am Leben sei, um ihr Kind schauen zu können, ihn lange Zeit nichts anderes über seine Lippen bringen, als: »O deine Mutter, deine Mutter!«

Paulina unterbrach dieses freudige, aber doch zugleich jammervolle Schauspiel, indem sie Leontes sagte, sie sei im Besitz einer Bildsäule, die erst kürzlich der seltene italienische Meister Julio Romano vollendet hätte; diese wäre von so vollkommener Ähnlichkeit mit der Königin, daß, wenn es Seiner Majestät gefiele, in ihr Haus zu kommen und das Bild zu sehen, er in Versuchung kommen würde, zu glauben, daß es Hermione selber sei. Dorthin gingen sie denn alle: der König gespannt, das Ebenbild seiner Hermione zu sehen, und Perdita voll Sehnsucht, die Züge zu betrachten, die ihrer nie gesehenen Mutter glichen.

Als Paulina den Vorhang zurückzog, welcher das gerühmte Standbild verbarg, glich es so vollkommen Hermione, daß des Königs ganzer Schmerz bei dem Anblick sich erneuerte; lange Zeit vermochte er nicht zu sprechen oder sich zu bewegen.

»Recht, daß Ihr schweigt, mein Fürst«, sagte Paulina; »das zeigt nur um so mehr Eure Bewunderung. Ist diese Bildsäule Eurer Gemahlin nicht sehr ähnlich?«

Endlich sagte der König: »Ach, so stand sie, gerade mit solcher Hoheit, als ich zuerst um sie warb. Aber doch, Paulina, Hermione war nicht so alt, wie diese Bildsäule aussieht.« Paulina entgegnete: »Um so viel höher steht des Bildners Kunst, der diese Bildsäule geschaffen hat, wie Hermione jetzt aussehen würde, wenn sie noch lebte. Aber laßt mich den Vorhang zuziehen, gnädiger Herr, damit Ihr nicht sofort denkt, sie bewege sich.«

Der König erwiderte darauf: »Nein, nein! Zieht den Vorhang nicht zu. Oh, wäre ich tot! Würdest du nicht denken, das Bild atmete? Ihr Auge scheint sich zu bewegen.« – »Ich muß den Vorhang zuziehen, mein Fürst«, sagte Paulina. »Ihr seid so entzückt, daß Ihr Euch überreden könntet, das

Bild lebte.« – »O teure Freundin«, sagte Leontes, »laßt mich immerhin zwanzig Jahre so denken. Mich dünkt noch immer, es atmet von ihr her. Und doch, welch zarter Meißel könnte eine Bewegung des Odems darstellen? Niemand spotte meiner; ich will sie küssen.« – »Nein, gnädiger Herr; tut das nicht!« rief Paulina. »Die Röte der Lippen ist noch feucht; Ihr werdet Eure eigenen Lippen mit Ölfarbe beflecken. Soll ich den Vorhang zuziehen?« – »Nein, in zwanzig Jahren noch nicht«, sagte Leontes.

Perdita, welche diese ganze Zeit auf den Knien gelegen und in schweigender Bewunderung das Bild ihrer unvergleichlichen Mutter betrachtet hatte, sagte jetzt: »Und so lange könnte ich hier stehen und auf meine teure Mutter hinschauen.«

»Entweder mäßigt dieses Entzücken«, sagte Paulina zu Leontes, »und laßt mich den Vorhang schließen, oder bereitet Euch auf noch größeres Staunen vor. Ich kann bewirken, daß die Bildsäule sich in der Tat bewegt, ja, und daß sie von dem Fußgestell heruntersteigt und Euch bei der Hand faßt. Aber dann werdet Ihr denken, daß ich – Gott verhüte, daß es also sei – im Bunde mit bösen Mächten stehe.«

Der erstaunte König rief: »Was Ihr immer sie tun heißt, ich sehe es an mit Freuden. Was Ihr sie sprechen heißt, ich höre es an mit Freuden; denn es ist ebenso leicht, sie sprechen wie sich bewegen zu lassen.«

Da ließ Paulina eine langsame feierliche Musik ertönen, die sie zu diesem Zweck vorbereitet hatte, und zum Erstaunen aller Anwesenden stieg die Bildsäule von ihrem Fußgestell nieder und schlang ihre Arme um Leontes' Nacken. Das Bild begann hierauf zu sprechen, indem sie betete, der Himmel möge ihren Gemahl und ihr Kind, die wiedergefundene Perdita, segnen.

Es ging ohne Wunder zu, daß das Bild an Leontes' Nacken hing und ihren Gemahl und ihr Kind segnete. Ja, es ging ohne Wunder zu; denn das Bild war in der Tat Hermione selbst, die wirkliche und lebendige Königin.

Paulina hatte fälschlich dem König Hermiones Tod berichtet, denn sie dachte, das wäre das einzige Mittel, um das Leben ihrer königlichen Gebieterin zu retten; und bei der guten Paulina hatte Hermione unterdes gelebt, indem sie niemals wünschte, daß Leontes wissen sollte, sie sei noch am Leben. Doch nun, da sie hörte, daß Perdita gefunden war, nun erschien ihr alles in anderem Lichte. Denn obgleich sie längst das Unrecht vergeben hatte, das Leontes ihr selbst getan, so konnte sie doch nicht seine Grausamkeit gegen seine kleine Tochter verzeihen.

Da seine verstorbene Gemahlin so dem Leben wiedergeschenkt, seine verlorene Tochter wiedergefunden war, so konnte der lange bekümmerte Leontes das Übermaß seines eigenen Glücks kaum ertragen.

Von allen Seiten hörte man nur Glückwünsche und liebevolle Worte. Jetzt dankten die entzückten Eltern dem Prinzen Florizel, daß er ihre Tochter trotz ihres scheinbar niedrigen Standes geliebt habe; jetzt segneten sie den guten alten Schäfer, der dastand wie ein altes verwittertes Brunnenbild, daß er ihr Kind gerettet habe. Groß war Camillos und Paulinas Freude, daß sie ein so gutes Ende aller ihrer treuen Dienste noch erlebten.

Und als wenn nichts fehlen sollte, um diese wunderbare und unverhoffte Freude voll zu machen, betrat König Polyxenes selber jetzt den Palast.

Als Polyxenes zuerst seinen Sohn und Camillo vermißte, vermutete er sogleich, da er wußte, daß Camillo lange gewünscht hatte, nach Sizilien zurückzukehren, er würde die Flüchtlinge hier finden; und indem er ihnen eiligst folgte, hatte er das Glück, in diesem seligsten Augenblick von Leontes' Leben anzukommen.

Polyxenes nahm an der allgemeinen Freude teil; er vergab seinem Freunde Leontes die ungerechte Eifersucht, die er gegen ihn gehegt hatte, und ihre gegenseitige Liebe lebte noch einmal mit aller Wärme ihrer ersten Jugendfreundschaft auf. Und es war nicht zu fürchten, daß Polyxenes sich jetzt der Vermählung seines Sohnes mit Perdita widersetzen würde. Sie war jetzt kein »Hirtenstab, der sich etwas angeln wolle«, sondern die Erbin der Krone Siziliens.

So haben wir die Tugenden der stillen Dulderin Hermione belohnen sehen. Diese ausgezeichnete Fürstin lebte noch manches Jahr mit ihrem Leontes und ihrer Perdita, die glücklichste aller Mütter und Königinnen.

Cymbeline

Zu Zeiten des römischen Kaisers Augustus gab es in England (das damals Britannien hieß) einen König namens Cymbeline.

Cymbelines erste Gemahlin war schon gestorben, als ihre drei Kinder, zwei Söhne und eine Tochter, noch sehr jung waren. Imogen, das älteste von diesen Kindern, wurde an ihres Vaters Hof erzogen, aber durch ein sonderbares Geschick waren die beiden Söhne Cymbelines aus der Kinderstube gestohlen worden, als der ältere nur drei Jahre alt und der jüngere noch ein Säugling war; und Cymbeline hatte nie erfahren können, was aus ihnen geworden war, noch wer sie entführt hatte.

Cymbeline war zweimal verheiratet; seine zweite Gemahlin war ein ruchloses, ränkevolles Weib, und Imogen, Cymbelines Tochter aus erster Ehe, hatte in ihr eine grausame Stiefmutter gefunden.

Die Königin haßte die Stieftochter, wünschte sie aber doch mit ihrem eigenen Sohn aus früherer Ehe (denn auch sie war schon einmal verheiratet gewesen) zu vermählen; denn sie hoffte dadurch, nach Cymbelines Tod die Krone von Britannien auf ihren Sohn Cloten übertragen zu sehen, wußte sie doch, daß, wenn des Königs Söhne nicht wiedergefunden würden, die Tochter Imogen des Königs Erbin werden mußte. Aber dieser Plan wurde vereitelt durch Imogen selber, die ohne die Einwilligung oder das Wissen ihres Vaters und der Königin sich vermählte.

Posthumus (das war der Name des Gemahls von Imogen) war der wissenschaftlich gebildetste, wie in allen ritterlichen

Künsten vollendetste Mann seiner Zeit. Sein Vater war in Kämpfen für Cymbeline mit den Waffen in der Hand gefallen, und bald nach seiner Geburt war auch seine Mutter vor Gram um den Verlust ihres Gatten gestorben.

Cymbeline hatte dem Waisenknaben den Namen Posthumus gegeben, weil er nach seines Vaters Tod geboren war, und aus Mitleid mit seiner Hilflosigkeit hatte er ihn zu sich genommen und an seinem eigenen Hof erziehen lassen.

Imogen und Posthumus waren beide von denselben Lehrern unterrichtet worden und waren von ihrer Kindheit an Gespielen gewesen; sie hatten einander schon in ihrer Kindheit zärtlich geliebt, und da ihre gegenseitige Zuneigung fortwährend mit den Jahren gewachsen war, so hatten sie sich in reiferem Alter heimlich miteinander vermählt.

Dieses Geheimnis erfuhr bald die Königin, die sich in ihren Erwartungen getäuscht sah. Denn sie hielt beständig Späher, die auf alles, was ihre Stieftochter tat, achtgeben mußten, und sie erzählte dem König sofort die Vermählung Imogens mit Posthumus.

Cymbeline geriet in einen unbeschreiblichen Zorn, als er hörte, daß seine Tochter ihre hohe Würde so gänzlich vergessen hatte, einen Untertan zu heiraten. Er befahl Posthumus, Britannien zu verlassen, und verbannte ihn für ewig aus seinem Geburtsland.

Die Königin, welche vorgab, mit Imogen Mitleid zu fühlen wegen des Grames, den sie beim Verlust ihres Gemahls zu tragen hatte, erbot sich, ihnen zu einer heimlichen Begegnung zu verhelfen, bevor Posthumus sich auf seine Reise nach Rom begebe; denn diese Stadt hatte er zu seinem Wohnsitz während seiner Verbannung ausgewählt. Sie bewies ihr aber diese scheinbare Güte, nur um ihre Zukunftspläne hinsichtlich ihres Sohnes Cloten desto besser durchzusetzen; denn sie hatte die Absicht, nach ihres Ge-

mahls Abreise der Stieftochter einzureden, daß ihre Vermählung gesetzlich keine Gültigkeit hätte, da sie ohne die
Einwilligung des Königs geschlossen war.

Imogen und Posthumus nahmen den zärtlichsten Abschied voneinander. Imogen gab ihrem Gemahl einen Diamantring, der ihrer Mutter gehört hatte, und Posthumus
versprach, sich nie von diesem Ring zu trennen; und er
hängte um den Arm seines jungen Weibes eine Spange, die
er sie mit großer Sorgfalt als ein Zeichen seiner Liebe zu
bewahren bat. Darauf schieden sie voneinander mit vielen
Gelübden ewiger Treue und Liebe.

Imogen blieb einsam und niedergebeugt am Hof ihres
Vaters zurück, und Posthumus kam in Rom an, der Stadt,
die er sich zum Aufenthaltsort in seiner Verbannung ausgewählt hatte.

Posthumus geriet in Rom in die Gesellschaft mehrerer
fröhlicher junger Männer aus verschiedenen Ländern.
Diese pflegten in freiem und ungebundenem Tone von
Frauen zu sprechen; jeder pries die Vorzüge der Frauen
seines eigenen Landes und die Tugenden seiner eigenen
Geliebten. Posthumus, der immer seiner teuren Imogen
eingedenk war, versicherte, daß seine schöne Frau die tu-
gendhafteste, klügste, treueste sei, die es auf der Welt gebe.

Einer von diesen vornehmen jungen Leuten namens Jachimo fühlte sich beleidigt, daß eine britische Frau so hoch
gepriesen wurde, weit über die römischen Frauen, seine
Landsmänninnen, und er reizte Posthumus, indem er eine
Miene aufsetzte, als ob er an der Treue seines so hoch er-
hobenen Weibes zweifelte; und endlich nach vielem Hin-
undherreden, stimmte Posthumus dem Vorschlag Jachi-
mos zu, daß dieser nach Britannien reisen und sich
bemühen sollte, die Gunst der verheirateten Imogen zu gewinnen. Sie schlossen darauf eine Wette, daß, wenn Jachimo mit seinem ruchlosen Plan keinen Erfolg habe, er
eine große Summe Geldes verwirkt haben solle; wenn er

aber Imogens Gunst gewinnen und bei ihr durchsetzen könnte, daß sie ihm jene Spange gebe, welche Posthumus ihr so angelegentlich aufgetragen hatte als ein Zeichen seiner Liebe zu bewahren, dann sollte die Wette damit enden, daß Posthumus an Jachimo den Ring ausliefere, welcher Imogens Liebesgabe beim Abschied von ihrem Gatten gewesen war. So fest vertraute Posthumus auf Imogens Treue, daß er sich bei dieser Prüfung ihrer Ehre keiner Gefahr auszusetzen glaubte.

Nachdem Jachimo in Britannien angekommen war, erhielt er Zutritt bei Imogen und wurde von ihr als Freund ihres Gemahls mit großer Herzlichkeit aufgenommen; als er aber anfing, ihr seine Liebeserklärungen zu machen, wies sie ihn mit flammendem Unwillen zurück, und er sah bald ein, daß er nicht hoffen konnte, seinen ehrlosen Plan durchzusetzen.

Der heiße Wunsch, den Jachimo hegte, nun wenigstens die einträgliche Wette zu gewinnen, ließ ihn jetzt seine Zuflucht zu einer schändlichen List nehmen, durch die er Posthumus betrügen könnte, und zu diesem Zweck bestach er einige Leute von der Dienerschaft Imogens. Er verbarg sich in einer große Truhe und ließ sich mit dieser in ihr Schlafgemach schaffen; hier blieb er eingeschlossen, so lange bis Imogen zur Ruhe gegangen und fest eingeschlafen war. Dann öffnete er von innen die Truhe und untersuchte das Zimmer mit großer Aufmerksamkeit: Er zeichnete sich alles auf, was er sah, und insbesondere merkte sich ein Muttermal, das er an Imogens Halse gewahrte. Dann zog er leise von ihrem Arm die Spange herunter, welche Posthumus ihr geschenkt hatte, und schlüpfte wieder unhörbar in die Kiste. Am nächsten Morgen reiste er in großer Eile nach Rom ab und prahlte vor Posthumus mit der Lüge, daß Imogen ihm die Spange geschenkt und zugleich verstattet habe, eine Nacht in ihrem Zimmer zuzubringen. Mit folgenden Worten erzählte Jachimo seine freche Lüge: »Ihr Schlafgemach«, sagte er, »war rings um-hangen mit Teppichen von Seide und Silber, die darauf dar-gestellte Geschichte war die der stolzen Kleopatra, wie sie mit ihrem Antonius zusammentrifft, ein vorzüglich ge-wirktes Gemälde.«

»Nun freilich, ja«, sagte Posthumus, »doch hörtet Ihr vielleicht davon, ohne es gesehen zu haben.«

»Sodann der Kamin«, fuhr Jachimo fort, »ist an der Süd-seite des Gemaches, und das Gesims führt die badende Diana vor; nie sah ich Bilder, die lebensvoller dargestellt gewesen wären.«

»Das mögt Ihr ebenfalls gehört haben«, sagte Posthu-mus, »denn dieses Kunstwerk wird viel besprochen.«

Jachimo beschrieb ebenso genau die Zimmerdecke; dann fügte er hinzu: »Beinahe hätte ich die Feuerhalter am Ka-min vergessen; es waren zwei schalkhaft blinzelnde Liebes-götter aus Silber, jeder auf einem Fuß stehend.« Hierauf zog er die Armspange hervor und sagte: »Kennt Ihr dies Kleinod, Herr? Sie gab es mir. Sie streifte es von ihrem Arm; ich sehe sie noch; ihre liebliche Gebärde war mehr noch als die Gabe und erhöhte noch ihren Wert. Sie reichte sie mir mit den Worten, einst habe sie hohen Wert auf das Kleinod gelegt.« Zuletzt beschrieb er noch das Muttermal, das er an ihrem Halse bemerkt hatte.

Posthumus, der diese ganze teuflisch schlaue Mär mit qualvollem Zweifel angehört hatte, brach nun in die lei-denschaftlichsten Verwünschungen gegen Imogen aus. Er übergab dem schurkischen Jachimo den Diamantring, den er ihm verpfändet hatte, falls er die Armspange von Imo-gen erlangte.

Posthumus schrieb dann in der Wut seiner Eifersucht einen Brief an Pisanio, einen vornehmen jungen Briten, der zum Gefolge Imogens gehörte und lange sein treuer Freund gewesen war; nachdem er ihm erzählt hatte, wel-chen Beweis er von der Untreue seines Weibes besitze,

befahl er Pisanio, Imogen nach Milford-Hafen, einem Kü-
stenort von Wales, zu führen und sie dort zu töten. Und
zugleich schrieb er einen arglistigen Brief an Imogen,
worin er sie bat, Pisanio zu begleiten; denn er könne nicht
länger leben, ohne sie zu sehen, und obgleich es ihm bei
Todesstrafe verboten sei, nach Britannien zurückzukehren,
so wolle er doch nach Milford-Hafen kommen, wo sie mit
ihm zusammentreffen möge. Sie, die edle, nichtsahnende
Frau, die ihren Gemahl über alles in der Welt liebte und voll
innigster Sehnsucht war, ihn wiederzusehen, beschleunigte
die Abreise mit Pisanio und brach noch denselben Abend
auf, an welchem sie den Brief empfangen hatte.

Als sie dem Ziel ihrer Reise nahe waren, teilte Pisanio,
der zwar gegen Posthumus treu war, aber doch nicht bis zu
dem Grade, daß er ihm zu einer bösen Tat die Hand gereicht hätte, der armen Imogen den grausamen Befehl mit,
den er empfangen hatte.

Imogen, die, statt einen liebenden und geliebten Gemahl
zu treffen, sich von ihrem Manne zum Tode verurteilt sah,
war über alle Maßen betrübt.

Pisanio sprach ihr Trost zu; sie möge sich mit Geduld
wappnen und die Zeit abwarten, wo Posthumus sein Unrecht einsehen und bereuen würde. Inzwischen riet er ihr,
da sie sich weigerte, in ihrem tiefen Unglück an ihres Vaters Hof zurückzukehren, sie möge zur größeren Sicherheit auf der Reise männliche Kleidung anlegen. Auf diesen
Rat ging sie ein: In solcher Verkleidung dachte sie nach
Rom hinüberzugehen und ihren Gemahl aufzusuchen,
denn obgleich er sie so grausam behandelt hatte, konnte sie
doch ihre Liebe zu ihm nicht vergessen.

Als Pisanio sie mit ihrer neuen Tracht versehen hatte,
überließ er sie ihrem ungewissen Schicksal, denn er mußte
wieder an den Hof zurückkehren; aber bevor er schied,
übergab er ihr ein Fläschchen mit einem herzstärkenden
Trank, den die Königin ihm gegeben hatte als ein außer-

ordentlich wirksames Heilmittel in allen Unpäßlichkeiten.

Die Königin, die Pisanio haßte wegen seiner Ergebenheit für Imogen und Posthumus, hatte ihm dieses Fläschchen gegeben, von dem sie annahm, daß es Gift enthielte. Sie hatte nämlich ihrem Arzt befohlen, ihr ein Gift zu liefern, dessen Wirkungen sie an Tieren erproben könnte; aber der Arzt, der ihre boshafte Gemütsart kannte, wollte ihr kein wirkliches Gift anvertrauen, sondern hatte ihr eine Mischung gegeben, die nichts anderes als einen todesähnlichen Schlaf für einige Stunden hervorbringen würde. Diesen Trank, von welchem Pisanio glaubte, daß er ein auserlesenes Stärkungsmittel sei, gab er an Imogen; er bat sie, davon einzunehmen, wenn sie sich unwohl fühlte während der Reise. Und so verließ er sie mit Segenswünschen und Gebeten für ihre Sicherheit und glückliche Befreiung von ihren unverdienten Seelenleiden.

Seltsamerweise leitete die Vorsehung Imogens Schritte nach der Wohnung ihrer beiden Brüder, die als kleine Kinder gestohlen waren. Bellarius, der sie gestohlen hatte, war ein vornehmer Mann an Cymbelines Hofe gewesen, und weil er fälschlich beim König des Verrats angeklagt und vom Hofe verbannt war, hatte er aus Rache die beiden Söhne Cymbelines gestohlen und sie in einem Wald aufgezogen, wo er, in einer Höhle verborgen, lebte. Er hatte sie freilich aus Rachsucht entführt, aber er liebte sie bald ebenso zärtlich, als wenn sie seine eigenen Kinder gewesen wären, erzog sie mit liebevoller Sorgfalt, und sie wuchsen heran zu schönen Jünglingen, die durch ihren angeborenen fürstlichen Sinn sich zu kühnen und stolzen Taten getrieben fühlten; und da sie durch die Jagd ihren Unterhalt gewannen, so waren sie zu großer Kraft erstarkt, und immer drängten sie ihren Pflegevater, daß er sie im Krieg ihr Glück suchen lassen möchte.

Imogens Glück führte sie zu der Höhle, worin diese

Jünglinge wohnten. Sie hatte sich verirrt in dem großen Walde, durch welchen sich die Straße nach Milford-Hafen zog (denn von dort gedachte sie sich einzuschiffen nach Rom); und da sie nicht imstande gewesen war, einen Ort zu finden, wo sie sich Lebensmittel hätte kaufen können, so war sie halbtot vor Müdigkeit und Hunger. Denn das Anlegen männlicher Kleidung genügt noch nicht, eine zart erzogene junge Frau in den Stand zu setzen, daß sie die Anstrengung der Wanderung in einsamen Wäldern wie ein Mann erträgt. Da sie diese Höhle sah, trat sie hinein, in der Hoffnung jemanden drinnen zu finden, von dem sie sich zu essen geben lassen könnte. Sie fand die Höhle leer, aber da sie sich umsah, entdeckte sie etwas kaltes Fleisch, und ihr Hunger war so dringend, daß sie nicht auf Einladung warten konnte, sondern sich niedersetzte und zu essen begann. »Ach«, sagte sie leise für sich, »ich sehe wohl, eines Mannes Leben ist beschwerlich. Wie ermattet bin ich! Denn zwei Nächte nacheinander war der kühle Grund mein Bett; mein Entschluß hält mich aufrecht, sonst würde ich krank werden. Als Pisanio mir vom Berggipfel aus Milford-Hafen zeigte, wie nahe schien es zu sein!« Dann kamen ihr mitten dazwischen die Gedanken an ihren Gemahl und an seinen grausamen Befehl, und sie sagte mit einem Seufzer: »Mein teurer Posthumus, du bist einer der Falschen!«

Die beiden Brüder Imogens, die mit ihrem Pflegevater Bellarius im Walde gejagt hatten, waren inzwischen nach Hause zurückgekehrt. Bellarius hatte ihnen die Namen Polydor und Cadwal gegeben, und sie wußten nicht anders, als daß Bellarius ihr wirklicher Vater sei; eigentlich aber hießen diese jungen Fürsten Guiderius und Arviragus.

Bellarius trat zuerst in die Höhle hinein, und beim Anblick Imogens hielt er seine Söhne zurück mit den Worten: »Halt, nicht hinein! Er ißt von unseren Speisen, sonst würde ich denken, es wäre ein Elfe!«

»Was gibt es, Vater?« sagten die jungen Männer. »Beim Jupiter!« antwortete Bellarius, »ein Engel ist in der Höhle oder jedenfalls ein irdisch Wunderbild!« So lieblich sah Imogen in ihren männlichen Kleidern aus.

Als sie den Klang menschlicher Stimmen hörte, trat sie aus der Höhle heraus und redete sie mit diesen Worten an: »Ihr lieben Leute, tut mir nichts zuleide. Ehe ich hineinging in die Höhle, dachte ich zu betteln oder zu kaufen, was ich nähme. Weiß Gott, ich habe nichts gestohlen; ich hätte es nicht getan, wäre der Boden auch mit Gold bestreut. Dieses Geld hier für mein Essen – legen wollte ich's da auf den Tisch, sowie ich nur gesättigt, im Scheiden betend für den Wirt.« Sehr ernstlich verweigerten sie die Annahme des Geldes. »Ich sehe, ihr zürnt mir«, sagte Imogen ängstlich; »doch wißt, wenn ihr mich wegen meines Vergehens tötet, ich wäre verhungert, hätte ich's nicht getan.«

»Wohin führt dich dein Weg?« fragte Bellarius, »und wie heißt du?«

»Fidelio ist mein Name«, gab Imogen zur Antwort. »Einen Anverwandten habe ich, der nach Italien reist, in Milford-Hafen schifft er sich ein; ihn suche ich auf, und fast vor Hunger tot, fiel ich in diese Sünde.«

»Ich bitte dich, schöner Jüngling«, sagte der alte Bellarius, »denke nicht, wir seien Wilde; miß unseren Sinn nicht nach dem rauhen Wohnort, darin wir leben. Du hast es gut getroffen; denn schon dunkelt's. Du sollst ein besseres Mahl erhalten, ehe du gehst, und Dank, wenn du verweilst und speisest. Ihr Jungen, heißt ihn willkommen!«

Die trefflichen Jünglinge, ihre Brüder, hießen dann Imogen mit Worten zutraulicher Zärtlichkeit in ihrer Höhle willkommen; sie sagten, sie wollten sie lieben wie einen Bruder. Und sie betraten die Höhle. Auf der Jagd hatten sie Wildbret erlegt, und nun stand Imogen ihnen bei, die Abendmahlzeit zu bereiten, und sie schuf ihnen durch ihr sauberes hausfräuliches Wesen unendliches Vergnügen;

jetzt freilich pflegen junge Frauen von hoher Geburt nicht viel vom Kochen zu verstehen, aber damals war es so, und Imogen leistete Vortreffliches in dieser nützlichen Kunst. Und Fidelio schnitt, wie ihre Brüder sich artig ausdrückten, die Wurzeln in zierliche Figuren aus und würzte die Brühen so geschickt, als wenn Juno krank daniederläge und Fidelio wäre ihr Pfleger. »Und dann«, sagte Polydor bewundernd zu seinem Bruder: »Wie engelgleich er singt!« Zugleich aber beobachteten sie miteinander, daß bisweilen, obschon Fidelio so süß zu lächeln verstünde, doch eine tiefe Trauer wie ein Schatten über sein liebliches Antlitz flog, als wenn Gram und Geduld gleichzeitig in seinem Herzen wohnten.

Um ihrer edlen Eigenschaften willen (oder war es ihre nahe Verwandtschaft, von der sie freilich nichts wußten?) wurde Imogen oder »Fidelio« der schwärmerisch verehrte Liebling ihrer Brüder, und sie vergalt ihnen ihre Liebe kaum in geringerem Maße; denn sie dachte, daß, wenn nicht die Erinnerung an ihren teuren Posthumus gewesen wäre, sie in der Höhle mit diesen wilden Waldessöhnen leben und sterben könnte. So willigte sie freudig ein, bei ihnen zu bleiben, bis sie von ihren Reisemühen sich hinlänglich erholt habe, um ihren Weg nach Milford-Hafen fortzusetzen.

Als das erlegte Wildbret aufgezehrt war und sie ausziehen wollten, um mehr zu erjagen, konnte Fidelio sie nicht begleiten, weil sie krank war. Ohne Zweifel war der Gram um das grausame Verfahren ihres Mannes wie die Anstrengung der Wanderung die Ursache ihres Unwohlseins.

Sie nahmen also von ihr Abschied und zogen auf die Jagd; auf dem ganzen Wege priesen sie die edlen Naturgaben und das anmutige Benehmen des jungen Fidelio.

Kaum war Imogen allein zurückgeblieben, als sie sich des stärkenden Trankes erinnerte, den sie von Pisanio erhalten hatte; sie schlürfte ihn und fiel sofort in einen gesunden und todesähnlichen Schlaf.

Als Bellarius und ihre Brüder von der Jagd zurückkehrten, ging Polydor zuerst in die Höhle, und da er annahm, daß sie schliefe, zog er seine schweren nägelbeschlagenen Schuhe aus, um leise aufzutreten und sie nicht zu wecken. So blühte schnell echte Ritterlichkeit auf in den Gemütern dieser fürstlich geborenen Waldmenschen. Doch bald entdeckte er, daß kein Geräusch sie wecken könnte; er meinte, sie müsse tot sein. Und Polydor erhob um sie Wehklage mit inniger und brüderlicher Trauer, als ob sie nie von Kindheit an getrennt gewesen wären.

Bellarius schlug vor, sie hinauszutragen in den Wald und dort ihr Leichenbegängnis mit friedlichen Gesängen nach damaliger Sitte zu begehen.

Die beiden Brüder Imogens trugen sie also unter eine schattige Baumgruppe und legten sie dort ins Gras nieder und sangen ihren geschiedenen Geist zur ewigen Ruhe; und Polydor, sie ganz bedeckend mit Blättern und Blumen, sagte: »Solange Sommer währt und ich hier lebe, bestreue ich täglich dir das düstre Grab. Die blasse Primel, die deinem Angesicht am meisten gleicht, die Glockenblume, blau gleich deinen Adern, und Rosenblätter, die nicht süßer duften als dein Atem – sie alle will ich über dein Grab streuen. Ja, und samtenes Moos im Winter, wenn es keine Blumen gibt, deinen süßen Leib zu bedecken.«

Als sie die Feierlichkeit der Bestattung beendigt hatten, gingen sie voll Traurigkeit hinweg.

Imogen war nicht lange Zeit allein geblieben, als sie erwachte. Denn die Wirkung des Schlaftrunkes war vorüber. Leicht schüttelte sie die dünne Decke von Blättern und Blumen, die sie auf sie geworfen hatten, ab. Sie stand auf, und in der Einbildung, daß sie geträumt hätte, sagte sie: »Ich glaubte im Traume, ich sei ein Höhlenbewohner und kochte für brave Leute. Wie komme ich hierher, bedeckt mit Blumen?« Da sie nicht imstande war, den Weg nach der Höhle zurück zu finden und nichts von ihren neuen

Freunden sah, so zog sie daraus den Schluß, daß alles ganz gewiß ein Traum gewesen wäre; und wiederum brach Imogen auf zu ihrer ermüdenden Pilgerfahrt, in der Hoffnung, daß sie endlich doch den Weg nach Milford-Hafen finden und dort die Überfahrt in einem nach Italien segelnden Schiff gewinnen würde; denn all ihre Gedanken waren noch immer bei ihrem Gemahl Posthumus, den sie unter der Verkleidung eines Edelknaben aufzusuchen gedachte.

Aber zu jener Zeit trugen sich große Dinge zu, von denen Imogen nichts ahnte. Denn ein Krieg war plötzlich ausgebrochen zwischen dem römischen Kaiser Augustus und Cymbeline, dem König von Britannien; und ein römisches Heer war gelandet, um Britannien zu überschwemmen, und war schon vorgerückt in denselben Wald, durch welchen Imogen ihren Weg nahm. Mit diesem Heere kam Posthumus.

Obgleich Posthumus mit dem römischen Heer hinüber nach Britannien zog, war er doch nicht gesonnen, an ihrer Seite gegen die eigenen Landsleute zu kämpfen, sondern er gedachte, sich dem britischen Heer anzuschließen und für seinen König, der ihn verbannt hatte, zu fechten.

Er wähnte noch immer, Imogen sei treulos gegen ihn gewesen; aber doch lastete die Ermordung derjenigen, die er so zärtlich geliebt hatte, die Tat, die noch dazu auf seinen Befehl vollzogen war (denn Pisanio hatte ihm einen Brief geschrieben, des Inhalts, er habe seinem Befehl gehorcht und Imogen sei tot) –, diese Tat lastete schwer auf seinem Herzen, und deswegen kehrte er nach Britannien zurück: Er wünschte den Tod in der Schlacht zu finden oder von Cymbeline wegen seiner Rückkehr hingerichtet zu werden.

Imogen fiel, bevor sie Milford-Hafen erreichte, in die Hände der römischen Krieger; und da ihre Gestalt und ihr Benehmen sie empfahl, so wählte Lucius, der römische Feldherr, sie zu seinem Edelknaben.

Cymbelines Streiter rückten jetzt vor, dem Feinde zu begegnen, und als sie diesen Wald betraten, schlossen sich Polydor und Cadwal dem königlichen Heer an. Die jungen Männer brannten vor Begierde, Heldentaten zu verrichten, obgleich sie nicht ahnten, daß es einen Kampf gelte für ihren eigenen königlichen Vater; und der alte Bellarius zog mit ihnen in die Schlacht. Er hatte schon lange das Unrecht bereut, das er an Cymbeline durch die Entführung seiner Söhne verübt hatte; und da er in seiner Jugend ein tapferer Krieger gewesen war, so schloß er sich freudig dem Heer an, um für den König, den er so schwer gekränkt hatte, zu kämpfen.

Und nun begann eine große Schlacht zwischen den beiden Heeren, und die Briten würden eine furchtbare Niederlage wie Cymbeline selber den Tod erlitten haben, wenn nicht Posthumus und Bellarius und die beiden Söhne des Königs eine heldenmütige Tapferkeit bewiesen hätten. Sie waren es, die den König aus der Gefangenschaft befreiten und ihm das Leben retteten und so gänzlich das Schicksal des Tages wandten, daß die Briten den Sieg errangen.

Als die Schlacht geschlagen war, ergab sich Posthumus, der den gesuchten Tod nicht gefunden hatte, einem der Hauptleute Cymbelines, entschlossen, den Tod zu erleiden, welcher seine Strafe sein sollte, wenn er aus seiner Verbannung zurückkehrte.

Imogen und der römische Feldherr, dem sie diente, waren gefangengenommen und vor Cymbeline geführt; dasselbe Schicksal widerfuhr ihrem alten Feinde Jachimo, welcher Hauptmann im römischen Heer war. Und als diese Gefangenen vor dem König standen, wurde auch Posthumus gebracht, um sein Todesurteil zu empfangen. In demselben entscheidenden Augenblick wurden merkwürdigerweise Bellarius sowie Polydor und Cadwal vor Cymbeline geführt, um die Belohnungen zu erhalten, die den großen Diensten gebührten, die sie durch ihre Tapferkeit dem

König erwiesen hatten. Ebenso war Pisanio, der zu des Königs Gefolge gehörte, zugegen.

So kam es, daß sie alle jetzt vor dem König standen; freilich mit sehr verschiedenen Hoffnungen und Befürchtungen: Posthumus und Imogen mit ihrem neuen Gebieter, dem römischen Feldherrn; der treue Diener Pisanio und der falsche Freund Jachimo; ebenso die beiden längst verlorenen Söhne Cymbelines mit Bellarius, der sie einst entführt hatte.

Der römische Feldherr war der erste, welcher sprach; die übrigen standen schweigend vor dem König, obwohl manches Herz heftiger klopfte.

Imogen sah Posthumus und erkannte ihn trotz seiner Verkleidung als Bauer; aber er erkannte sie nicht in ihrer männlichen Tracht; und sie erblickte Jachimo, und sie gewahrte an seinem Finger einen Ring, den sie sofort als den ihrigen erkannte, aber sie wußte noch nicht, daß er der Urheber aller ihrer Leiden sei; und sie stand vor ihrem eigenen Vater als Kriegsgefangene.

Pisanio erkannte sofort Imogen, denn er war es ja, der sie als Jüngling verkleidet hatte. »Es ist meine Herrin«, dachte er; »da ich sie unter den Lebenden weiß, mag kommen, was da will, Gutes oder Böses!« Bellarius hatte sie gleichfalls erkannt, und leise sagte er zu Cadwal: »Ist dieser Knabe nicht vom Tod erstanden?« – »Ein Sandkorn«, erwiderte Cadwal, »gleicht dem anderen nicht mehr, als dieser holdselige rosige Jüngling dem toten Fidelio gleicht.« – »Dasselbe Wesen tot und lebendig«, sagte Polydor. »Still! still!« sprach Bellarius, »wenn er es wäre, würde er sicherlich mit uns gesprochen haben.« – »Aber wir sahen ihn ja tot«, flüsterte wieder Polydor. »Schweigt, warten wir es ab!« entgegnete Bellarius.

Posthumus erwartete schweigend das ihm willkommene Todesurteil; und er war entschlossen, dem König nicht zu enthüllen, daß er ihm das Leben in der Schlacht gerettet hatte; er fürchtete, das könnte Cymbeline bewegen, ihn zu begnadigen.

Lucius, der römische Feldherr, welcher Imogen als Edelknaben unter seinen Schutz genommen hatte, war, wie gesagt, der erste, der zum König sprach. Er war ein Mann von hohem Mut und edler Würde, und die Rede, die er an den König hielt, lautete folgendermaßen:

»Ich höre, daß Ihr kein Lösegeld für Eure Gefangenen nehmt, sondern über sie alle den Tod verhängt; ich bin ein Römer, und mit römischem Herzen will ich den Tod erleiden. Nur eins möchte ich von Euch erbitten.« Dann Imogen vor den König führend, sprach er: »Dieser Jüngling ist ein geborener Brite. Nehmt Lösegeld für ihn an. Nie diente ein Edelknabe seinem Herrn so sanft, so pflichtergeben, so fleißig und aufmerksam in allen Umständen, so treu, so weiblich-pflegsam. Er hat keinen Briten gekränkt, wenn er auch einem Römer gedient hat. Verschont ihn, wenn Ihr auch sonst kein Blut spart.«

Cymbeline blickte mit sinnendem Ernst auf seine Tochter Imogen. Er erkannte sie nicht in dieser Verkleidung; aber es schien, als ob die allmächtige Natur in seinem Herzen spräche, denn er sagte: »Ich habe ihn sicherlich gesehen, sein Antlitz scheint mir wohlbekannt. Ich weiß nicht, wie oder weshalb ich sage: Lebe, Knabe; doch ich schenke dir dein Leben. Erbitte von mir, welche Gnade du willst, und ich will sie dir gewähren. Ja, selbst wenn es sich um das Leben eines meiner edelsten Gefangenen handelte.«

»In Demut danke ich Eurer Hoheit«, sagte Imogen.

Was damals Gewährung einer Gnade genannt wurde, war soviel als das Versprechen, etwas zu geben, was es auch sein möchte, worum derjenige bäte, dem die Gunst erwiesen wurde. Alle waren gespannt zu hören, worum der Edelknabe bitten würde; und Lucius, ihr Herr, sagte zu ihr: »Ich flehe nicht um mein Leben, guter Knabe, aber ich weiß, das ist es, worum du bitten wirst.« – »Ach nein! nein!« sagte Imogen, »um etwas ganz anderes handelt es sich, lieber Herr; um Eurer Leben kann ich nicht bitten.«

Dieser scheinbare Mangel an Dankbarkeit in dem Jüngling setzte den römischen Feldherrn in Erstaunen.

Imogen richtete darauf ihren Blick auf Jachimo und bat um kein anderes Gnadengeschenk, als daß Jachimo gezwungen werden möge zu bekennen, woher er den Ring habe, den er am Finger trage.

Cymbeline sagte ihr diese Gnade zu und bedrohte Jachimo mit der Folter, wenn er nicht bekenne, wie er zu dem Diamantring gekommen sei.

Jachimo legte darauf ein volles Geständnis ab von seiner Schurkerei. Er erzählte, wie vorher berichtet ist, die ganze Geschichte von seiner Wette mit Posthumus und wie es ihm gelungen wäre, seine Leichtgläubigkeit zu betrügen.

Was Posthumus fühlte, als er diesen Beweis von der Unschuld seiner Gemahlin hörte, läßt sich nicht beschreiben. Sofort trat er vor und bekannte Cymbeline, welch grausames Todesurteil er an der Fürstentochter durch Pisanio habe vollziehen lassen. In wildem Schmerze schrie er: »O Imogen, meine Gemahlin, mein Leben, mein Weib! O Imogen, Imogen, Imogen!«

Imogen konnte den geliebten Gatten nicht in dieser Verzweiflung sehen, ohne sich ihm zu entdecken. Das war unaussprechliche Freude für ihn, dem so eine schwere Last von Schuld und Weh abgenommen wurde; zugleich gewann er wieder die volle Liebe seines treuen Weibes, das er so grausam behandelt hatte.

Cymbeline, der fast ebenso wie er von Freuden überwältigt war, als er seine verlorene Tochter so wunderbar wiedergefunden hatte, umfaßte sie wieder mit der vollen väterlichen Liebe, und er schenkte nicht bloß ihrem Gemahl Posthumus das Leben, sondern er willigte sogar ein, ihn als Schwiegersohn anzuerkennen.

Diesen Augenblick der Versöhnung und Freude benutzte Bellarius, um auch sein Bekenntnis abzulegen. Er
zeigte dem König die beiden jungen Helden Polydor und
Cadwal und gab ihm kund, daß sie seine beiden verlorenen
Söhne Guiderius und Arviragus seien.

Cymbeline verzieh dem alten Bellarius; denn wer konnte
an Strafe denken im Augenblick so allgemeiner Wonne?
Seine Tochter am Leben zu finden und in seinen jungen
Befreiern, die er zu seiner Rettung so kühn hatte kämpfen
sehen, seine verlorenen Söhne zu erkennen, das waren in
der Tat ungeahnte Freuden.

Imogen hatte jetzt Gelegenheit, ihrem letzten Gebieter,
dem römischen Feldherrn Lucius, gute Dienste zu leisten.
Der König, ihr Vater, schenkte ihm bereitwillig auf ihre
Bitte das Leben; und durch die Vermittlung desselben Lucius wurde zwischen Römern und Briten ein Friede geschlossen, der unverletzt viele Jahre bestand.

Cymbelines ruchlose Gemahlin hatte verzweifeln müssen, ihre selbstsüchtigen Absichten durchzusetzen, und so
war sie, von Gewissensbissen gepeinigt, krank geworden
und war gestorben. Vorher aber hatte sie's noch erleben
müssen, daß ihr wüster Sohn Cloten in einem Streit, den er
hervorgerufen hatte, erschlagen wurde. Indessen dies sind
Ereignisse von allzu düsterer Natur, als daß sie jenen
glücklichen Abschluß mehr als in oberflächlicher Berührung unterbrechen dürften. Es genüge zu sagen, daß alle,
die es verdienten, glücklich wurden, und selbst der Verräter
Jachimo ging frei aus von Strafe, weil seine Schurkerei ihr
eigentliches Ziel verfehlte.

Der Sturm

Es lag irgendwo im Weltmeer ein Eiland, dessen einzige Bewohner ein alter Mann namens Prospero und seine Tochter Miranda waren, ein sehr schönes, junges Mädchen. Sie war auf dieses Eiland so jung gekommen, daß sie sich nicht erinnerte, irgendein menschliches Antlitz als nur das ihres Vaters gesehen zu haben.

Sie lebten in einer Höhlung oder Zelle, die durch einen Felsen gebildet war. Dieselbe war geteilt in verschiedene Gemächer, deren eines Prospero sein Arbeitszimmer nannte; dort verwahrte er seine Bücher, die hauptsächlich über Magie handelten, eine Wissenschaft, die in jener Zeit von allen gelehrten Männern sehr hoch geschätzt wurde. Und die Bekanntschaft mit dieser Kunst erwies sich ihm als sehr nützlich; denn dieweil er durch einen seltsamen Zufall auf dieses Eiland verschlagen war, das eine Hexe namens Sykorax verzaubert hatte (die kurze Zeit vor seiner Ankunft gestorben war), so erlöste er mittels seiner Kunst viele guten Geister, die Sykorax in die Stämme großer Bäume gebannt hatte, weil sie sich weigerten, ihre ruchlosen Befehle zu vollführen. Diese niedlichen Geister waren nachher immer dem Willen Prosperos gehorsam. Von ihnen war Ariel der oberste.

Der lebhafte kleine Geist Ariel hatte nichts Boshaftes an sich; nur fand er ein wenig zuviel Vergnügen daran, ein garstiges Ungeheuer namens Caliban zu quälen, denn gegen dieses Ungetüm hegte er grimmigen Haß, weil es der Sohn seiner alten Feindin Sykorax war. Diesen Caliban hatte Prospero in den Wäldern gefunden, ein sonderbares mißgestaltetes Geschöpf, das weit weniger menschlich geformt war

236

als ein Affe. Er hatte ihn mit sich in seine Höhle genommen und sprechen gelehrt, und Prospero würde sehr gütig gegen ihn gewesen sein, wenn nicht die Natur, die Caliban von seiner Mutter Sykorax als Erbteil eigen war, ihn unfähig gemacht hätte, irgend etwas Gutes oder Nützliches zu lernen. Deshalb wurde er nur als Sklave verwendet, Holz zu holen und die mühevollsten Dienste zu verrichten; und Ariel hatte das Amt, ihn zu diesen Arbeiten anzuhalten.

Wenn Caliban träge war und seinen Verrichtungen nicht mit gebührendem Eifer oblag, schlich Ariel (der für jedermann sich unsichtbar hielt außer für Prospero) sich leise heran und kniff ihn; zuweilen auch ließ er ihn in den Kot purzeln, und dann wieder schnitt er ihm in Affengestalt Gesichter. Darauf schnell verwandelt in einen Igel, lag er wohl sich zusammenrollend da, wo Caliban gehen wollte, und dieser fürchtete, daß des Igels scharfe Stacheln seine nackten Füße stechen möchten. Mit einer Menge solcher und ähnlicher neckischen Streiche pflegte ihn Ariel zu quälen, sooft Caliban in den Verrichtungen, die Prospero ihm aufgetragen hatte, nachlässig war.

Da Prospero diese mächtigen Geister seinem Willen gehorsam wußte, konnte er mit ihrer Hilfe den Winden und den Wogen der See gebieten. Auf seinen Befehl erhoben sie einst einen gewaltsamen Sturm, und mitten in diesem zeigte Prospero seiner Tochter ein schönes großes Schiff im Kampf mit den wilden Wogen, die jeden Augenblick drohten, es zu verschlingen; dieses Schiff, erzählte er ihr, sei voll von lebenden Wesen gleich ihnen selber. »O mein lieber Vater«, sagte sie, »wenn du durch deine Kunst diesen schrecklichen Sturm erregt hast, so erbarme dich ihrer Not und ihres Elends. Sieh, der Rumpf wird bald in Stücke zerschmettert sein. Die armen Seelen! Sie werden allesamt umkommen. Hätte ich die Macht dazu, lieber würde ich die See in den Grund versenken, als daß dieses gute Schiff samt allen lieben Seelen drinnen verschlungen würde.«

»Fasse dich, meine Tochter Miranda«, sagte Prospero, »kein Leid ist geschehen. Ich habe es so angeordnet, daß niemandem auf dem Schiff ein Schaden widerfahren soll. Ich tat nichts als nur aus Sorge für dich, mein teures Kind. Du weißt nicht, wer du bist, noch woher du stammst, ebenso weißt du von mir nichts anderes, als daß ich dein Vater bin und in dieser armseligen Höhle lebe. Kannst du dich einer Zeit erinnern, ehe du in diese Felsengrotte kamst? Kaum glaube ich, daß du's kannst, denn damals warst du noch nicht drei Jahre alt.«

»Gewiß kann ich, Vater«, erwiderte Miranda.

»Wodurch geleitet?« fragte Prospero, »durch andere Häuser? Andere Menschen? Sage mir, wessen du dich erinnern kannst, mein Kind.«

Miranda sagte: »Es kommt mir vor wie die Vergegenwärtigung eines Traumes. Aber hatte ich nicht einst vier oder fünf Frauen zu meiner Bedienung?«

Prosperos Antwort lautete: »Die hattest du und noch mehr, doch wie kommt's, daß dies im Geist dir lebt? Erinnerst du dich, wie du hierher kamst?«

»Nein, Vater«, sagte Miranda, »Weiteres ist mir nicht bewußt.«

»Zwölf Jahre sind es her, Miranda«, fuhr Prospero fort, »da war ich Herzog von Mailand, und du warst Prinzessin und meine einzige Erbin. Ich hatte einen jüngeren Bruder namens Antonio, dem vertraute ich alles und jedes. Und weil ich die Zurückgezogenheit und tiefe Forschung in den Wissenschaften liebte, überließ ich gewöhnlich die Leitung der Staatsangelegenheiten deinem Oheim, meinem treulosen Bruder (denn als solchen erwies er sich in der Tat). Indem ich alle weltlichen Dinge vernachlässigte, vergrub ich mich in meine Bücher und widmete meine ganze Zeit der Veredlung meines Gemüts. Mein Bruder Antonio, der infolge dessen im Besitz meiner Macht war, fing an zu glauben, daß er in der Tat der Herzog sei. Die Gelegenheit, die ich ihm gab, sich bei meinen Untertanen beliebt zu machen, weckte in seiner niedrigen Seele den stolzen Ehrgeiz, mich meines Herzogtums zu berauben. Dies führte er bald aus mit Hilfe des Königs von Neapel, eines mächtigen Fürsten, der mit mir in Feindschaft lebte.«

»Warum«, sagte Miranda, »brachten sie uns nicht augenblicklich um?«

»Mein Kind«, gab ihr Vater zur Antwort, »sie wagten's nicht, so treue Liebe trug das Volk zu mir. Antonio schleppte uns an Bord eines Schiffleins, und als wir einige Meilen seewärts waren, stieß er uns in ein kleines Boot, ganz abgetakelt, ohne Mast und Segel. Hier überließ er uns, wie er glaubte, dem Verderben. Aber ein edler Mann von meinem Hofe, Gonzalo, hatte heimlich aus Liebe zu mir Wasser, Vorräte wie Kleider ins Boot gebracht, auch einige Bücher, die ich höher als mein Herzogtum schätze.«

»O mein Vater«, sagte Miranda, »welche Not muß ich dir damals gemacht haben!«

»Nein, mein Liebling«, sagte Prospero, »du warst ein kleiner Cherub, der mich erhielt. Dein unschuldiges Lächeln ließ mich fest stehen gegen mein Mißgeschick. Unsere Lebensmittel reichten aus, bis wir an dieser öden Insel landeten, und seitdem ist es meine größte Freude gewesen, dich zu belehren, Miranda, und wahrlich! Mein Unterricht hat dir zum Segen gereicht.«

»Der Himmel lohne dir das, mein teurer Vater!« sagte Miranda. »Aber nun erzähle mir, bitte, warum du diesen Seesturm erregt hast.«

»So wisse denn«, sagte der Vater, »daß durch diesen Sturm meine Feinde, der König von Neapel und mein grausamer Bruder, ans Ufer dieses Eilands geworfen sind.«

Nach diesen Worten berührte Prospero leise mit seinem Zauberstab seine Tochter, und sie versank in tiefen Schlaf. Denn der Geist Ariel trat gerade in diesem Augenblick vor seinen Herrn, um über den Sturm zu berichten und was er mit der Schiffsgesellschaft angefangen hatte. Und obgleich die Geister immer unsichtbar für Miranda waren, so wollte Prospero doch nicht, daß sie ihn hören sollte, wie er sich (so mußte es ihr ja scheinen) mit der leeren Luft unterhielt.

»Nun, mein wackrer Geist«, sagte Prospero zu Ariel, »wie hast du deinen Auftrag ausgeführt?«

Ariel gab eine lebendige Beschreibung vom Sturm und vom Schrecken der Seeleute; und wie der Sohn des Königs, Ferdinand, zuerst in die See gesprungen sei, und sein Vater geglaubt habe, diesen teuren Sohn von den Wogen verschlungen und verloren zu sehen. »Aber er ist gerettet«, sprach Ariel, »in einem Winkel des Eilands sitzt er, voll Betrübnis ineinander die Arme flechtend und den Verlust des Königs, seines Vaters, bejammernd, den er ertrunken glaubt. Nicht ein Haar seines Hauptes ist gekrümmt, und seine fürstlichen Kleider, obgleich von den Meereswogen getränkt, sehen frischer aus als zuvor.«

»Daran erkenne ich meinen zarten Ariel«, sagte Prospero. »Bringe ihn hierher; meine Tochter muß diesen jungen Prinzen sehen. Wo ist der König und wo mein Bruder?«

»Ich verließ sie«, gab Ariel zur Antwort, »wie sie Ferdinand suchten, aber sie hegen geringe Hoffnung, ihn zu finden, da sie glauben, seinen Untergang gesehen zu haben. Vom Schiffsvolk fehlt nicht ein einziger, obgleich jeder denkt, er sei allein gerettet; und das Schiff, obgleich für sie unsichtbar, liegt wohlbehalten im Hafen.«

»Ariel«, sagte Prospero, »dein Auftrag ist in Treuen ausgerichtet; doch gibt's noch mehr zu tun.«

»Noch mehr zu tun?« erwiderte Ariel. »Gestatte, daß ich dich erinnere, Meister, daß du mir meine Freiheit versprochen hast. Erinnere dich, bitte, ich habe dir würdige Dienste geleistet, nie etwas vorgelogen, nichts versehen, dir gedient ohne Murren und Knurren.«

»Ei, ei!« sagte Prospero. »Du erinnerst dich nicht, von welcher Qual ich dich befreit habe. Hast du die verruchte

Hexe Sykorax vergessen, die von Alter und Neid so gut wie zu einem Reif gekrümmt war? Wo war sie geboren? Sprich!«

»In Algier, Herr«, sagte Ariel.

»Ah! Entsinnst du dich dessen doch noch?« sagte Prospero. »Ich muß dir wieder erzählen, was du gewesen bist, denn ich sehe, daß du dich dessen nicht erinnerst. Diese niederträchtige Hexe Sykorax wurde um ihrer Zaubereien willen, die zu schrecklich für ein menschlich Ohr sind, aus Algier verbannt und von den Schiffern hier gelassen. Und weil du ein zu zarter Geist warst, um ihre ruchlosen Befehle zu vollziehen, verschloß sie dich in einen Baum, wo ich dich stöhnend und ächzend fand. Von dieser Qual, gedenke dessen, befreite ich dich.«

»Verzeihe mir, teurer Meister«, sprach Ariel, beschämt, undankbar zu erscheinen; »ich will deinen Befehlen gehorchen.«

»Tue das«, sagte Prospero, »und ich will dir die Freiheit geben.« Er erteilte dann Befehle, was Ariel weiter noch tun solle, und der Geist verschwand, zuerst dahin, wo er Ferdinand verlassen hatte, und er fand ihn noch im Grase sitzend mit derselben traurigen Gebärde.

»O mein junger Herr«, sprach Ariel, als er ihn sah, »ich will dich bald in Bewegung setzen. Du mußt geleitet werden, denke ich, auf daß die schöne Miranda den Anblick deiner hübschen Gestalt genieße. Komm, komm, folge mir.« Dann begann er den Gesang:

> Fünf Faden tief liegt Vater dein,
> sein Gebein wird zu Korallen,
> Perlen sind die Augen sein;
> nichts an ihm, das soll verfallen,
> das nicht wandelt Meeres-Hut
> in ein reich und selten Gut.
> Nymphen läuten stündlich ihm,
> da, horch! ihr Glöcklein — bim! bim! bim!

Diese wunderbare Nachricht von seinem verlorenen Vater riß den jungen Fürsten bald aus der Betäubung, die sich seiner bemächtigt hatte. Er folgte verwundert dem Klang von Ariels Stimme, bis sie ihn zu Prospero und Miranda leitete, die im Schatten eines weit sich wölbenden Baumes saßen. Nun aber hatte Miranda noch nie vorher einen Mann gesehen, ausgenommen ihren eigenen Vater.

»Miranda«, sagte Prospero, »sprich, warum blickst du fortwährend dort hinüber?«

»O Vater«, sagte Miranda seltsam überrascht, »das ist doch gewiß ein Geist. O Himmel, wie schaut er umher! Glaube mir, Vater, er ist herrlich von Gestalt. Ist er nicht ein Geist?«

»Nein, Mädchen«, antwortete der Vater, »er ißt und schläft und hat seine fünf Sinne gerade wie wir. Dieser junge Mann, den du siehst, war auf dem Schiff. Er ist etwas entstellt durch Gram, sonst würdest du ihn einen schönen Mann nennen. Er hat seine Gefährten verloren und irrt jetzt umher, sie zu suchen.«

Miranda, welche sich dachte, daß alle Männer ein ernstes Antlitz und einen grauen Bart hätten gleich ihrem Vater, war entzückt von der Erscheinung dieses schönen jungen Prinzen; und Ferdinand, der an diesem öden Fleck ein so liebliches Mädchen sah und nach den überirdischen Tönen, die er gehört hatte, nichts anderes als lauter Wunder erwartete, glaubte, er wäre auf einer verzauberten Insel und Miranda wäre die Göttin derselben, und als solche begann er sie anzureden.

Sie antwortete schüchtern, sie wäre keine Göttin, nur ein einfaches Mädchen, und sie wollte eben über sich berichten, als Prospero sie unterbrach. Er war wohl zufrieden, sie voll Bewunderung füreinander zu sehen, denn er hatte deutlich erkannt, daß sie beim ersten Anblick (wie man zu sagen pflegt) sich ineinander verliebt hatten; aber um Ferdinands Beständigkeit zu prüfen, beschloß er, ihnen einige

Schwierigkeiten in den Weg zu legen. Darum trat er einige Schritte vor und redete den Prinzen mit strenger Miene an: er sei auf dieses Eiland als Späher gekommen, um es ihm, dem Herrn desselben, zu nehmen. »Folge mir«, sagte er, »ich will dir Nacken und Füße zusammenbinden. Du sollst Seewasser trinken; Muscheln, welke Wurzeln und Eichelschalen sollen dein Futter sein.« – »Nein«, sagte Ferdinand, »solcher Bewirtung will ich mich nicht fügen, solange ich keinen mächtigeren Feind sehe«; und er zog sein Schwert. Aber Prospero schwang seinen Zauberstab und bannte ihn an die Stelle, wo er stand, so daß er sich nicht zu bewegen vermochte.

Miranda suchte schmeichelnd ihren Vater zurückzuhalten und sagte: »Warum bist du so rauh? Habe Mitleid, Vater; ich will mich für ihn verbürgen. Das ist der zweite Mann, den ich je sah, und mir scheint er wahr und treu.«

»Schweig«, sagte Prospero, »noch ein Wort, und ich muß dich schelten, Mädchen! Was? Eine Fürsprecherin für einen Betrüger? Du glaubst, es gebe nicht mehr so hübsche Männer, da du bloß ihn und Caliban gesehen hast. Ich sage dir, törichtes Mädchen, die meisten Männer übertreffen diesen ebensoweit wie er den Caliban.« So sprach er, um seiner Tochter Beständigkeit zu prüfen, und sie erwiderte: »So hat in Demut mein Herz gewählt. Ich wünsche nicht, je einen schöneren Mann zu sehen.«

»Nur vorwärts, junger Mann«, sagte Prospero zum Prinzen, »du hast keine Macht, mir ungehorsam zu sein.«

»Nein, in der Tat«, antwortete Ferdinand; und weil er nicht wußte, daß er durch die Macht der Magie aller Widerstandsfähigkeit beraubt war, so war er erstaunt, sich so seltsam gezwungen zu sehen, Prospero zu folgen; indem er auf Miranda zurückblickte, solange er sie sehen konnte, sagte er, als er hinter Prospero die Höhle betrat: »Die Lebensgeister sind mir wie im Traum gefesselt; aber dieses Mannes Drohungen und die Schwäche der Widerstandslosigkeit, die

243

ich in mir fühle, ertrüge ich leicht, dürfte ich nur einmal täglich aus dem Kerker das holde Mädchen sehen.«

Prospero hielt Ferdinand nicht lange in der Höhle gefangen; bald brachte er ihn hinaus und legte ihm streng eine Arbeit auf, doch trug er zugleich Sorge, daß seine Tochter das schwierige Werk erführe, das er von ihm verlangte. Dann tat er, als ginge er in sein Arbeitszimmer, aber heimlich bewachte er beide.

Prospero hatte Ferdinand befohlen, eine Menge schwerer Holzklötze zu schichten. Da Königssöhne nicht eben gewöhnt an Werke schwerer Arbeit sind, so fand Miranda bald nachher ihren Geliebten halbtot vor Ermüdung. »Ach«, sagte sie, »arbeite doch nicht mit solcher Anstrengung; mein Vater ist bei seinen wissenschaftlichen Forschungen, du bist vor ihm jetzt auf drei Stunden sicher; bitte, ruhe dich aus.«

»O meine teure Gebieterin«, sagte Ferdinand, »ich darf nicht; ich muß mein Werk zu Ende bringen, ehe ich ruhe.«

»Wenn du dich niedersetzen willst«, sagte Miranda, »trage ich indes die Klötze.« Aber das wollte Ferdinand auf keine Weise zugeben. Statt einer Hilfe wurde Miranda ein Hindernis; sie begannen ein langes Zwiegespräch, so daß das Geschäft des Holztragens nur sehr langsam vorwärtsging.

Prospero, der Ferdinand mit dieser Arbeit, bloß um seine Liebe zu erproben, beauftragt hatte, war nicht bei seinen Büchern, wie seine Tochter annahm, sondern stand unsichtbar neben ihnen, um zu hören, was sie sagten.

Ferdinand fragte nach ihrem Namen; sie nannte denselben, aber fügte hinzu, daß sie dies gegen ihres Vaters ausdrücklichen Befehl täte.

Prospero lächelte nur bei diesem ersten Beweis von seiner Tochter Ungehorsam; denn weil er durch seine Zauberkunst an diesem plötzlichen Auflodern der Liebe seiner Tochter schuld war, so wurde er nicht ärgerlich, daß ihre Liebe sich dadurch verriet, daß sie vergaß, seinen Befehlen zu gehorchen. Und mit Wohlgefallen horchte er einer langen Rede Ferdinands, in welcher er bekannte, daß er sie weit mehr als andere Mädchen, die er je gesehen, liebe.

Auf diese Lobpreisung ihrer Schönheit, welche, wie er sagte, die sämtlicher Frauen in der Welt übertraf, antwortete sie: »Ich erinnere mich nicht des Antlitzes irgendeines Mädchens, auch habe ich nicht mehr Männer gesehen als dich, mein süßer Freund, und meinen lieben Vater. Was für Gesichter es anderwärts gibt, weiß ich nicht; aber glaube mir, ich würde keinen in der Welt mir zum Gefährten wünschen als dich, noch kann die Einbildung ein Wesen schaffen, das ich liebte, als nur dich. Aber ich fürchte, daß ich allzu ungebunden plaudere, und ich vergesse meines Vaters Vorschriften.«

Dazu lächelte Prospero und nickte mit dem Haupt, als wollte er sagen: »Das geht genau so, wie ich's nur wünschen konnte; mein Töchterchen wird noch einmal Königin von Neapel.«

Und dann erzählte Ferdinand in einer anderen schönen langen Rede (denn junge Prinzen sprechen gern in artigen Wendungen) der liebenswürdigen und unschuldigen Miranda, daß er Erbe der Krone von Neapel sei und daß sie seine Königin werden solle.

»Ach, du Guter«, sagte sie, »ich bin töricht, zu weinen über etwas, das mich freut. Ich will dir in schlichter und heiliger Unschuld antworten: Ich bin dein Weib, wenn du mich heiraten willst.«

Prospero kam den Gedanken Ferdinands zuvor, indem er sichtbar vor ihnen erschien.

»Fürchte nichts, mein Kind«, sprach er, »ich habe alles gehört, was du gesagt hast, und es hat meine Billigung. Und, Ferdinand, wenn ich zu streng mit dir verfahren bin, so will ich dir reichen Ersatz leisten, indem ich dir meine Tochter gebe. Alle deine Plage war nur die Prüfung deiner Liebe, und du hast deine Probe wunderbar bestanden. Als

Gabe drum, die deine treue Liebe würdig errungen hat, nimm meine Tochter, und lächle nicht, wenn ich prahle: sie eilt allem Lob voraus.« Dann sagte er, daß ein Geschäft seine Gegenwart verlange, und wünschte, sie möchten sich niedersetzen und miteinander plaudern, bis er zurückkehre; und diesem Befehl schien Miranda durchaus nicht geneigt den Gehorsam zu versagen.

Als Prospero sie verlassen hatte, rief er seinen Geist Ariel, der schnell vor ihm erschien, voll Eifers zu berichten, was er mit Prosperos Bruder und dem König von Neapel angefangen habe. Ariel erzählte, er sei von ihnen gegangen, während sie vor Furcht fast außer sich gewesen seien über die wunderbaren Dinge, die er sie habe sehen und hören lassen. Als sie vom Umherwandern ermüdet und aus Mangel an Nahrung dem Hungertod nahe gewesen seien, habe er ihnen plötzlich ein kostliches Mahl vorgesetzt, aber als sie sich gerade angeschickt hätten zu essen, sei er sichtbar vor ihnen in Gestalt einer Harpye erschienen, eines gefräßigen geflügelten Ungeheuers, und der Schmaus sei verschwunden. Dann habe zu ihrem äußersten Erstaunen die scheinbare Harpye zu ihnen gesprochen und sie erinnert an ihre Grausamkeit, indem sie Prospero aus seinem Herzogtum vertrieben und ihn und seine zarte Tochter dem Untergang auf dem Meer überlassen hätten; aus diesem Grunde hätten sie jene Schrecken zu dulden gehabt, damit sie dadurch gepeinigt würden.

Der König von Neapel und Antonio, der verräterische Bruder, bereuten die Ungerechtigkeit, die sie Prospero angetan hatten; und Ariel sagte seinem Meister, er sei überzeugt, daß ihre Reue voll von Aufrichtigkeit sei; er, obgleich nur ein Geist, könne nicht umhin, Mitleid mit ihnen zu haben.

»Dann bringe sie hierher, Ariel«, sagte Prospero; »wenn du, der du nur ein Geist bist, Mitgefühl für ihr Elend hegst, sollte dann ich, der ich ein menschlich Wesen gleich ihnen selbst bin, mich ihrer nicht erbarmen? Bringe sie schnell her, mein schlanker Ariel.«

Ariel kehrte schnell mit dem König, Antonio und in ihrem Gefolge dem alten Gonzalo zurück. Sie waren dem Geist gefolgt, erstaunt über die aufregenden Töne, die aus der Luft herniederklangen, um sie vor den Meister zu geleiten. Dieser Gonzalo war derselbe, der früher so vorsorglich Prospero mit Büchern und Lebensmitteln versehen hatte, während sein ruchloser Bruder ihn, wie er meinte, dem Verderben in einem offenen Boot im Meer überließ.

Kummer und Schrecken hatten ihre Sinne so mit Blindheit geschlagen, daß sie Prospero nicht erkannten. Er entdeckte sich zuerst dem guten alten Gonzalo, indem er ihn seinen Lebensretter nannte; und darauf erfuhren sein Bruder und der König, daß er Prospero sei, dem sie so schmähliches Unrecht getan hatten.

Antonio flehte mit Tränen und trostlosen Worten des Schmerzes und der wahren Reue seinen Bruder um Vergebung an; und der König gab seiner tiefen Seelenpein, daß er Antonio bei der Vertreibung seines Bruders Beistand geleistet hatte, aufrichtigen Ausdruck. Und Prospero vergab ihm; und als sie sich verpflichtet hatten, ihn in sein Herzogtum wiedereinzusetzen, sprach er zum König von Neapel: »Ich habe auch für Euch ein Geschenk vorrätig«; und indem er eine Tür öffnete, zeigte er ihm seinen Sohn Ferdinand, der mit Miranda Schach spielte.

Unbeschreiblich war die Freude des Vaters und des Sohnes bei diesem unerwarteten Wiedersehen, hatte doch jeder vom andern geglaubt, daß er im Sturm ertrunken sei.

»O Wunder«, sagte Miranda, »was gibt's für herrliche Geschöpfe hier! Das muß sicherlich eine prächtige Welt sein, die solche Menschen in sich schließt!«

Der König von Neapel war von der Schönheit und außerordentlichen Anmut der jungen Miranda fast ebenso betroffen, wie es sein Sohn gewesen war. »Wer ist diese

Jungfrau?« rief er aus; »sie scheint die Göttin zu sein, die uns erst getrennt und so wieder zusammengeführt hat.« – »Nein, Herr«, antwortete Ferdinand, und er lächelte dabei, seinen Vater in demselben Irrtum zu finden, wie er ihm beim ersten Anblick Mirandas begegnet war, »sie ist eine Sterbliche, doch durch die Fügung der unsterblichen Vorsehung ist sie mein; ich wählte sie, als ich dich, mein Vater, nicht um deine Zustimmung fragen konnte; ich dachte ja nicht, daß du am Leben wärst. Sie ist die Tochter dieses großen Herzogs von Mailand, von dessen Ruhm ich oft gehört, den ich aber nie zuvor gesehen habe; von ihm empfing ich ein zweites Leben; er gab sich mir als zweiten Vater, indem er mir das teure Mädchen schenkte.«

»Dann muß ich ihr Vater sein«, sagte der König; »doch oh! Wie seltsam klingt's, daß ich mein Kind muß um Verzeihung bitten!«

»Haltet ein«, sagte Prospero; »gedenken wir nicht mehr vergangener Wirrsal, seit sie ein glücklich Ziel gefunden hat!« Und dann umarmte Prospero seinen Bruder, ihn wiederum seiner Verzeihung versichernd. Eine weise, allmächtige Vorsehung habe gestattet, daß sie aus ihrem armseligen Herzogtum Mailand vertrieben würden, damit seine Tochter die Krone von Neapel erbte; denn nur durch ihre Begegnung auf diesem wüsten Eiland sei es gekommen, daß der Königssohn zu Miranda in Liebe entbrannt sei.

Diese gütigen Worte, welche Prospero in der Absicht sprach, seinen Bruder zu trösten, erfüllten Antonio so mit Scham und Reue, daß er weinte und unfähig war zu sprechen. Und der alte gute Gonzalo weinte beim Anblick dieser erhebenden Versöhnung und flehte des Himmels Segen auf das junge Paar herab.

Jetzt erzählte Prospero ihnen, daß ihr Schiff wohlbehalten im Hafen liege und daß alle Schiffer an Bord seien und daß er und seine Tochter sie am nächsten Morgen nach Hause begleiten wollten. »Inzwischen«, sprach er, »nehmt teil an den Erfrischungen, die meine armselige Höhle bietet; und zu eurer Abendunterhaltung will ich meine Lebensgeschichte mitteilen, von der ersten Landung an auf diesem öden Eiland.« Er rief dann Caliban herbei, er möge Speisen bereiten und den Höhlenraum in Ordnung bringen, und alle waren erstaunt über die ungeschlachte Gestalt und das wilde Gebaren des widerlichen Ungeheuers, das, wie Prospero erzählte, sein einziger Diener zu seiner Aufwartung gewesen war.

Bevor Prospero von der Insel schied, entließ er Ariel seines Dienstes, zur großen Freude dieses lebhaften kleinen Geistes, der, obgleich er seinem Meister ein treuer Gehilfe gewesen war, doch immer sich danach gesehnt hatte, seine Freiheit in vollen Zügen zu genießen; seine Lust war's, herrenlos in den Lüften zu schweben gleich einem ungezähmten Vögelein unter grünen Bäumen inmitten reizender Früchte und süßduftender Blumen. »Mein flinker Ariel«, sagte Prospero zu dem kleinen Geist, als er ihn freigab, »ich werde dich vermissen, aber doch sollst du deine Freiheit haben.« – »Dank, Dank, mein teurer Meister«, sprach Ariel; »aber erlaube mir noch, dein Schiff mit günstigen Winden heimzugeleiten, bevor du den Beistand deines treuen Geistes fahrenläßt; und dann, Meister, wenn ich frei bin, wie lustig werde ich dann leben!« Dann sang Ariel dies niedliche Lied:

> Bienengleich saug' ich mich ein,
> bette mich in Maiglöcklein,
> lausche da, wenn Eulen schrein,
> fliege mit der Schwalben Reihn
> lustig hinterm Sommer drein.
> Lustiglich, lustiglich leb' ich nun gleich
> unter den Blüten, die hängen am Zweig.

Prospero vergrub tief in die Erde seine Zauberbücher und seinen Zauberstab, denn er war entschlossen, niemals mehr von seiner Kunst Gebrauch zu machen. Und nachdem er so den Sieg über seine Feinde davongetragen hatte wie auch mit seinem Bruder und dem König von Neapel ausgesöhnt war, fehlte nichts mehr zu seinem vollständigen Glück, als sein Geburtsland wiederzusehen, Besitz zu nehmen von seinem Herzogtum und Zeuge zu sein der glücklichen Vermählung seiner Tochter Miranda mit dem Prinzen Ferdinand. Die Hochzeit solle, wie der König sagte, sogleich nach ihrer Ankunft in Neapel mit großem Glanze gefeiert werden. Hier trafen sie, unter dem sicheren Geleit des Geistes Ariel, nach einer vergnüglichen Reise bald ein.

TRAGÖDIEN

Romeo und Julia

Die beiden vornehmsten Familien in Verona waren die reichen Capulets und die Montagues. Zwischen diesen beiden Häusern bestand ein alter Streit, der bis zu solcher Höhe gestiegen war, und so tödlich war die Feindschaft zwischen ihnen, daß sie sich bis auf die entfernteste Verwandtschaft, auf die Gefolgschaften und Anhänger beider Seiten erstreckte, also daß ein Diener aus dem Hause Montague nicht einem Diener aus dem Hause Capulet begegnen oder ein Capulet zufällig mit einem Montague zusammentreffen konnte, ohne daß hitzige Worte und zuweilen Blutvergießen erfolgten; und häufig gab es in Anlaß solcher zufälligen Begegnungen Hader und Lärm, der die glückliche Ruhe der Stadt Verona störte.

Der alte Schloßherr Capulet gab ein großes Fest, zu welchem viele schöne Damen und edle Gäste eingeladen wurden. Alle bewunderten Schönheiten von Verona waren zugegen, und alle, die sich einfanden, wurden willkommen geheißen, wenn sie nur nicht dem Hause Montague angehörten. Bei diesem Fest der Capulets war auch Rosaline zugegen, um die sich Romeo, der Sohn des alten Schloßherrn Montague, bewarb; und obgleich es für einen Montague gefährlich war, sich in dieser Gesellschaft sehen zu lassen, so überredete doch Benvolio, ein Freund Romeos, den jungen Edelmann, in der Verkleidung einer Maske diese Gesellschaft zu besuchen, damit er seine Rosaline sähe und sie mit einigen auserlesenen Schönheiten Veronas vergliche, die, wie er meinte, ihn bald auf den Gedanken bringen würden, daß sein Schwan eigentlich eine Krähe sei.

Romeo schenkte Benvolios Worten geringen Glauben; nichtsdestoweniger ließ er sich um Rosalinens willen überreden. Denn Romeo war ein aufrichtiger und feuriger Liebhaber; er hatte seinen Schlaf aus Liebeskummer verloren, und er floh die Gesellschaft, um in Gedanken an Rosaline allein zu sein. Aber diese verschmähte ihn und vergalt nie seine Liebe durch das geringste Zeichen von Artigkeit oder Zuneigung; und Benvolio wünschte seinen Freund von dieser Liebe zu heilen, indem er ihm eine reiche Mannigfaltigkeit von hübschen Damen zeigte.

Zu diesem Fest der Capulets kam also damals der junge Romeo mit Benvolio und ihrem Freunde Mercutio. Alle hatten eine Maske vor dem Gesicht. Der alte Capulet hieß sie willkommen und sagte scherzend, daß alle Damen, deren Zehen nicht von Hühneraugen geplagt wären, mit ihnen tanzen würden. Und der alte Mann war fröhlich und heiter und erzählte, er habe auch in seiner Jugend eine Maske getragen und habe wohl einmal im Flüsterton hübschen Mädchen eine Geschichte ins Ohr geraunt. Und sie begannen mit Eifer zu tanzen. Da wurde Romeo plötzlich betroffen von der strahlenden Schönheit einer jungen Dame, die hier tanzte; ihm deuchte, daß die Fackeln von ihr lernten, hell zu brennen, und daß ihre Schönheit durch das Dunkel der Nacht sich zeige wie ein blitzender Edelstein, den ein Mohr trüge, eine Schönheit zu reich für den Besitz, zu köstlich für die Erde! Gleich einer schneeweißen Taube unter einem Krähenschwarm – so weit überstrahle, meinte er, ihre Schönheit und Vollkommenheit die Jungfrauen ihrer Umgebung. Während er diese Lobpreisungen aussprach, hörte ihn Tybalt, ein Neffe des Schloßherrn; er erkannte an seiner Stimme in ihm Romeo. Und dieser Tybalt, der eine feurige und leidenschaftliche Gemütsart besaß, konnte es nicht ertragen, daß ein Montague unter dem Schutz einer Maske herkäme, um, wie er meinte, ihrer Festlichkeiten zu spotten und zu höhnen. Und er tobte und raste mit blinder Wut und würde den jungen Romeo tot hingestreckt haben. Aber sein Oheim, der alte Schloßherr, wollte nicht dulden, daß er ihm in diesem Augenblick eine Beleidigung zufüge, schon aus Achtung vor seinen Gästen, aber namentlich weil Romeo sich immer wie ein Edelmann betragen habe und alle Zungen in Verona von ihm rühmten, daß er ein tugendhafter und feingesitteter Jüngling sei. So hielt Tybalt, wider Willen zur Geduld gezwungen, noch an sich, aber er schwor, daß es dieser elende Montague ein andermal teuer bezahlen solle, sich so eingedrängt zu haben.

Als der Tanz beendet war, faßte Romeo genau den Platz ins Auge, wo die junge Dame stand; und den Vorteil seiner Maskenkleidung benutzend, welche zum Teil die Freiheit seines Vorgehens entschuldigen mochte, gestattete er sich in der ritterlichsten Weise, sie bei der Hand zu fassen. Er nannte diese Hand einen Heiligenschrein; wenn er ihn durch seine Berührung entweihe, so sei er ein errötender Pilger und wolle ihn zur Sühne küssen. »Guter Pilger«, antwortete die junge Dame, »Eure Andacht gibt sich kund auf eine viel zu artige und höfliche Weise; Heilige haben Hände, welche Pilger berühren mögen, aber nicht küssen dürfen.« – »Haben nicht die Heiligen Lippen und die Pilger ebenso?« fragte Romeo. »Ja freilich«, sagte die junge Dame, »haben sie Lippen, aber nur zum Gebete.« – »O dann, meine teure Heilige«, sagte Romeo, »vernimm mein Gebet und erhöre es, damit ich nicht verzweifele.« In solcherlei Wortspielen und artigen Liebesreden ergingen sie sich noch, als die junge Dame zu ihrer Mutter abgerufen wurde. Und Romeo erfuhr auf die Frage, wer ihre Mutter sei, daß die Jungfrau, von deren unvergleichlicher Schönheit er so betroffen war, die junge Julia sei, Tochter und Erbin des Schloßherrn, des mächtigen Feindes der Montagues, und daß er ahnungslos sein Herz seiner Feindin verpfändet habe. Dies verursachte ihm große Beunruhigung, aber es konnte ihn nicht von seiner Liebe abbringen. Ebensowenig war Julia ruhig, als sie hörte, daß der Herr, mit dem sie gesprochen habe, Romeo und ein Montague sei; denn sie war plötzlich von derselben rasch auflodernden und alles vergessenden Leidenschaft für Romeo ergriffen worden, die er für sie gefaßt hatte; und wunderbar schien ihr das Aufkeimen ihrer Liebe, daß sie gerade ihren Feind lieben müsse und daß ihre Neigungen da haften sollten, wo Familienrücksichten sie eigentlich zwingen müßten zu hassen.

Um Mitternacht verließ Romeo mit seinen Gefährten die Gesellschaft. Aber bald war er ihnen entschwunden; doch unfähig, sich von dem Hause zu entfernen, wo er sein Herz gelassen hatte, erkletterte er die Mauer eines Gartens, der hinter Julias Haus lag. Hier hatte er noch nicht lange verweilt, über seine neue Liebe nachsinnend, als Julia über ihm an einem Fenster erschien, durch welches ihre strahlende Schönheit, wie ihm deuchte, gleich dem Sonnenlicht im Osten hindurchbrach; und vom Mond, welcher mit schwachem Licht in den Garten schien, dünkte Romeo, als ob er vor Kummer krank und blaß wäre vor dem höheren Glanz dieser neuen Sonne. Und da sie ihre Wange auf ihre Hand lehnte, wünschte er leidenschaftlich, ein Handschuh auf dieser Hand zu sein, damit er ihre Wange berührte. Da sie während dieser ganzen Zeit sich allein glaubte, seufzte sie tief auf und rief: »Weh mir!« Romeo war entzückt, sie sprechen zu hören, und sagte leise, ohne daß sie es wahrnahm: »O sprich wieder, leuchtender Engel, denn so erscheinst du mir zu Häupten gleich einem beschwingten Himmelsboten, dem nachzustaunen die Sterblichen sich zurücklehnen.« Sie, nicht ahnend, daß sie belauscht würde, und erfüllt von der neuen Leidenschaft, welche das Ereignis dieser Nacht ins Leben gerufen hatte, rief ihren Geliebten (den sie fern glaubte) bei Namen: »O Romeo, Romeo! Warum bist du Romeo? Verleugne deinen Vater, deinen Namen, um meinetwillen; oder

wenn du das nicht willst, so schwöre dich zu meinem Liebsten, und ich will nicht länger eine Capulet sein.« Romeo,
der sich hierdurch ermutigt fühlte, hätte gern gesprochen,
aber er sehnte sich, noch mehr zu hören; und die Jungfrau
fuhr in ihrem leidenschaftlichen Selbstgespräch fort, indem
sie noch immer Romeo Vorwürfe machte, daß er Romeo
und ein Montague sei, und ihm einen andern Namen
wünschte, oder daß er den verhaßten Namen ablegen und
für diesen Namen, der kein Teil von ihm selbst sei, ihr
ganzes Ich nehmen möchte. Bei diesem Liebesgeständnis
konnte Romeo nicht länger an sich halten, sondern indem
er das Gespräch aufnahm, als wenn ihr Wort an ihn persönlich gerichtet und nicht einzig und allein ihrer Einbildungskraft entsprungen wäre, forderte er sie auf, ihn »Geliebter« zu nennen oder mit welchem anderen Namen sie
wolle, denn er sei nicht länger Romeo, wenn ihr dieser
Name nicht gefalle. Julia, bestürzt aus dem Garten eines
Mannes Stimme zu hören, wußte zuerst nicht, wer das war,
der, von Nacht und Finsternis begünstigt, so unvermutet
ihr Geheimnis entdeckt habe; aber als er wieder sprach –
ihr Ohr hatte noch keine hundert Worte von seinen Lippen
getrunken, aber so scharf ist einer Liebenden Gehör, daß
sie sogleich in ihm den jungen Romeo erkannte, und sie
machte ihm Vorwürfe wegen der Gefahr, welcher er sich
durch Erklimmen der Gartenmauern ausgesetzt habe, denn
wenn einer ihrer Vettern ihn hier fände, würde es sein Tod
sein, da er ein Montague sei. »Ach!« rief Romeo, »dein
Auge droht mir mehr Gefahr als zwanzig ihrer Schwerter;
blicke du nur freundlich auf mich, Geliebte, und ich bin gegen ihren Haß gefeit. Besser, daß mein Leben endet durch
ihren Haß, als daß dies elende Leben verlängert wird, um
ohne deine Liebe zu leben.« – »Wie kamst du in diesen
Garten?« sagte Julia, »und wer leitete dich?« – »Die Liebe
leitete mich«, antwortete Romeo; »ich bin kein Steuer-
mann, aber wärest du so ferne wie jenes unermeßlich weite

Ufer, das vom fernsten Meer bespült wird, ich wagte mich dennoch hin, um solch ein Kleinod zu holen.« Ein dunkles Rot, doch wegen der Nacht von Romeo nicht gesehen, überflutete das Antlitz Julias, als sie über die unabsichtliche Enthüllung ihrer Liebe zu Romeo nachsann. Sie würde gern ihre Worte widerrufen haben, aber das war unmöglich; gern würde sie die Form beachtet und ihren Liebhaber in passender Entfernung gehalten haben, wie es die Sitte zarter Frauen ist, ernst und überrascht zu blicken und ihre Bewerbung zuerst schroff abzuweisen, fremd zu tun und Zurückhaltung oder Gleichgültigkeit zu heucheln, wo sie am meisten lieben, damit ihre Liebhaber nicht glauben, sie seien zu leicht und zu bequem gewonnen. Denn die Schwierigkeit, einen Gegenstand zu erreichen, erhöht den Wert desselben. Aber in ihrem Falle war keine Möglichkeit der Abweisung mehr oder der Vertröstungen oder irgendeines der gewöhnlichen Kunstgriffe der Verzögerung und des Hinhaltens. Romeo hatte von ihren eigenen Lippen ein Bekenntnis ihrer Liebe gehört, als sie sich nicht träumen ließ, daß er in ihrer Nähe war. So bestätigte sie mit edlem Freimut, der Entschuldigung fand in der Neuheit ihrer Lage, die Wahrheit dessen, was er vorher gehört hatte, und indem sie ihn mit dem Namen »holder Montague« anredete (Liebe vermag ja einen bitteren Namen zu versüßen), bat sie ihn, ihr williges Hingeben nicht dem Leichtsinn oder der Unwürdigkeit zuzuschreiben, sondern er müsse für diesen Fehler, wenn es ein Fehler wäre, dem Zufall die Schuld geben, daß die Nacht in so seltsamer Art ihre Gedanken verraten habe. Und sie fügte hinzu, daß, wenn ihr Benehmen gegen ihn auch nicht vorsichtig genug sei, im Vergleich mit ihres Geschlechtes Sitte, sie sich ihm doch treuer erweisen würde als manche, deren Vorsicht Verstellung und deren bescheidene Zurückhaltung ein geschickter Kunstgriff sei.

Romeo wollte eben beginnen, den Himmel zum Zeugen

anzurufen, daß seinen Gedanken nichts ferner läge, als
einen Schatten von Tadel auf eine so edle Maid zu werfen,
aber sie hielt ihn zurück und bat ihn, nicht zu schwören;
denn obgleich sie sein sich freue, vermöge sie sich doch
nicht des Bundes dieser Nacht zu freuen, er sei zu rasch, zu
unbedacht, zu plötzlich. Aber da er sie bestürmte, das
Gelübde der Liebe noch diese Nacht mit ihm auszutau-
schen, sagte sie, daß sie ihm das ihrige schon gegeben habe,
ehe er darum gebeten – sie meinte damit ihr unabsicht-
liches Bekenntnis, das er mit angehört hatte; aber sie würde
gern ihr Gelübde, das sie damals geleistet, widerrufen, um
der Freude willen, es wieder zu leisten, denn ihre Huld sei
so grenzenlos und ihre Liebe so tief wie das Meer. Von dieser zärtlichen Unterredung wurde sie durch die Amme
weggerufen, die mit ihr in einem Zimmer schlief; denn sie
meinte, es wäre Zeit für sie, im Bett zu sein, denn es war
der Tagesanbruch nahe. Aber in Eile zurückkehrend, sagte
sie zu Romeo noch drei oder vier Worte mehr des Inhalts,
daß, wenn seine Liebe in der Tat ehrenwert und seine Absicht die Ehe sei, sie morgen früh einen Boten zu ihm senden würde, um eine Zeit für die Vermählung zu bestimmen, und dann würde sie ihr ganzes Glück ihm zu Füßen
legen und ihm als ihrem Herrn durch die Welt folgen.
Während sie diese Sache festsetzten, wurde Julia von der
Amme wiederholt gerufen, und sie ging und kehrte
zurück, und sie ging wieder und kehrte nochmals zurück,
denn sie schien um Romeo, wie er von ihr ging, ebenso
ängstlich besorgt wie ein junges Mädchen um ihren Vo-
gel, den sie ein wenig von ihrer Hand weghüpfen läßt, um
ihn sofort am seidenen Faden wieder zurückzuziehen.
Und Romeo war ebenso abgeneigt zu scheiden wie sie.
Denn für Liebende ist die süßeste Musik ihr Liebesgeflü-
ster in der Stille der Nacht. Aber zuletzt schieden sie doch,
indem sie sich gegenseitig süßen Schlaf für diese Nacht
wünschten.

Der Tag graute, als sie voneinander Abschied nahmen, und Romeo, der zu erfüllt war von Gedanken an seine Geliebte und jene glückselige Zusammenkunft, als daß sie ihm Schlaf vergönnt hätten, ging nicht nach Hause, sondern lenkte seine Schritte nach einem nahe gelegenen Kloster, wo er den Bruder Lorenzo zu finden hoffte. Der gute Mönch war bereits auf, um seine Andacht zu verrichten; aber als er den jungen Romeo schon so früh außerhalb des Hauses sah, kam ihm die richtige Vermutung, daß er diese Nacht nicht zu Bette gewesen sei, sondern daß irgendeine krankhafte Störung, hervorgerufen durch jugendliche Leidenschaft, ihn wach gehalten habe. Er irrte sich nicht, indem er für Romeos Nachtschwärmerei der Liebe schuld gab, aber er hegte eine falsche Vermutung hinsichtlich des Gegenstandes, denn er dachte, daß seine Liebe zu Rosaline ihn wach erhalten hätte. Aber als Romeo seine neue Leidenschaft für Julia offenbarte und den Beistand des Mönches zu ihrer Vermählung am heutigen Tage erbat, da erhob der heilige Mann seine Augen und Hände, voll von Verwunderung über den plötzlichen Wechsel in Romeos Gefühlen, denn er war völlig in Romeos Liebe zu Rosaline und in seine vielen Klagen über ihre Zurückweisung eingeweiht gewesen; und er sagte, daß junger Männer Liebe wahrhaftig nicht in ihren Herzen, sondern in ihren Augen liege. Aber da Romeo entgegnete, daß er selbst ihn oft wegen seiner Schwärmerei für Rosaline, die seine Liebe doch nicht vergelte, gescholten habe, während Julia Liebe um Liebe und Gunst um Gunst gewähre, so stimmte der Mönch einigermaßen seinen Gründen zu; und er dachte, daß ein Ehebund zwischen der jungen Julia und Romeo vielleicht das Mittel sein möchte, den langen Hader zwischen den Capulets und den Montagues zu beenden. Diese Feindschaft hatte nämlich niemand mehr beklagt als der gute Mönch, der beiden Familien befreundet war und oft, aber ohne Erfolg, seine Vermittlung zur Beilegung des

Streits angeboten hatte. Indem er also teils durch Gründe der Klugheit bewogen wurde, teils durch seine Zärtlichkeit für den jungen Romeo, dem er keine Bitte abschlagen konnte, willigte der alte Mann ein, ihre Hände durch die Ehe zu verbinden.

Nun war Romeo in der Tat glückselig, und Julia, die seine Absicht durch einen Boten erfuhr, den sie ihrem Versprechen gemäß an ihn abgesandt hatte, verfehlte nicht, sich frühzeitig in der Zelle des Bruders Lorenzo einzufinden, wo ihre Hände durch den heiligen Eheschwur verbunden wurden. Der gute Mönch betete zum Himmel, er möge auf diese heilige Handlung gnädig herabblicken und in der Vereinigung des jungen Montague und der jungen Capulet den alten Hader und die lange Feindschaft ihrer Häuser begraben.

Nach Beendigung der Feierlichkeit eilte Julia nach Hause, wo sie ungeduldig den Anbruch der Nacht erwartete. Denn Romeo hatte versprochen, alsdann zu kommen und sie in dem Garten zu treffen, wo sie sich in der vorigen Nacht begegnet waren. Und die Zwischenzeit schien ihr so träge hinzuschleichen, wie die Nacht vor einem großen Fest einem ungeduldigen Kinde langsam vergeht, das ein ihm geschenktes neues Kleid nicht vor dem Morgen anlegen darf.

Diesen selben Tag stießen Romeos Freunde Benvolio und Mercutio, als sie um Mittag durch die Straßen von Verona schlenderten, auf einen Haufen der Capulets, an ihrer Spitze den ungestümen Tybalt. Dies war derselbe wilde Tybalt, der am Fest des alten Capulet gern mit Romeo gefochten hätte. Als er Mercutio sah, warf er ihm in plumper Weise vor, daß er ein Freund Romeos, ein Montague, sei. Mercutio, der ebenso Feuer und jugendliches Blut in sich hatte wie Tybalt, erwiderte scharf auf diesen Vorwurf; und trotz allem, was Benvolio sagen mochte, um ihren Zorn zu mäßigen, entwickelte sich eben ein heftiger

Streit, als Romeo des Weges kam. Sofort wandte sich der wilde Tybalt von Mercutio zu Romeo und schleuderte ihm den beschimpfenden Ausdruck »Schurke« zu. Romeo wünschte mit Tybalt mehr als mit jedem anderen einen Streit zu vermeiden, weil er der Vetter Julias war und sie viel auf ihn hielt; zudem hatte sich der junge Montague nie sonderlich auf den Familienhader eingelassen, da er von Natur besonnen und höflich war, und der Name »Capulet«, den seine teure Julia trug, war jetzt eher ein Zaubermittel, um seinen Groll zu mildern, als das Losungswort, seine Wut zu erregen. So versuchte er, Tybalt durch Gründe der Vernunft zu widerlegen; er begrüßte ihn freundlich mit dem Namen »guter Capulet«, als wenn er trotz seines Namens Montague ein geheimes Vergnügen daran fände, jenen Namen auszusprechen; aber Tybalt, der alle Montagues wie die Hölle haßte, wollte nicht auf Vernunftgründe hören, sondern zog seinen Degen. Und Mercutio, der nichts ahnte von Romeos geheimen Beweggründen, Frieden mit Tybalt zu wünschen, sondern seine jetzige Mäßigung als eine Art von ruhiger, aber entehrender Unterwerfung betrachtete, forderte mit vielen schmähenden Worten Tybalt heraus, seinen ersten Streit mit ihm fortzusetzen. Und Tybalt und Mercutio fochten, bis Mercutio fiel, indem er seine Todeswunde empfing, während Romeo und Benvolio sich umsonst bemühten, die Kämpfer zu trennen. Als Mercutio gefallen war, hielt Romeo seine Ruhe nicht länger aufrecht, sondern er schleuderte die höhnische Bezeichnung »Schurke«, die Tybalt ihm gegeben hatte, auf seinen Gegner zurück; und sie fochten, bis Tybalt von Romeo erschlagen war.

Da dieser mörderische Lärm mitten in Verona um die Mittagszeit stattfand, so versammelte die Kunde davon einen Haufen von Bürgern und unter ihnen auch die alten Schloßherren Capulet und Montague mit ihren Frauen; und bald nachher kam auch der Herzog selbst an. Dieser, der mit Mercutio, dem Opfer Tybalts, verwandt war und der es oft hatte erleben müssen, daß der Friede seiner Regierung durch die Streitigkeiten der beiden feindlichen Häuser gestört wurde, war entschlossen, das Gesetz streng in Ausführung wider diejenigen zu bringen, die als Beleidiger befunden würden. Benvolio, der Augenzeuge des Kampfes gewesen war, erhielt vom Herzog den Befehl, den Hergang zu berichten. Er tat das, indem er sich so nahe wie möglich an die Wahrheit hielt, ohne Romeo durch seine Aussagen zu belasten; er milderte und entschuldigte den Anteil, den seine Freunde daran genommen hatten. Frau Capulet, deren tiefer Schmerz um den Tod ihres Verwandten Tybalt ihre Rachsucht schrankenlos machte, ermahnte den Herzog, strenges Recht an seinem Mörder zu üben und der Darstellung Benvolios keinerlei Aufmerksamkeit zu schenken; denn er sei ein Freund Romeos und ein Montague und spreche parteiisch. So stritt sie gegen ihren Schwiegersohn, aber sie wußte doch nicht, daß er ihr Schwiegersohn und Julias Gemahl war. Auf der anderen Seite sah man Frau Montague, wie sie für ihres Sohnes Leben stritt und mit einigem Recht geltend machte, daß Romeo nichts Strafwürdiges getan habe durch die Tötung Tybalts, der dem Gesetz durch den Totschlag Mercutios bereits verfallen gewesen sei. Der Herzog ließ sich nicht rühren durch die leidenschaftlichen Beteuerungen dieser Frauen; nach sorgfältiger Prüfung der Tatsachen sprach er sein Urteil, welches Romeo aus Verona verbannte.

Das waren schwere Nachrichten für Julia, die erst seit wenigen Stunden ein junges Weib war und nun durch diesen Beschluß für ewig von ihm geschieden heißen mußte. Als die Kunde sie erreichte, ließ sie zuerst ihrer Wut gegen Romeo die Zügel schießen, der ihren teuren Vetter erschlagen hatte; sie nannte ihn einen holdseligen Wüterich, einen engelgleichen Unhold, eine raubgierige Taube, ein Lamm mit Wolfsgier, ein Schlangenherz von Blumen überdeckt und mit anderen widerspruchsvollen Namen der Art, welche von den Kämpfen ihres Gemütes zwischen Liebe und Zorn Kunde gaben; aber schließlich gewann die Liebe den Sieg, und die Tränen, welche sie aus Kummer vergoß, daß Romeo ihren Vetter erschlagen hatte, wandelten sich in Freudentränen, daß ihr Gemahl lebte, den Tybalt würde erschlagen haben. Dann kamen neue Tränen; sie flossen alle zusammen aus Kummer um Romeos Verbannung. Das Wort war schrecklicher für sie als der Tod vieler Tybalts.

Romeo hatte sich nach dem Zweikampf in die Zelle des Bruders Lorenzo geflüchtet, wo er des Herzogs Urteil erfuhr: es schien ihm schrecklicher als der Tod. Ihm schien es keine Welt außerhalb der Mauern Veronas zu geben, kein Leben fern vom Anblick Julias. Wo Julia lebte, war für ihn der Himmel, darüber hinaus war alles Fegefeuer, Qual, Hölle. Der gute Mönch hätte seinem Schmerz gern die Tröstungen der Weisheit gespendet, aber dieser wahnsinnige junge Mann wollte von keinem Trost hören, sondern gleich einem Tollen raufte er sein Haar und warf sich der Länge nach auf den Boden, um, wie er sagte, sein zukünftiges Grab zu messen.

Aus diesem unwürdigen Zustand wurde er durch eine Botschaft von seiner teuren Julia emporgerissen. Ein wenig belebte ihn diese wieder, und der Mönch nahm die Gelegenheit wahr, ihm die unmännliche Schwäche, die er gezeigt hatte, vorzuwerfen. Er hätte Tybalt erschlagen, aber wolle er auch sich selber töten und seine teure Julia töten, die nur in ihm lebe? Die edle Mannesbildung sei nur ein Wachsgepräge, wenn sie des Mutes entbehre, der ihm Festigkeit verleihen sollte. Das Gesetz sei milde gegen ihn gewesen, denn statt des Todes, dem er verfallen gewesen, habe es durch des Herzogs Mund nur Verbannung über ihn verhängt. Er habe Tybalt erschlagen, aber Tybalt würde sonst ihn erschlagen haben; darin liege Glück. Julia sei am Leben und – über alles Hoffen hinaus – sei sein teures Weib geworden; darin sei er höchst glücklich. Aber alle diese Segnungen (als welche der Mönch sie darstellte) stieß Romeo von sich gleich einem ungezogenen, übellaunigen Mädchen. Und der Mönch hieß ihn auf seiner Hut sein; denn solche, die verzweifelten, stürben elend. Dann, als Romeo ein wenig ruhiger geworden war, riet er ihm, in dieser Nacht heimlich von Julia Abschied zu nehmen und von ihr geradewegs nach Mantua zu eilen; dort sollte er sich aufhalten, bis der Mönch eine passende Gelegenheit fände, seine Vermählung bekanntzumachen; das würde vielleicht ein freudenvolles Mittel werden, ihre Familien zu versöhnen, und alsdann zweifelte er nicht, daß der Herzog sich bewogen fühlen werde, ihm Verzeihung zu gewähren, und er würde mit zwanzigmal soviel Freude zurückkehren, als er jetzt mit Schmerz weggehe. Romeo überzeugte sich von der Weisheit der Ratschläge des Mönches; er nahm Abschied, um seine Julia aufzusuchen. Er wollte die Nacht bei ihr verweilen und bei Tagesanbruch allein seine Reise nach Mantua antreten. Dorthin versprach der gute Mönch ihm von Zeit zu Zeit Briefe zu senden, um ihn über den Stand der Angelegenheiten in der Heimat fortdauernd zu unterrichten.

Diese Nacht verlebte Romeo bei seinem geliebten Weibe. Er hatte heimlichen Zugang zu ihrer Kammer von dem Garten aus gewonnen, in welchem er ihr Liebesgeständnis in der Nacht vorher gehört hatte. Das war eine Nacht ungemischter Lust und Wonne gewesen; aber die Freuden dieser Nacht und das Entzücken, welches die Liebenden miteinander empfanden, wurden getrübt durch die Aussicht auf die bevorstehende Trennung und durch die verhängnisvollen Ereignisse des vergangenen Tages. Die unwillkommene Morgendämmerung schien zu schnell hereinzubrechen, und als Julia den Morgengesang der Lerche hörte, hätte sie sich gern überredet, daß es die Nachtigall sei, die bei Nacht singt; aber es war leider nur zu gewiß die Lerche, welche sang, und es schien ihr eine mißtönende und unliebliche Weise zu sein; und die neidischen Tagesstreifen im Osten deuteten zu bestimmt an, daß es für die Liebenden Zeit war zu scheiden. Romeo nahm also mit schwerem Herzen von seinem teuren Weib Abschied und versprach ihr, von Mantua aus jede Stunde des Tages zu schreiben; und als er von ihrem Fenster heruntergestiegen war und er so unter ihr auf dem Boden stand, erschien er ihrem Auge in dieser trüben und ahnungsvollen Stimmung, worin sie sich befand, wie ein Toter in eines Grabes Tiefe. Romeos Gemüt ahnte gleicherweise Schlimmes; aber nun sah er sich gezwungen, eilig zu scheiden; denn es war Tod für ihn, wenn er nach Tagesanbruch innerhalb der Mauern Veronas angetroffen wurde.

Dies war nur der Anfang des tragischen Geschicks dieses Paares, das unter einem unheilvollen Stern stand. Romeo war erst wenige Tage fort, als der alte Schloßherr Capulet Julia eine Heirat vorschlug. Der Gemahl, den er für sie ausgewählt hatte, ohne zu ahnen, daß sie bereits vermählt war, war Graf Paris, ein feiner, junger und vornehmer Edelmann, ein nicht unwürdiger Bewerber für die junge Julia, wenn – sie niemals Romeo gesehen hätte.

Die erschrockene Julia geriet durch ihres Vaters Vorschlag in große Bestürzung. Sie schützte ihre Jugend vor, die noch nicht reif für die Hochzeit sei, den erst kürzlich erfolgten Tod Tybalts, der ihren Lebensmut zu sehr gebrochen habe, als daß sie einem Gatten mit freudigem Antlitz entgegentreten könne, und wie unziemlich es für das Haus Capulet erscheinen würde, ein Hochzeitsfest zu feiern, wenn kaum sein Leichenbegängnis vorüber sei; sie schützte jeden Grund gegen die Heirat vor, nur nicht den einzig wahren, daß sie bereits vermählt war. Aber ihr Vater war taub gegen ihre Ausreden und befahl ihr mit Entschiedenheit, sich fertigzumachen, denn am folgenden Donnerstag sollte sie dem Grafen Paris vermählt sein; und da er für sie einen reichen, jungen und vornehmen Gemahl gefunden habe, den die stolzeste Jungfrau Veronas freudig annehmen würde, so könne er es nicht ertragen, daß sie aus spröder Ziererei (wie er ihre Weigerung nannte) ihrem eigenen Glück Hindernisse bereite.

In dieser äußersten Not wandte sich Julia an den freundlichen Mönch, der immer ihr Berater im Mißgeschick war, und da er sie fragte, ob sie sich entschließen könne, zu einem verzweifelten Mittel zu greifen, und sie antwortete, daß sie bereit sei, lebendig sich ins Grab zu legen, ehe sie Paris heirate, während ihr eigner teurer Gemahl noch lebe, so gab er ihr die Anweisung, nach Hause zu gehen und fröhlich zu erscheinen und in Übereinstimmung mit dem Wunsch ihres Vaters die Einwilligung zur Heirat mit Paris zu geben und in der nächsten Nacht, der Nacht vor der Hochzeit, den Inhalt eines Fläschchens, das er ihr einhändigte, ganz auszutrinken; die Wirkung davon würde sein, daß sie zweiundvierzig Stunden lang nach dem Trunke kalt und leblos erscheinen würde; wenn dann der Bräutigam am Morgen käme, sie abzuholen, würde er sie scheinbar tot finden; dann würde man sie nach der in diesem Lande herrschenden Sitte unbedeckt auf einer Bahre wegtragen, um sie in der Familiengruft beizusetzen; falls sie die weibliche Furcht überwinden und sich dieser schrecklichen Prüfung unterwerfen könne, würde sie in zweiundvierzig Stunden nach dem Trunke (das sei die zuverlässige Wirkung desselben) sicherlich wie aus einem Traum erwachen; und vor ihrem Erwachen würde er ihren Gemahl von ihrem Plan in Kenntnis setzen, und er sollte in der Nacht kommen und sie von hier nach Mantua bringen. Liebe und Furcht vor der Vermählung mit Paris verliehen der jungen Julia die Kraft, das furchtbare Wagnis zu unternehmen; und sie nahm vom Mönch das Fläschchen, indem sie versprach, seinen Weisungen zu folgen.

Auf ihrem Weg vom Kloster begegnete sie dem jungen

Grafen Paris und gab ihm in mädchenhafter Verstellung das Versprechen, seine Braut zu werden. Das war eine fröhliche Nachricht für den alten Capulet und seine Gemahlin. Frische Jugend schien den Greis zu beseelen; und Julia, die sich durch die Zurückweisung des Grafen sein höchstes Mißfallen zugezogen hatte, war nun wieder sein Liebling, da sie Gehorsam versprach. Alles im Hause war in geschäftiger Aufregung beim Herannahen der Hochzeit. Keine Kosten wurden gespart, um Festlichkeiten zu veranstalten, wie Verona sie noch nie vorher gesehen hatte.

In der Mittwochnacht trank Julia den Trank aus. Sie wurde von manchen schlimmen Ahnungen gequält, ob nicht der Mönch, um dem Tadel zu entgehen, der ihm drohte wegen ihrer Verheiratung mit Romeo, ihr Gift gegeben habe, aber andererseits war er überall als ein heiliger Mann bekannt; dann wieder, ob sie nicht erwachen würde vor der Zeit, da Romeo kommen solle, um sie zu holen; ob der Schrecken des Ortes, eines Gewölbes voll von Gebeinen toter Capulets, und wo Tybalt, noch ganz blutig, in seinem Leichentuch verwese, nicht hinreichen würde, um sie in Wahnsinn zu stürzen; dann wieder dachte sie an alle die Geschichten, die sie gehört hatte von Geistern, die da umgingen, wo ihre Leichname aufgebahrt waren. Aber dann kam ihr der Gedanke wieder an die Liebe zu Romeo und an die Abneigung gegen Paris, und verzweiflungsvoll nahm sie den Trank, und die Sinne schwanden ihr.

Als der junge Paris früh am Morgen mit Musik kam, seine Braut zu wecken, bot ihr Zimmer das traurige Schauspiel eines leblosen Leichnams. Niedergeschmettert lagen alle seine Hoffnungen! Verwirrung herrschte im ganzen Haus. Der arme Paris – wie er jammerte um seine Braut, um die der fluchwürdige Tod ihn betrogen, die er von ihm geschieden hatte, bevor ihre Hände vereinigt waren. Aber noch mitleidswerter war es, die Trauerklagen des alten Capulet und seiner Gemahlin zu hören; sie hatten nur dieses eine geliebte Kind gehabt, um ihre Freude und ihren Trost daran zu haben, und nun hatte der grausame Tod es vor ihren Augen hinweggerafft, gerade als diese zärtlich besorgten Eltern im Begriff waren, ihre Tochter ihr Glück machen zu sehen (wie sie glaubten) durch eine verheißungsvolle und vorteilhafte Heirat! Nun wurde alles, was für das Fest angeordnet war, seiner eigentlichen Bestimmung entfremdet, um zu einem traurigen Leichenbegängnis zu dienen. Die Hochzeitlust wurde nun zu einem ernsten Leichenmahl, die Brautgesänge wurden verwandelt in Totenmessen, das lustige Spiel der Saiten in Grabgeläute, und die Blumen, die auf den Pfad der Braut hätten gestreut werden sollen, dienten jetzt nur dazu, ihren Leichnam zu bestreuen. Jetzt hatte man statt eines Priesters zur Vermählung einen Priester zum Begräbnis nötig; und sie wurde in der Tat zur Kirche getragen, nicht um die heiteren Hoffnungen der Lebenden zu vermehren, sondern um die traurige Zahl der Toten zu erhöhen.

Schlimme Gerüchte, die immer schneller reisen als gute, brachten nun die unselige Kunde vom Tode seiner Julia zu Romeo nach Mantua, ehe der Bote ankommen konnte, den Bruder Lorenzo abgeschickt hatte, um ihm Nachricht zu geben, daß dies bloß ein Scheinbegräbnis sei, nur Schatten und Nachahmung des Todes, und daß seine teure Gattin nur für eine kurze Zeit im Grabgewölbe liege, harrend, daß Romeo käme, sie aus ihrer düsteren Kammer zu erlösen. Eben vorher war Romeo ungewöhnlich heiter und hoffnungsfroh gewesen. Ihm hatte geträumt in der Nacht, daß er tot wäre (sonderbarer Traum, der einem Toten noch gestattete zu denken) und daß seine Julia käme und ihn tot fände und ihm mit Küssen solch Leben auf seine Lippen hauchte, daß er wieder lebendig würde und ein Kaiser wäre. Und nun, da ein Bote von Verona kam, dachte er sicher, er käme, um Bestätigung der guten Nachrichten, die sein Traum geweissagt hatte, zu überbringen. Aber als das

Gegenteil von dieser schmeichelnden Traumerscheinung zutage trat, und daß in Wahrheit seine Gattin gestorben wäre, die er nicht durch Küsse wiederbeleben könnte, da gab er Befehl, Pferde bereitzuhalten, denn er beschloß, diese Nacht Verona zu besuchen und seine Julia in ihrem Grabgewölbe zu sehen. Und wie sich in die Gedanken verzweifelter Menschen leicht Unheil mischt, fiel ihm ein armer Apotheker ein, an dessen Laden in Mantua er kürzlich vorbeigekommen war; und wegen des bettlerhaften Aussehens des Mannes, der fast verhungert schien, und wegen des elenden Prunks von leeren Büchsen, die in seinem Laden auf schmutzigen Simsen aufgereiht standen, und anderer Zeichen äußerster Armut, hatte er damals gesagt (vielleicht weil er schlimme Ahnungen hatte, daß sein eigenes unheilvolles Leben möglicherweise einen so verzweifelten Abschluß nehmen könnte): »Wenn ein Mann Gift nötig hätte, das nach dem Gesetz von Mantua bei Todesstrafe nicht verkauft werden darf, hier lebt ein armer Schelm, der es ihm verkaufen würde.« Diese seine Worte fielen ihm jetzt ein, und er suchte den Apotheker auf. Er bot ihm Gold, welchem dessen Armut nicht widerstehen konnte, und nach einigen vorgeschützten Bedenken verkaufte der Apotheker ihm ein Gift, das, wenn er es verschluckte, ihn schnell hinwegbefördern würde, und wenn er auch die Stärke von zwanzig Männern besäße.

Mit diesem Gift eilte er nach Verona, um noch einmal seine geliebte Julia in ihrem Grabe zu sehen; wenn er seinem Verlangen genügt hätte, wollte er das Gift trinken und an ihrer Seite begraben werden. Er erreichte Verona um Mitternacht und fand den Kirchhof, in dessen Mitte das alte Grabmal der Capulets lag. Er hatte für eine Fackel, für einen Spaten und ein Brecheisen gesorgt und war eben im Begriff, das Gewölbe zu erbrechen, als ihn jemand anrief, der, ihn »elender Montague« nennend, ihn Abstand nehmen hieß von seinem verruchten Werk. Es war der junge

Graf Paris, der an Julias Grab zu dieser unzeitigen nächt-
lichen Stunde gekommen war, um Blumen zu streuen und
an der Gruft derjenigen zu weinen, die sein junges Weib
hätte werden sollen. Er wußte nicht, was Romeo die Tote
anginge, aber da er in ihm einen Montague erkannte und
(wie er annahm) einen geschworenen Feind aller Capulets,
so dachte er sich, daß er bei Nachtzeit gekommen wäre,
um den Leichen einen niederträchtigen Schimpf anzutun.
In zornigem Tone hieß er ihn also ablassen von seinem
Werk; und er würde ihn verhaftet haben als einen Verbrecher, der durch die Gesetze Veronas zum Tode verurteilt
wäre, wenn man ihn innerhalb der Mauern der Stadt träfe.
Romeo beschwor Paris, ihn zu lassen, und warnte ihn bei
dem Schicksal Tybalts, der hier begraben liege, seinen Zorn
nicht zu reizen und nicht noch eine Sünde auf sein Haupt
zu laden, indem er ihn zwänge, ihn zu töten. Aber höhnisch wies der Graf seine Warnung zurück und legte Hand
an ihn als einen todeswürdigen Verbrecher, und da Romeo
sich widersetzte, so fochten sie, und Paris fiel. Als es Romeo mit Hilfe einer Fackel gelang zu erkennen, wer der
Erschlagene war, der (wie er auf dem Wege von Mantua erfahren hatte) Julia hätte heiraten sollen, nahm er den toten
Jüngling bei der Hand als einen, den das Unglück zu seinem Gefährten gemacht hatte, und sagte, daß er ihn begraben wolle in einer siegprangenden Gruft. Er meinte damit
Julias Grab, das er jetzt öffnete. Und da lag seine geliebte
Gattin als eine, über welche der Tod keine Macht gehabt
hätte, auch nur einen Zug oder die Gesichtsfarbe in ihrer
unvergleichlichen Schönheit zu ändern, oder als wenn der
Tod für sie in Liebe entbrannt wäre und als wenn der ha-
gere verhaßte Unhold sie hier zu seinem Entzücken hielte.
Denn sie lag noch da so frisch und blühend, wie sie in
Schlaf gesunken war, nachdem sie den starr und kalt ma-
chenden Trank zu sich genommen. Und nahe neben ihr lag
Tybalt in seinem blutigen Leichentuch. Als ihn Romeo sah,

bat er den Toten um Verzeihung, und um Julias willen
nannte er ihn Vetter und sagte, daß er im Begriff sei, ihm
eine Gunst zu erweisen, indem er seinen Feind dem Tode
weihe. Jetzt nahm Romeo den letzten Abschied von den
Lippen seiner Geliebten, indem er sie küßte, und nun
schüttelte er die Bürde seines widrigen Geschicks von seinem müden Leibe; er trank das Gift, das der Apotheker
ihm verkauft hatte. Die Wirkung war tödlich, in Wahrheit
tödlich, nicht gleich der des Scheingiftes, das Julia geschlürft hatte. Bei dieser war die Kraft des genossenen
Trankes bereits im Erlöschen; sie mußte bald erwachen
und dann mußte sich entscheiden, ob sie zu beklagen
hatte, daß Romeo seine Zeit nicht eingehalten oder daß er
zu früh gekommen wäre.

Denn jetzt war die Stunde gekommen, für welche der
Mönch ihr Erwachen in Aussicht gestellt hatte; und da er
erfahren hatte, daß der Brief, den er nach Mantua gesandt
habe, infolge einer unglücklichen Verzögerung des Boten
nie an Romeo gelangt sei, so kam er selbst, mit Spitzhacke
und Leuchte versehen, um Julia aus ihrer Haft zu befreien;
aber er war überrascht, im Grabmal der Capulets bereits
eine Fackel brennen und nahe demselben Schwerter und
Blut und Romeo und Paris entseelt liegen zu sehen.

Bevor er eine Vermutung hegen konnte, wie diese verhängnisvollen Ereignisse sich zugetragen hätten, erwachte
Julia aus ihrer Erstarrung, und da sie den Mönch in der
Nähe sah, erinnerte sie sich des Ortes, an dem sie sich befand und weshalb sie hier war, und fragte nach Romeo;
aber der Mönch, der ein Geräusch hörte, hieß sie die Stätte
des Todes und des unnatürlichen Schlafes verlassen, denn
eine Macht, gegen die es keinen Widerspruch gab, hätte
ihre Pläne durchkreuzt. Und erschreckt durch den Lärm
des näher kommenden Volkes, entfloh er. Aber als Julia das
Fläschchen, von den Händen ihres treuen Geliebten eng
umklammert, sah, ahnte sie, daß Gift die Ursache seines

Endes gewesen sei, und sie würde die Tropfen geschlürft haben, wenn deren übriggelassen wären, und sie küßte seine noch warmen Lippen, um zu versuchen, ob noch irgendwelches Gift an ihnen hinge. Dann aber, da sie den Lärm des Volkes näher kommen hörte, riß sie schnell Romeos Dolch aus der Scheide, und sich damit durchbohrend, starb sie an des Geliebten Seite.

Mittlerweile war die Wache an dem Ort angelangt. Ein Diener des Grafen Paris, der Zeuge des Kampfes zwischen seinem Herrn und Romeo gewesen war, hatte den Lärmruf erhoben. Dieser verbreitete sich unter den Bürgern, die in wilder Verwirrung auf und nieder durch die Straßen von Verona rannten und, wie das Gerücht nur unvollkommen zu ihnen gedrungen war, laut ausriefen: »Paris! Romeo! Julia!« Endlich schreckte dieser Aufruhr den alten Montague und den alten Capulet aus ihren Betten auf, ebenso den Herzog, um die Ursache des Lärms zu untersuchen. Der Mönch war von einigen wachthabenden Leuten ergriffen worden, wie er zitternd, weinend und ächzend vom Kirchhof kam. Eine große Menschenmenge war beim Grabdenkmal der Capulets versammelt. Der Herzog befahl dem Mönch anzugeben, was er von diesen wunderbaren und unheilvollen Ereignissen wüßte.

Und hier, in Gegenwart der alten Familienhäupter Montague und Capulet, erzählte er treulich die Geschichte von der verhängnisvollen Liebe ihrer Kinder, den Anteil, den er an ihrer Vermählung genommen hatte, in der Hoffnung, durch diese Verbindung den langen Hader zwischen ihren Familien zu beenden; wie Romeo, der tot hier liege, Julias Gatte, und Julia, die tot hier liege, Romeos treues Weib gewesen sei; wie, bevor er eine passende Gelegenheit habe finden können, um ihre Vermählung bekanntzumachen, eine andere Heirat für Julia beabsichtigt war, die, um dem Verbrechen einer zweiten Ehe zu entgehen, den Schlaftrunk nach seinem Rate zu sich genommen, so daß alle sie

für tot gehalten hätten, wie er inzwischen an Romeo geschrieben, er möge kommen und sie von hinnen führen,
sobald die Kraft des Trankes erlösche, und infolge welches
unseligen Mißgeschickes des Boten der Brief Romeo verfehlt habe. Weiter konnte der Mönch die Geschichte nicht
fortsetzen, noch auch wußte er mehr, als daß er, selber
kommend, um Julia aus dieser Stätte des Todes zu befreien,
den Grafen Paris und Romeo erschlagen gefunden habe.
Der Schluß der Erzählung wurde ergänzt durch den Bericht von Paris' Diener, der seinen Herrn und Romeo im
Zweikampf gesehen hatte, und durch den Diener, der mit
Romeo nach Mantua geflüchtet war. Diesem hatte der
treue Mann einen Brief übergeben, den er seinem Vater,
falls er stürbe, einhändigen sollte. Das Schreiben bestätigte
die Worte des Mönches, denn Romeo bekannte darin seine
Vermählung mit Julia, flehte um die Vergebung seiner Eltern, erwähnte den Ankauf des Giftes von einem armen
Apotheker und sprach die Absicht aus, nach seiner Ankunft beim Grabgewölbe zu sterben und neben Julia zu liegen. Alle diese Umstände, die unter sich übereinstimmten,
reinigten den Mönch vom Verdacht, an diesen unklaren
mörderischen Vorfällen weiter beteiligt zu sein, als daß sie
die unbeabsichtigten Folgen seiner eigenen wohlgemein-
ten, aber zu künstlich und fein angelegten Pläne waren.

Und der Herzog wandte sich an die greisen Familienhäupter Montague und Capulet und tadelte sie wegen ihrer
wilden und unvernünftigen Feindschaft und zeigte ihnen,
welchen Fluch der Himmel auf solche Ärgernisse legte,
daß er Mittel gefunden habe, selbst durch die Liebe ihrer
Kinder ihren unnatürlichen Haß zu strafen. Und diese beiden alten Gegner, jetzt nicht mehr Feinde, willigten ein,
ihren langen Hader in ihrer Kinder Gruft zu begraben; und
der alte Capulet bat Montague, ihm seine Hand zu geben,
indem er ihn Bruder nannte, gleichsam in Anerkennung
der Verbindung ihrer Häuser durch die Vermählung Ro-

meos mit Julia. Und er sagte, daß Montagues Hand, ihm zum Zeichen der Versöhnung gereicht, alles sei, was er zum Leibgeding seiner Tochter verlange; aber Montague erwiderte, er wolle ihm mehr geben, denn er wollte ihr eine Bildsäule von reinem Gold errichten, daß, solange die Stadt Verona ihren Namen trage, kein Standbild wegen seiner Kostbarkeit und Kunstvollendung so geschätzt sein solle wie das der treuen, liebevollen Julia, und Capulet sagte hinwiederum, daß er ein anderes Standbild für Romeo errichten wolle. So wetteiferten diese armen alten Herren, als es zu spät war, sich gegenseitig in Freundlichkeit zu überbieten, während ihre wütende Feindschaft in vergangenen Zeiten so tödlich gewesen war, daß nichts als der furchtbare Untergang ihrer Kinder (dieser armen Opfer ihres Haders und ihrer Zwistigkeiten) den eingewurzelten Haß und die grimmige Eifersucht der beiden Adelsfamilien beseitigen konnte.

Hamlet, Prinz von Dänemark

Gertrud, Königin von Dänemark, wurde Witwe durch den plötzlichen Tod des Königs Hamlet. Aber in weniger als zwei Monaten nach seinem Tode heiratete sie seinen Bruder Claudius. Dies tadelte die ganze damalige Welt als ein unzartes oder gefühlloses Vorgehen oder als etwas noch Schlimmeres; denn dieser Claudius glich durchaus nicht ihrem verstorbenen Gemahl, weder an Gestalt noch an Gemüt, sondern er war in seiner äußeren Erscheinung ebenso unbedeutend wie von Charakter niedrig und unwürdig, und hin und wieder mußte der Verdacht entstehen, daß er seinen Bruder, den verstorbenen König, heimlich beseitigt hätte, um seine Witwe zu heiraten und den Thron von Dänemark zu besteigen, was zur Ausschließung des jungen Hamlet, des Sohnes des bestatteten Königs und gesetzlichen Erben des Thrones, führen mußte.

Aber auf niemanden machte dieses leichtsinnige Verfahren der Königin solchen Eindruck wie auf den jungen Prinzen, der das Andenken seines verstorbenen Vaters fast abgöttisch liebte und verehrte; und da er selbst ein zartes Gefühl für Ehre hatte und in hervorragender Art auf Anstand und Sitte hielt, so nahm er sich das unwürdige Benehmen seiner Mutter Gertrud so schwer zu Herzen, daß er teils aus Kummer über seines Vaters Tod, teils aus Scham über seiner Mutter Vermählung in tiefe Schwermut versank und alle seine Heiterkeit und sein fröhliches Aussehen verlor. Alle Freude, die er sonst gewöhnlich an Büchern hatte, schwand dahin, alle fürstlichen Übungen und Belustigungen, die sonst seiner Jugend so wohl anstanden, verloren jeden Reiz für ihn; er wurde der Welt müde, die ihm wie ein Garten voll Unkraut erschien, worin die edlen Blumen erstickten und nichts als Disteln wuchern konnten. Nicht, daß die Erwartung der Ausschließung vom Thron, seinem rechtmäßigen Erbe, sein Gemüt so sehr belastet hätte (obgleich auch dies für einen jungen und hochangelegten Prinzen eine bittere Wunde und eine schmerzliche Entwürdigung war); aber was ihn so verstimmte und ihm allen Frohsinn raubte, war der Gedanke, daß seine Mutter sich so vergeßlich für seines Vaters Gedächtnis gezeigt hatte. Und eines solchen Vaters, der ihr ein so liebender und gütiger Gemahl gewesen war! Und damals war auch sie immer als sein liebendes und gehorsames Weib erschienen und hatte sich an ihn geschmiegt, als ob ihre Neigung zu ihm täglich inniger würde. Und jetzt, innerhalb zweier Monate oder, wie es dem jungen Hamlet schien, in weniger als zwei Monaten hatte sie wieder geheiratet, seinen Oheim geheiratet, ihres verstorbenen Gemahles Bruder! An und für sich schon eine höchst unschickliche und wegen der nahen Verwandtschaft ungesetzliche Ehe, die es aber noch viel durch die unziemliche Eile mehr geworden war, womit sie geschlossen war, und durch den unköniglichen Charakter des Mannes, den sie zum Thron- und Bettgenossen erwählt hatte. Das war es, was mehr als der Verlust von zehn Königreichen den Lebensmut des ehrenwerten jungen Prinzen dämpfte und sein Gemüt verdüsterte.

Vergeblich war alles, was seine Mutter Gertrud oder der König taten oder aussannen, ihn zu zerstreuen. Er erschien noch am Hof in tiefschwarzem Anzug, er wollte zeigen, daß er um den Tod seines königlichen Vaters trauerte. Diese Kleidung hatte er nie abgelegt, nicht einmal aus Rücksicht auf seine Mutter an ihrem Hochzeitstage, auch konnte er nicht dazu veranlaßt werden, an irgendeiner der Festlichkeiten und Freuden dieses (wie es ihm schien) schmachvollen Tages teilzunehmen.

Am meisten aber war für ihn die Ungewißheit über die Art des Todes seines Vaters beunruhigend. Claudius hatte vorgegeben, daß ihn eine Schlange gestochen hätte; aber der junge Hamlet hatte schlimme Verdachtsgründe, daß Claudius selber die Schlange sei, daß er ihn um seiner Krone willen ermordet habe und daß das Scheusal, welches seinen Vater gestochen habe, jetzt auf seinem Throne sitze.

Inwiefern er recht hatte mit dieser Vermutung und was er denken sollte von seiner Mutter – inwiefern sie Mitschuldige dieses Mordes wäre und ob er mit ihrer Einwilligung und ihrem Vorwissen stattgefunden hätte oder nicht –, das waren die Zweifel, die ihn unablässig quälten und hin und her zerrten.

Ein Gerücht war dem jungen Hamlet zu Ohren gekommen, daß eine Erscheinung, die genau dem verstorbenen König, seinem Vater, gleiche, von den Soldaten der Wache auf der Plattform vor dem Schloß um Mitternacht gesehen worden sei, zwei oder drei Nächte hintereinander. Die Gestalt kam immer von Kopf bis Fuß in dieselbe Waffenrüstung gehüllt, die der verstorbene König getragen hatte; und die, welche den Geist sahen (Hamlets Busenfreund Horatio war darunter), stimmten in ihrem Zeugnis über die Art und die Zeit seines Erscheinens überein: daß er genau mit dem Glockenschlage zwölf komme; daß er bleich aussehe, mit Zügen, in denen mehr Kummer als Zorn sich kundgebe; daß sein Bart grau sei, schwarz mit Silberglanz, wie sie bei seinen Lebzeiten es gesehen hatten; daß er keine Antwort gebe, wenn man ihn anredete; nur einmal habe es ihnen gedeucht, als erhebe er sein Haupt und bewege sich, wie um zu sprechen, aber in diesem Augenblick habe der Morgenhahn gekräht, und der Geist sei hastig zusammengefahren und ihrem Anblick entschwunden.

Der junge Prinz, in hohem Grade bestürzt über ihren Bericht, der zu gleichlautend und mit sich selbst übereinstimmend war, als daß man daran hätte zweifeln können, vermutete, daß es seines Vaters Geist sei, den sie gesehen hatten, und beschloß mit den Soldaten diese Nacht zu wachen, ob es ihm nicht gelänge, den Geist zu sehen. Denn er überlegte bei sich, daß eine solche Erscheinung nicht umsonst käme, sondern daß der Geist irgend etwas mitzuteilen hätte und, obgleich er bisher geschwiegen, doch mit ihm sprechen würde. Und er erwartete mit Ungeduld den Anbruch der Nacht.

Als die Nacht herankam, stellte er sich mit Horatio und Marcellus, einem Hauptmann der Wache, auf die Plattform, wo die Erscheinung zu wandeln pflegte; und da es eine kalte Nacht war und die Luft ungewöhnlich rauh und beißend, so gerieten Hamlet und Horatio und ihr Gefährte in ein Gespräch über die Kälte der Nacht; aber plötzlich wurde es unterbrochen durch Horatio, welcher meldete, daß der Geist herankomme.

Beim Anblick des Schattens seines Vaters fühlte sich Hamlet plötzlich von Schrecken und Furcht ergriffen. Er rief zuerst die Engel und die himmlischen Heerscharen zum Schutz an; denn er wußte nicht, ob es ein guter oder ein böser Geist wäre, ob er käme, um Gutes oder Übles zu tun. Aber allmählich gewann er mehr Mut; und sein Vater blickte, wie es ihm schien, so mitleidig auf ihn und mit solchem Ausdruck, als ob er sich mit ihm zu unterhalten wünsche, und glich in jeder Hinsicht seinem lebendigen Ebenbild so sehr, daß Hamlet nicht umhin konnte, ihn anzureden. Er nannte ihn bei seinem Namen: »Hamlet, König, Vater!« und beschwor ihn, den Grund zu sagen, warum er sein Grab, worin sie ihn ruhig bestattet gesehen, verlassen habe, um wiederzukehren und die Erde und das Mondlicht zu sehen, und er beschwor ihn kundzutun, ob sie irgend etwas unternehmen könnten, ihm Frieden zu geben. Und der Geist winkte Hamlet, er möge mit ihm nach einer entfernteren Stelle gehen, wo sie allein sein könnten. Und Horatio und Marcellus wollten den jungen Prinzen überreden, ihm nicht zu folgen, denn sie fürchteten, es möchte ein böser Geist sein, der ihn zum nahen Meer oder auf den Gipfel einer schrecklichen Klippe locken würde, und er möchte dort eine grauenhafte Gestalt annehmen, wodurch der Prinz seinen Verstand verlieren könnte. Aber ihre Bitten und Ratschläge konnten Hamlets Entschluß nicht ändern; er kümmerte sich zu wenig um das Leben, als daß er den Verlust desselben gefürchtet hätte; und was könnte wohl, sagte er, der Geist seiner Seele tun, die wie er selbst unsterblich sei? Und er fühlte so kühn wie ein Löwe, und indem er sich von ihnen losriß, die alles taten, was sie konnten, um ihn festzuhalten, folgte er dem Geist, wohin dieser immer ihn führen mochte.

Und als sie allein miteinander waren, brach der Geist das Schweigen und sagte ihm, daß er der Geist Hamlets, seines Vaters, sei, des grausam ermordeten, und er erzählte ihm den Hergang der Sache: Der Mord sei verübt von seinem eigenen Bruder Claudius, Hamlets Oheim (den Hamlet nur allzusehr im Verdacht gehabt hatte), in der Hoffnung, sein Nachfolger in Bett und Krone zu werden. Als er gemäß seiner Nachmittags-Gewohnheit in seinem Garten geschlummert habe, sei jener verräterische Bruder während seines Schlafes an ihn herangeschlichen und hätte in sein Ohr den Saft giftigen Bilsenkrauts geträufelt, welcher dem Menschenleben so gefährlich sei, daß er schnell wie Quecksilber durch alle Adern des Leibes laufe, das Blut ausdörrend und eine aussatzartige Kruste über die ganze Haut verbreitend; so sei er im Schlaf durch Bruderhand zugleich seiner Krone, seiner Gemahlin und seines Lebens beraubt. Und er beschwor Hamlet, wenn er je seinen teuren Vater geliebt hätte, so möchte er seiner scheußlichen Ermordung ein Rächer werden. Und der Geist klagte seinem Sohn, daß seine Mutter so von der Tugend abgefallen sei, daß sie der beschworenen Liebe zu ihrem ersten Gemahl sich treulos habe erweisen und seinen Mörder heiraten können; aber er warnte Hamlet, wie er auch immer in seiner Rache gegen seinen verruchten Oheim vorginge, auf keinen Fall eine Gewalttätigkeit gegen seine Mutter zu verüben, sondern sie dem Himmel und den Stacheln und Qualen ihres Gewissens zu überlassen. Und Hamlet versprach, des Geistes Anweisung in jeder Beziehung zu befolgen, und der Geist verschwand.

Und als Hamlet allein geblieben war, nahm er die feierliche Verpflichtung auf sich, alles, was er in seinem Gedächtnis trage, alles, was er je durch Bücher oder Leben gelernt habe, solle sofort vergessen sein und nichts in seiner Seele fortleben, als was der Geist ihm erzählt und aufgetragen habe. Und Hamlet berichtete die Einzelheiten des vorgefallenen Gespräches keinem andern als seinem treuen Freund Horatio; und er schärfte sowohl ihm wie Marcellus ein, das Geheimnis hinsichtlich dessen, was sie diese Nacht gesehen hatten, streng zu bewahren..

Das Entsetzen, welches der Geist in Hamlet hinterlassen hatte, hob sein Gemüt, da er schon vorher weich und niedergeschlagen gewesen war, fast aus den Angeln und verwirrte seine Vernunft. Und weil er fürchtete, daß dies schließlich die Wirkung haben möchte, daß man ihn beobachtete, und sein Oheim veranlaßt würde, auf der Hut zu sein –, dieser könnte ja argwöhnen, daß Hamlet irgend etwas gegen ihn im Schilde führe oder wirklich mehr von seines Vaters Tod wisse, als er zu erkennen gebe –, so faßte er einen sonderbaren Entschluß, fortan zu tun, als ob er wirklich und in Wahrheit verrückt wäre. Er dachte, daß er weniger ein Gegenstand des Argwohns sein würde, wenn sein Oheim ihn eines ernsthaften Planes unfähig glaubte, und daß seine wirkliche Gemütsverwirrung am besten in der Vermummung des Wahnsinns verdeckt und verborgen würde.

Von nun an trug Hamlet eine gewisse Wildheit und Sonderbarkeit in seinem Anzug, in seiner Rede und seinem

Benehmen zur Schau, und er spielte die Rolle des Verrückten so vorzüglich, daß der König und die Königin beide
getäuscht wurden, und da sie nicht glaubten, daß der Kummer um seines Vaters Tod ausreiche, um solche Geistes-
zerrüttung zu erzeugen (denn sie wußten ja nichts von der
Erscheinung des Geistes), so vermuteten sie, daß seine
Krankheit aus der Liebe hervorginge, und sie meinten, den
Gegenstand dieser Liebe gefunden zu haben.

Bevor Hamlet dem eben geschilderten Trübsinn verfiel,
hatte er eine schöne Jungfrau namens Ophelia, die Tochter
des Polonius, des ersten Staatsrates des Königs, zärtlich geliebt. Er hatte ihr Briefe und Ringe gesandt und ihr manche
Liebeserklärung gemacht und sie in Ehren mit seiner Zärtlichkeit bestürmt; und sie hatte seinen Gelübden und Be-
werbungen Glauben geschenkt. Aber der Trübsinn, dem er
neuerdings anheimgefallen war, hatte bewirkt, daß er sie
vernachlässigte, und von dem Augenblick, daß er den Plan
faßte, den Tollen zu spielen, stellte er sich, als ob er sie mit
Lieblosigkeit und einer gewissen Härte behandelte. Aber
anstatt ihm seine Untreue vorzuwerfen, redete das gute
Mädchen sich ein, daß es nur seine Gemütsstörung und
nicht absichtliche Lieblosigkeit wäre, die ihn weniger rück-
sichtsvoll als früher gegen sie gemacht habe; und sie verglich die Eigenschaften seines einst so edlen Gemüts und
seines ausgezeichneten Verstandes, die nun von dem tiefen
Trübsinn, der drückend auf ihm lag, gelitten hätten, mit
süßklingenden Glocken, die an und für sich der herrlich-
sten Musik fähig wären, aber, wenn sie geborsten seien
oder unter eine rauhe Behandlung kämen, nur einen har-
ten und mißtönenden Klang gäben.

Obgleich die schwere Verpflichtung, zu der Hamlet sich
vorbereitete, seines Vaters Tod an seinem Mörder zu
rächen, sich nicht mit Liebeständelei vertrug und nicht ver-
einbar dünkte mit einer so törichten Leidenschaft, wie die
Liebe ihm jetzt erschien, so konnte das doch nicht hin-

dern, daß liebliche Erinnerungen an Ophelia sich einmischten; und in einem dieser Augenblicke, da er bedachte, daß die Art, wie er die edle Jungfrau behandelte, unvernünftig hart gewesen sei, schrieb er ihr einen Brief voll von wilden Ausbrüchen der Leidenschaft und von schwärmerischen Ausdrücken, wie sie mit seinem angenommenen Wahnsinn übereinstimmten, aber bisweilen trat ein leiser Anflug von Zärtlichkeit hervor, welcher der edlen Jungfrau nur zeigen konnte, daß eine tiefe Liebe für sie noch im Grunde seines Herzens ruhte. Sie möchte, schrieb er, immerhin zweifeln, ob die Sterne Feuer seien und ob die Sonne sich bewege, sie möchte argwöhnen, daß die Wahrheit eine Lügnerin sei; aber nie möchte sie zweifeln an seiner Liebe – und noch ähnliche schwärmerische Wendungen fanden sich darin. Diesen Brief zeigte Ophelia pflichtschuldig ihrem Vater, und der alte Mann glaubte sich genötigt, ihn dem König und der Königin mitzuteilen. Seitdem nahmen sie an, daß der wahre Grund von Hamlets Wahnsinn Liebe sei. Und die Königin wünschte, daß die edle Schönheit Ophelias die glückliche Ursache seines Irrsinns sein möchte, denn so, hoffte sie, würden ihre Tugenden ihn glücklich wieder in seine gewohnte Bahn bringen, zu seiner und zu ihrer Ehre.

Aber Hamlets Krankheit lag tiefer als sie annahmen, tiefer, als daß sie in dieser Weise hätte geheilt werden können. Seines Vaters Geist, den er gesehen hatte, suchte noch immer seine Einbildungskraft heim, und die heilige Pflicht, seinen Mord zu rächen, ließ ihm keine Ruhe, bis sie erfüllt wäre. Jede Stunde Verzug deuchte ihm Sünde und Verletzung der Befehle seines Vaters. Doch war es keine leichte Aufgabe, den König zu töten, weil er stets von seinen Wachen umringt war; und wäre es auch leicht gewesen, so war die Gegenwart der Königin, der Mutter Hamlets, die gewöhnlich mit dem König zusammen war, für sein Vorhaben ein Hindernis, das er nicht beseitigen konnte. Außerdem war ihm schon der Umstand peinlich, daß der Thronräuber seiner Mutter Gemahl war; dadurch wurde fortwährend die Schneide seines Vorsatzes abgestumpft. Die bloße Handlung, ein Mitgeschöpf zu töten, war an und für sich gehässig und furchtbar für eine Natur von so edler Anlage, wie die Hamlets war. Allein sein Trübsinn und die Niedergeschlagenheit, in der er so lange sich befunden hatte, brachte eine Unschlüssigkeit und ein Schwanken hervor, das ihn abhielt, zu entscheidendem Handeln vorzugehen. Noch mehr: er konnte nicht umhin, einige Zweifel zu hegen, ob der Geist, den er gesehen hatte, in der Tat sein Vater sei oder ob es nicht etwa der Teufel sein könnte, der, wie er gehört hatte, Macht besaß, irgendeine beliebige Gestalt anzunehmen, und der seines Vaters Züge entlehnt haben mochte, bloß um über seine Schwäche und seinen Trübsinn einen Vorteil zu gewinnen und ihn zu einer so verzweifelten Tat wie einem Mord zu treiben. Und er beschloß, erst noch festere Grundlagen für sein Handeln zu gewinnen als ein Gesicht oder eine Erscheinung, die ein Trug sein könnte.

Während er noch in diesem Zustand der Unentschlossenheit war, kamen an den Hof Schauspieler, an welchen Hamlet früher oft Vergnügen gefunden hatte. Besonders hatte er einen von ihnen gern eine tragische Rede halten hören, worin der Tod des alten Priamus, des Königs von Troja, und der Kummer seiner Gemahlin Hekuba geschildert wurde. Hamlet hieß seine alten Freunde, die Schauspieler, willkommen, und indem er sich erinnerte, wie ihm jene Rede früher Vergnügen bereitet hatte, bat er den Schauspieler, sie zu wiederholen. Dieser schilderte die grausame Ermordung des schwachen alten Königs und die Vernichtung seines Volkes und seiner Stadt durch Feuer, sodann den wahnsinnigen Schmerz der alten Königin, wie sie barfuß auf und nieder durch den Palast rennt mit einem armseligen Lappen um das Haupt, das eine Krone getragen, die Lenden nur mit einem eilig aufgerafften Laken

umhüllt, während sie sonst in königlichem Gewand ge-
glänzt hatte – dies alles schilderte er mit solcher Leben-
digkeit, daß es nicht allein allen Zuschauern, welche die
Wirklichkeit zu sehen glaubten (so ergreifend war es dargestellt), Tränen entlockte, sondern der Schauspieler selbst
es mit schluchzender Stimme und wirklichen Tränen vor-
trug. Dies brachte Hamlet auf folgenden Gedanken: Wenn
dieser Schauspieler sich so leidenschaftlich durch eine bloß
erdichtete Rede aufregen könne, zu weinen für eine, die er
nie gesehen habe, für Hekuba, die so viele Jahrhunderte
schon tot sei, wie dumpf und gefühllos müsse er selber
dann sein, der, obgleich er einen wirklichen Grund und
gleichsam das Stichwort zur Leidenschaft habe, die Ermordung eines wirklichen Königs und teuren Vaters, dennoch
so wenig aufgeregt sei, daß seine Rache die ganze Zeit über
im Schlamme dumpfer Vergessenheit geschlafen zu haben
schien. Und während er über Schauspieler und Aufführung
und die mächtige Wirkung nachdachte, die ein gutes Spiel,
nach dem Leben dargestellt, auf den Zuschauer ausübt,
kam ihm die Erinnerung des Falles eines Mörders, der
beim Anblick eines Mordes auf der Bühne durch die bloße
Gewalt des Spiels und die Ähnlichkeit der Umstände so erschüttert wurde, daß er auf der Stelle das begangene Verbrechen eingestand. Und er beschloß, diese Schauspieler
sollten etwas der Ermordung seines Vaters Ähnliches vor
seinem Oheim aufführen, und er würde genau achtgeben,
welche Wirkung dies auf ihn haben würde, und nach seinen Blicken würde er imstande sein, mit mehr Gewißheit
zu schließen, ob er der Mörder sei oder nicht. Zu diesem
Zweck befahl er ein Schauspiel vorzubereiten, und er lud
den König und die Königin zur Aufführung desselben ein.

Die Begebenheit des Schauspiels bestand in einem Mord,
der in Wien an einem Herzog vollbracht wurde. Des
Herzogs Name war Gonzago, seine Gemahlin hieß Baptista. Der Verlauf der Handlung zeigte, wie ein gewisser

Lucianus, ein naher Verwandter des Herzogs, ihn in seinem Garten um seiner Krone willen vergiftete und wie der Mörder kurze Zeit nachher die Liebe von Gonzagos Gemahlin gewann.

Bei der Aufführung dieses Schauspiels war der König, der nichts von der ihm gelegten Falle ahnte, mit seiner Königin und dem ganzen Hofstaat zugegen; Hamlet saß ihm nahe, um aufmerksam seine Blicke zu beobachten. Das Spiel begann mit einer Unterhaltung zwischen Gonzago und seiner Gemahlin. Die Frau beteuerte hoch und heilig ihre Liebe: Nie und nimmer würde sie einen zweiten Gatten heiraten, wenn sie Gonzago überleben sollte; sie wolle verflucht sein, wenn sie je einen zweiten Gatten nähme, und fügte hinzu, daß kein Weib je so handelte als nur jene verruchten Weiber, die ihren ersten Gemahl töteten. Hamlet beobachtete, wie der König, sein Oheim, bei diesem Ausdruck die Farbe wechselte, und es war, als wenn dies Wort für ihn und die Königin übler Wermut wäre. Aber als Lucianus gemäß der Entwickelung des Schauspiels auftrat, um den im Garten schlummernden Gonzago zu vergiften, wirkte die schlagende Ähnlichkeit dieses Vorganges mit seiner eigenen verruchten Handlung an dem verstorbenen König, seinem Bruder, den er in seinem Garten vergiftet hatte, so furchtbar auf das Gewissen dieses Thronräubers, daß er unfähig war, dem übrigen Teil des Schauspiels beizuwohnen, und indem er plötzlich nach Licht rief, um ihm in sein Gemach zu leuchten, und eine jähe Krankheit vorgab oder teilweise fühlte, verließ er in hitziger Übereilung die Schaubühne. Als der König weggegangen war, hörte das Spiel auf. Nun hatte Hamlet genug gesehen, um mit Befriedigung zu fühlen, daß die Worte des Geistes Wahrheit und keine Täuschung enthielten; und in einer Anwandlung von Lustigkeit, wie sie jemanden überkommt, dem plötzlich ein großer Zweifel gelöst ist, schwur er Horatio, daß er tausend Doppelkronen auf das Wort des Geistes zu wetten bereit sei. Aber bevor er seinen Entschluß fassen konnte, was für Maßregeln er ergreifen solle zur Rache, rief die Königin, seine Mutter, ihn zu einer geheimen Unterredung in ihr Gemach.

Auf den Wunsch des Königs hatte seine Gemahlin zu Hamlet gesandt, damit sie ihrem Sohne bedeute, wie sehr sein letztes Benehmen ihnen beiden mißfallen habe. Und da der König alles zu erfahren wünschte, was bei dieser Unterredung vorfalle, und er sich dachte, daß der allzu parteiische Bericht einer Mutter einen Teil von Hamlets Worten verlorengehen lassen könnte, den zu wissen für den König von der größten Wichtigkeit wäre, so befahl er dem alten Staatsrat Polonius, sich hinter den Vorhängen im Gemach der Königin zu verstecken und dort ungesehen auf alles, was vorfiele, zu horchen. Diese List entsprach ganz besonders der Gemütsanlage des Polonius, der ergraut war in ränkevollen politischen Kunstgriffen und dem es Vergnügen machte, auf listigen Schleichwegen allerlei Kunde zu erhalten.

Als Hamlet zu seiner Mutter gekommen war, begann sie auf die bestimmteste Weise, seine Handlungen und sein Benehmen zu tadeln, und sie sagte ihm, daß er »seinen Vater« sehr beleidigt habe. Sie meinte damit den König, seinen Oheim, den sie wegen seiner Verheiratung mit ihr Hamlets Vater nannte. Hamlet, empört, daß sie einen so teuren und ehrenvollen Namen, wie »Vater« ihm schien, einem Schuft gebe, der in der Tat nichts anderes als der Mörder seines wirklichen Vaters war, erwiderte mit einiger Schärfe: »Mutter, du hast meinen Vater schwer beleidigt.« Die Königin sagte, das sei albern geantwortet. »So gut, wie die Frage verdiente«, meinte Hamlet. Die Königin fragte, ob er vergessen habe, mit wem er spreche. »Ach!« erwiderte Hamlet, »ich wollte, ich könnt's vergessen. Du bist die Königin, das Weib des Bruders deines Gemahls, und bist meine Mutter; ich wollte, du wärst nicht, was du bist.«

– »Wohlan denn«, sagte die Königin, »wenn du mir so wenig Ehrfurcht erweist, so will ich dir andere Männer gegenüberstellen, die dich zur Vernunft bringen werden«, und sie war im Begriff, den König oder Polonius zu ihm zu rufen.

Aber Hamlet wollte nun, da er sie allein hatte, sie nicht gehen lassen, bis er versucht hatte, ob seine Worte sie nicht zur Erkenntnis ihres verworfenen Lebens bringen könnten; und indem er sie beim Handgelenk faßte, hielt er sie fest und zwang sie niederzusitzen. Sie aber, erschrocken über sein ernstes Gebaren und in Angst, daß er ihr in seinem Wahnsinn etwas zuleide tun könne, schrie laut auf; und man hörte eine Stimme hinter den Vorhängen: »Hilfe, Hilfe für die Königin!« Als Hamlet das vernahm, dachte er in Wahrheit, es sei der König, der sich hier versteckt hätte, und er zog sein Schwert und stach an die Stelle, woher die Stimme gekommen war (gerade als wenn er eine Ratte gestochen hätte, die da raschelte), bis es still wurde und er den Schluß zog, daß der Mensch tot sei. Aber als er den Leichnam hervorzog, war es nicht der König, sondern Polonius, der alte dienstbeflissene Rat, der sich als Horcher hinter die Vorhänge gestellt hatte. »Weh!« rief die Königin aus, »welche rasche und blutige Tat hast du vollbracht!« – »Ja, eine blutige Tat«, erwiderte Hamlet, »aber nicht so schlimm wie die deinige; du tötetest einen König und heiratetest seinen Bruder.« Hamlet war zu weit gegangen, um wieder abzubrechen. Er war nun in der Stimmung, offen mit seiner Mutter zu reden, und er fuhr darin fort. Und obgleich die Fehler der Eltern von den Kindern zart behandelt werden müssen, so mag doch im Falle großer Verbrechen der Sohn das Recht haben, selbst mit seiner eigenen Mutter schroff zu reden, sofern diese Schroffheit zu ihrem Besten gemeint ist und darauf zielt, sie von ihren ruchlosen Wegen abzulenken, nicht bloß, ihr Vorwürfe zu machen. Und nun stellte der tugendhafte Prinz in beweglichen Ausdrücken der Königin die Scheußlichkeit ihres bösen Tuns vor Augen, daß sie des toten Königs, seines Vaters, so vergessen habe, daß sie in so kurzer Zeit sich mit seinem Bruder und mutmaßlichen Mörder vermählte, eine Handlungsweise, die nach den Gelübden, die sie ihrem ersten Gemahl geleistet, genug sei, um alle Weiberschwüre verdächtig zu machen und alle Tugend für Heuchelei zu nehmen, Ehebündnisse für weniger als Spielerei zu halten und Religion für Spötterei und Wortgeklingel. Er sagte, sie habe eine Tat verübt, daß der Himmel darüber erröte und die Erde an ihr kranke.

Und er zeigte ihr zwei Gemälde, das eine des verstorbenen Königs, ihres ersten Gemahls, und das andere des gegenwärtigen Königs, ihres zweiten Gemahls, und er hieß sie den Unterschied ins Auge fassen: Welch eine Anmut sei auf den Brauen seines Vaters, wie blicke er gleich einem Gotte! Apollos Locken, Jupiters hohe Stirn, Mars' Auge und eine Stellung wie die des Götterherolds Merkur, wenn er eben auf eine himmelnahe Höhe sich vom Olymp niedergeschwungen habe! Dieser Mann sei ihr Gemahl gewesen. Und dann zeigte er ihr, wen sie an seiner Statt gewonnen: Wie er gleich dem Meltau oder Rost blicke, denn so habe er seinen gesunden Bruder mit seinem Gifthauch verpestet. Und die Königin war tief beschämt, daß sie so ihren Blick inwendig auf ihre Seele richten sollte, die sie nun schwarz und von Flecken entstellt sah. Und er fragte sie, wie sie fortfahren könnte mit diesem Manne zu leben und ihm Weib zu sein, ihm, der ihren ersten Gemahl ermordet und die Krone gewonnen habe durch ebenso lügnerische Mittel wie ein Dieb.

Und gerade wie er sprach, trat der Geist seines Vaters, so wie er im Leben gewesen war und so wie er ihn jüngst gesehen hatte, in das Gemach, und Hamlet fragte ihn voll von Entsetzen, was er fordere. Und der Geist sagte, daß er käme, ihn an die versprochene Rache zu erinnern, die er vergessen zu haben scheine; und der Geist gebot ihm mit seiner Mutter zu sprechen, sonst würde der Kummer und der Schrecken sie töten. Dann verschwand die Erscheinung, und sie war von keinem gesehen außer von Hamlet; weder durch Deuten auf die Stelle, wo sie gestanden hatte, noch durch irgendeine Beschreibung konnte er sie seiner Mutter begreiflich machen. Sie aber war entsetzt, ihn die ganze Zeit zu hören, wie er – so schien es ihr – in die leere Luft hineinsprach; und sie schrieb es seiner Gemütsstörung zu. Aber Hamlet bat sie, ihrer verworfenen Seele nicht mit dem Gedanken zu schmeicheln, als hätte sein Wahnsinn und nicht ihr eigener Frevel seines Vaters Geist wieder auf die Erde geführt. Und er forderte sie auf, seinen Puls zu fühlen, wie ruhig er schlage, nicht wie der eines Wahnwitzigen. Und er bat sie mit Tränen, dem Himmel für das Vergangene zu beichten und in Zukunft die Gemeinschaft mit dem König zu meiden und sich nicht als sein Weib zu betrachten; und sobald sie sich ihm als Mutter zeige, indem sie seines Vaters Andenken ehre, werde er ihren Muttersegen erbitten. Und da sie versprach, seinen Weisungen zu folgen, endete das Gespräch.

Jetzt hatte Hamlet Muße, genauer hinzusehen, wen er in seiner unglückseligen Hitze getötet hatte; und als er entdeckte, daß es Polonius war, der Vater Ophelias, die er so zärtlich liebte, zog er den Leichnam beiseite, und da sein Gemüt ein wenig ruhiger war, mußte er über seine Tat weinen.

Dieser unselige Tod des Polonius gab dem König einen Vorwand, Hamlet nach auswärts zu senden. Er würde ihn gern haben hinrichten lassen, weil er ihn als gefährlich fürchtete; aber er scheute das Volk, das Hamlet liebte, und die Königin nicht minder, die trotz aller Fehler für ihren fürstlichen Sohn schwärmte. So veranlaßte der schlaue König unter dem Vorwand, für Hamlets Sicherheit zu sorgen (damit er nicht zur Rechenschaft gezogen würde für Polonius' Tod), daß der junge Prinz an Bord eines Schiffes mit der Bestimmung nach England gebracht wurde, unter der Aufsicht zweier Höflinge, durch die er Briefe an den englischen Hof befördern ließ, der damals von Dänemark abhängig und ihm zinspflichtig war. Darin stellte er die Forderung, unter besonderen hier vorgeschützten Gründen, daß Hamlet, sobald er auf englischem Grund und Boden landete, getötet würde. Der junge Prinz ahnte Verräterei; zur Nachtzeit machte er sich heimlich über die Briefe her, und indem er geschickt seinen eigenen Namen auslöschte, setzte er in die Stelle desselben die Namen jener beiden Höflinge, welche den Auftrag hatten, ihn zum Tode zu befördern; dann drückte er sein Siegel auf die Briefe und legte sie wieder an ihre Stelle. Bald nachher wurde das Schiff von Seeräubern angegriffen, und es begann ein Gefecht; im Verlauf desselben sprang Hamlet voll jugendlicher Begierde, seine Tapferkeit zu zeigen, allein mit dem Schwert in der Hand an Bord des Feindes, aber sein eigenes Schiff segelte feige weg, und die beiden Höflinge, ihn seinem Schicksal überlassend, eilten nach England mit jenen Briefen, deren Inhalt Hamlet zu ihrem eigenen gerechten Verderben umgeändert hatte.

Die Seeräuber, welche den Prinzen in ihrer Gewalt hatten, zeigten sich als großmütige Feinde; sie wußten, wer ihr Gefangener war, und in der Hoffnung, daß er ihnen einst am Hofe einen guten Gegendienst erweisen könnte zur Belohnung für die ihm bezeigte Gunst, setzten sie Hamlet im nächsten dänischen Hafen an Land. Von hier aus schrieb er an den König, indem er ihm den sonderbaren Glücksfall, der ihn in sein Vaterland zurückgebracht hatte, mitteilte und sagte, daß er in den nächsten Tagen sich Seiner Majestät vorstellen würde. Als er heimgekehrt war, bot sich zuerst seinem Auge ein trauriger Anblick dar.

Es war das Leichenbegängnis der jungen und schönen Ophelia, der einst so zärtlich von ihm geliebten. Die zarte

Jungfrau hatte den Verstand verloren seit dem Tod ihres armen Vaters. Daß er eines gewaltsamen Todes sterben mußte und durch die Hand des jungen Prinzen, den sie liebte, erschütterte ihr junges Gemüt derartig, daß sie in kurzer Zeit vollkommen irrsinnig wurde. Sie pflegte herumzugehen, indem sie den Damen des Hofes Blumen austeilte und sagte, daß sie von ihres Vaters Begräbnis wären; sie sang von Liebe und Sterben und bisweilen auch ganz sinnlose Gesänge, als wenn sie kein Gedächtnis für ihre Erlebnisse hätte. Ein Weidenbaum neigte sich über einen Bach und spiegelte sein grünes Laub im Strom. An diesen Bach kam sie eines Tages in einer unbewachten Stunde mit Kränzen, die sie aus Maßlieb und Nesseln, Blumen und Unkraut gewunden hatte, und als sie hochkletterte, um ihre Kränze auf die Zweige des Weidenbaumes zu hängen, brach ein Zweig, und das schöne junge Mädchen stürzte mit allem, was sie gesammelt hatte, ins Wasser. Ihre Kleider trugen sie noch eine Weile, während sie Bruchstücke alter Weisen sang, als ob sie ihre eigene Not nicht begriffe oder als wäre sie ein für dies Element geborenes und begabtes Geschöpf. Aber es währte nicht lange, bis ihre Kleider, die sich schwer getrunken hatten, sie von ihren melodischen Sängen hinunterzogen in einen schlammigen und bedauernswerten Tod.

Das Leichenbegängnis dieser schönen Jungfrau feierte eben ihr Bruder Laertes, als Hamlet ankam; der König und die Königin und der ganze Hof waren zugegen. Hamlet wußte nicht, was all dies Gepränge bedeute; er stellte sich zur Seite, um nicht die Feierlichkeit zu unterbrechen. Er sah die Blumen auf ihr Grab streuen, wie es Sitte war bei Jungfrauen-Begräbnissen; die Königin warf sie selbst in die offene Gruft, und dabei sagte sie: »Lieblichste der Lieblichen! Ich hoffte dein Brautbett damit zu schmücken, süßes Mädchen, nicht dein Grab zu bestreuen. O daß du meines Hamlets Gattin geworden wärest!« Und er hörte

ihren Bruder wünschen, daß Veilchen ihrem Grab ent-
sprießen möchten, und er sah ihn wahnsinnig vor Schmerz
in die Grube hineinspringen und hörte, wie er das Gefolge
anflehte, Berge von Erde auf ihn zu häufen und ihn mit ihr
zu begraben. Und Hamlets Liebe für die schöne Jungfrau
loderte wieder auf, und er konnte es nicht ertragen, daß ein
Bruder so überwallenden Schmerz zeigte, denn er glaubte
Ophelia mehr zu lieben als vierzigtausend Brüder. Dann
gab er sich zu erkennen und sprang in die Gruft, worin
Laertes war, ebenso wahnsinnig oder noch wahnsinniger als
er, und Laertes erkannte ihn, der die Schuld an seines Vaters
und seiner Schwester Tod trug, und faßte ihn wie einen
Feind an der Gurgel, bis das Gefolge sie trennte; und Hamlet entschuldigte nach dem Leichenbegängnis sein heftiges
Aufwallen, daß er sich in die Gruft gestürzt hatte, wie um
Laertes zu trotzen, aber er habe es nicht ertragen können,
daß man von einem sage, er hätte ihn im Schmerz um den
Tod der schönen Ophelia übertroffen. Und vorerst schienen diese beiden edlen Jünglinge versöhnt zu sein.

Aber den Kummer und den Schmerz des Laertes um seines Vaters und Ophelias Tod suchte der König, Hamlets
verworfener Oheim, auszunutzen zu seines Neffen Verderben. Er stiftete Laertes an, er solle unter der Maske des
Friedens und der Versöhnung Hamlet zu einer freund-
schaftlichen Prüfung ihrer Geschicklichkeit im Fechten
herausfordern. Hamlet nahm die Forderung an; ein Tag
wurde bestimmt, den Wettkampf auszumachen. Dabei war
der ganze Hof anwesend. Laertes bereitete nach Anweisung des Königs eine vergiftete Waffe vor. Die Höflinge
stellten bei dieser Gelegenheit große Wetten an, da sowohl
Hamlet wie Laertes für ausgezeichnete Fechter galten.
Und Hamlet nahm die Klingen auf und wählte sich eine,
ohne Laertes' Verräterei zu ahnen oder ängstlich des Gegners Waffe zu prüfen. Aber dieser gebrauchte statt einer
Klinge oder eines stumpfen Schwertes, wie es die Regeln

der Fechtkunst vorschreiben, einen spitzen und noch dazu vergifteten Degen.

Zuerst spielte Laertes bloß mit Hamlet und ließ ihn einige Vorteile über sich gewinnen. Das pries und erhob der heuchlerische König über alles Maß; er trank auf Hamlets Erfolg und stellte große Wetten an auf seinen Sieg. Aber nach einigen Gängen führte Laertes, indem er warm wurde, einen tödlichen Stoß auf Hamlet aus mit seiner vergifteten Waffe. Feuer und Flamme geworden, aber noch nicht das ganze verräterische Spiel ahnend, vertauschte Hamlet in der Verwirrung seine unschuldige Waffe mit der tödlichen des Laertes, und mit einem Stoß von Laertes' eigenem Degen vergalt er seinem Gegner, der so mit Recht in die Schlinge seines eigenen Verrats fiel.

In diesem Augenblick schrie die Königin auf, daß sie vergiftet sei. Sie hatte unachtsamerweise aus einer Schale getrunken, welche der König für Hamlet bereitet hatte, falls dieser, im Fechten warm geworden, nach einem Trunk rufen sollte; dahinein hatte der verräterische König ein tödliches Gift gegossen, um jedenfalls des Todes Hamlets sicher zu sein, wenn Laertes' Anschlag nicht gelungen wäre. Er hatte vergessen, die Königin vor der Schale zu warnen; sie trank davon und starb augenblicklich, mit ihrem letzten Atem noch ausrufend, daß sie vergiftet sei. Hamlet, der einen Verrat ahnte, befahl die Türen während seiner Untersuchung zu schließen. Aber Laertes sagte ihm, er möge nicht weiter suchen, denn er selber sei der Verräter; und da er fühlte, daß sein Leben dahinschwand durch die Wunde, die ihm Hamlet geschlagen, beichtete er den geübten Verrat, und wie er diesem selbst als Opfer anheimgefallen sei; und er erzählte von der vergifteten Degenspitze: Nur eine halbe Stunde habe Hamlet noch zu leben, denn keine Arznei könne ihm helfen. Und ihn um Vergebung anflehend, starb er, indem er mit seinen letzten Worten noch den König anklagte, den Anstifter des Unheils.

Auch Hamlet sah sein Ende nahen, aber da noch etwas Gift an dem Degen geblieben war, wandte er sich plötzlich gegen den verräterischen Oheim und stieß ihm die Spitze durchs Herz. So wurde das Versprechen erfüllt, das er dem Geist seines Vaters gegeben hatte; dessen Auftrag war nun vollzogen und seine schändliche Ermordung geracht an dem Mörder.

Dann wandte sich Hamlet, welcher fühlte, daß sein Atem schwächer würde und das Leben schwände, an seinen teuren Freund Horatio, welcher Zeuge dieses verhängnisvollen Trauerspiels gewesen war. Und mit seinem hinsterbenden Odem beschwor er ihn, er möge leben, um seine Geschichte der Welt zu erzählen (denn Horatio hatte eine Bewegung gemacht, als wolle er sich entleiben, um den Fürsten im Tode zu begleiten); und Horatio versprach, daß er einen treuen Bericht geben wolle als einer, der in alle Einzelheiten eingeweiht sei. Mit dieser Befriedigung brach Hamlets edles Herz; und Horatio und die Umstehenden befahlen unter vielen Tränen den Geist ihres geliebten Prinzen dem Schutze der himmlischen Heerscharen. Denn Hamlet war ein liebevoller und edler Prinz und hochgeschätzt wegen seiner vielen herrlichen und wahrhaft fürstlichen Eigenschaften; und wenn ihm ein längeres Leben beschieden gewesen wäre, würde er sich ohne Zweifel für Dänemark als ein höchst königlicher und vollkommener Herrscher bewährt haben.

Othello

Brabantio, der reiche Ratsherr von Venedig, hatte eine schöne Tochter, die holde Desdemona. Viele Freier warben um sie um ihrer vielen Tugenden willen wie wegen ihrer Aussichten auf ein reiches Erbe. Aber unter den Bewerbern aus ihrem eigenen Lande und von ihrer Gesichtsfarbe sah sie keinen, den sie hätte lieben können; die edle Jungfrau, die mehr auf das Herz als auf die Gesichtszüge der Männer achtete, hatte vielmehr gemäß einer eigentümlichen Neigung, die mehr Verwunderung als Nachahmung verdiente, zum Gegenstand ihrer Liebe einen Schwarzen, einen Mohren, sich ausersehen, einen Mann, den ihr Vater sehr schätzte und oft in sein Haus einlud.

Auch war Desdemona nicht unbedingt zu verdammen, als ob derjenige, den sie zu ihrem Gatten erkoren hatte, dazu durchaus ungeeignet gewesen wäre. Abgesehen davon, daß Othello von schwarzer Farbe war, fehlte dem Mohren nichts, das ihn der Neigung der vornehmsten Dame zu empfehlen vermocht hätte. Er war ein Krieger, und zwar ein sehr tapferer; und durch seine Führung in blutigen Kämpfen gegen die Türken war er zum Rang eines Oberfeldherrn im venezianischen Dienst emporgestiegen, und er genoß die Achtung und das Vertrauen des Staates.

Er hatte große Reisen gemacht, und Desdemona, wie dies die Art junger Mädchen ist, hörte ihn gern die Geschichte seiner Abenteuer erzählen, die er rasch zu durchlaufen pflegte von seiner frühesten Erinnerung her: die Schlachten, Belagerungen und Zusammenstöße, die er bestanden habe, die Gefahren, denen er zu Land und zu Wasser ausgesetzt gewesen sei; wie er um Haaresbreite dem Tod entronnen beim Sturm auf eine Bresche oder beim Draufgehen auf die Mündung einer Kanone; und wie der übermütige Feind ihn zum Gefangenen gemacht und in die Sklaverei verkauft habe; wie er sich in diesem Zustand benommen und wie er erlöst sei. Alle diese Berichte, wozu noch die Erzählung von den in fremden Ländern gesehenen Wundern kam, den wüsten Steppen und den weiten Höhlen, den Steinbrüchen, den Felsen und Bergen, deren Gipfel in die Wolken ragen; von den wilden Völkern, den Kannibalen, die Menschenfresser sind, und von einem afrikanischen Menschenschlag, dem der Kopf unter der Schulter wachse – alle diese Reiseberichte pflegten die Aufmerksamkeit Desdemonas so zu fesseln, daß, wenn ein Hausgeschäft sie irgend einmal abrief, sie in aller Eile dies vollbrachte und zurückkehrte und mit durstigem Ohr Othellos Rede verschlang. Und einstmals ersah er die Gelegenheit einer günstigen Stunde und gab ihr Anlaß zur herzlichen Bitte, er möge ihr ausführlich seine ganze Lebensgeschichte erzählen, von der sie so viel, aber immer nur stückweise, gehört hatte. Er erfüllte ihren Wunsch und entlockte ihr manche Träne, wenn er ein leidvoll Abenteuer aus seiner Jugend berichtete.

Als seine Geschichte zu Ende war, gab sie ihm für seine Leiden eine Welt von Seufzern; sie schwur mit reizendem Lächeln, alles sei wunderseltsam und rührend, unendlich rührend; sie wünsche, es nicht gehört zu haben, und doch wünsche sie, daß der Himmel sie zu solchem Mann geschaffen hätte; und darauf dankte sie ihm und bat, wenn je ein Freund von ihm sie lieben sollte, so möge er ihn lehren, seine Geschichte zu erzählen, das würde sie für ihn gewinnen. Auf diesen Wink, der mit ebensoviel Bescheidenheit wie Offenherzigkeit gegeben wurde und den eine bezaubernde Holdseligkeit und sanftes Erröten begleitete, so daß ihn Othello wohl verstehen mußte, erklärte er offen seine Liebe, und bei dieser unvergleichlichen Gelegenheit gewann er die Einwilligung der hochherzigen Desdemona, sich heimlich mit ihm zu vermählen.

Weder Othellos Farbe noch sein Vermögen waren derart, daß er hoffen konnte, Brabantio würde ihn als Schwiegersohn annehmen. Er hatte seine Tochter nicht in ihrem Tun und Lassen beschränkt, aber er erwartete, daß sie nach Art vornehmer venezianischer Damen in kurzem einen Gemahl von Ratsherrenrang oder von Aussicht darauf wählen würde; aber darin sah er sich getäuscht. Desdemona liebte den Mohr, obgleich er schwarz war, und sie weihte Herz und Rang seiner Tapferkeit und seinen edlen Eigenschaften; so sehr war ihr Herz von einer unbedingten Ergebung für den Mann, den sie zum Gemahl gewählt hatte, erfüllt, daß sie sogar seine Farbe, welche für alle Damen mit Ausnahme dieses verständigen Mädchens als unübersteigliches Hindernis sich erwiesen haben würde, weit höher schätzte denn die weiße Haut und die helle Farbe der jungen venezianischen Adligen, ihrer Bewerber.

Ihre Vermählung war zwar heimlich bewerkstelligt, konnte aber doch nicht lange geheimgehalten werden. Sie kam dem alten Brabantio zu Ohren, der in einer feierlichen Ratssitzung erschien als Ankläger des Mohren Othello, der durch Zaubertränke wie Teufelslist das Herz der schönen Desdemona verführt hätte, ihn zu heiraten ohne die Einwilligung des Vaters und wider alle Verpflichtungen der Gastfreundschaft.

Um diese Zeit traf es sich, daß der Staat Venedig der Dienste des Mohren augenblicklich bedurfte, da Nachrichten angekommen waren, daß die Türken nach mächtiger Vorbereitung eine Flotte ausgerüstet hätten, die ihren Lauf nach der Insel Zypern nehme, um diesen festen Platz den Venezianern, die ihn damals besetzt hielten, wieder zu entreißen. Bei diesem Ereignis richtete der Staat seine Augen auf Othello, dem man allein die Fähigkeit zutraute, die

Verteidigung von Zypern wider die Türken zu leiten. So stand Othello, jetzt vor den hohen Rat geladen, vor den Herren, zugleich als Auserkorner für ein hohes Staatsamt und als Angeklagter, den man Verbrechen zieh, die nach dem Gesetz von Venedig mit dem Tode bedroht waren.

Das Alter und der Ratsherrenrang des alten Brabantio machten ein geduldiges Gehör von seiten dieser ehrwürdigen Versammlung nötig; aber der erzürnte Vater führte die Anklage mit so geringer Mäßigung, indem er Wahrscheinlichkeiten und Behauptungen als Beweise hinstellte, daß Othello, als er zu seiner Verteidigung aufgerufen wurde, nur die einfache Geschichte vom Verlauf seiner Liebeswerbung zu berichten hatte. Er tat das mit so kunstloser Beredsamkeit, indem er von der ganzen Geschichte seiner Werbung in der oben erzählten Weise Rechenschaft gab, und er trug seine Rede mit so edler Einfachheit (diesem Beweise der Wahrheit) vor, daß der Herzog, der den Vorsitz im Gericht führte, nicht umhin konnte zu bekennen, daß eine so vorgetragene Erzählung seine Tochter noch dazu gewonnen haben würde. Und die Zauberkünste und Beschwörungen, die Othello bei seiner Werbung angewandt hätte, seien offenbar nichts anderes gewesen als die anständigen Mittel verliebter Leute; der einzige Zauber, dessen er sich bedient habe, sei die Fähigkeit, eine Erzählung in so einschmeichelnder Weise vorzutragen, daß dadurch ein weibliches Ohr gewonnen würde.

Die Aussage Othellos wurde durch das Zeugnis seiner Gemahlin Desdemona selber bestätigt, die vor dem Gerichtshof erschien; und indem sie nicht verhehlte, daß sie ihrem Vater für Leben und Erziehung verpflichtet sei, nahm sie auch das Recht in Anspruch, eine noch höhere Pflicht gegen ihren Herrn und Gemahl zu bekennen, genau in demselben Maße, wie ihre Mutter es getan, indem sie einst ihn (Brabantio) ihrem Vater vorgezogen habe.

Der alte Ratsherr, unfähig, die Anklage aufrechtzuhalten, rief den Mohren mit vielen Ausdrücken des Schmerzes zu sich und übergab ihm notgedrungen seine Tochter, die, sagte er, wenn es noch in seiner Macht stände, sie bei sich zu behalten, er mit aller Kraft von ihm weggerissen haben würde; er fügte hinzu, daß er seelenfroh sei, kein anderes Kind sein zu nennen, denn Desdemonas Benehmen würde ihn gelehrt haben, tyrannisch zu werden und um ihrer Flucht willen dem anderen Kinde Ketten anzulegen.

Nachdem diese Schwierigkeit überwunden war, übernahm Othello, dem die Gewohnheit das schwerste Ungemach des Soldatenlebens ebenso vertraut gemacht hatte, wie Nahrung und Ruh es anderen Menschen sind, bereitwillig die Führung des Krieges auf Zypern; und Desdemona stellte die Ehre ihres Gemahls, wenn sie auch mit Gefahren verbunden war, weit höher als die Hingebung an eitle Vergnügungen, in welchen Neuvermählte die Zeit gewöhnlich vergeuden, und so willigte sie freudig ein, mit ihm abzureisen.

Kaum waren Othello und seine Gemahlin auf Zypern gelandet, als die Nachricht ankam, daß ein wütender Sturm die türkische Flotte zerstreut habe und die Insel sicher gegen augenblickliche Kriegsgefahr sei. Aber der Kampf, den Othello bereit war, auf sich zu nehmen, war jetzt im Werden begriffen; und die Feinde, welche Bosheit gegen sein unschuldiges Weib aufstachelte, erwiesen sich ihrer Natur nach als schlimmer und gefährlicher denn Fremde und Ungläubige.

Unter allen Freunden des Feldherrn besaß keiner in höherem Grade das Vertrauen Othellos als Cassio. Er war ein junger Krieger, ein Florentiner, fröhlich, leicht und von gefälligem Äußeren, Eigenschaften, die in den Augen der Frauen viel gelten; er war hübsch und beredt und wie geschaffen, um die Eifersucht eines Mannes zu reizen, der, schon in Jahren vorgerückt (wie Othello dafür gelten konnte), ein junges und schönes Weib geheiratet hatte;

aber Othello war ebenso frei von Eifersucht, wie er edel war, und ebenso unfähig eine niedrige Handlung bei anderen vorauszusetzen, wie selber sie zu vollbringen. Er hatte diesen Cassio in seinem Liebeshandel mit Desdemona gebraucht, und Cassio war bei seiner Bewerbung eine Art von Vermittler gewesen. Denn Othello, welcher fürchtete, daß er selbst nicht die angenehme Unterhaltungsgabe besitze, die Frauen gefällt, und der diese Eigenschaft an seinem Freunde schätzte, hatte oft Cassio abgesandt, um statt seiner, wie er es nannte, einen ritterlichen Dienst zu verrichten; denn ein so unschuldiges Vertrauen ist vielmehr eine Ehre denn ein Tadel für das Wesen des tapferen Mohren. So war es kein Wunder, wenn nächst Othello selbst die liebliche Desdemona (natürlich in weitem Abstande, wie es sich geziemt für ein tugendhaftes Weib) den Cassio schätzte und ihm vertraute. Auch hatte die Vermählung dieses Paares keinen Unterschied in ihrem Benehmen gegen Cassio hervorgebracht. Er kam häufig in ihr Haus, und seine frische und fröhliche Art zu plaudern war für Othello, der selber von einer mehr ernsten Gemütsart war, erfreuliche Abwechselung; denn solche Gemüter finden, wie man oft beobachtet hat, ihre Lust an ihrem Gegensatz, der sich von dem erdrückenden Ernst ihres eigenen Wesens abhebt. Und Desdemona und Cassio pflegten miteinander zu plaudern und zu lachen wie in den Tagen, da er für seinen Freund manchen ritterlichen Dienst ausrichtete.

Othello hatte jüngst Cassio zu seinem Stellvertreter befördert, in ein Vertrauensamt, das der Person des Feldherrn am nächsten stand. Durch diese Beförderung fühlte sich Jago sehr verletzt; er war ein älterer Hauptmann, der mehr Ansprüche denn Cassio zu haben glaubte und sich oft über diesen lustig machte als über einen Gesellen, der einzig für die Gesellschaft von Damen geeignet sei und der nicht mehr als ein Mädchen von der Kriegskunst verstehe oder wie ein Heer in Schlachtordnung zu stellen sei. Jago haßte

Cassio, und er haßte Othello schon deshalb, weil er Cassio vorzog, aber namentlich wegen eines ungerechten Verdachts, den er leichtsinnigerweise gegen Othello gefaßt hatte, als ob er zu zärtlich gegen Jagos Weib Emilia wäre. Auf diese rein eingebildeten Beweggründe hin faßte Jagos ränkesüchtiges Gemüt einen furchtbaren Racheplan, der Cassio, den Mohren und Desdemona in ein gemeinsames Verderben verwickeln sollte.

Jago war schlau und hatte tief die menschliche Natur ergründet, und er wußte, daß von allen Qualen, die das Herz peinigen noch weit hinaus über körperliche Schmerzen, die Qual der Eifersucht am unerträglichsten sei und den giftigsten Stachel habe. Wenn es ihm glückte, Othello eifersüchtig auf Cassio zu machen, so würde das, glaubte er, ein vorzüglicher Racheplan sein, der mit dem Tode Cassios enden müßte oder mit dem Othellos oder beider – ihm sollte alles recht sein.

Die Ankunft des Feldherrn und seiner Gemahlin auf Zypern, die zusammentraf mit der Nachricht von der Zerstreuung der feindlichen Flotte, hatte eine Art von Feiertag auf der Insel hervorgerufen. Jedermann gab sich Festlichkeiten und Lustbarkeiten hin. Wein floß in Strömen, und Becher kreisten in der Runde auf das Wohl des schwarzen Othello und seiner Gemahlin, der schönen Desdemona.

Cassio hatte in dieser Nacht den Oberbefehl über die Wache. Ihm war der Auftrag von Othello geworden, die Soldaten vor jeder Ausschreitung im Trinken zu bewahren, damit kein Lärm entstünde, der die Einwohner erschrecken oder ihnen die neugelandeten Streitkräfte verleiden könnte. In dieser Nacht begann Jago seine tiefangelegten Unheilspläne; unter dem Schein der Treue und Liebe zum Feldherrn verlockte er Cassio, allzu flott der Flasche zuzusprechen (ein großer Fehler an einem Hauptmann auf Wache). Cassio leistete zwar eine Zeitlang Widerstand,

aber er erlag bald der ehrlich tuenden Dreistigkeit, die Jago
aufzuwenden verstand, und er stürzte fortwährend Glas
auf Glas herunter, da Jago ihm in einem fort mit Trinken
und lustigen Liedern zusetzte, und Cassios Zunge floß
über vom Preise der holden Desdemona, auf die er wieder
und wieder ein Hoch ausbrachte mit der Versicherung, sie
wäre das herrlichste Weib auf der Welt. Aber endlich stahl
der böse Feind, den Jago ihm in den Mund flößte, ihm das
Gehirn, und auf eine Herausforderung, die von einem
durch Jago dazu angestifteten Gesellen an ihn gerichtet
war, wurden Schwerter gezogen, und Montano, ein würdiger Hauptmann, der sich einmischte, um den Streit zu be-
schwichtigen, wurde verwundet. Jetzt begann der Auf-
stand allgemein zu werden, und Jago, der das Unheil in
Gang gebracht hatte, war am eifrigsten bemüht, den Lärm
zu verbreiten: Er ließ die Festungsglocke läuten, als wenn
eine gefährliche Meuterei und nicht eine einfache Zechrau-
ferei ausgebrochen wäre, und das Läuten der Alarmglocke
weckte Othello, der, hastig sich ankleidend und auf den
Schauplatz der Unruh eilend, Cassio nach der Ursache
fragte. Diesem war jetzt die Besinnung wiedergekehrt, da
die Wirkung des Weines sich ein wenig verloren hatte, aber
er war zu beschämt, als daß er hätte antworten können;
und Jago, der freilich tat, als widerstrebe es ihm, Cassio an-
zuklagen, aber als wäre er dazu von Othello gezwungen,
der darauf bestand, die Wahrheit zu erfahren, gab einen Bericht von der ganzen Sache (allerdings mit Auslassung
seines eigenen Anteils, dessen sich zu erinnern Cassio viel
zuviel getrunken hatte), und er stellte sie so dar, daß,
während er Cassios Vergehen zu mildern schien, er es in
der Tat größer erscheinen ließ, als es wirklich war. Die
schließliche Folge war, daß Othello als strenger Bewahrer
der kriegerischen Zucht sich gezwungen sah, Cassio seines
Stellvertreteramtes zu entsetzen.

So gelang Jagos erste List vollständig; er hatte jetzt

seinem verhaßten Nebenbuhler den Boden untergraben und ihn aus seiner Stellung gedrängt. Und ein fernerer Gebrauch war später von dem Ereignis dieser unheilvollen Nacht zu machen.

Cassio, den dies Mißgeschick völlig ernüchtert hatte, jammerte jetzt seinem scheinbaren Freunde Jago vor, daß er ein solcher Tor gewesen sei, sich in ein Vieh zu verwandeln. Er sei verloren, denn wie könne er den Feldherrn je wieder um sein Amt bitten? Jener würde ihm ja sagen, daß er ein Trunkenbold wäre. Er verachte sich selbst. Jago aber tat, als nähme er die Sache leicht, und sagte, daß er und jedermann leicht einmal bei Gelegenheit sich berauschen könne; es bleibe nun nur übrig, die böse Geschichte möglichst wiedergutzumachen; des Feldherrn Gemahlin führe jetzt den Oberbefehl und könne alles mit Othello machen; es wäre das beste, sich jetzt an Desdemona zu wenden, damit sie für ihn bei ihrem Herrn die Vermittlung übernähme; sie hätte einen offenen und gnadenreichen Sinn und würde bereitwillig einen guten Dienst dieser Art übernehmen und Cassio wieder in die Gunst des Feldherrn setzen, und dann würde die jetzt zersprungene Liebe noch stärker werden als je. Ein guter Rat von Jago, wenn er nur nicht zu verruchten Zwecken gegeben wäre, wie sich bald herausstellen wird.

Cassio tat, wie Jago ihm riet, und wandte sich an Desdemona, die leicht in einer ehrbaren Sache zu gewinnen war; und sie versprach Cassio, daß sie seine Fürsprecherin bei ihrem Gemahl sein und lieber sterben werde, als seine Sache preisgeben. Dies führte sie auch sogleich aus und zwar in einer so ernsten und anmutigen Art, daß Othello, den Cassio tödlich beleidigt hatte, ihr nichts versagen konnte. Als er die Notwendigkeit des Aufschubs betonte und daß es zu früh wäre, einen solchen Sünder zu verzeihen, wollte sie sich nicht abweisen lassen, sondern drang darauf, daß es am nächsten Abend oder am folgenden Morgen oder längstens am nächstfolgenden geschehen solle. Dann zeigte sie, wie reuevoll und gedemütigt der arme Cassio wäre und daß sein Vergehen nicht einen so scharfen Tadel verdiente. Und als Othello noch immer zögerte, rief sie: »Wie, mein Gemahl? Mir soll es so schwer werden, Cassios Sache zu führen, Cassios, der für dich um mich warb und oft, wenn ich von dir nicht günstig sprach, dich treu verfocht? Ich rechne dies nur für eine Kleinigkeit, die ich von dir erbitte. Soll ich einmal ernstlich deine Liebe prüfen, dann werde ich dich um etwas Wichtigeres bitten.« Othello konnte einer solchen Fürbitterin nichts verweigern, und indem er bloß verlangte, Desdemona möge ihm Zeit lassen, versprach er, Cassio wieder seine Gunst zuzuwenden.

Othello und Jago waren in Desdemonas Gemach eingetreten gerade in dem Augenblick, als Cassio, der ihre Vermittlung angerufen hatte, zur entgegengesetzten Tür hinausging; und Jago, der ränkevolle, hatte mit leiser Stimme gesagt, als wenn er zu sich selbst spräche: »Ei! das gefällt mir nicht.« Othello hatte auf diese Worte kein großes Gewicht gelegt; in der Tat verdrängte die Zusammenkunft, die unmittelbar nachher mit seiner Gemahlin stattfand, sie aus seinem Gedächtnis; aber nachher fielen sie ihm wieder ein. Denn als Desdemona hinausgegangen war, richtete Jago, als wäre es nur, um seinen früheren Gedanken vor sich selbst zu rechtfertigen, an Othello die Frage, ob Cassio damals, als Othello um seine Geliebte freite, etwas von seiner Liebe gewußt habe. Als darauf der Feldherr bejahend antwortete und hinzufügte, daß Cassio während jener Zeit oft als Bote zwischen ihnen hin und her gegangen sei, da zog Jago seine Stirn in düstere Falten, als ob ihm über eine furchtbare Sache neues Licht aufgegangen wäre, und rief: »Wirklich?« Dies erinnerte den Mohren wieder an jene Worte, die Jago beim Betreten des Gemaches, als er Cassio bei Desdemona sah, hatte fallenlassen, und es fiel ihm ein, daß alles dies etwas zu bedeuten habe. Denn er hielt Jago für einen gerechten und treuen und ehrlichen Mann, und was in einem falschen und schurkischen Gemüt Hinterlist sein könnte, das, meinte er, sei in ihm die natürliche Regung eines ehrlichen Herzens, das etwas in sich verschließe, das zu grauenvoll sei, um es zu äußern. Und Othello bat Jago dringend, auszusprechen, was er wisse, und seinen schlimmsten Gedanken Ausdruck zu geben. »Wie?« rief Jago, »wenn einmal niedrige Gedanken in meine Brust Eingang gefunden hätten? Denn wo ist der Palast, in den nicht auch einmal Schändliches eindränge?« Dann lenkte Jago die Rede dahin, daß er sagte, es würde ja ein Jammer sein, wenn für Othello irgendeine Störung seines Seelenfriedens aus seinen unvollkommenen Beobachtungen hervorgehen sollte; es würde für Othellos Ruhe nicht taugen, seine Gedanken zu kennen; der gute Name dürfe jemandem nicht auf geringe Verdachtsgründe hin genommen werden; und als Othellos Argwohn durch diese Winke und hingestreuten Worte fast bis zum Wahnsinn erregt war, bat ihn Jago wie in ernstlicher Sorge um Othellos Gemütsruhe, er möge sich hüten vor Eifersucht. Mit solcher boshaften List erregte dieser Schurke Verdacht in dem arglosen Othello gerade durch die Warnung, die er ihm vorgeblich erteilte gegen Verdacht. »Ich weiß«, sprach Othello, »daß mein Weib schön ist, daß sie Gesellschaft und Feste liebt, daß sie frei und offen spricht, daß sie gut singt, spielt und tanzt; aber wo Tugend ist, da nehmen auch diese Vorzüge teil an der Tugend. Ich muß Beweise haben, ehe ich an Untreue bei ihr glaube.« Da erklärte Jago, als wäre er froh, daß Othello nicht gern Böses von seiner Gemahlin denke, frank und frei, daß er keine Beweise habe, aber er bat Othello, ihr Benehmen wohl zu beachten, wenn Cassio bei ihr wäre; er möge nicht eifersüchtig sein, aber auch nicht zu sorglos, denn er kenne die Neigungen seiner Landsmänninnen besser als Othello, und in Venedig ließen die Weiber den Himmel manche Dinge sehen, die sie ihren

Männern nicht zu zeigen wagten. Dann gab er arglistig zu verstehen, daß Desdemona ihren Vater bei ihrer Vermählung mit Othello getäuscht und diese so heimlich betrieben hätte, daß der arme alte Mann geglaubt hätte, es sei Zauberkraft dabei gebraucht. Othello wurde sehr aufgeregt durch diesen Beweisgrund, der ihm vollkommen einleuchtete; denn wenn sie ihren Vater getäuscht hatte, dann konnte sie wohl auch ihren Gatten täuschen.

Jago bat um Verzeihung, daß er ihn so aufgeregt habe; aber Othello, eine gleichgültige Miene heuchelnd, während er in Wirklichkeit bei Jagos Worten von Ingrimm geschüttelt wurde, bat ihn fortzufahren. Das tat Jago mit vielen Entschuldigungen, als ob er nur widerwillig etwas gegen Cassio vorbringe, den er ja seinen Freund nenne. Er kam dann mit Nachdruck auf die Hauptsache und erinnerte den Mohren, daß Desdemona so manche passende Verbindungen mit Männern ihres eigenen Landes und von ihrer Farbe ausgeschlagen und ihn, einen Mohren, geheiratet habe; dies erscheine widernatürlich an ihr und beweise, daß sie einen eigensinnigen Willen besitze, und wenn ihr besseres Urteil wiederkehre, wie wahrscheinlich es dann sei, daß sie Othello mit den schönen Gestalten und den lichten weißen Farben ihrer jungen Landsleute vergleichen würde. Er schloß damit, Othello den Rat zu geben, er möge seine Versöhnung mit Cassio ein wenig länger hinausschieben und in der Zwischenzeit beobachten, wie ernstlich Desdemona zu seinen Gunsten eintrete; daraus würde sich manches ergeben. So unheilvoll machte dieser ränkevolle Bösewicht seine Anschläge, daß er die edlen Eigenschaften dieser unschuldigen Dame zu ihrem Verderben wandte und aus ihrer eigenen Gutherzigkeit ein Netz schuf, um sie darin zu fangen: Erst stiftete er Cassio an, ihre Vermittlung zu erbitten, und dann entnahm er ebendieser Vermittlung die schurkische List, die zu ihrem Untergang führen sollte.

Die Unterredung endete mit Jagos Bitte, Othello möge

sein Weib für unschuldig halten, bis er entscheidende Beweise habe; und Othello versprach, geduldig zu sein, aber von diesem Augenblick an hatte der getäuschte Mann nie wieder volle Gemütsruhe. Weder Mohn noch Alraunwurzelsaft noch alle Schlaftränke der Welt konnten ihm je wieder den süßen Schlummer geben, den er doch noch gestern genossen hatte. Seine kriegerische Beschäftigung lag wie ein Alp auf ihm, er fand keine Freude mehr an den Waffen. Sein Herz, das sonst beim Anblick von Truppen und Fahnen und Schlachtreihen frohlockt und ihm beim Ton einer Trommel oder einer Trompete oder eines wiehernden Rosses in der Brust gehüpft hatte, schien allen Stolz und Ehrgeiz, worin die Tugend eines Kriegers liegt, verloren zu haben; von soldatischem Eifer und allen seinen alten Freuden empfand er nichts mehr. Bisweilen hielt er sein Weib für treu, dann wieder dachte er, es wäre nicht so; bisweilen hielt er Jago für brav, und dann wieder dachte er, es wäre nicht so; er wünschte wohl, nie etwas von der Sache erfahren zu haben – er war um nichts schlimmer dran, wenn sie Cassio liebte, nur hätte er es nicht wissen sollen. Durch solche zerrende Gedanken wie zerrissen, packte er einmal Jago an der Gurgel und verlangte Beweise für Desdemonas Schuld, oder er drohte ihm mit sofortigem Tod, weil er sie verleumdet habe. Jago, der sich empört stellte, daß seine Redlichkeit als Laster gelte, fragte Othello, ob er nicht zuweilen ein mit Erdbeeren besticktes Taschentuch in der Hand seiner Gemahlin gesehen habe. Othello antwortete, daß er ihr ein solches geschenkt habe und daß dies seine erste Gabe an sie gewesen sei. »Mit diesem selben Taschentuch«, sagte Jago »sah ich Cassio heute sein Antlitz abwischen.« – »Wenn es so ist, wie du sagst«, rief Othello, »so will ich nicht ruhen, bis die volle Rache sie beide verschlingt; und erstlich, als ein Zeichen deiner Treue erwarte ich, binnen drei Tagen von dir zu hören, daß Cassio nicht mehr lebt; und was diesen schönen Teufel betrifft« (er meinte damit seine Gemahlin), »so will ich im stillen ein schnelles Todesmittel für sie ersinnen.«

Kleinigkeiten leicht wie Luft sind für den Eifersüchtigen Beweise, die ebenso schwer wiegen wie die Heilige Schrift. Ein Taschentuch seines Weibes in Cassios Hand – das war Grund genug für den betrogenen Othello, um über beide das Todesurteil auszusprechen; es bedurfte für ihn keiner weiteren Untersuchung, wie Cassio dazu gekommen sei. Desdemona hatte niemals Cassio ein solches Geschenk gegeben, auch hätte sein treues Weib niemals ihren Herrn und Gemahl gekränkt, indem sie etwas so Nichtswürdiges getan hätte, wie seine Gaben einem anderen Manne zu schenken. Cassio und Desdemona waren unschuldig an einer Beleidigung Othellos; aber der verruchte Jago, dessen Geist nie ruhte, Schurkereien zu ersinnen, hatte seine Frau, ein gutes, aber schwaches Weib, veranlaßt, dieses Taschentuch Desdemona heimlich zu entwenden; er hatte vorgegeben, die Stickerei nachmachen zu lassen; in Wirklichkeit aber wollte er es fallen lassen, so daß Cassio es auf seinem Wege fände, und damit wollte er seiner Erdichtung, daß es Desdemonas Geschenk wäre, eine Handhabe leihen.

Bald nachdem er sein Weib getroffen hatte, gab Othello vor, daß er Kopfweh habe (wie es ja auch wirklich sein mochte), und verlangte von ihr, sie möchte ihm ihr Taschentuch leihen, seine Schläfen zu drücken. Sie tat es. »Nicht dieses«, sagte Othello, »sondern das Taschentuch, das ich dir schenkte.« Desdemona hatte es nicht bei sich, denn es war in der Tat gestohlen. »Wie?« rief Othello, »das ist in der Tat sehr schlimm. Dieses Taschentuch gab eine Zigeunerin meiner Mutter; das Weib war eine Zauberin und konnte die Gedanken der Leute lesen. Sie erzählte meiner Mutter, solange sie es bewahre, würde es ihr Reiz verleihen, aber wenn sie's verlöre oder verschenkte, würde sich meines Vaters Neigung von ihr abwenden, und er würde sie ebenso sehr verabscheuen, wie er sie vorher geliebt hätte. Sie gab es mir bei ihrem Tode und hieß mich, wenn ich je heiratete, es meinem Weibe zu geben. Ich tat es; nimm's in acht. Halte es ebenso kostbar wie deinen Augenstern.« – »Ist es möglich?« sagte die erschrockene Desdemona. »Es ist wahr«, fuhr Othello fort, »in dem Gewebe steckt Zauberei; eine Sibylle, die zweihundert Jahre in der Welt lebte, wirkte es in einem Anfall von prophetischem Wahnsinn; die Seidenwürmer, welche diese Seide lieferten, waren geweiht, und das Tuch war gefärbt in Mumiensaft von Mädchenherzen.« Als Desdemona von diesen wunderbaren Eigenschaften des Taschentuchs hörte, wollte sie vor Angst vergehen, denn es kam ihr nun deutlich zum Bewußtsein, daß sie es verloren hatte und damit auch, wie sie fürchtete, die Neigung ihres Gatten. Da fuhr Othello auf und blickte wild um sich, als wäre er im Begriff, eine rasche Tat zu verüben, und noch immer verlangte er das Taschentuch. Sie aber versuchte, als sie es nicht vorzeigen konnte, ihren Gatten von allzu ernsten Gedanken abzulenken, und sagte freundlich, sie sehe wohl, daß alle seine Worte wegen des Taschentuchs darauf gerichtet wären, sie von ihrer Fürbitte für Cassio abzubringen. Dabei fuhr sie fort, Cassio zu preisen (wie Jago es vorher gesagt hatte), bis Othello in völligem Wahnsinn aus dem Zimmer stürzte und in Desdemona, obgleich wider ihren Willen, der Verdacht aufstieg, ihr Gemahl könnte eifersüchtig sein.

Welche Ursache sie ihm gegeben haben könnte, wußte sie nicht. Und dann wieder klagte sie sich selbst an, daß sie den edlen Othello einer solchen Regung geziehen habe, und sie meinte, überzeugt sein zu können, daß unerwartete Nachrichten von Venedig oder Staatsunruhen seinen Geist getrübt und seine Stimmung verdüstert hätten. Und sie sagte: »Männer sind nicht Götter, wir müssen nicht diese zarte Rücksicht, die sie uns am Hochzeitstag erweisen, von ihnen erwarten, wenn sie verheiratet sind.« Und sie machte sich selbst Vorwürfe für ihr so liebloses Urteil über seine Lieblosigkeit.

Wieder trafen Othello und Desdemona zusammen, und er klagte sie nunmehr offener an, daß sie ihm treulos wäre und einen anderen liebte, aber er sagte nicht, wen. Und Othello weinte, und Desdemona rief aus: »O Tag des Jammers! Wehe! Warum weinst du?« Und Othello sagte ihr, er würde jede Art von Unglück tapfer ertragen haben – Armut und Krankheit und Schmach; aber die Untreue habe ihm das Herz gebrochen. Und er nannte sie ein Unkraut, das so lieblich blicke und so süß dufte, daß es die Sinne betäube; und er wünschte, sie wäre nie geboren. Und als er sie verlassen hatte, fühlte sich das unschuldige Weib von dem unbegründeten Verdacht ihres Herrn und Gemahls so niedergedonnert, daß eine schwere Müdigkeit über sie kam und sie bloß wünschte, daß ihre Dienerin ihr Bett machte und die Hochzeitslaken auflegte. Leise sagte sie, wer kleine Kinder unterrichte, der tue es in freundlicher Weise und durch leichte Aufgaben, und so hätte Othello sie ja schelten können; denn sie wäre gewiß und wahrhaftig nur ein Kind, wenn sie gescholten würde. Und das war die einzige Klage, welche über die Lippen dieser edlen Frau kam.

Als Desdemona sich ins Bett begeben hatte, in der Erwartung, ihr Herr würde ihr folgen, versank sie bald in Schlaf, eine Wirkung ihrer Gemütsverstörung. Da betrat Othello die Kammer voll schwarzer Vorsätze, die er ausgebrütet hatte, seine Gemahlin zu töten. Aber als er sie schlafen sah, dachte er, er wolle nicht ihr Blut vergießen noch diese weiße Haut ritzen, die so weiß wie Schnee und Alabaster sei. Aber er war entschlossen, sie solle sterben, sonst würde sie, meinte er, leben, um noch mehr Männer als ihn zu betrügen. Dann küßte er sie zum letzten Mal, wie er sagte, und dieser Kuß war so süß, daß er sie wieder küssen mußte. Und er weinte, aber er sagte, dies seien grausame Tränen.

Desdemona war von seinen Küssen erwacht, und sie blickte auf Othello, und sie sah, wie er seine Unterlippe nagte und wie seine Augen rollten, und sie wußte, daß es immer Unheil bedeute, wenn er so blickte. Und er hieß sie zum Tod sich vorbereiten und ihr Gebet sprechen, denn er wolle nicht ihre Seele töten. Und als das unschuldige Weib, ihm auf Gnade und Ungnade hingegeben, dalag, flehte sie um Barmherzigkeit und bat, sie ihr Vergehen wissen zu lassen. Da nannte er Cassio und das Taschentuch, das sie ihm gegeben habe. Und als die schuldlose Desdemona eben im Begriff war, sich von dem schmählichen Verdacht zu reinigen, wollte er plötzlich nichts mehr hören, sondern deckte die Kissen auf sie und vergrub sie darin, bis sie erstickt war.

In diesem Augenblick wurde Cassio ins Haus gebracht, verwundet und blutend. Ihn meuchlings zu ermorden, hatte Jago einen seiner Helfershelfer angestiftet, aber dem Burschen war der Versuch, Cassio zu töten, nicht gelungen (er hatte ihn wohl verwundet, aber nicht zum Tode), und den Mörder selbst hatte Jago erstochen, um einer Entdeckung zuvorzukommen. In dessen Taschen hatte man Briefe gefunden, welche die Schuld Jagos und die Unschuld Cassios über allen Zweifel hinaus bewiesen; und Cassio kam nun, um Othello um Verzeihung zu bitten und ihn zu fragen, wodurch er ihn beleidigt hätte, daß Jago den Auftrag erhalten habe, ihn zu ermorden.

Diese Entdeckung war ein Donnerschlag für Othello, der nun klar erkannte, daß er nichts Besseres sei als ein Mörder und daß sein Weib – die arme schuldlose Desdemona – ihm immer treu gewesen. Der überwältigende Schmerz dieser Entdeckung machte ihm das Leben unerträglich, und er stürzte sich in sein Schwert und warf sich auf den Leichnam seiner teuren so tief gekränkten Gattin und starb.

Diese raschen Taten erregten in den Umstehenden maßloses Erstaunen und Entsetzen. Denn Othello hatte sich eines trefflichen Rufes erfreut, und bis zu dem Augenblick, wo er durch die Nichtswürdigkeiten eines Schurken, gegen welchen Argwohn zu hegen seine stolze Natur ihm nie erlaubt hatte, aufgehetzt wurde, war er ein zärtlicher und liebevoller Gatte gewesen. Er hatte geliebt, nicht klug, doch allzu sehr; und als er seines Irrtums inne wurde, da ergossen sich seine männlichen Augen, die sonst nicht bei jeder geringfügigen Gelegenheit zu weinen pflegten, so schnell in Tränen, wie Arabiens Bäume von heilungskräftigem Balsam tauen. Und als er tot war, erinnerte man sich aller seiner früheren Verdienste und seiner tapferen Taten. Nichts blieb nun für seinen Nachfolger übrig, als die äußerste Strenge des Gesetzes gegen Jago in Ausführung zu bringen, der unter großen Qualen hingerichtet wurde, und dem Rate zu Venedig von dem beklagenswerten Tod des berühmten Feldherrn Nachricht zu senden.

König Lear

Lear, König von Britannien, hatte drei Töchter: Goneril, Gemahlin des Herzogs von Albanien; Regan, die mit dem Herzog von Cornwall vermählt war; und Cordelia, eine Jungfrau, um deren Liebe sich der König von Frankreich und der Herzog von Burgund zusammen bewarben. Sie verweilten damals zu diesem Zweck an Lears Hofe.

Der alte König, gebeugt von Alter und von Anstrengungen der Regierung (denn er war mehr als achtzig Jahre alt), beschloß nicht weiter an Staatsgeschäften teilzunehmen, sondern sie jüngeren Kräften anzuvertrauen, damit er Muße habe, sich zum Tode vorzubereiten, der in nicht allzulanger Zeit erfolgen müsse. In dieser Absicht berief er seine drei Töchter zu sich, um aus ihrem eigenen Munde zu erfahren, welche von ihnen den Vater am meisten liebe, damit er sein Königreich in dem Verhältnis unter sie verteilte, wie ihre Liebe zu ihm es verdienen möchte.

Goneril, die älteste, erklärte, daß sie ihren Vater mehr liebe, als Worte je ausdrücken könnten, daß er ihr teurer sei als das Licht ihrer eigenen Augen, teurer als Leben und Freiheit; sie fügte dazu noch eine Menge wertloser Versicherungen, die immer da, wo keine wirkliche Liebe ist, leicht zu erheucheln sind, weil es bloß einiger schöner, zuversichtlich hingeworfener Worte dazu bedarf. Der König, entzückt aus ihrem eigenen Munde diese Versicherung ihrer Liebe zu hören, dachte wirklich, daß sie von Herzen käme, und in einer Anwandlung väterlicher Zärtlichkeit verlieh er ihr und ihrem Gemahl ein Drittel seines großen Königreichs.

Dann rief er seine zweite Tochter zu sich und fragte, was sie zu sagen habe. Regan, deren Brust ebenso wie die ihrer Schwester nur ein tönendes Erz und eine klingende Schelle umschloß, blieb in ihren Beteuerungen nicht im geringsten zurück, sondern erklärte vielmehr, daß, was ihre Schwester gesprochen habe, weit der Liebe nachstehe, die sie für seine Hoheit zu hegen bekenne, insofern als ihr jede Freude tot schiene, verglichen mit der Wonne, die sie empfinde in der Liebe zu ihrem teuren König und Vater. Lear pries sich glücklich, so liebevolle Kinder zu besitzen; und nach den wohlklingenden Versicherungen, die Regan gegeben hatte, verlieh er ihr und ihrem Gemahl ein Drittel seines Königreiches, an Größe demjenigen gleich, welches er bereits Goneril gegeben hatte.

Dann wandte er sich an seine jüngste Tochter Cordelia, die er seine Lust und Freude nannte, und fragte sie, was sie zu sagen habe; er glaubte natürlich, daß sie sein Ohr erfreuen würde mit denselben liebevollen Worten, die ihre Schwestern geäußert hatten, oder vielmehr, daß ihre Ausdrücke so viel stärker sein würden als die ihrer Schwestern, weil sie immer sein Liebling gewesen war und er sie den beiden anderen vorgezogen hatte. Aber Cordelia, angeekelt von den Schmeicheleien ihrer Schwestern, deren Herzen, wie sie wußte, anders fühlten als ihre Lippen sprachen, sah, daß alle ihre zärtlichen Versicherungen einzig und allein den Zweck hatten, dem alten König seine Besitzungen abzuschmeicheln, damit sie und ihre Gatten noch bei seinen Lebzeiten regieren könnten; sie gab daher nichts anderes zur Antwort als das, daß sie Seine Majestät liebe, wie es ihrer Pflicht gezieme, nicht mehr, nicht minder.

Der König, betroffen von dieser scheinbaren Undankbarkeit seines Lieblingskindes, bat sie, ihre Worte zu erwägen und ihre Rede zu bessern, damit es ihrem Glück nicht schade.

Cordelia sagte hierauf dem König: Er sei ihr Vater, ihm

verdanke sie ihre Erziehung, und er habe sie geliebt; sie erwidere diese Wohltaten, wie es ihre Pflicht sei, und verehre ihn aufs höchste. Aber sie könne nicht so lange Reden formen, wie ihre Schwestern getan, oder versprechen, nichts anderes in der Welt zu lieben. Wozu hätten denn ihre Schwestern Ehemänner, wenn sie doch, wie sie sagten, für nichts anderes Liebe empfänden als nur für ihren Vater? Sollte sie selbst sich jemals vermählen, so wäre sie sicher, daß der Mann, dem sie ihre Hand reichte, der Hälfte ihrer Liebe, ihrer Sorgfalt und ihrer Pflicht bedürfen würde; sie würde nie wie ihre Schwestern heiraten, um einzig und allein ihren Vater zu lieben.

Cordelia, die in Wahrheit ihren alten Vater so schwärmerisch liebte, wie ihre Schwestern es vorgaben, würde ihm zu jeder anderen Zeit in mehr kindlichen und liebevollen Ausdrücken das gesagt haben und ohne diese Einschränkungen, die in der Tat ein wenig undankbar klangen; aber nach den listigen Schmeichelreden ihrer Schwestern, die sie so außerordentliche Belohnungen hatte einheimsen sehen, schien es ihr das Beste, was sie tun könnte: zu lieben und zu schweigen. Dies hielt von ihrer Verehrung den Verdacht der Käuflichkeit fern und zeigte, daß sie liebte, aber nicht um des Gewinnes willen, und daß ihr Bekenntnis, je weniger sie es zur Schau trüge, desto mehr Wahrheit und Aufrichtigkeit enthielte, verglichen mit den Beteuerungen ihrer Schwestern.

Lear hatte in seinen besten Zeiten immer etwas Launenhaftes und Unbesonnenes gehabt, und der Schwachsinn, der eine Beigabe des hohen Alters ist, hatte jetzt seine Vernunft so verdunkelt, daß er weder Wahrheit von Schmeichelei noch eine buntaufgeputzte Rede von Worten, die aus dem Herzen kamen, unterscheiden konnte. Cordelias offene Sprache, die er Stolz nannte, versetzte den alten Mann so in Wut, daß er in einer Anwandlung von Raserei das letzte Drittel seines Königreichs, welches er für Cordelia vorbehalten hatte, ihr entzog und weggab, es gleichmäßig teilend zwischen ihre beiden Schwestern und deren Männer, die Herzöge von Albanien und Cornwall. Er berief diese nun zu sich, und in Gegenwart seines ganzen Hofes bekleidete er sie, einen goldenen Reif unter sie teilend, mit seiner Macht, seinem Einkommen und seiner Regierungsgewalt, indem er sich selbst nur den Königstitel vorbehielt. Auf die anderen Vorteile der Königswürde verzichtete er, lediglich mit dem Vorbehalt, daß er selbst und hundert Ritter als Gefolge monatlich abwechselnd in einem der Paläste seiner Töchter unterhalten werden sollten.

Eine so verkehrte Verfügung über sein Königreich, die so wenig durch Vernunft und so sehr durch Leidenschaft eingegeben war, erfüllte alle seine Ritter mit Erstaunen und Kummer; aber keiner von ihnen hatte den Mut, zwischen den zornentflammten König und seinen Grimm zu treten als nur der Graf von Kent. Aber dieser hatte kaum begonnen, ein Wort zu Cordelias Gunsten zu reden, da befahl ihm schon der leidenschaftliche Lear, bei Todesstrafe zu schweigen. Aber der edle Kent ließ sich so nicht zurückschrecken. Er war immer Lear treu gewesen, er hatte ihn geehrt als seinen König, geliebt wie einen Vater und ihm gedient als seinem Herrn und hatte sein Leben nie anders denn als ein Pfand betrachtet, das zu wagen wäre gegen die Feinde seines königlichen Herrn; nie hatte er gefürchtet, es zu verlieren, wenn Lears Sicherheit auf dem Spiele stand. Auch jetzt, da Lear sein eigener schlimmster Feind war, vergaß dieser treue Diener seines Königs nicht seine Grundsätze, sondern trat ihm mannhaft entgegen, um Lear eine Wohltat zu erweisen, und ließ die höfischen Sitten außer acht, weil Lear wahnwitzig handelte. Er war in vergangenen Zeiten dem König immer ein treuer Ratgeber gewesen, und so bat er ihn jetzt, er möge, wie er in manchen wichtigen Angelegenheiten getan habe, mit Kents Augen sehen und auch noch seinem Rate folgen und nach bester Überlegung seine unselige Übereilung widerrufen; denn er wolle mit seinem Leben für sein Urteil bürgen, daß Lears jüngste Tochter ihn nicht am wenigsten liebe und daß die nicht herzlos wären, deren tiefer Klang kein Zeichen von Hohlheit gebe. Wenn die Macht sich vor der Schmeichelei neige, so sei die Ehre zu offener Sprache verpflichtet. Denn Lears Drohungen – was könnten die ihm anhaben, dessen Leben bereits längst ihm zu Diensten stehe? Drohungen würden die Pflicht nicht am Sprechen hindern.

Die ehrenhafte Freimütigkeit des edlen Grafen von Kent reizte nur noch mehr des Königs Wut, und gleich einem rasenden Kranken, der seinen Arzt tötet und seine unheilbare Krankheit wie ein Kleinod hegt, verbannte er diesen treuen Diener und bewilligte ihm nur fünf Tage, um die Vorbereitungen zu seiner Abreise zu treffen; wenn aber der Verhaßte noch am sechsten innerhalb des britischen Königreichs angetroffen würde, so sei das augenblicks sein Tod. Und Kent wünschte dem König ein Lebewohl und sagte, seit ihm beliebte, sich so zu zeigen, sei es nur Verbannung, hier länger zu verweilen; und bevor er ging, empfahl er Cordelia, die Jungfrau, die so richtig gefühlt und so klug gesprochen hatte, dem göttlichen Schutze; ihren Schwestern aber wünschte er bloß, daß ihren hochtrabenden Reden Taten der Liebe entsprechen möchten. Dann ging er weg, wie er sagte, seine alte Lebensbahn einem neuen Land anzupassen.

Der König von Frankreich und der Herzog von Burgund wurden jetzt hereingerufen, um Lears Entschluß über seine jüngste Tochter zu hören; von ihnen wollte er erfahren, ob sie noch bei ihrer Bewerbung um Cordelia blieben, jetzt da sie unter ihres Vaters Ungnade stehe und zu ihrer Empfehlung kein anderes Gut als nur die eigene Persönlichkeit habe. Und der Herzog von Burgund lehnte den Ehebund ab, er wollte sie nicht auf solche Bedingungen

zum Weibe nehmen. Aber der König von Frankreich, welcher begriff, daß ihr Fehler, der sie um ihres Vaters Liebe
gebracht hatte, nur in einer Unbeholfenheit der Zunge bestand und in ihrer Unfähigkeit, gleich ihren Schwestern
ihre Sprache der Schmeichelei anzupassen, nahm die Jungfrau bei der Hand, und mit dem Worte, daß ja Tugenden
eine Mitgift seien, die weit höher stehe denn ein Königreich, hieß er Cordelia Abschied nehmen von ihren Schwestern und von ihrem Vater, obwohl er wenig liebevoll gewesen sei; und sie solle mit ihm gehen und seine wie des
schönen Frankreichs Königin sein und über köstlichere
Besitzungen als die ihrer Schwestern herrschen; und er
nannte den Herzog von Burgund verächtlich einen Was-
serherzog, weil alle seine Liebe für diese Jungfrau in einem
Augenblick wie Wasser zerronnen sei.

Dann nahm Cordelia mit tränenden Augen Abschied
von ihren Schwestern und beschwor sie, ihren Vater recht
von Herzen zu lieben und ihre Beteuerungen wahr zu machen. Jene aber sagten ihr mürrisch, sie möchte ihnen keine
Vorschriften machen, denn sie kennten ihre Pflichten, aber
sie möchte sich nur bemühen, ihrem Gemahl zu genügen,
der sie, wie sie sich höhnisch ausdrückten, als ein Almosen der Glücksgöttin aufgenommen habe. Und Cordelia
schied mit schwerem Herzen, denn sie kannte die Arglist
ihrer Schwestern, und sie wünschte ihren Vater in besseren
Händen, als worin sie ihn lassen sollte.

Cordelia war kaum gegangen, als die teuflische Gemütsart ihrer Schwestern sich in ihrem wahren Lichte zu zeigen
begann. Noch vor Ablauf des ersten Mondes, den Lear
nach dem Vertrage bei seiner ältesten Tochter Goneril zubringen sollte, fing der alte König an, den Unterschied
zwischen Versprechen und Halten zu schmecken. Die
Elende, die von ihrem Vater alles bekommen hatte, was in
seiner Macht stand, der er sogar die Krone von seinem
Haupte gegeben hatte, begann ihm sogar die dürftigen

Reste der königlichen Würde zu mißgönnen, welche der alte Mann sich noch vorbehalten hatte, um seine Einbildungskraft mit dem Gedanken zu vergnügen, daß er noch ein König sei. Sie konnte es nicht ertragen, ihn und seine hundert Ritter zu sehen. Jedesmal, wenn sie ihrem Vater begegnete, war ihre Miene verdrießlich; und wenn der alte Mann das Bedürfnis hatte, mit ihr zu sprechen, gab sie Unwohlsein oder etwas anderes vor, um seines Anblicks entledigt zu sein. Denn es trat zutage, daß sie sein hohes Alter als eine unnütze Last ansah und sein Gefolge als eine unnötige Ausgabe. Nicht nur, daß sie selbst in der Betätigung ihrer Pflichten gegen den König nachlässiger wurde, sondern sogar ihre Diener bemühten sich nach ihrem Beispiel und vermutlich nicht ohne ihre heimlichen Anweisungen, ihn mit Geringschätzung zu behandeln, und sie pflegten seinen Befehlen den Gehorsam zu verweigern oder in noch mehr verächtlicher Weise zu tun, als ob sie ihn nicht hörten. Lear mußte wohl diese Veränderung im Benehmen seiner Tochter wahrnehmen, aber er schloß so lange wie möglich die Augen davor zu, wie man ja gewöhnlich den unliebsamen Folgen eigener Mißgriffe und eigener Hartnäckigkeit nur unwillig Glauben schenkt.

Wahre Liebe und Treue können ebensowenig durch üble Behandlung entfremdet, wie Falschheit und Untreue durch Güte gewonnen werden. Das tritt so recht deutlich vor Augen im Verhalten des edlen Grafen von Kent, der, obgleich er von Lear verbannt und sein Leben verwirkt war, falls er in Britannien angetroffen würde, dennoch sich entschied, zu bleiben und alle Folgen über sich ergehen zu lassen, solange irgendeine Aussicht da wäre, dem König, seinem Herrn, nützlich zu sein. Zu welchen niedrigen Hilfsmitteln und Vermummungen ist treue Anhänglichkeit oft gezwungen, ihre Zuflucht zu nehmen! Und doch erachtet sie nichts für unwürdig, wenn sie nur Dienste leisten kann, wo sie eine Verpflichtung fühlt. In der Verkleidung eines Dieners, alle seine Größe und Pracht beiseite lassend, bot der edle Graf seine Dienste dem König an, und da Lear ihn in dieser Vermummung nicht erkannte, aber Gefallen an einer gewissen Offenheit oder vielmehr Derbheit in des Grafen Antworten fand (die so ganz verschieden war von jener glatten und geschmeidigen Hofsprache, von welcher er soviel Grund hatte, sich angeekelt zu fühlen, da er ihr Tun bei seiner Tochter nicht entsprechend gefunden hatte), so wurde rasch der Handel abgeschlossen, und Lear zog Kent in seinen Dienst unter dem Namen »Cajus«, den er sich selbst beilegte, und er ahnte nicht, daß dies sein einstmaliger großer Günstling sei, der hohe und mächtige Graf von Kent.

Dieser Cajus fand bald Gelegenheit, seinem königlichen Herrn seine Treue und Liebe zu beweisen. Denn da Gonerils Haushofmeister sich eben an diesem Tage sehr unehrerbietig gegen Lear benahm und ihm freche Blicke, ja vorwitzige Worte zuwarf, wozu er ohne Zweifel von seiner Gebieterin heimlich ermutigt war, so ertrug Cajus es nicht länger, so offen die Majestät beleidigt zu sehen, und ohne weitere Umstände stellte er ihm ein Bein und legte den ungesitteten Menschen in die Gosse. Für diesen freundlichen Dienst wurde Lear ihm mehr und mehr zugetan.

Kent war aber nicht der einzige Freund, den Lear hatte. In seiner Stellung und soweit, als eine so unbedeutende Persönlichkeit ihre Liebe beweisen konnte, war dies auch der arme Narr, der mit zu Lears Palaste gehört hatte, solange der König einen Palast gehabt. Denn damals war es die Gewohnheit der Fürsten und hohen Persönlichkeiten, einen Narren (wie man ihn nannte) zu halten, um ihnen nach den ernsten Geschäften Spaß zu machen. Dieser arme Narr also hing an Lear, nachdem er seine Krone weggegeben hatte, und pflegte durch witzige Sprüche seine gute Laune zu erhalten, obgleich er bisweilen sich nicht zügeln konnte, seines Herrn Unklugheit zu spotten, daß er sich selbst entthront und alles an seine Töchter weggegeben habe; damals hätten, wie er es in gereimten Versen ausdrückte, seine Töchter

> geweint vor freudigem Schreck,
> er sang vor bitterm Gram,
> daß solch ein König spielt' Versteck
> und unter die Narren kam.

Und mit solchen wilden Sprüchen und Liedern, die ihm in Fülle zu Gebote standen, schüttete dieser unterhaltende redliche Narr sein Herz selbst in Gonerils Gegenwart aus, in manchem bitteren Hohn und Spott, der ins lebendige Fleisch schnitt. Zum Beispiel verglich er den König mit der Grasmücke, welche die Kuckucksjungen so lange füttert, bis sie alt genug geworden sind, und der dann der Kopf abgebissen wird für ihre Mühen. Auch sagte er, daß ein Esel es merken könne, wenn der Karren das Pferd ziehe (er meinte damit, daß Lears Töchter, die hinter ihm gehen müßten, nun den Rang vor ihrem Vater einnähmen), und daß Lear nicht länger Lear, sondern der Schatten von Lear wäre – freimütige Reden, für die er zwei- oder dreimal mit der Peitsche bedroht wurde.

Die eisige Kälte und das Schwinden aller Ehrfurcht, wie sie sich Lear bemerklich machten, waren noch nicht alles, was dieser törichte zärtliche Vater von seiner unwürdigen Tochter zu erleiden hatte; sie erklärte ihm ganz offen, daß sein Aufenthalt in ihrem Palast ihr nicht passe, solange er darauf bestünde, einen Hofstaat von hundert Rittern zu halten. Dieser Hofstaat sei unnütz und kostspielig und diene bloß dazu, ihren Palast mit Saus und Braus von Festgelagen zu erfüllen. Und sie forderte von ihm, er möge ihre Zahl vermindern und nur alte Männer um sich halten, solche wie er selbst, die passend seien für seine Jahre.

Lear traute zuerst seinen Augen und Ohren nicht; er konnte nicht glauben, daß es seine Tochter war, die so lieblos sprach. Er vermochte nicht zu denken, daß sie, die eine Krone von ihm erhalten hatte, sich bemühen könnte, sein Gefolge zu vermindern, und daß sie ihm die Ehrfurcht versagte, die seinem Greisenalter gebühre. Aber da sie auf ihrer unehrerbietigen Forderung beharrte, wurde die Wut des alten Mannes so erregt, daß er sie einen verruchten Geier nannte, und sie habe eine Lüge gesprochen; und das tat sie wirklich, denn die hundert Ritter waren lauter wackere Männer von erlesenem Benehmen und höchster Mäßigkeit der Lebensweise, geübt in jeder ritterlichen Pflicht und durchaus nicht, wie sie sagte, dem Saus und Braus von Festgelagen ergeben. Und er befahl, seine Pferde in Bereitschaft zu halten, denn er wolle zu seiner anderen Tochter, Regan, gehen, er und seine hundert Ritter; und er sprach von Undankbarkeit, die ein marmorherziger Teufel sei und sich in einem Kinde abscheulicher zeige als Meeresungeheuer. Und er verfluchte seine älteste Tochter Goneril, so daß es entsetzlich war anzuhören: Er betete, daß sie nie ein Kind bekommen möchte, oder wenn sie eins bekäme, daß es nur lebe, um ihr allen Hohn und alle Verachtung zu vergelten, die sie ihm gezeigt habe, damit sie empfände, wieviel schärfer als einer Schlange Zahn es nage, ein undankbares Kind zu haben. Und da Gonerils Gemahl, der Herzog von Albanien, sich für den Fall zu entschuldigen begann, daß Lear voraussetzen könne, er habe irgendeinen Anteil an dieser Lieblosigkeit, so ließ ihn Lear nicht ausreden, sondern befahl wütend, seine Pferde zu satteln, und er reiste mit seinem Gefolge ab nach der Wohnung Regans, seiner anderen Tochter. Und Lear dachte bei sich selbst, wie gering der Fehler Cordelias (wenn es ein Fehler war) jetzt erscheine, verglichen mit dem ihrer Schwester, und er weinte bitterlich; dann aber schämte er sich, daß ein so elendes Geschöpf wie Goneril so viel Macht über seine Mannheit haben sollte, ihn weinen zu machen.

Regan und ihr Gemahl hielten mit großer Pracht ihre Hofhaltung in ihrem Palast; und Lear schickte seinen Diener Cajus mit Briefen an seine Tochter voraus, daß sie sich auf seine Aufnahme vorbereiten möchte, während er und sein Gefolge hinterherkämen. Aber es scheint, daß Goneril ihm zuvorgekommen war, indem sie auch an Regan Briefe sandte, worin sie ihren Vater des Eigensinns und der üblen Laune anklagte und ihr den Rat erteilte, nicht ein so großes Gefolge, wie er mit sich bringe, aufzunehmen. Dieser Bote kam zu derselben Zeit mit Cajus an, und er und Cajus stießen aufeinander; und kein anderer war's als Cajus' alter Feind, der Haushofmeister, dem er damals wegen seines frechen Benehmens gegen Lear ein Bein gestellt hatte. Cajus konnte schon den Blick des Burschen nicht leiden, und da er vermutete, weshalb er käme, begann er ihn zu beschimpfen und forderte ihn zum Zweikampf heraus. Aber da der Bursche diesen ablehnte, gab ihm Cajus, getrieben von ehrenwerter Leidenschaft, eine gesunde Tracht Schläge, wie solch ein Unheilstifter und Überbringer verruchter Botschaften sie verdiente. Aber als dies Regan und ihrem Gemahl zu Ohren kam, befahlen sie, Cajus in die Fußblöcke zu legen, obgleich er ein Gesandter vom König, ihrem Vater, war und in dieser Eigenschaft die höchste Ehrerbietung verlangte. Das erste demnach, was der König beim Eintritt ins Schloß gewahrte, war sein treuer Diener Cajus, den er in dieser unwürdigen Lage fand.

Dies war nun freilich ein übles Vorzeichen für die Aufnahme, die er zu erwarten hatte; aber eine noch schlimmere erfolgte. Denn als er sich nach seiner Tochter und ihrem Gemahl erkundigte, wurde ihm erzählt, sie seien müde, weil sie die Nacht hindurch scharf gereist seien, und könnten ihn nicht empfangen. Und als sie endlich, auf sein dringendes und zorniges Begehren sie zu sehen, zu seiner Begrüßung kamen, erblickte er in ihrer Gesellschaft niemand anders als die verhaßte Goneril, die gekommen war, ihre Lügengeschichten zu erzählen und ihre Schwester gegen den König, ihren Vater, aufzuhetzen.

Dieser Anblick ergriff den alten Mann sehr, und noch mehr regte es ihn auf zu sehen, wie Regan sie bei der Hand nahm. Und er fragte Goneril, ob sie nicht vor Scham erglühe, auf seinen greisen Bart zu sehen. Und Regan riet ihm, wieder mit Goneril heimzukehren und mit ihr in Frieden zu leben, indem er die Hälfte seines Gefolges entließe und sie um Verzeihung bäte; denn er sei ein alter Mann und ermangele der klaren Einsicht, und er müsse durch solche, die mehr Einsicht hätten als er, beherrscht und geleitet werden. Aber Lear meinte dagegen, es müsse ja toll klingen, wenn er niederknien und seine eigene Tochter um Brot und Kleidung bitten sollte, und er lehnte sich auf gegen eine so unnatürliche Abhängigkeit; er erklärte vielmehr, er werde nie mit ihr zurückkehren, sondern hier bei Regan bleiben, er und seine hundert Ritter, denn sie, meinte er, hätte noch nicht das halbe Königreich vergessen, das er ihr zum Brautschatz gegeben, und ihre Augen wären nicht hochmütig wie die Gonerils, sondern mild und gütig. Und lieber, schwor er, als zu Goneril zurückkehren mit der Hälfte seines Gefolges, wolle er hinübersetzen nach Frankreich und um ein elendes Jahresgehalt den dortigen König angehen, der seine jüngste Tochter ohne Mitgift geheiratet habe.

Aber er war sehr im Irrtum, von Regan eine gütigere Behandlung zu erwarten, als er von ihrer Schwester Goneril erfahren hatte. Als wollte sie ihre Schwester noch überbieten in unkindlichem Benehmen, erklärte sie, daß nach ihrer Ansicht fünfzig Ritter noch zuviel seien, um sein Gefolge zu bilden; fünfundzwanzig seien genug. Da wandte sich Lear mit fast gebrochenem Herzen an Goneril und sagte, er wolle mit ihr zurückkehren, denn ihre fünfzig seien doch noch einmal soviel als fünfundzwanzig, und so sei ihre Liebe doppelt so groß als die Regans. Aber Goneril zog ihre Zusage zurück und meinte nun, was bedürfe es so vieler – ob nun fünfundzwanzig oder nur zehn oder fünf –, da er ja an ihren Dienern oder den Dienern ihrer Schwester Aufwartung genug habe? So hätten diese beiden verruchten Schwestern, als ob sie sich in Grausamkeit gegen ihren alten Vater überböten, der so gütig gegen sie gewesen war, ihn nach und nach gern seines ganzen Gefolges beraubt, des ganzen Gepränges, das (wenig genug für ihn, der einst über ein Königreich geboten hatte) ihm noch gelassen war, um zu zeigen, daß er einst ein König gewesen. Nicht als ob ein glänzendes Gefolge wesentlich wäre zum Glück, aber welch ein Wechsel vom König zum Bettler! Er, der über Millionen zu gebieten hatte, sollte ohne einen einzigen Diener sein! Und mehr, als was er durch die Entbehrung seines Gefolges zu ertragen gehabt hätte, war es die Undankbarkeit seiner Töchter in der Versagung desselben, die dem armen alten König das Herz durchbohrte. Und infolge dieser doppelten Mißhandlung und der Reue, so töricht ein Königreich weggegeben zu haben, fing sein Verstand an verwirrt zu werden, und während er sprach, ohne zu wissen, was er sagte, schwur er, sich an diesen widernatürlichen Unholdinnen zu rächen und an ihnen ein Beispiel aufzustellen, das die Welt entsetzen sollte!

Während er so laute Drohungen ausstieß, die sein schwacher Arm nie ausführen konnte, brach die Nacht herein, und ein wütender Sturm mit Donner und Blitz und strömendem Regen; und indem seine Töchter bei ihrem Beschluß blieben, sein Gefolge nicht zuzulassen, rief er nach seinen Pferden und wollte lieber der äußersten Wut des Sturmes draußen begegnen, als unter demselben Dach mit diesen undankbaren Töchtern verweilen; und sie sagten, daß die Unbilden, welche eigensinnige Leute sich selbst zuzögen, ihre gerechte Strafe seien, und ließen ihn bei diesem Wetter ziehen und ihre Tore hinter ihm schließen.

Die Winde heulten und Regen und Unwetter wuchs noch, als der alte Mann fortstürmte, um mit den Elementen zu kämpfen, die weniger scharf schnitten als die Lieblosigkeit seiner Töchter. Auf manche Stunde ringsherum gab's kaum einen Baum; und hier auf einer Heide, der Wut des Sturmes in finsterer Nacht ausgesetzt, irrte König Lear umher und trotzte den Winden und dem Donner. Und er beschwor die Winde, die Erde in die See zu blasen oder die Wogen der See anzuschwellen, bis sie die Erde ersäuften, daß keine Spur eines so undankbaren Geschöpfes, wie der Mensch sei, übrigbliebe. Dem alten König war nun kein anderer Gefährte mehr zur Hand als der arme Narr, der noch bei ihm verweilte; mit seinen lustigen Einfällen suchte er das Mißgeschick wegzuscherzen; er sagte zum Beispiel, es sei eine garstige Nacht, um darin zu schwimmen, und der König täte wahrlich besser, hineinzugehen und um seiner Töchter Segen zu bitten:

Wem der Witz nur schwach und gering bestellt,
hopheißa bei Regen und Wind,
der füge sich still in den Lauf der Welt,
denn der Regen, der regnet jeglichen Tag.

In so ärmlicher Begleitung fand diesen einst so großen Alleinherrscher sein stets treuer Diener, der edle Graf von Kent, jetzt in der Gestalt des Cajus, der ihm immer auf den Fersen nachfolgte, obgleich der König ihn nicht als den Grafen erkannte; und er sagte: »Ach Herr, seid Ihr hier? Geschöpfe, welche die Nacht lieben, mögen nicht solche Nächte wie diese. Dieser entsetzliche Sturm hat die wilden Tiere in ihre Schlupfwinkel getrieben. Des Menschen Natur kann nicht solche Not oder solche Furcht ertragen.« Und Lear wies diese Worte zurück und sagte, man fühle geringere Übel nicht, wo eine größere Krankheit sich festgesetzt habe. Wenn das Gemüt sich in behaglichem Frieden fühle, so habe der Leib Muße, zart gestimmt zu sein;

aber der Sturm in seinem Innern raube seinen Sinnen alle die anderen Gefühle, das ausgenommen, was an seinem Herzen nage. Und er sprach von kindlicher Undankbarkeit und sagte, es wäre gerade so, als wenn der Mund die Hand zerrisse, dafür daß sie ihm Nahrung reichte; denn Eltern seien für ihre Kinder Hände und Nahrung, alles, alles!

Aber der gute Cajus bestand noch immer auf seinen Bitten, daß der König nicht unter freiem Himmel verweilen möchte, und zuletzt überredete er ihn, in eine kleine elende Hütte einzutreten, die auf der Heide stand. Da der Narr hier zuerst eintrat, rannte er plötzlich entsetzt zurück mit den Worten, er hätte einen Geist gesehen. Aber bei näherer Untersuchung erwies sich dieser Geist als ein armer Irrenhaus-Bettler, der in diese verlassene Hütte des Obdachs wegen gekrochen war und mit seinem Geschwätz über Teufel dem Narren Schrecken eingejagt hatte. Es war einer von diesen armen Verrückten, die entweder wirklich irrsinnig sind oder sich nur so stellen, um von den mitleidigen Landleuten desto leichter Almosen zu erpressen; die in der Gegend umherziehen, indem sie sich selbst »armer Thoms« nennen: »Wer gibt dem armen Thoms etwas?« und sie stecken Nadeln und Nägel und Dornen in ihre Arme, um sie zum Bluten zu bringen, und mit solchem aufregenden Tun, teils unter Gebeten, teils unter wilden Flüchen, rühren oder erschrecken sie die unwissenden Landleute so weit, daß sie ihnen Almosen geben. So einer war dieser arme Bursch; und da der König ihn in einem so elenden Zustand sah, nur mit einer wollenen Decke um seine Lenden, um seine Blöße zu bedecken, ließ er sich nicht ausreden, daß dieser Bursche ein Vater sei, der alles an seine Töchter weggeschenkt und so sich in diese Not gebracht habe; denn nichts, meinte er, könne jemanden in solch Elend bringen als lieblose Töchter.

Aus diesen und vielen anderen wirren Reden und Äußerungen entnahm der gute Cajus deutlich, daß er nicht vollständig bei Sinnen war, sondern daß seiner Töchter üble Behandlung ihn wirklich verrückt gemacht hatte. Und nun zeigte sich die Treue dieses würdigen Grafen von Kent in noch wesentlicheren Diensten, als er sie bis dahin zu leisten Gelegenheit gefunden hatte. Denn mit dem Beistand einiger Diener des Königs, die ihm treu geblieben waren, hatte er seinen königlichen Herrn bei Tagesanbruch in das Schloß von Dover geführt. Dort wohnten natürlich, da er Graf von Kent war, vorzugsweise seine eigenen Freunde, und dort wurzelte hauptsächlich sein Einfluß. Und indem er sich nach Frankreich einschiffte, eilte er an Cordelias Hof und stellte ihr in so beweglichen Ausdrücken die mitleiderregende Lage ihres königlichen Vaters vor und schilderte in so lebhaften Farben die Unmenschlichkeit ihrer Schwestern, daß dieses gute und liebevolle Kind unter vielen Tränen den König, ihren Gemahl, bat, ihr zu erlauben, daß sie sich nach England mit einer genügenden Macht einschiffte, um jene Töchter und ihre Gatten zu überwältigen und den König, ihren Vater, wieder auf seinen Thron zu erheben. Als ihr dies gestattet war, brach sie auf und landete mit einem königlichen Heer bei Dover.

Da Lear zufällig den Wächtern entschlüpft war, die der edle Graf von Kent für ihn in seinem Wahnsinn bestellt hatte, fanden ihn einige vom Gefolge Cordelias, wie er auf den Feldern nahe bei Dover in einem beklagenswerten Zustand umherirrte, ganz sich selbst entrückt und laut vor sich hin singend, auf seinem Haupt eine Krone, die er aus Stroh und Nesseln und anderen auf den Kornfeldern aufgelesenen wilden Kräutern gewunden hatte. Durch den Rat der Ärzte wurde Cordelia, wie sehr sie sich auch ihren Vater zu sehen sehnte, dazu bestimmt, die Begegnung zu verschieben, bis er durch Schlaf und die Wirkung der Arzneimittel zu größerer Gemütsruhe gekommen sein würde. Durch die Bemühungen dieser geschickten Ärzte, denen

Cordelia all ihr Gold und ihre Juwelen für die Wiederherstellung des Königs versprach, war Lear bald in einen Zustand gebracht, daß er seine Tochter sehen konnte.

Es war ein rührender Anblick, die Begegnung zwischen
diesem Vater und seiner Tochter zu sehen; die Kämpfe zu
gewahren zwischen der Freude dieses armen alten Königs
bei dem Wiedersehen seines einst so teuren Kindes und
seiner Scham, solche kindliche Güte von ihr zu empfangen,
die er um eines so geringen Fehls willen so ungnädig verstoßen hatte; und diese beiden Empfindungen kämpften
mit der noch immer nicht überwundenen Krankheit, welche in seinem halbzerrütteten Gehirn bisweilen die Wirkung hervorbrachte, daß er sich kaum erinnerte, wer er sei
oder wer die, welche so zärtlich ihn küßte und zu ihm
sprach; und dann bat er wohl die Umstehenden, nicht über
ihn zu lachen, wenn er sich irren sollte in dem Gedanken,
daß dieses edle Weib seine Tochter Cordelia wäre. Und
dann wieder zu sehen, wie er niederkniete, um von seinem
Kinde Verzeihung zu erflehen, und wie sie, das edle Weib,
ihrerseits kniete, ihn um seinen Segen zu bitten, und ihm
sagte, daß es ihm nicht zieme, vor ihr hinzufallen, sondern
daß dies ihre Pflicht sei, denn sie wäre ja sein Kind, sein
wahrhaftiges und leibliches Kind Cordelia. Und sie küßte
ihn, um, wie sie sagte, alle Lieblosigkeit ihrer Schwestern
hinwegzuküssen; diese möchten sich ihrer selbst schämen,
ihren alten gütigen Vater mit seinem weißen Bart in die
Kälte der Nacht hinausgestoßen zu haben, einer solchen
Nacht, in der ihres Feindes Hund, wenn er sie auch gebis-
sen hätte, bei ihrem Feuer (wie sie es hübsch ausdrückte)
würde geduldet sein, um sich zu wärmen. Und sie erzählte
ihrem Vater, wie sie von Frankreich mit dem Vorsatz gekommen sei, ihm Hilfe zu bringen; und er sagte, sie müsse
vergessen und vergeben, denn er sei ein alter und törichter
Mann und wisse nicht, was er tue, aber daß sie ganz gewiß-
lich starken Grund habe, ihn nicht zu lieben, aber ihre

Schwestern hätten keinen. Und Cordelia erwiderte, daß sie ebensowenig wie jene Ursache hätte, ihn nicht zu lieben.

So wollen wir den alten König im Schutze dieses pflichttreuen und liebevollen Kindes lassen. Mittels des Schlafes und der Arznei gelang es ihr und ihren Ärzten endlich, die verstimmten und zerrütteten Sinne, welche die Grausamkeit seiner beiden anderen Töchter so heftig erschüttert hatte, wiederherzustellen. Wenden wir uns nun noch mit einigen Worten diesen grausamen Töchtern zu!

Diesen Ungeheuern von Undankbarkeit, die so falsch gegen ihren eigenen Vater gewesen waren, konnte man nicht zutrauen, daß sie sich ihren Gatten gegenüber treuer erweisen würden. Sie wurden bald müde, ihnen auch nur den Anschein von Gehorsam und Liebe zu widmen, und zeigten ganz offen, daß sie ihre Neigung anderen zugewandt hatten. Zufällig war der Gegenstand ihrer sträflichen Empfindung ein und derselbe für beide. Es war Edmund, ein natürlicher Sohn des verstorbenen Grafen von Gloster. Ihm war es gelungen, durch Verrätereien seinen Bruder Edgar, den rechtmäßigen Erben, aus seiner Grafschaft zu verdrängen, und durch seine verruchten Schliche war er nun selber Graf geworden, ein nichtswürdiger Mensch und ein geeigneter Gegenstand für die Liebe so nichtswürdiger Geschöpfe, als Goneril und Regan waren. Da es sich nun um diese Zeit ereignete, daß der Herzog von Cornwall, Regans Gemahl, starb, so sprach unmittelbar darauf Regan die Absicht aus, sich mit diesem Grafen von Gloster zu vermählen. Das reizte jedoch die Eifersucht ihrer Schwester, welcher der elende Graf ebensowohl wie Regan verschiedentlich seine Liebe erklärt hatte, und Goneril fand Mittel, ihre Schwester durch Gift aus dem Wege zu räumen. Aber da ihr Verbrechen entdeckt wurde und ihr Gemahl, der Herzog von Albanien, für diese Tat und für ihre sträfliche Leidenschaft für den Grafen, die ihm zu Ohren kam, sie ins Gefängnis warf, so machte sie in einem Anfall von Raserei und getäuschter Liebe ihrem eigenen Leben rasch ein Ende. So ereilte die Gerechtigkeit des Himmels am Ende diese verruchten Töchter.

Während die Augen der Welt auf diesen Ausgang gerichtet waren und die Gerechtigkeit bewunderten, die sich in ihrem verdienten Tod offenbarte, wurde die Aufmerksamkeit plötzlich hiervon abgelenkt, um die geheimnisvollen Wege derselben Macht in dem überaus traurigen Schicksal der jungen und tugendhaften Tochter, der Königin Cordelia, anzustaunen, deren gute Taten doch, wie es schien, ein glücklicheres Ende verdienten; aber es ist eine erhabene Wahrheit, daß Unschuld und Frömmigkeit nicht immer in dieser Welt den verdienten Erfolg haben. Die Streitkräfte, welche Goneril und Regan unter dem Oberbefehl des niederträchtigen Grafen von Gloster ausgesandt hatten, waren siegreich, und durch die Ränke dieses verruchten Grafen, der nicht dulden wollte, daß jemand zwischen ihm und dem Throne stünde, mußte Cordelia ihr Leben im Gefängnis enden. So nahm der Himmel diese Königin in ihren jungen Jahren zu sich, nachdem er in ihr der Welt ein leuchtendes Beispiel kindlicher Tugend gezeigt hatte. Lear überlebte nicht lange dieses herrliche Kind.

Bevor er starb, suchte der edle Graf von Kent, der beständig seines alten Herrn Schritte vom Beginn der üblen Behandlung seiner Töchter bis zu dieser trüben Zeit der Abnahme seiner Kräfte begleitet hatte, ihm begreiflich zu machen, daß er es wäre, der ihm unter dem Namen Cajus immer zur Seite gestanden habe; aber Lears gramzerrüttetes Gehirn konnte nicht mehr begreifen, wie sich das verhielte oder wie Kent und Cajus dieselbe Person sein könnten. Kent hielt es daher für unnötig, ihn in solcher Zeit mit Erklärungen zu beunruhigen. Und da Lear bald nachher verschied, folgte dieser treue Königsdiener teils vor Alter, teils vor Kummer über die Mißhandlungen seines alten Herrn, ihm bald in die Grube.

Es ist unnötig hier zu erzählen, wie das Gericht des Himmels den niederträchtigen Grafen von Gloster ereilte, dessen Verrat entdeckt und der selbst in einem Zweikampf mit seinem Bruder, dem rechtmäßigen Grafen, erschlagen wurde; und wie Gonerils Gemahl, der Herzog von Albanien, der am Tode Cordelias unschuldig war und der seine Gemahlin nie ermutigt hatte zu ihrem verruchten Verfahren gegen ihren Vater, den britischen Thron nach dem Tode Lears bestieg. Nur Lears und seiner drei Töchter Schicksale gehen unsere Geschichte an: mit ihrem Tod also endet sie.

Macbeth

Zur Zeit, da Duncan der Milde als König in Schottland herrschte, lebte dort ein großer Than oder Lord namens Macbeth. Dieser war ein naher Verwandter des Königs und stand beim Hof in hoher Achtung wegen seiner tapferen Führung im Kriege. Ein Beispiel davon hatte er kürzlich gegeben, indem er ein Heer von Aufrührern, dem norwegische Truppen in furchtbaren Haufen Beistand leisteten, völlig aufs Haupt schlug.

Als die beiden schottischen Feldherren Macbeth und Banquo siegreich aus dieser großen Schlacht zurückkehrten, führte sie ihr Weg über eine gespenstig öde Heide. Dort trat ihnen eine sonderbare Erscheinung entgegen. Es waren drei Gestalten wie Frauen, nur daß sie Bärte hatten, und ihre welke Haut und ihre wilde Tracht bewirkten, daß sie nicht Bewohnern dieser Erde glichen. Macbeth redete sie zuerst an. Aber sie, scheinbar beleidigt, legten jede den rissigen Finger auf ihre faltigen Lippen, zum Zeichen des Schweigens. Die erste von ihnen begrüßte Macbeth mit dem Namen »Than von Glamis«. Der Feldherr war nicht wenig überrascht, daß er solchen Geschöpfen bekannt wäre; doch viel mehr noch war er bestürzt, als die zweite diesem Gruß folgte, indem sie ihm den Namen »Than von Cawdor« beilegte, einen Ehrennamen, auf welchen er gar keinen Anspruch machen konnte; und die dritte hinwiederum begrüßte ihn mit den Worten: »Heil dir! Dem künftigen König Heil.« Solch ein prophetischer Gruß mochte ihn wohl in Erstaunen setzen, denn er wußte, daß, solange des Königs Söhne lebten, er keine Hoffnung habe, den

Thron zu besteigen. Dann wandten sie sich an Banquo und verkündeten in rätselhaften Worten, er werde kleiner als Macbeth und doch größer sein; nicht so glücklich, aber viel glücklicher. Und sie prophezeiten, daß er zwar nie regieren, aber daß seine Söhne nach ihm Könige von Schottland sein würden. Dann zerflossen sie in Luft und verschwanden, woran die Feldherren erkannten, daß sie Schicksalsschwestern oder Hexen waren.

Während sie noch dastanden, in Nachdenken über die Sonderbarkeit dieses Ereignisses versunken, kamen zuverlässige Boten vom König, welche die Vollmacht hatten, auf Macbeth die Würde eines Thans von Cawdor zu übertragen. Eine Ehre, die so wunderbar mit der Voraussagung der Hexen übereinstimmte, daß sie Macbeth in Erstaunen setzte, und er stand von Verwunderung überwältigt da, unfähig, den Boten irgend etwas zu erwidern; und in diesem Augenblick stiegen in seiner Brust schwellende Hoffnungen auf, daß die Voraussagung der dritten Hexe sich in gleicher Weise erfüllen und daß er einst als König über Schottland regieren würde.

Indem er sich an Banquo wandte, sprach er: »Hoffst du nicht, daß deine Kinder einst Könige sein werden, da ja das, was die Hexen mir versprachen, so wunderbar in Erfüllung gegangen ist?« – »Diese Hoffnung«, sagte der Feldherr, »könnte dich wohl entflammen, nach dem Thron zu trachten; aber oft sagen uns diese Diener der Finsternis die Wahrheit in unbedeutenden Dingen, um uns verräterisch zu Taten von größter Wichtigkeit zu verlocken.«

Aber die bösen Einflüsterungen der Hexen waren Macbeth zu tief ins Herz gedrungen, als daß sie ihm gestattet hätten, auf die Warnungen des edlen Banquo zu achten. Von dieser Zeit an richteten sich alle seine Gedanken darauf, wie er den schottischen Thron in seine Gewalt bringen möchte.

Macbeth besaß eine Gemahlin, der er die sonderbare

Weissagung der Schicksalsschwestern, wie sie zum Teil schon in Erfüllung gegangen war, mitteilte. Sie war ein böses, ehrgeiziges Weib, und sofern ihr Gemahl und sie selbst zur Macht gelangen konnten, kümmerte sie sich wenig darum, durch welche Mittel es geschähe. Sie stachelte den widerstrebenden Geist ihres Mannes an, der beim Gedanken an Blut Gewissensangst fühlte, und ließ nicht ab, die Ermordung des Königs als einen durchaus notwendigen Schritt zur Erfüllung der ihrem Ehrgeiz schmeichelnden Prophezeiung darzustellen.

Es ereignete sich um diese Zeit, daß der König, welcher oft seinen vornehmsten Adel huldreich in königlicher Herablassung besuchte, in Macbeths Haus kam, begleitet von seinen zwei Söhnen Malcolm und Donalbain und einem zahlreichen Gefolge von Rittern und Dienern, um Macbeth desto mehr für seinen unvergleichlichen Kriegserfolg zu ehren.

Macbeths Schloß hatte eine prächtige Lage, und die Luft ringsumher war lieblich und heilsam. Das erkannte man so recht an den Nestern, welche die Schwalben unter allen Vorsprüngen, Friesen und Pfeilern des Gebäudes, so sie nur einen vorteilhaften Platz fanden, gebaut hatten; denn man hat oft bemerkt, daß dort, wo diese Vögel am liebsten hecken und wohnen, die Luft am reinsten ist. Der König trat ein und war sehr befriedigt von der anmutigen Lage des Ortes und nicht minder von der ehrfurchtsvollen Aufmerksamkeit von seiten seiner edlen Wirtin, der Schloßherrin Macbeth. Sie verstand nämlich die Kunst, verräterische Pläne mit freundlichem Lächeln zu verdecken, und sie konnte harmlos blicken wie die unschuldige Blume, während sie in Wahrheit die unter derselben lauernde Schlange war.

Der König, welcher von seiner Reise sehr ermüdet war, ging früh zu Bett, und in seinem Prunkzimmer schliefen zwei Kammerdiener der Sitte gemäß neben ihm. Er war von seiner Aufnahme ungewöhnlich befriedigt gewesen und hatte, bevor er sich zur Ruhe begab, den vornehmsten Hausbedienten Geschenke gemacht; unter anderem hatte er der Schloßherrin einen kostbaren Diamanten gesandt und sie als seine gütige Wirtin grüßen lassen.

Jetzt war es Mitternacht, um die Zeit, wenn über der halben Erde die Natur tot scheint und böse Träume das schlafende Menschenherz beschleichen und außer dem Wolf und dem Mörder kein Wesen draußen weilt. Um diese Zeit wachte die Schloßherrin, um die Ermordung des Königs zu planen. Sie würde nicht eine mit ihrem Geschlecht so unvereinbare Tat unternommen haben, wenn sie nicht ihres Gemahls Gemütsart gefürchtet hätte, daß diese zu sehr von der Milch menschlicher Güte getränkt sei, als daß sie einen geplanten Mord ausführen könnte. Sie wußte, daß er ehrgeizig war, aber dabei zugänglich für Gewissensbedenken und noch nicht gestählt für ein so ungeheures Verbrechen, wie es gemeiniglich ausschweifendem Ehrgeiz zuletzt sich gesellt. Sie hatte seine Zustimmung zum Mord gewonnen, aber sie zweifelte noch an seiner Entschlossenheit; und sie fürchtete, daß die natürliche Weichheit seines Gemüts, das menschlicher war als ihr eigenes, hindernd dazwischentreten und den Vorsatz umstoßen könnte. So näherte sie sich mit ihrer eigenen dolchbewaffneten Hand dem Bette des Königs; sie hatte vorher Sorge getragen, den Kammerdienern so mit Wein zuzusetzen, daß sie trunken und unbekümmert um die Pflichten ihres Amtes schliefen. Da lag Duncan nach den Anstrengungen seiner Reise in einem gesunden Schlaf; und wie sie ihn mit Aufmerksamkeit betrachtete, war in dem Antlitz des Schlafenden etwas, das ihrem eigenen Vater glich, und sie hatte nicht den Mut, weiter vorzugehen.

Sie kehrte wieder um, sich mit ihrem Gemahl zu beraten. Er war in seinem Entschluß wankend geworden. Er erwog, daß starke Gründe gegen die Tat sprächen. Erstlich war er nicht nur ein Untertan, sondern ein naher Verwandter des Königs; und heute war er sein Wirt und Gastgeber gewesen, dessen Pflicht nach den Gesetzen der Gastfreundschaft es war, das Tor gegen seine Mörder zu schließen, nicht selber das Messer zu führen. Dann erwog er, ein wie gerechter und gnadenvoller König dieser Duncan gewesen war, wie rein von Kränkung seiner Untertanen, wie liebevoll gegen seinen Adel und vorzugsweise gegen ihn; solche Könige stünden unter der besonderen Obhut des Himmels, und ihre Untertanen seien doppelt verpflichtet, ihren Tod zu rächen. Außerdem stand Macbeth durch die Gnadenbeweise des Königs hoch in der Achtung von Leuten aller Art; wie würden die Ehren befleckt werden, wenn man ihm einen so schmählichen Mord nachsagte!

In diesen Seelenkämpfen fand die Schloßherrin ihren Gemahl: Er neigte sich der besseren Seite zu und wollte nicht weiter vorgehen. Aber da sie ein Weib war, das sich nicht leicht von ihrem bösen Vorhaben zurückschrecken ließ, begann sie ihm ins Ohr Worte zu gießen, die einen Teil ihres eigenen Geistes in seine Seele flößten; sie brachte Grund auf Grund vor, warum er nicht zurückschrecken dürfe von dem, was er unternommen habe: wie leicht die Tat wäre, wie schnell überstanden und wie das kühne Handeln einer einzigen kurzen Nacht allen ihren zukünftigen Tagen und Nächten unumschränkte Macht und königliches Ansehen verleihen würde. Dann warf sie verächtlichen Hohn auf seinen Wankelmut und zieh ihn der Unbeständigkeit und Zaghaftigkeit; auch sie habe gesäugt und wisse, wie süß es sei, das Kind zu lieben, das sie tränke, aber sie würde, während es ihr entgegenlächelte, es von ihrer Brust gerissen und sein Gehirn zerschmettert haben, wenn sie so feierlich es zu tun geschworen hätte, wie er geschworen habe, diesen Mord zu vollbringen. Dann zeigte sie, wie leicht es wäre, die Schuld der Tat auf die trunkenen schlafenden Kammerdiener zu wälzen. Und mit ihrer tapferen Zunge geißelte sie derartig seinen trägen Entschluß, daß er noch einmal seinen Mut zu der blutigen Tat aufbot.

So nahm er den Dolch in die Hand und schlich sich im Finstern leise nach dem Gemache, wo Duncan lag; und im Gehen deuchte es ihm, er sähe einen anderen Dolch in der Luft, den Griff ihm zugekehrt, und an der Klinge und an der Spitze Blutstropfen, aber als er ihn zu ergreifen versuchte, war es nichts als Luft, ein bloßes Erzeugnis der Einbildungskraft, ein Blendwerk seines eigenen erhitzten und gequälten Hirns und der Tat, die er vorhatte.

Nachdem er diese Furcht gemeistert hatte, betrat er des Königs Gemach und tat ihn ab mit einem einzigen Stoß seines Dolches. Als er eben den Mord vollbracht hatte, lachte einer der Kammerdiener, die im Nebenzimmer schliefen, in Träumen auf, und der andere schrie »Mord!«, wovon sie beide erwachten; aber sie sagten ein kurzes Gebet. Der eine von ihnen sprach: »Gott gebe uns seinen Segen!« und der andere: »Amen!« Dann schliefen sie wieder ein. Macbeth, der nach ihnen horchte, versuchte zu sagen: »Amen!« als er das Wort »Gott gebe uns seinen Segen!« hörte, aber obgleich er am meisten eines Segens bedurfte, stockte ihm doch das Wort in der Kehle, und er konnte es nicht aussprechen.

Wieder deuchte es ihm, als höre er eine Stimme, welche schrie: »Schlaft nicht mehr; Macbeth mordet den Schlaf, den unschuldigen Schlaf, der das Leben nährt.« Stets rief es: »Schlaft nicht mehr!« durchs ganze Haus. »Glamis hat den Schlaf gemordet, und darum wird Cawdor nicht mehr schlafen, Macbeth nicht mehr schlafen.«

Von solchen furchtbaren Bildern geängstigt, kehrte Macbeth zu seiner horchenden Gemahlin zurück. Sie begann zu glauben, er habe sein Vorhaben verfehlt und die Tat sei irgendwie vereitelt. Er war in einem so verstörten Zustand gekommen, daß sie ihm seinen Mangel an Festigkeit vorwarf und ihn wegschickte, von seinen Händen das Blut abzuwaschen, das sie befleckte. Indessen nahm sie seinen Dolch, um die Wangen der Kammerdiener mit Blut zu beschmieren, damit sie als die Schuldigen erschienen.

Der Morgen kam und mit ihm die Entdeckung des Mordes, der nicht verheimlicht werden konnte; und obgleich Macbeth und seine Gemahlin ihren Schmerz zur Schau trugen und die Beweise gegen die Kammerdiener – der Dolch und ihre blutbeschmierten Gesichter – hinreichend stark waren, so fiel doch der ganze Verdacht auf Macbeth, dessen Beweggründe zu solcher Tat bei weitem wirksamer erscheinen mußten, als sie bei solchen armen einfältigen Kammerdienern vorausgesetzt werden konnten; und Duncans beide Söhne begaben sich auf die Flucht. Malcolm, der ältere, suchte Schutz am englischen Hofe, und der jüngere, Donalbain, entkam nach Irland.

Da so des Königs Söhne, die ihm in der Regierung hätten nachfolgen sollen, den Thron leer gelassen hatten, wurde Macbeth als nächster Erbe zum König gekrönt, und so war die Weissagung der Schicksalsschwestern buchstäblich erfüllt.

Obgleich so hoch gestellt, konnten Macbeth und seine Gemahlin doch nicht die andere Prophezeiung der Schicksalsschwestern vergessen, daß Macbeth zwar König werden solle, aber nach ihm nicht seine Söhne, sondern die Söhne Banquos die Krone tragen würden. Der Gedanke daran, und daß sie ihre Hände mit Blut besudelt und so große Verbrechen verübt hatten, bloß um Banquos Nachkommenschaft auf den Thron zu bringen, peinigte sie innerlich so, daß sie beschlossen, sowohl Banquo wie seinen Sohn zu ermorden, um die Weissagungen der Schicksalsschwestern, die in ihrem eigenen Falle sich in so bemerkenswerter Art erfüllt hatten, in bezug auf jene zu vereiteln.

Zu diesem Zweck gaben sie ein großes Abendfest, zu

welchem sie alle vornehmsten Thane luden, unter ihnen auch in Ausdrücken besonderer Hochachtung Banquo und seinen Sohn Fleance. Der Weg, längs welchem Banquo gegen Abend in den Palast kommen mußte, war von Mördern, die Macbeth angestiftet hatte, besetzt; diese stachen Banquo nieder, aber Fleance entkam im Handgemenge. Von diesem Fleance stammte jene Reihe von Königen, die später den schottischen Thron einnahmen und mit James, dem Sechsten von Schottland und dem Ersten von England, endigten, eben jenem James, unter dem die beiden Kronen von England und Schottland vereinigt wurden.

Bei dem Abendfest machte die Königin, deren Benehmen im höchsten Grade leutselig zugleich und königlich war, die liebenswürdige Wirtin mit einer Anmut und verbindlichen Aufmerksamkeit, die jeden der geladenen Gäste gewann; und Macbeth unterhielt sich ungezwungen mit seinen Thanen und Adligen. Er äußerte, daß alles, was in der Gegend vornehm und erlaucht wäre, sich unter seinem Dache befände, wenn nur sein guter Freund Banquo sich einstellte; doch sprach er die Hoffnung aus, daß er eine Vergeßlichkeit vielmehr zu tadeln, als einen Unfall zu beklagen haben würde. Gerade bei diesen Worten trat der Geist Banquos, den er hatte ermorden lassen, in den Saal und setzte sich auf den Stuhl, den Macbeth einzunehmen im Begriff war. Macbeth war ein kühner Mann, der dem Teufel selber ohne Zittern ins Angesicht hätte schauen können, aber bei diesem furchtbaren Anblick wurden seine Wangen vor Entsetzen fahl, und er stand völlig fassungslos, die Augen fest auf den Geist gerichtet. Seine Gemahlin und alle die Adligen, welche nichts gewahrten, ihn aber auf einen vermeintlich leeren Stuhl hinstieren sahen, nahmen dies für einen Anfall von Wahnsinn, und die Königin machte ihm Vorwürfe, ihm zuraunend, daß dies dieselbe Wahnvorstellung sei, die ihn den Dolch in der Luft habe erblicken lassen, als er im Begriff gewesen sei, Duncan zu töten. Aber Macbeth sah fortwährend den Geist und gab nicht acht auf alles, was sie sagen mochte, und redete das unsichtbare Wesen mit irrsinnigen, aber so bezeichnenden Worten an, daß seine Gemahlin aus Furcht, das schreckliche Geheimnis möge enthüllt werden, in großer Hast die Gäste fortzugehen bat, indem sie die Krankheit Macbeths als eine Geistesstörung entschuldigte, die ihn öfter befiele.

Solchen schrecklichen Einbildungen war Macbeth unterworfen. Seiner Gemahlin und ihm selbst wurde ihr Schlaf von entsetzlichen Träumen heimgesucht, und nicht weniger als Banquos Blut beunruhigte sie das Entkommen Fleances, auf den sie nun sahen als auf den Stammvater einer Reihe von Königen, die ihre Nachkommenschaft vom Thron ausschließen würden. Bei diesen quälenden Gedanken fanden sie keine Ruhe, und Macbeth beschloß, noch einmal die Schicksalsschwestern aufzusuchen und von ihnen, wäre es auch das Schlimmste, alles zu erfahren.

Er suchte sie in einer Höhle auf offener Heide auf, wo sie, die durch ihre Voraussicht von seinem Kommen wußten, beschäftigt waren, ihren schrecklichen Zauber zu bereiten, durch den sie höllische Geister heraufbeschworen, ihnen die Zukunft zu enthüllen. Die Zutaten zu ihrer gräßlichen Mischung waren Kröten, Fledermäuse und Schlangen, Molchsaugen und Hundezungen, Eidechsenschenkel und Nachteulenflügel, Drachenschuppen, Wolfszahn, des gefräßigen Haifisches Magen, Hexenmumie, des giftigen Schierlings Wurzel (die, um zu wirken, im Dunkeln ausgegraben sein muß), Ziegengalle und Judenleber mit Reisern des Eibenbaumes, der von selbst sich sät auf Gräbern, auch Finger toter Kinder; alle diese Zutaten wurden zum Sieden angesetzt in einem großen Kessel, welcher, sobald er überkochen wollte, gekühlt wurde mit Paviansblut; dahinein gossen sie dann das Blut einer Sau, die ihre Jungen gefressen hatte, und sie warfen in die Flammen das Fett, das ein Mördergalgen ausgeschwitzt hatte. Durch diese Zaubermittel zwangen sie die höllischen Geister, auf ihre Fragen zu antworten.

Sie legten Macbeth vor, ob sie selbst seine Zweifel lösen sollten oder ob er sie lieber gelöst sehe von ihren Gebietern, den Geistern. Er, keineswegs erschreckt durch die furchtbaren Beschwörungen, die er gesehen hatte, antwortet kühn: »Wo sind sie? Laßt mich sie sehen.« Und sie riefen die Geister, deren drei waren. Und der erste stieg empor, einem behelmten Haupte gleichend, und er nannte Macbeth beim Namen und hieß ihn vor dem Than von Fife auf der Hut zu sein. Für diese Warnung dankte Macbeth ihm, denn in seiner Seele glomm Eifersucht auf Macduff, den Than von Fife.

Und der zweite Geist stieg auf, einem blutigen Kinde gleichend, und er nannte Macbeth beim Namen und hieß ihn furchtlos sein und verächtlich lachen über Menschenmacht, denn kein vom Weibe Geborener würde Macht haben, ihn zu kränken; und er riet ihm, blutig, kühn und frech zu sein. »Dann lebe, Macduff!« rief der König; »was brauche ich dich zu fürchten? Und doch, ich will die Sicherheit doppelt sicher machen. Du sollst nicht leben, damit ich der bleichen Furcht sagen kann, daß sie lügt, und damit ich schlafen kann trotz des Donners.«

Als dieser Geist entlassen war, stieg ein dritter auf in Gestalt eines gekrönten Kindes mit einem Zweig in der Hand. Er nannte Macbeth beim Namen, und er redete tröstlichen Zuspruch, ob auch Verräter dräuten; nie werde er besiegt werden, bis der Wald von Birnam feindlich gegen ihn heranstiege zu Dunsinans Hügel. »Ha, entzückende Vorzeichen!« rief Macbeth; »wer kann den Wald vom Boden lösen und ihn von seinen erdgebundenen Wurzeln bewegen? Ich sehe, daß ich das gewöhnliche Maß eines Menschenlebens ausleben werde und daß kein gewaltsamer Tod die mir gesetzte Frist abschneiden kann. Aber mein Herz klopft, noch eins zu erfahren. Sagt mir, wenn eure Kunst soviel zu sagen vermag, ob Banquos Same jemals in diesem Reich regieren werde.« Da versank der Kessel in den Grund, und Musik ertönte, und acht Schatten, die Königen glichen, zogen an Macbeth vorüber, und Banquo trug als letzter einen Spiegel, welcher die Gestalten noch vieler zeigte, und Banquo, noch ganz blutig, winkte lächelnd Macbeth zu und deutete auf sie hin als auf die Seinen. Daran sah Macbeth, daß diese die Nachkommen Banquos wären, die nach ihm in Schottland regieren würden. Und unter den Klängen einer sanften Musik und tanzend verschwanden die Hexen, indem sie sich vor Macbeth verneigten und ihm huldigten. Und von diesem Augenblick an waren Macbeths Gedanken ganz blutig und schrecklich.

Das erste, was er vernahm, als er die Hexenhöhle verlassen hatte, war, daß Macduff, Than von Fife, sich nach England geflüchtet habe, um sich dem Heer anzuschließen, das sich eben unter Malcolm, dem ältesten Sohn des verstorbenen Königs, wider ihn sammelte, um Macbeth zu vertreiben und Malcolm, den gesetzlichen Erben, auf den Thron zu setzen. Macbeth, von unbändiger Wut ergriffen, fiel über Macduffs Schloß her und metzelte sein Weib und seine Kinder, die der Than daheim gelassen hatte, nieder und verschonte mit dem Schwert niemanden, der auch nur im geringsten mit Macduff verwandt war.

Durch diese Taten und ähnliche wurden ihm die Herzen aller vornehmsten Adligen entfremdet. Wer irgend konnte, flüchtete, um sich Malcolm und Macduff anzuschließen, die jetzt mit einem mächtigen in England gerüsteten Heer herannahten; und die übrigen wünschten insgeheim Malcolms Waffen Erfolg, obgleich sie aus Furcht vor Macbeth nicht tätigen Anteil am Krieg nehmen konnten. Seine neu ausgehobenen Truppen rückten nur langsam heran. Jeder haßte den Tyrannen; niemand liebte, niemand ehrte ihn, alle lauerten argwöhnisch auf sein Tun, und er begann den von ihm gemordeten Duncan zu beneiden, der jetzt so fest in seinem Grabe schlief, obwohl Verrat die schlimmsten Verbrechen an ihm verübt hatte: Weder Stahl noch Gift, weder häusliche Bosheit noch fremde Heerscharen konnten ihm noch ein Leid antun.

Während dieser Vorgänge starb die Königin, welche die einzige Teilnehmerin seiner Verruchtheit gewesen war. An ihrem Busen hatte er doch noch augenblickliche Ruhe vor diesen entsetzlichen Träumen finden können, welche sie beide nächtlich quälten. Sie starb vermutlich durch ihre eigene Hand, unfähig, ihre Gewissensbisse und den allgemeinen Haß zu ertragen. Dadurch war er völlig allein gelassen, ohne eine Seele, die ihn hätte lieben oder um ihn sorgen können, ohne einen Freund, dem er seine ruchlosen Pläne hätte anvertrauen dürfen.

Er wurde des Lebens überdrüssig und wünschte sich den Tod; aber das Herannahen von Malcolms Heer erweckte den schlummernden Rest seines altes Mutes, und er beschloß zu sterben, »mit dem Harnisch gepanzert«, wie er sich ausdrückte. Zudem hatten die hohlen Versprechungen der Hexen ihn mit falscher Zuversicht erfüllt, und er erinnerte sich der Aussprüche der Geister, daß kein vom Weibe Geborener imstande sei, ihn zu verwunden, und daß er nie besiegt werden könne, bis der Birnamwald auf Dunsinan anrücke, was doch nie geschehen könne. So schloß er sich ein in seiner Burg, deren unbezwingliche Stärke wohl einer Belagerung trotzen konnte. Hier erwartete er düster das Erscheinen Malcolms. Da trat eines Tages ein Bote vor ihn, blaß und vor Furcht zitternd, fast unfähig zu berichten, was er gesehen hatte. Denn er meldete, daß, als er auf dem Hügel Wache gestanden, er nach Birnam hingeschaut und seines Dünkens der Wald angefangen habe, sich vorwärts zu bewegen. »Lügner und Sklave!« schrie Macbeth, »sprichst du falsch, sollst du am nächsten Baum lebendig hängen, bis Hunger dich verschrumpft hat; sprichst du wahr, magst du mir meinethalb dasselbe tun.« Denn Macbeth begann jetzt, in seiner Entschlossenheit zu wanken, und er zweifelte mehr und mehr an den doppelsinnigen Aussprüchen der Geister. Er hatte nichts zu fürchten, bis Birnams Wald anrücke gegen Dunsinan, aber nun bewegte der Wald sich wirklich! »Indessen«, rief er, »wenn seine Meldung wahr ist, wohlan denn, gerüstet und hinaus! Von hier gibt's kein Fliehen mehr, kein Bleiben mehr. Ich beginne, der Sonne müde zu werden und das Ende meines Lebens heranzusehnen.« Mit diesen verzweiflungsvollen Worten machte er einen Ausfall auf die Belagerer, die jetzt vor die Burg heraufgerückt waren.

Die sonderbare Erscheinung, die im Boten den Gedanken eines sich bewegenden Waldes hervorgerufen hatte, läßt sich leicht erklären. Als das Belagerungsheer durch den Wald von Birnam zog, wies Malcolm als geschickter Feldherr seine Krieger an, daß jeder sich einen Zweig abhauen und vor sich tragen solle; so dachte er, die wirkliche Stärke seines Heeres zu verschleiern. Dieser Zug der zweigbehangenen Soldaten brachte in einiger Entfernung jenen Anschein hervor, der den Boten erschreckte. So waren die Worte des Geistes in Erfüllung gegangen, aber in einem anderen Sinn, als in welchem Macbeth sie verstanden hatte, und damit war eine große Stütze seiner Zuversicht dahin.

Und nun fand ein grimmiger Kampf statt, in welchem Macbeth zwar schwach unterstützt wurde von denen, die sich seine Freunde nannten, in Wirklichkeit aber den Tyrannen haßten und sich zu der Seite Malcolms und Macduffs hinneigten; aber er selbst focht mit äußerster Wut und Tapferkeit; alles, was sich ihm widersetzte, hieb er in Stücke, bis er an die Stelle kam, wo Macduff kämpfte. Bei diesem Anblick erinnerte er sich der Warnung des Geistes, der ihm geraten hatte, Macduff mehr als alle anderen zu meiden, und er wäre gern umgekehrt, aber Macduff, der ihn während des ganzen Gefechts gesucht hatte, begegnete seiner Umkehr, und ein wilder Kampf erfolgte, wobei Macduff ihm manches böse Wort über die Ermordung seines Weibes und seiner Kinder zurief. Macbeth, dessen Seele schon übergenug mit dem Blute dieser Familie beladen war, würde noch den Kampf vermieden haben, aber Macduff ließ nicht ab, ihn dahin zu drängen: er schleuderte gegen ihn Namen wie Tyrann, Mörder, Höllenhund und Schurke.

Da erinnerte sich Macbeth der Worte des Geistes, daß kein vom Weibe Geborener ihn verwunden könne; und zuversichtlich auflachend sprach er zu Macduff: »Verlorene Müh, Macduff! So leicht magst du die Luft mit deinem Schwert durchhauen, als mich verletzen. Mein Leben ist gefeiet, es wird nicht erliegen einem vom Weibe Geborenen.«

»Dann verzweifle an deinen Zauberkünsten«, rief Macduff, »und laß den Lügengeist, dem du von je gedient hast, dir sagen, daß Macduff nie vom Weibe geboren wurde, nicht wie gewöhnlich Menschen geboren werden, sondern daß er vor der Zeit seiner Mutter entnommen ist.«

»Verflucht die Zunge, die mir dies verkündet!« schrie der zitternde Macbeth – er fühlte, wie die letzte Stütze seiner Zuversicht zusammenbrach – »und keiner traue in Zukunft den lügnerischen Zweideutigkeiten von Hexen und gaukelnden Geistern, die uns in doppelsinnigen Worten betrügen; während sie buchstäblich ihr Versprechen halten, äffen sie unsere Hoffnung mit anderem Sinn ihrer Verheißung. Geh, mit dir kämpfe ich nicht.«

»Dann ergib dich, Memme«, rief höhnend Macduff; »wir werden dich als Wunderschauspiel ausstellen, wie man Ungeheuer zeigt, mit einem gemalten Schilde, auf dem die Worte stehen: Hier zeigt man den Tyrannen!«

»Niemals!« schrie Macbeth, dem der Mut mit der Verzweiflung wiederkehrte; »ich will nicht leben, um den Boden zu küssen vor des Knaben Malcolm Fuß, und um gehetzt zu werden von des Pöbels Flüchen. Mag Birnams Wald anrücken gegen Dunsinan, magst du dich mir auch entgegenstellen, du nie vom Weibe Geborener, doch will ich noch das letzte versuchen.« Mit diesen wahnwitzigen Worten warf er sich auf Macduff, der nach einem schweren Kampf ihn endlich überwand. Er schnitt ihm das Haupt ab und schenkte es dem jungen gesetzmäßigen König Malcolm. Dieser trat nunmehr die Regierung an, deren er durch die Ränke des Thronräubers so lange beraubt gewesen war, und setzte sich unter dem Jubel des Adels und des Volkes die Krone Duncans des Milden aufs Haupt.

Timon von Athen

Timon, ein hochangesehener Athener, der sich eines fürstlichen Vermögens erfreute, war durchdrungen von einer Milde der Gesinnung, die keine Grenzen kannte. Sein fast unermeßlicher Reichtum konnte ihm nicht so schnell zuströmen, daß er ihn nicht noch schneller über alle Stände des Volks ausgeschüttet hätte. Nicht der Arme bloß erfreute sich seiner Herzensgüte, sondern selbst große Herren verschmähten nicht, sich seinen Anhängern und Schutzbefohlenen zuzugesellen. Sein Tisch wurde aufgesucht von allen Liebhabern üppiger Tafelfreuden, und sein Haus stand allen offen, die in Athen ein und aus gingen. Sein außerordentlicher Wohlstand vereinigte sich mit seiner Neigung zur Freigebigkeit und Verschwendung, um ihm alle Herzen zu gewinnen; Leute von jeder Gesinnung und von jedem Beruf boten ihre Dienste dem vornehmen Timon an, vom glatten Schmeichler, dessen Antlitz wie in einem Spiegel die augenblickliche Stimmung seines Gönners widerstrahlt, bis zu dem rauhen und schroffen Zyniker, der freilich tat, als ob er sich, gegen weltliche Dinge vollkommen gleichgültig, um Persönlichkeiten nicht kümmere, aber doch nicht dem verbindlichen Benehmen und der freigebigen Milde Timons widerstehen konnte, sondern (wider sein eigentliches Wesen) ihn zu besuchen pflegte, um sich an seiner königlichen Bewirtung zu laben und in seiner eigenen Wertschätzung hochbeglückt hinwegzugehen, wenn er eines gnädigen Kopfneigens oder eines Grußes von Timon gewürdigt war.

Wenn ein Dichter ein Werk verfaßt hatte, das einer empfehlenden Einführung in die Welt bedurfte, so brauchte er nichts weiter, als es Timon zu widmen, und das Gedicht war eines guten Absatzes sicher, abgesehen von einem augenblicklichen Geldgeschenk von seiten des Gönners und vom täglichen Zutritt in sein Haus und zu seinem Tische. Wenn ein Maler über ein Gemälde zu verfügen hatte, brauchte er es nur zu Timon zu bringen und zu tun, als ob er seinen Geschmack hinsichtlich der Vorzüge desselben zu Rate ziehen wolle; weiter war nichts nötig, um den großmütigen Herrn zum Ankauf zu bewegen. Wenn ein Juwelenhändler einen wertvollen Stein hatte oder ein Seidenhändler reiche kostbare Stoffe, die wegen ihres hohen Preises unverkäuflich waren, so war Timons Haus immer ein offener Markt für sie, wo sie ihre Waren oder ihre Juwelen zu jedem beliebigen Preis loswerden konnten, und der gutmütige Herr pflegte ihnen noch obendrein für den Handel zu danken, als ob sie ihm eine besondere Höflichkeit erwiesen hätten, indem sie ihm das Vorkaufsrecht auf solche köstlichen Waren überließen. Infolgedessen war sein Haus gedrängt voll von überflüssigen Gegenständen, die zu nichts dienten, als ein schwerfälliges und prahlerisches Gepränge zu vermehren. Und er selbst war in noch lästigerer Weise von einem Haufen dieser müßigen Besucher umlagert, von lügnerischen Dichtern und Malern, betrügerischen Kaufleuten, Herren und Damen, lungernden Höflingen und Bittstellern. Diese füllten beständig seine Vorzimmer, träufelten ihm flüsternd ekelhafte Schmeicheleien ins Ohr und brachten ihm Preis und Anbetung dar wie einem Gott; ja, sie erklärten sogar den Bügel, auf welchem er sein Pferd bestieg, für heilig und gaben sich den Anschein, als ob sie die freie Luft nur mit seiner Erlaubnis oder Vergünstigung einatmeten.

Einige von diesen täglichen Gästen waren junge Männer von Adel, die, weil ihre Mittel nicht in rechtem Verhältnis zu ihrer ungezügelten Lebensweise standen, durch Gläubiger ins Gefängnis geworfen und von dort durch Timons Güte losgekauft waren. Diese jungen Verschwender hängten sich sofort an ihn und sein Vermögen an, als ob er durch Seelenverwandtschaft ein unentbehrlicher Liebling für alle diese lockeren Gesellen und Wüstlinge geworden wäre, die, da sie nicht imstande waren, es ihm an Geld und Gut gleich zu tun, es bequemer fanden, ihn nachzuahmen in Verschwendung und Vergeudung dessen, was ihnen nicht gehörte. Einer von diesen Schmarotzern war Ventidius, für dessen ungebührliche Schulden Timon erst kürzlich die Summe von fünf Talenten bezahlt hatte.

Aber in diesem Strom, dieser Überschwemmung von Besuchern war niemand bemerkenswerter als die Schenker und Geber. Es war für diese Leute sozusagen ein Glücksfund, wenn Timon an einem Hund oder Pferd Gefallen fand oder an irgendeinem wohlfeilen Stück Gerät, das ihnen gehörte. Diese gelobte Sache, was es auch sein mochte, wurde sicher am nächsten Morgen an Timon mit vielen Empfehlungen des Gebers und mit Entschuldigungen für die Geringfügigkeit der Gabe abgesandt; und dieser Hund oder dieses Pferd, oder was es sein mochte, verfehlte nie, von der Güte Timons, der sich in Geschenken nicht überbieten lassen wollte, vielleicht zwanzig Hunde oder Pferde herauszulocken, jedenfalls Gaben von weit größerem Wert – das wußten diese sogenannten Schenker allzu wohl, ebenso daß ihre vermeintlichen Gaben nur das Ausleihen von soviel Geld auf hohe und schnelle Zinsen bedeutete. So hatte kürzlich ein Adliger Namens Lucius an Timon ein Geschenk von vier milchweißen, in Silber geschirrten Hengsten gesandt; dieser schlaue Herr hatte nämlich bemerkt, daß Timon sie bei irgendeiner Gelegenheit rühmte; und ein anderer Adliger namens Lucullus hatte gleichfalls, als ob es eine freie Gabe wäre, ihm eine Koppel Windspiele verehrt, deren Bau und Schnelligkeit Timon bewundert haben soll. Diese Geschenke nahm der

Herr leichten Sinnes an, ohne die unlauteren Absichten der Geber zu ahnen; und die Schenker wurden natürlich belohnt mit einer reichen Gegengabe, einem Diamanten oder einem Juwel von zwanzigmal so hohem Wert, als der ihres berechneten und lohnsüchtigen Geschenks war.

Bisweilen gingen diese Niederträchtigen auf einem mehr geraden Weg an ihr Ziel, und mit plumper und grober List, die zu sehen aber doch der leichtgläubige Timon zu blind war, pflegten sie sich den Anschein zu geben, als bewunderten oder priesen sie etwas, das Timon besaß, einen Kauf, den er abgeschlossen, oder eine Erwerbung, die er kürzlich gemacht hatte; und diese List entlockte sicherlich dem sanften und weichen Gemüt eine Schenkung der gelobten Sache für keinen anderen Dienst als den bequemen Aufwand von etwas wohlfeiler und alltäglicher Schmeichelei, die dafür geleistet wurde. So hatte Timon erst tags vorher einem dieser Elenden den braunen Renner, den er selber ritt, geschenkt, nur weil es jenem beliebt hatte zu sagen, es wäre ein hübsches Tier und hätte einen guten Gang; Timon wußte ja, daß nie einer etwas recht lobte, was er nicht zu besitzen wünschte. Denn er schätzte die Liebe seiner Freunde nach seiner eigenen, und er war so willig zu geben, daß er gern Königreiche unter diese vermeintlichen Freunde hätte verteilen mögen und daß er dessen nie müde geworden wäre.

Nicht, als ob Timons gesamtes Vermögen dazu gedient hätte, diese nichtswürdigen Schmeichler zu füttern; er konnte auch edle und preiswürdige Handlungen vollbringen. So zum Beispiel, als einer seiner Diener die Tochter eines begüterten Atheners liebte, jedoch nicht hoffen konnte, je ihre Hand zu erlangen, weil das Mädchen an Vermögen und Rang hoch über ihm stand; so schenkte Timon aus freien Stücken diesem Diener drei athenische Talente, um sein Vermögen dem Brautschatz gleichzumachen, den der Vater des jungen Mädchens von dem zukünftigen Gatten verlangte. Aber meistenteils verfügten Schurken und Schmarotzer über sein Vermögen, falsche Freunde, die er als solche nicht erkannte, sondern weil sie rings um ihn herumschwärmten, glaubte er, sie müßten ihn durchaus lieben, und weil sie lächelten und ihm schmeichelten, dachte er bestimmt, daß sein Benehmen die Billigung aller weisen und guten Menschen fände. Und wenn er inmitten aller dieser Schmeichler und falschen Freunde schmauste, wenn sie ihn aufzehrten und, sein Vermögen gierig aufsaugend, aus mächtigen Humpen köstlichen Wein auf seine Gesundheit und sein Wohlergehen tranken, konnte er nicht fassen, wie ein Freund sich unterscheide vom Schmeichler, sondern seinem verblendeten Auge, das dieser Anblick stolz machte, schien es ein unendlich süßer Trost, so viele zu haben, die gleich Brüdern einer über des andern Vermögen verfügten (obgleich es sein eigenes Gut war, das alle Kosten bezahlte), und vor Freude traten ihm wohl Tränen in die Augen beim Anblick solches, wie es ihm erschien, wahrhaft festlichen und brüderlichen Mahles.

Aber während er so über das eigentliche Wesen der Herzensgüte weit hinausging und seine Großmut verschwenderisch ausstreute, wie wenn Plutus selber, der Gott des Goldes, sein Schatzmeister gewesen wäre; während er so ohne Sorge und Einhalt vorging, um die Ausgaben so völlig unbekümmert, daß er weder zu untersuchen Lust hatte, wie er die bisherige Weise fortsetzen könnte, noch den wilden Strom von Saus und Braus zu hemmen, so mußten seine Reichtümer, die in der Tat nicht unermeßlich waren, notwendig dahinschmelzen vor einer Verschwendung, die keine Grenzen kannte. Aber wer sollte ihm das sagen? Seine Schmeichler? Die sahen ihren Vorteil darin, ihm die Augen zu schließen. Umsonst versuchte sein rechtgesinnter Hausverwalter Flavius ihm seine Lage vorzustellen, indem er ihm die Rechnungsbücher vorlegte, ihn bat und beschwor mit einer Dringlichkeit, die bei jeder anderen Gelegenheit für einen Diener unschicklich gewesen wäre, ihn unter Tränen anflehte, doch einen Blick in den Stand seiner Angelegenheiten zu werfen. Aber Timon pflegte ihn abzuweisen und dem Gespräch eine Wendung auf etwas anderes zu geben; denn niemand ist so taub für Vorstellungen wie ein Reicher, der arm geworden ist, niemand so wenig geneigt, seine Lage zu begreifen, niemand so ungläubig in bezug auf den wahren Zustand seiner Verhältnisse und so hartnäckig sich weigernd, einen Wechsel der Dinge zuzugestehen. Oft hatte dieser ehrliche Hausverwalter, dieser rechtschaffene Mensch, wenn alle Räume von Timons großem Hause gedrängt voll waren von Gästen, die auf seines Herrn Kosten schwelgten, wenn der Estrich schwamm vom Weinguß Trunkener und jeder Saal von Kerzen flammte und von festlicher Musik widerhallte – oft hatte er sich in sich selbst zurückgezogen an einen einsamen Ort, und schneller waren dann die Tränen seinem Auge entströmt, als der Wein aus den verschwenderischen Fässern drinnen rann: Es war zu schrecklich, die tolle Güte seines Herrn mit anzusehen und zu denken, wenn erst die Mittel zerstoben wären, die ihm Lob und Preis von allerlei Volk eingebracht hatten, wie schnell dann wohl der Atem vergangen sein würde, der dieses Lob spräche; Lob und Preis, im Schmausen gewonnen, würden im Fasten verloren sein, und vor einer einzigen Wolke von Winterschauern würden diese Fliegen verschwinden.

Aber nun war die Stunde gekommen, in welcher Timon den Vorstellungen dieses treuen Hausverwalters nicht länger sein Ohr verschließen konnte. Geld mußte er haben, und als er Flavius befahl, zu diesem Zweck einige seiner Ländereien zu verkaufen, teilte der treue Diener ihm mit (vergeblich hatte er schon zu verschiedenen Zeiten vorher sich ernstlich bemüht, dafür Gehör zu erlangen), daß die meisten von seinen Gütern bereits verkauft oder verpfändet seien und daß alles, was er gegenwärtig noch besitze, nicht hinreiche, die Hälfte seiner Schulden zu bezahlen. Von dieser Darlegung furchtbar betroffen, rief Timon hastig: »Meine Güter erstreckten sich von Athen bis Lacedämon.« – »Ach, mein guter Herr«, sagte Flavius, »die Welt ist nur eine Welt, und sie hat Grenzen; wäre sie die Eure, um sie wegzuschenken, wie bald wäre sie dahin!«

Timon tröstete sich damit, daß er doch keine Verschwendung niedriger und gemeiner Art getrieben habe, daß, wenn er auch unweise seinen Reichtum weggegeben, er nicht darauf verwendet sei, seine Laster zu füttern, sondern seine Freunde wertzuhalten, und er hieß seinen weichherzigen Verwalter, der heiße Tränen vergoß, sich trösten in der Überzeugung, daß sein Herr nie Mangel empfinden könne, solange er so viele wahrhaft edle Freunde habe, und der verblendete Mann redete sich selber ein, daß er nichts anderes zu tun brauche, als nur hinzuschicken und zu borgen, so könne er mit dem Vermögen eines jeden, der seine Güte je erprobt hätte, in dieser Not ebenso frei schalten wie mit seinem eigenen. Mit heiterem Blick, als ob er auf den Versuch fest baue, sandte er dann besondere Boten an seine Freunde Lucius, Lucullus und Sempronius, Männer, an die er in vergangenen Zeiten seine Gaben ohne Maß verschwendet hatte; auch an Ventidius, den er erst kürzlich durch Bezahlung seiner Schulden aus dem Gefängnis erlöst hatte und der durch den Tod seines Vaters jetzt in den Besitz eines großen Vermögens gelangt war und daher wohl Timons Freundschaftsdienst vergelten konnte. Ventidius ließ er ersuchen, ihm seine fünf Talente zu erstatten, die er für ihn bezahlt habe, und jeden der anderen vornehmen Herren um ein Anlehen von fünfzig Talenten: er zweifelte durchaus nicht, daß ihre Dankbarkeit seinen Bedürfnissen abhelfen würde, im Notfall bis zum Belauf von fünfhundertmal fünfzig Talenten.

Lucullus war der erste, den die Botschaft traf. Dieser

nichtswürdige Mensch hatte in der Nacht von einem Sil-
berbecken und einer Silberkanne geträumt, und da Timons
Diener ihm gemeldet war, gab seine schmutzige Seele den
Gedanken ihm ein, daß sicherlich jetzt die Erfüllung seines Traumes komme und daß Timon ihm ein solch Geschenk gesandt habe. Aber als er den wahren Sachverhalt
erfuhr und daß Timon Geld bedürfe, da trat in voller Klarheit hervor, was es mit seiner matten und wässerigen
Freundschaft auf sich hatte; denn er versicherte dem Diener feierlichst, er habe den Zusammenbruch der Vermö-
gensverhältnisse seines Herrn lange vorausgesehen und
manchmal sei er zum Mittagessen gekommen, ihm das zu
sagen, und sei wiedergekommen zum Abendessen, um ihn
nach Kräften zu überzeugen, er möge doch weniger draufgehen lassen, aber er habe weder Rat noch Warnung annehmen wollen. Und es verhielt sich wirklich so, daß er,
wie er sagte, ein beständiger Gast bei Timons Festen gewesen war, wie er auch in wichtigeren Angelegenheiten seine
Freigebigkeit erfahren hatte; aber daß er jemals gekommen
wäre mit jener Absicht oder daß er Timon guten Rat gegeben oder Vorwürfe gemacht hätte, das war eine ganz unwürdige Lüge, welcher er die Krone aufsetzte durch den
niederträchtigen Versuch, den Diener zu bestechen, er
möge nach Haus gehen und seinem Herrn sagen, daß er
Lucullus nicht daheim gefunden habe.

Ebenso geringen Erfolg hatte der Bote, der an Lucius gesandt war. Dieser Heuchler war noch satt von Timons
Mahl und fast bis zum Bersten gefüttert mit Timons kostbaren Geschenken; aber als er sah, daß der Wind sich ge-
dreht hatte und die Quelle so vieler Wohltaten plötzlich
versiegt war, konnte er es zuerst kaum glauben, doch bei
näherer Bestätigung tat er, als ob es ihm sehr weh tue, daß
es nicht in seiner Macht stehe, seinem Freunde Timon zu
dienen, denn unglücklicherweise (damit sprach er eine niederträchtige Lüge) habe er am Tage vorher einen großen

Ankauf gemacht, und dadurch sei er für den Augenblick gänzlich aller baren Mittel beraubt; um so mehr sei er ein Esel, als er sich außer Stand gesetzt habe, einem so werten Freunde zu dienen, und er betrachte es als ein wahrhaft beklagenswertes Mißgeschick, daß sein Vermögen ihm nicht gestatte, sich einem so edlen Manne gefällig zu erzeigen.

Wer kann jeden, der mit ihm in dieselbe Schüssel taucht, Freund nennen? Gerade aus diesem Stoff ist jeder Schmeichler gemacht. Wie alle Welt sich erinnerte, war Timon diesem Lucius wie ein Vater gewesen; er hatte Lucius' Ansehen aufrechterhalten mit seinem Beutel, sein Geld war verwendet, den Lohn an Lucius' Diener zu zahlen, den Lohn der Arbeiter auszuzahlen, die im Schweiß ihres Angesichts die schönen Häuser gebaut hatten, die Lucius' Stolz verlangte; und doch – o zu welchem Ungeheuer wandelt der Mensch sich um, wenn er sich undankbar erweist! – ebendieser selbe Lucius verweigerte jetzt Timon eine Summe, die im Verhältnis zu dem, was Timon an ihm getan hatte, geringer war, als was barmherzige Menschen Bettlern gewähren.

Sempronius und jeder einzelne dieser käuflichen Freunde, an die sich Timon der Reihe nach wandte, bediente sich derselben ausweichenden Antwort oder schlug ihm seine Bitte geradezu ab; sogar Ventidius, der aus dem Gefängnis losgekaufte, jetzt aber reiche Ventidius, weigerte sich ihm mit dem Anlehen jener fünf Talente zu helfen, die Timon ihm in seiner Bedrängnis nicht geborgt, sondern großmütig geschenkt hatte.

Jetzt wurde Timon in seiner Armut ebenso gemieden, wie er in seinem Reichtum gesucht und umworben gewesen war. Dieselben Zungen, die ihn am lautesten gepriesen hatten, indem sie ihn zu dem gütigsten, freigebigsten und mildtätigsten Mann erhoben, schämten sich jetzt nicht, eben diese Güte zu tadeln als Torheit, diese Freigebigkeit als Verschwendung, obgleich die Güte sich in Wahrheit in nichts anderem töricht erwiesen hatte als darin, daß sie so nichtswürdige Geschöpfe wie diese Menschen ausgewählt hatte, um sich an ihnen zu erproben. Jetzt war Timons fürstliche Behausung verlassen und war eine gemiedene, verhaßte Stätte geworden, eine Stätte, bei welcher man rasch vorübereilte, nicht jeder wie früher seinen Schritt anhielt, um ihren Wein und ihre leckeren Mahlzeiten zu kosten; jetzt war dieses Haus, statt von schmausenden und lärmenden Gästen gedrängt voll zu sein, umlagert von ungeduldigen und schreienden Gläubigern, Wucherern, Blutsaugern, die in ihren Forderungen ungestüm und unerträglich waren, die sich beriefen auf Verschreibungen, Zinsen, Pfandbriefe, von eisenherzigen Menschen, die sich auf keine Weigerung, keinen Aufschub einließen. So war Timons Haus jetzt sein Gefängnis, das er nicht überschreiten, in dem er nicht aus und ein gehen durfte: Der eine forderte seine Schuld von fünfzig Talenten, der andere zeigte seine Verschreibung von fünftausend Kronen vor; ja, wenn er auch sein Blut tropfenweise aufzählen und ihnen damit bezahlen wollte, so hatte er nicht genug in seinen Adern, sich seiner Gläubiger zu entledigen.

Bei diesem verzweifelten und, wie es schien, unheilbaren Stande seiner Angelegenheiten wurden die Augen der Welt plötzlich geblendet von einem neuen und überraschenden Glanz, den diese sinkende Sonne noch einmal ausstrahlte. Noch einmal kündigte Timon ein Fest an, und zu diesem lud er seine gewohnten Gäste, Herren und Damen, alles, was in Athen zur großen und vornehmen Welt gehörte. Lucius und Lucullus kamen, Ventidius, Sempronius und wie sie alle hießen. Wer war sorgenvoller als diese schweifwedlerischen Wichte, als sie vermeintlich gewahr wurden, daß Timons Armut nur Vorwand gewesen sei, den er einzig und allein darum gebraucht hätte, um ihre Liebe zu prüfen? Wenn sie denken mußten, daß sie damals die List nicht durchschaut und sich den wohlfeilen Vorteil hätten entgehen lassen, den reichen und mächtigen Mann sich zu verpflichten? Und doch, wer war froher als sie, die Quelle dieser hochherzigen Güte, welche sie für versiegt gehalten hatten, nun wieder frisch sprudeln zu sehen? Sie kamen mit heuchlerischen Beteuerungen und drückten tiefe, schmerzliche Beschämung aus, daß sie bei der Botschaft Timons so unglücklich gewesen wären, augenblicklich sich nicht im Besitz der Mittel zu befinden, durch die sie sich einen so hochachtbaren Freund hätten verpflichten können. Aber Timon bat sie, nicht an solche Kleinigkeiten zu denken, denn er habe das alles vergessen. Und diese nichtswürdigen Kriecher, die ihm in seiner Not Geld verweigert hatten, konnten es doch nicht über sich gewinnen, dem neuen Glanze seines wiederkehrenden Glückes fernzubleiben. Denn die Schwalbe folgt nicht freudiger dem Sommer als so geartete Menschen dem Glück der Großen, und sie verläßt nicht freudiger den Winter, als diese Gesellen vor dem ersten Herannahen eines Mißgeschicks zurückbeben: solche Sommervögel sind derartige Menschen. Aber nun wurde mit Musik und Gepränge das Mahl dampfender Schüsseln aufgetragen; und als die Gäste sich erst etwas gewundert hatten, woher der bankbrüchige Timon die Mittel hätte nehmen können, ein so herrliches Mahl herzustellen – einige zweifelten sogar an der Wirklichkeit dessen, was sie sahen, als trauten sie ihren eigenen Augen nicht –, da wurden auf ein gegebenes Zeichen die Schüsseln aufgedeckt, und der leitende Gedanke Timons wurde nun offenbar. Statt der mannigfaltigen und von weither geholten Leckerbissen, die sie erwarteten und welche Timons üppige Tafel in vergangenen Zeiten so verschwenderisch dargeboten hatte, erschien jetzt unter den Deckeln dieser Schüsseln ein Gericht, das mehr zu der Armut Timons paßte: nichts als ein bißchen Dampf und lauwarmes Wasser, das geeignete Mahl für diese Rotte von Maulfreunden, deren Versicherungen in der Tat so nichtig wie Dampf und

Nebel und deren Herzen lauwarm und schwankend waren wie das Wasser. Damit hieß Timon seine bestürzten Gäste willkommen, und er begrüßte sie mit den Worten: »Aufgedeckt! Nun leckt, ihr Hunde!« Und bevor sie sich noch von ihrer Überraschung erholen konnten, goß er ihnen das Wasser ins Gesicht, daß sie genug haben möchten, und warf Schüsseln und alles andere hinter ihnen her. Sie aber, Herren und Damen, rafften eiligst ihre Hüte zusammen und stürzten in tollem Gewimmel hinaus, ein prächtiger Wirrwarr, während Timon sie verfolgte, die gebührenden Namen ihnen noch nachrufend: »Süßlächelnde Schmarotzer, ihr Mörder unter der Larve der Höflichkeit, sanfte Wölfe, freundliche Bären, ihr Narren des Glückes, ihr Festmahlslungerer, ihr Tagesfliegen!« Sie aber drängten sich hinaus, um seiner Wut zu entgehen, und verließen das Haus eiliger, als sie es betreten hatten; einige verloren in der wirren Hast ihre Mäntel und Hüte, andere wieder ihre Juwelen, aber alle waren froh, von einem so tollen Gastgeber und seiner Festmahlsposse mit heiler Haut wegzukommen.

Dies war das letzte Fest, das Timon je gab, und hiermit nahm er Abschied von Athen und der menschlichen Gesellschaft; denn nachher wandte er sich den Wäldern zu, indem er der verhaßten Stadt und der ganzen Menschheit den Rücken kehrte, mit dem Wunsch, daß die Mauern dieser abscheulichen Stadt in die Erde sinken und die Häuser auf ihre Bewohner stürzen, daß alle Plagen, welche die Menschheit verwüsten, Krieg, Mord, Armut und Krankheiten, sich auf die Bürger der Stadt werfen möchten; die gerechten Götter rief er an, sie möchten die sämtlichen Athener, jung und alt, hoch und niedrig, vernichten. Mit diesem Fluche ging er in die Wälder, wo er beim rohesten Tier nicht soviel Roheit finden würde wie bei den Menschen. Er streifte seine Kleider ab und ging völlig nackt, um auch gar keine Menschensitte beizubehalten, und grub sich eine Höhle, darin zu wohnen, und lebte völlig einsam nach Art eines wilden Tieres, indem er rohe Wurzeln aß und Wasser trank; er floh vor dem Angesicht von seinesgleichen und zog es vor, mit den Tieren des Waldes zu hausen, denn die seien harmloser und freundlicher als der Mensch.

Welch ein Abstand zwischen dem reichen Timon, der Freude der Menschheit, und dem nackten Timon, dem Menschenhasser! Wo waren jetzt seine Schmeichler? Wo seine Diener und sein Gefolge? Konnte er erwarten, daß der rauhe Sturm, dieser wilde Jäger, sein Kammerdiener sein würde, um sein Hemd zu wärmen? Daß diese knorrigen Bäume, die den Adler überlebt hatten, sich für ihn zu jungen und flinken Edelknaben wandeln würden, um springend seine Botschaften fortzutragen, wenn er es ihnen befahl? Daß der kalte Bach, vom Winter übereist, warmen und würzigen Morgentrunk ihm reichen würde, wenn er sich krank fühlte von nächtlicher Schlemmerei? Oder daß die Geschöpfe, die in diesen wilden Wäldern lebten, seine Hand lecken und ihm schmeicheln würden?

Als er einst hier nach Wurzeln grub, seiner armseligen Nahrung, stieß sein Spaten an etwas Schweres. Es erwies sich als Gold. Es war ein großer Haufen, den vermutlich irgendein Geizhals in unruhigen Zeiten vergraben hatte, in dem Gedanken wiederzukommen und den Schatz aus seinem Gefängnis zu befreien, aber er starb vor Eintritt der günstigen Gelegenheit, ohne jemandem das Versteck anvertraut zu haben. So lag das Gold, ohne Gutes oder Böses zu tun, in den Eingeweiden der mütterlichen Erde, als ob es nie da herausgekommen wäre, bis Timons Spaten zufällig daran stieß und es noch einmal ans Licht brachte.

Hier lag ein unermeßlicher Schatz, der, wenn Timons Neigungen noch die alten gewesen wären, hingereicht hätte, ihm wieder Schmeichler und Freunde zu verschaffen. Aber Timon empfand Ekel vor der falschen Welt, und der

Anblick von Gold war Gift für sein Auge. Und er würde es wieder der Erde zurückgegeben haben, wenn er nicht im Gedanken an die unzähligen Leiden, die mittels des Goldes über die Menschheit kommen, wie der Gewinn desselben Räubereien, Unterdrückung, Ungerechtigkeit, Bestechung, Gewalttat und Mord verursacht, Vergnügen daran gefunden hätte, sich vorzustellen (solchen eingewurzelten Haß hegte er gegen die ganze Menschheit), daß aus diesem Haufen Goldes, den er beim Graben entdeckt hatte, allerlei Unglück zur Plage der Welt entstehen könnte. Und zufällig zogen in diesem Augenblick in der Nähe seiner Höhle einige Krieger durch den Wald, die sich als zu den Truppen des athenischen Feldherrn Alkibiades gehörig herausstellten, der infolge tiefen Grolls gegen die Ratsherren von Athen an der Spitze desselben siegreichen Heeres, das er früher zur Verteidigung der Stadt geführt hatte, jetzt zum Kriege gegen sie zog. Timon also, dem ihr Vorhaben wohl gefiel, schenkte das Gold ihrem Anführer, um damit seine Krieger zu bezahlen, indem er keinen anderen Dienst von ihm verlangte, als daß er mit seinem siegreichen Heer Athen dem Boden gleichmachen und sengen und brennen und die sämtlichen Einwohner töten sollte. Er möge nicht um ihrer weißen Bärte willen die Greise schonen, denn sie seien Wucherer, noch auch die kleinen Kinder wegen ihres scheinbar unschuldigen Lächelns, denn wenn sie aufwüchsen, würden sie nur leben, um Verräter zu werden; er möge vielmehr Auge und Ohr gegen jeden Anblick oder Ton verschließen, der Mitleid in ihm wecken könnte. Und er solle sich nicht von dem Angstschrei von Jungfrauen, Säuglingen oder Müttern abhalten lassen, ein allgemeines Blutbad in der Stadt anzurichten, sondern er möge sie alle bei der Erstürmung vernichten; und wenn er die Eroberung vollendet hätte, so möchten die Götter auch ihn, den Eroberer, vernichten. So fürchterlich haßte Timon Athen, die Athener und die ganze Menschheit.

Während er in diesem Zustand der Verlassenheit lebte und mehr ein viehisches als ein menschliches Dasein führte, wurde er einst plötzlich von der Erscheinung eines Mannes überrascht, der in Staunen versunken am Eingang seiner Höhle stand. Es war Flavius, der ehrliche Hausverwalter, den heiße Liebe und Anhänglichkeit an seinen Herrn getrieben hatte, ihn in seiner elenden Wohnung aufzusuchen und seinen Dienst ihm anzubieten. Und vom ersten Anblick dieses Herrn, des einst so vornehmen Timon, in dieser Verkommenheit, nackt wie er geboren war, des Mannes, der jetzt nach Art eines Tieres unter Tieren lebte, der düster blickte wie die Trümmer seines eigenen Glücks und wie ein Denkmal des Verfalls, war der gute Diener so betroffen, daß er sprachlos dastand, ganz fassungslos vor Verwirrung und Entsetzen. Und als er endlich Worte fand, waren sie so von Tränen erstickt, daß es Timon sehr schwer wurde, ihn wiederzuerkennen und herauszubringen, wer dieser Mensch sei, der so ganz gegen das bisher Erfahrene gekommen war, um ihm in seinem Elend seinen Dienst anzubieten. Und da der Fremde menschliche Gestalt und Bildung hatte, so mochte er argwöhnen, er sei ein Verräter und seine Tränen seien falsch; aber der gute Diener bekräftigte durch so manche Zeichen die Wahrheit seiner Treue und bewies, daß nur Liebe und eifriges Pflichtgefühl für seinen einst so teuren Herrn ihn hierhergeführt habe, daß Timon schließlich sich gezwungen sah zu bekennen, daß die Welt doch wenigstens einen redlichen Menschen umschlösse. Aber doch, da er in menschlicher Gestalt und Bildung dastand, konnte er in dieses Menschen Angesicht nicht ohne Schauder sehen, und er konnte nur mit Ekel Worte hören, die eines Menschen Lippen sprachen; und dieser einzige Redliche war gezwungen, sich zu entfernen, weil er ein Mensch war und weil er, ungeachtet seines mehr als gewöhnlich edlen und mitleidigen Herzens, eines Menschen verabscheute Gestalt und Züge trug.

Aber vornehmere Besucher als ein armer Hausverwalter sollten bald die Stille der Wildnis von Timons Einsamkeit unterbrechen. Denn nun war der Tag gekommen, da die undankbaren Ratsherren von Athen schmerzlich die Ungerechtigkeit bereuten, die sie an dem edlen Timon verübt hatten. Denn Alkibiades tobte gleich einem wutentbrannten wilden Eber an den Mauern ihrer Stadt und drohte mit heißem Sturm dem schönen Athen völlige Vernichtung. Und nun lebte die Erinnerung an Timons frühere Tapferkeit und kriegerische Führung in ihren vergeßlichen Gemütern wieder auf, denn er war in vergangenen Zeiten ihr Feldherr gewesen und war ein mannhafter und erfahrener Krieger, der allein von allen Athenern für geeignet gehalten wurde, mit einem Belagerungsheer, wie es sie damals bedrohte, zu kämpfen und die wütenden Angriffe des Alkibiades zurückzuschlagen.

Eine Gesandtschaft von Ratsherren wurde in dieser Not gewählt, um Timon aufzusuchen. Sie kamen in ihrer Bedrängnis zu ihm, dem sie in seiner Bedrängnis nur geringe Rücksicht erwiesen hatten, als ob sie im voraus auf die Dankbarkeit desjenigen rechneten, den sie so hart zurückgestoßen hatten, und als ob sie einen Anspruch auf seine Ritterlichkeit aus ihrem eigenen durchaus unritterlichen und unbarmherzigen Verfahren gegen ihn herleiteten.

Jetzt baten sie ihn dringlich, flehten ihn unter Tränen an, zurückzukehren und die Stadt zu retten, aus der er von ihrer Undankbarkeit erst so kürzlich vertrieben war; jetzt boten sie ihm Reichtum, Macht, Würden, Genugtuung für verübtes Unrecht, Ehren von Seiten des Staates und die Liebe des Volkes; sie selbst, ihr Leben und ihre Güter sollten ihm zur Verfügung stehen, wenn er nur zurückkehren und sie retten wolle. Aber Timon, der nackte, Timon, der Menschenfeind, war nicht mehr der vornehme Timon, der gütige gnädige Herr, die Blume der Ritterlichkeit, ihr Schirm im Krieg, ihr Schmuck im Frieden. Wenn Alkibiades seine Landsleute tötete, was kümmerte es Timon? Wenn er Athens Herrlichkeit verheerte, ihre Greise wie ihre Kinder erschlug, wie wollte Timon jubeln! Das sprach er vor ihnen offen aus; und in dem meuterischen Lager gebe es kein Messer, das er nicht höher schätze denn die ehrwürdigste Gurgel in Athen.

Das war die Antwort, zu welcher er sich gegenüber den weinenden, enttäuschten Ratsherren herbeiließ; bloß beim Abschied bat er sie, ihn seinen Landsleuten zu empfehlen und ihnen zu sagen, daß, um ihnen den Kummer und die Angst zu erleichtern und den Folgen der Wut des grimmigen Alkibiades vorzubeugen, nur ein Weg übrig wäre. Diesen wolle er sie lehren, denn ihm sei doch noch so viel Liebe für seine teuren Landsleute geblieben, daß er ihnen vor seinem Tode eine Güte zu erweisen wünsche. Durch diese Worte wurden die Ratsherren wieder ein wenig ermutigt: sie hofften, daß seine freundliche Gesinnung gegen ihre Stadt wieder auflebe. Da sagte ihnen Timon, daß er einen Baum habe, der nahe bei seiner Höhle wachse; den würde er in kurzem Veranlassung haben zu fällen, und er lade seine sämtlichen Freunde zu Athen ein, die, hoch oder niedrig, von welchem Stand auch immer, dem drohenden Unglück zu entgehen wünschten, sie möchten kommen und seinen Baum versuchen, bevor er ihn fälle. Er wollte damit sagen, daß sie kommen und sich an dem Baum aufhängen möchten, um auf diese Weise dem Verderben zu entgehen.

Und dies war nach allen seinen edlen und gütigen Handlungen die letzte Höflichkeit, welche Timon Menschen erwies, und dies der letzte Blick, den seine Landsleute von ihm hatten; denn wenige Tage später fand ein armer Krieger auf seinem Wege längs dem Seegestade, das in geringer Entfernung von den von Timon bewohnten Wäldern lag, ein Grab am Meeresufer, mit einer Inschrift, die besagte, daß es das Grab sei Timons, des Menschenfeindes, der, während er lebte, alle Lebenden haßte, und sterbend wünschte, daß die Pest alles übriggebliebene Lumpengesindel hinwegraffen möge.

Ob er sein Leben gewalttätig geendigt oder ob bloßer Lebensüberdruß und sein Ekel vor der Menschheit seinen Tod herbeigeführt hatte, blieb dunkel; doch bewunderten alle die Angemessenheit seiner Grabschrift und die Folgerichtigkeit seines Endes: im Tode wie im Leben war er ein Menschenfeind. Und einige glaubten sogar, einen absonderlichen Einfall zu finden in der Wahl seines Begräbnisplatzes am Meeresufer, wo die unermeßliche See für ewig über sein Grab weinen könnte; als hätte er damit seine Verachtung ausdrücken wollen gegen die vorübergehenden und rasch trocknenden Tränen heuchlerischer und lügnerischer Menschen.

ANHANG

Anmerkungen

Mary und Charles Lambs »Tales from Shakespeare« erschienen 1807. Gegenüber dem Original wurde hier zur besseren Orientierung die Reihenfolge der Erzählungen dahin geändert, daß nun Komödien und Tragödien getrennt und jeweils chronologisch geordnet sind. Die Lambs berücksichtigten nicht Shakespeares Historien, die Dramen über die englischen Könige, und verzichteten bei den Komödien auf »Liebes Leid und Lust« und »Die lustigen Weiber von Windsor«, ebenso auf das schwierig zuzuordnende Stück »Troilus und Cressida«; von den Tragödien entfielen »Titus Andronicus«, »Julius Cäsar«, »Antonius und Cleopatra« und »Coriolanus«. Hierfür mag es unterschiedliche Gründe gegeben haben: möglicherweise weil »Liebes Leid und Lust« keine nennenswerte Handlung hat oder weil »Titus Andronicus« eine blutige Rachetragödie voller Greuel ist.

Die Übersetzung des Husumer Gymnasialdirektors i.R. Karl Heinrich Keck (1824–1895) stammt von 1888 und folgt den Lambs insofern, als sie einen etwas altertümelnden Duktus beibehält und neuere Wörter vermeidet, wobei gelegentliche Umständlichkeiten das einfühlsame, genüßliche Erzählen nicht beeinträchtigen. Orthographie und Interpunktion wurden dem heutigen Gebrauch angepaßt und einzelne Wörter, deren Bedeutung sich erheblich geändert hat, ersetzt.

KOMÖDIEN

Die beiden Veroneser

Der Beginn von Shakespeares Schaffen wird von Fachleuten Ende der 1580er oder Anfang der 1590er Jahre angesetzt. »Die beiden Veroneser« gilt als seine erste Komödie, vermutlich entstanden 1590/91. Ein Aufführungsdatum zu Lebzeiten des Dichters (1564–1616) ist nicht überliefert. Gedruckt wurde sie erst sieben Jahre nach seinem Tod in der großformatigen Gesamtausgabe seiner Dramen, der sogenannten Ersten Folio (1623). Das damals beliebte und oft dargestellte Thema der Männerfreundschaft ist hier mit einem zweiten, dem ebensooft behandelten des Liebeswerbens, verbunden. Shakespeare hat sich dabei gewiß von den verbreiteten romantischen Liebeskomödien anregen lassen, ohne daß eine Vorlage für die Anlage der Handlung seines Stücks zu nennen wäre. Die burleske Welt des grünen Waldes als zeitweiliger idyllischer Fluchtort wird vom Dichter hier eingeführt und in späteren Werken noch öfter verwendet, ebenso die Umkehrung der Rollen bei der Werbung und der burleske Umgang mit den gängigen romantischen Motiven.

Der Widerspenstigen Zähmung

Diese Komödie gehört zu Shakespeares frühesten Werken, wurde aber wie »Die beiden Veroneser« erst in der Folio-Ausgabe (1623) gedruckt. Die genaue Datierung ist problematisch, weil es Anfang der 1590er Jahre ein ähnliches, anonym erschienenes Stück mit einem fast identischen Titel gab, »*Einer* Widerspenstigen Zähmung«, und weil beide Werke von Zeitzeugen verschiedentlich verwechselt oder die Titel unterschiedslos gebraucht wurden. Aufführungen von »Einer Widerspenstigen Zähmung« sind für 1594 belegt, u. a. auch von Theaterleuten, mit denen Shakespeare zu tun hatte, wie der 1594 gegründeten, unter der Schirmherrschaft des Lord Chamberlain stehenden Truppe, der Shakespeare als Schauspieler, Dichter und Anteilseigner angehörte. Über das Verhältnis der beiden »Zähmungen« zueinander gibt es unterschiedliche Vermutungen. Wahrscheinlich wurde »Einer Widerspenstigen Zähmung« von einem Schauspieler oder dem Bücherverwahrer der Truppe nach Shakespeares »Der Widerspenstigen Zähmung« aus dem Gedächtnis rekonstruiert, als die Truppe während der Pestmonate Ende Juni 1592 bis Januar 1593 auf Tournee gehen mußte und das Soufflierbuch nicht zur Hand war; in dieser Zeit blieben die Londoner Theater geschlossen. Daraus ergäbe sich 1592 als Entstehungsjahr für Shakespeares Komödie.

Das Thema ist uralt. Prototypen der Zänkischen sind Xanthippe, die Frau des griechischen Philosophen Sokrates, und aus der Bibel Noahs Weib, und man findet Widerspenstige in mittelalterlichen Erzählungen vieler Völker, oft in Verbindung mit der Gehorsamsprüfung und der Wette. Für die Nebenhandlung, die Werbung um die jüngste Tochter, konnte Shakespeare Anregungen aus der englischen Übersetzung einer Komödie des italienischen Dichters Ariost benutzen, und für die Verkleidung der Bewerber als Lehrer für Musik und Poesie gab es ein Vorbild in dem 1590 veröffentlichten englischen Stück »Die drei Lords und Ladys von London« von einem R. W. Die von Mary Lamb nicht erwähnte Rahmenhandlung um den Kesselflicker Schlau, der als Lord bedient wird und zu träumen glaubt, gründet sich auf die alte karnevalistische Umkehrung der Gesellschaft von unten und oben. Shakespeare variierte diese Themen und schuf komplizierte Verwicklungen. Bei ihm erweist sich die Widerspenstige als sich selbst treue Frau, die letztlich der Liebesheirat zum Sieg verhilft.

Die Komödie der Irrungen

Gedruckt zwar erst in der Gesamtausgabe der Dramen Shakespeares, ist eine Aufführung schon für Dezember 1594 belegt.

Doch eine Anspielung auf den französischen Bürgerkrieg und andere Passagen weisen als Entstehungszeit auf ein noch früheres Jahr, 1592. Dromios Vergleich der Küchenmagd mit einem Globus deutet auf jenes Jahr, in dem Emery Molineux die ersten englischen Globen herstellte und in London auf den Markt brachte. Die wichtigste Quelle dieser Komödie bildet ein Stück des römischen Dichters Plautus, »Menaechmi«, das Shakespeare gewiß aus dem Unterricht an der Grammatikschule seiner Heimatstadt Stratford-upon-Avon kannte. Geschichten über die Trennung einer Familie bei Schiffbruch und die Verwechslung von Geschwistern waren geläufig. Shakespeare baute die verbreiteten farcenhaften Motive in eine komplexe Handlung mit ernstem Hintergrund ein, der Feindschaft der Städte Syrakus und Ephesus. Den Zwillingen fügte er ein ebenso getrenntes Dienerpaar hinzu, gab der Heldin Adriana eine Schwester als Gegenpart und führte das Thema der Liebe und ehelichen Treue sowie die Handlung um Ägeon ein, in der es um Leben und Tod des Kaufmanns geht. Diese Elemente verarbeitete er zu einer Komödie um das Problem Identität, das gebunden zu sein scheint an den Besitz von Kette, Ring, Geld, Weib und Haus, und um das von Täuschung und Illusion und um jenes der komischen und ernsten Bemühungen, die Wahrheit zu entdecken.

Ein Sommernachtstraum

Im Jahre 1600 erschien ein Druck dieses Märchenspiels im Quartformat mit den Angaben, daß es verschiedene Male von den »Dienern des Lord Chamberlain« (Shakespeares Theatertruppe) aufgeführt und von Shakespeare verfaßt wurde. Ein unautorisierter Nachdruck von 1619 (mit der falschen Jahreszahl 1600) bildete die Grundlage für die Veröffentlichung in der Gesamtausgabe seiner Dramen (1623), die sieben Jahre nach seinem Tod im Folioformat herauskam. Für die Entstehungszeit gibt es im Text selbst einige Belege, auch für die Vermutung, sie sei zur Hochzeitsfeier einer Verwandten des damaligen Lord

Chamberlain, Lord Hunsdon, und Patentochter der Königin Elisabeth geschrieben worden: Sie deuten auf den Winter 1595/96. Eine Aufführung am Hof ist für Silvester 1603 aktenkundig.

Für die vier Handlungsstränge – das Liebeswerben der jungen aristokratischen Paare, der Streit zwischen dem Elfenkönigspaar Oberon und Titania und die beiden von Mary Lamb nicht erwähnten Nebenhandlungen um die Theateraufführung von »Pyramus und Thisbe« durch die Handwerker und Herzog Theseus' Vereinigung mit der Amazonenkönigin Hippolita – konnte Shakespeare im Volksglauben und in der damals vorliegenden Literatur eine Fülle von Anregungen finden. In Geoffrey Chaucers »Canterbury-Erzählungen« (Ende 14. Jh.) verlieben sich Freunde und Vettern in dasselbe Mädchen, tragen ihren Streit im Walde aus und versöhnen sich wieder. In dem spanischen Schäferroman »Diana« (1559) von Jorge de Montemayor, 1592 ins Englische übersetzt von Bartholomew Yonge, hilft ein Zaubersaft, die Paare wieder zusammenzuführen. Puck lebte in Legenden und Balladen; Shakespeare präsentiert diesen meist als bösartig dargestellten Kobold menschenfreundlich und voller lustiger Streiche. Das Motiv der Verwandlung in einen Esel hatte ein klassisches Vorbild in dem Roman »Der goldene Esel« des römischen Dichters Apuleius. All diese Elemente fügte Shakespeare zu einem wunderbaren Ganzen mit den von Feen und Geistern gesteuerten Riten des Frühlings und Sommers zusammen.

Der Kaufmann von Venedig

Dieses Werk gehört mit »Viel Lärmen um nichts«, »Maß für Maß« und »Ende gut, alles gut« zu jenen Komödien Shakespeares, die auch als Problemstücke oder Tragikomödien bezeichnet werden. Ein Druck im Quartformat erschien 1600, und 1623 wurde das Stück in der Ersten Folio publiziert, der Gesamtausgabe der Dramen Shakespeares. Entstanden ist es schon früher. Eine Anspielung im Text auf ein 1596 von den Engländern in Cadiz gekapertes Schiff, das nach England gebracht wurde und wegen seiner enormen Größe und reichen Beute einige Zeit in aller Munde war, weist auf die Jahre 1596/97 als Entstehungszeit. Kurz zuvor war das Interesse am Thema des Juden belebt worden, als der portugiesische Jude Roderigo Lopez, seit 1586 Leibarzt der Königin Elisabeth, wegen des Verdachts eines Giftanschlags auf die Monarchin 1594 hingerichtet wurde. Dieser Vorfall rief eine Welle antisemitischer Gefühle hervor; so wurde Christopher Marlowes Drama »Der Jude von Malta« (1589) im Jahre 1596 achtmal wiederaufgeführt.

Die Bürgschaft mit dem Pfund Fleisch ist ein altes Motiv, das schon in persischen und indischen Legenden vorkommt und um 1300 in einer anonymen Verserzählung über den Lauf der Welt in England auftaucht. Shakespeares Komödie besitzt große Ähnlichkeit mit einer Geschichte (1558) des italienischen Dichters Fiorentino; darin sind die beiden Handlungen des Fleischpfands und der Werbung um die Dame aus Belmont miteinander verknüpft. Trotz seiner verachteten Rasse und des geschmähten Gewerbes schreibt Shakespeare Shylock auch ein Gefühl der Menschlichkeit zu.

Viel Lärmen um nichts

Im Jahre 1600 wurde dieses Stück im Quartformat publiziert, mit dem Vermerk, daß es mehrere Male von den Schauspielern des Lord Chamberlain öffentlich aufgeführt wurde und von Shakespeare stammt. In der Ersten Folio (1623) hält sich der Text eng an diese Quarto. Auf Grund einiger äußerer Umstände und textinterner Indizien gilt es als sicher, daß dieses Werk Ende 1598 geschrieben wurde. Die Handlung wird von Gegensätzen geprägt: In die romantische Komödie dringt das Böse zerstörerisch ein, zwei Arten von Brautwerbung kontrastieren einander, ebenso Intrige und Gegenintrige. Für das

Hauptmotiv, die Verleumdung einer Frau, gab es viele Vorbilder in epischen und dramatischen Versionen der Renaissance aus mehreren Ländern. Allgemein wird als Shakespeares Hauptquelle eine Geschichte aus der Novellensammlung (1554) des italienischen Kirchenmannes und Diplomaten Matteo Bandello angesehen, die François de Belleforest 1569 ins Französische übersetzt hatte. Shakespeare kann sie auch mit Hilfe der italienisch-englischen Wörterbücher John Florios gelesen haben; Florio war Erzieher des Grafen von Southampton, dem Shakespeare seine Dichtungen »Venus und Adonis« und »Lucretia« widmete. Den Vorfall behandelt Shakespeare als Problem sittlicher Selbstbestimmung der Frau. Die Neckereien von Benedikt und Beatrice, hinter denen das Paar die anfängliche Selbsttäuschung verbirgt, stehen in der Tradition der Verächter der Liebe wie der eleganten höfischen Wortgefechte.

Wie es euch gefällt

Zu Shakespeares Lebzeiten wurde diese heitere, pastorale Komödie nicht veröffentlicht, obwohl sie im Buchhändlerregister 1600 angekündigt war, und es gibt auch keine Berichte über Aufführungen. Sie erschien erst sieben Jahre nach des Dichters Tod in der Gesamtausgabe seiner Dramen (1623). Möglicherweise fiel die Publikation dem 1599 erlassenen Verbot von Satiren und spöttischen Epigrammen zum Opfer, das sich hauptsächlich gegen die Dramatiker John Marston, Ben Jonson und Thomas Nashe richtete. Wahrscheinlich galt auch »Wie es euch gefällt« für gefährlich, weil das Stück in satirischen Anspielungen Sympathie für den bei der Königin in Ungnade gefallenen Grafen von Essex bekundete. Andere Details wie der Ausspruch »Die ganze Welt ist eine Bühne«, das Motto des 1599 eröffneten Globe Theatre, deuten auf die Entstehung der Komödie im Jahre 1599 oder 1600. Stoff und Handlungsgerüst fand Shakespeare in dem Schäferroman »Rosalynde« (1590)

von Thomas Lodge, der sich seinerseits auf die mittelalterliche englische Dichtung »Gamelyn« stützte. Letztlich gehen die pastoralen Themen auf die Idyllen des griechischen Dichters Theokrit und die Eklogen des Römers Vergil zurück. Wo Shakespeare die Romantik der Liebe genüßlich ausstellt, verspottet er zugleich jede manierierte Sentimentalität.

Was ihr wollt

Diese letzte der heiteren Komödien wurde zu Lebzeiten Shakespeares nicht veröffentlicht; sie erschien erst in der Ersten Folio (1623). Der Originaltitel lautet »Twelfth Night or What You Will« (Dreikönigsabend oder was ihr wollt). Da 1601 ein Stück von John Marston mit dem Titel »Was ihr wollt« herausgekommen war, stellte Shakespeare seiner Komödie vermutlich diese Ergänzung »Twelfth Night« voran. Die Entstehungszeit läßt sich ziemlich genau bestimmen. Am Dreikönigsabend (6. Januar) 1601 trat Shakespeares Schauspieltruppe anläßlich des Besuchs eines Don Virginio Orsini am Hof auf; gespielt wurde dabei wohl kaum ein Stück mit dem ein wenig welt- und liebesfremden Herzog namens Orsino. Das deutet darauf hin, daß die Komödie noch nicht existierte; erst später konnte der Dichter den Namen des hohen Gastes verwenden. Im Februar 1602 wurde sie am Londoner Juristenkolleg Middle Temple aufgeführt. Das braucht nicht die erste Aufführung gewesen zu sein, doch zwischen den beiden genannten Daten muß sie verfaßt worden sein. Auch einige aktuelle Anspielungen sprechen dafür sowie die Verse »Leb wohl mein Schatz, ich muß von hinnen gehn«, das auf einem 1600 veröffentlichten Lied von Robert Jones basiert.

Die Prosaerzählung »Apolonius und Silla« (1581) von Barnaby Rich, die ihrerseits motivgeschichtlich etliche Vorläufer hatte, ist die maßgebliche Quelle von »Was ihr wollt«. Die Geschichte von dem Mädchen, das sich dem Geliebten als dessen

Page nähert und dann für ihn um eine andere Dame werben muß, die sich prompt in den vermeintlichen Pagen verliebt, läßt sich in wenigstens drei italienischen Komödien und in einer Novelle von Matteo Bandello nachweisen, alle aus dem 16. Jahrhundert. Das Motiv der verkleideten Geliebten hatte Shakespeare schon in den »Beiden Veronesern« und in »Wie es euch gefällt« verwendet. Hier milderte er die teilweise skandalösen Elemente seiner Vorgänger und taucht die Liebeshandlung in ein romantisches Licht.

Maß für Maß

Dieses auch als Tragikomödie bezeichnete Stück erschien ebenfalls erst sieben Jahre nach Shakespeares Tod in der Gesamtausgabe seiner Dramen (1623). Am 24. Dezember 1604 wurde es im königlichen Bankettsaal von Whitehall aufgeführt, doch kann es schon vorher gespielt worden sein, jedoch erst nach dem 9. April, als die im Frühjahr 1603 wegen der Pest geschlossenen Londoner Theater wieder öffneten. Entstanden ist es wahrscheinlich 1603/04. Die Handlung um das Thema des gerechten Regierens ist ins Ausland verlegt, da die Zensur jegliche Erwähnung des lebenden Monarchen untersagte. Der im Text angedrohte Abriß aller Schankhäuser in den Vorstädten Wiens bezieht sich gewiß auf eine Proklamation vom September 1603, die dies für London anordnete, um, wie es hieß, der Ausbreitung der Pest durch »zügellose und müßige Personen« vorzubeugen. Als nach Königin Elisabeths Tod der nicht unbedingt geliebte schottische Stuart Jakob im Frühjahr 1603 den englischen Thron bestieg, wurde landesweit über eine Sittenreform debattiert. Shakespeare legt seinem Herzog einige Passagen in den Mund, die an Worte des Königs über die notwendigen Tugenden des Monarchen erinnern – der König war schließlich Schutzpatron von Shakespeares Theatertruppe, die nun The King's Men hieß.

Von einer Erzählung (1565) des Italieners Cinthio ließ sich George Whetstone zu seinem Drama »Promos und Cassandra«

(1578) anregen, dem Shakespeare seinen Stoff hauptsächlich entnahm. Aber Shakespeares Angelo erscheint nicht als Cinthios schwächlicher Jüngling oder Whetstones vernarrter Greis, sondern als entschlossene Persönlichkeit. Im Gegensatz zur Darstellung der Vorgänger braucht Isabella ihre Keuschheit nicht zu opfern, denn sie wird in der Nacht durch Frauentausch von Angelos verlassener Verlobten vertreten. So trägt Shakespeare den Moralauffassungen seiner Zeit Rechnung und problematisiert zugleich die Fragen von Machtausübung und Sittlichkeit.

Ende gut, alles gut

Von dieser ernsten Komödie sind keine Berichte über Aufführungen belegt. Sie wurde erst sieben Jahre nach Shakespeares Tod in der Gesamtausgabe seiner Dramen (1623) publiziert. Hinsichtlich der Datierung gab es unterschiedliche Theorien: Eine setzte sie schon 1598 an, während eine andere zwei Schreibphasen vermutete; doch die stilistischen Unterschiede können ein bewußt angewandtes dramaturgisches Mittel sein. Nach Vergleich mit anderen Werken plazieren die sprachlichen Merkmale das Stück jedoch in das Jahr 1604 oder kurz danach. Dazu würden auch zwei Anspielungen passen, obgleich deren Beweiskraft in diesem Falle schwach ist. Den Stoff entnahm Shakespeare einer Novelle (III,9) des »Dekameron« (1348–1358) von Boccaccio, die von William Painter 1567 ins Englische übersetzt worden war. Aber Shakespeares Helena ist nicht Boccaccios schlaues, reiches Weib, sondern eine auf die Tugend setzende aktive Frau, die die Konventionen der Geschlechterrollen in Frage stellt. Mehrere Textparallelen gibt es auch zu den »Gesprächen« des Erasmus von Rotterdam. Den Frauentausch in der Liebesnacht verwendete der Dichter schon in »Maß für Maß«. Das Motiv der Heilung des Herrschers durch eine jungfräuliche Heldin gehört zum Sagenschatz vieler Völker.

Perikles, Fürst von Tyrus

»Perikles« eröffnet die Gruppe später Komödien, die auch als Romanzen bezeichnet werden; dazu gehören »Das Wintermärchen«, »Cymbeline« und »Der Sturm«. 1609 erschien von »Perikles« ein Druck im Quartformat mit dem Vermerk, es stamme von Shakespeare und sei viele Male im Globe Theatre von den »Dienern Seiner Majestät« gespielt worden. Der Text zeigt erhebliche Mängel und scheint aus dem Gedächtnis aufgezeichnet zu sein. Die Quarto wurde mehrmals nachgedruckt, aber trotz seines Erfolgs wurde das Stück nicht in die Erste Folio (1623) aufgenommen, die sieben Jahre nach Shakespeares Tod erschienene Gesamtausgabe seiner Dramen, weil man wegen eines Qualitätsbruchs zwischen den blassen ersten beiden Akten und den poetischen folgenden drei, die Shakespeares Kunst verraten, annahm, es stamme nicht gänzlich von ihm. Erst Ende des 18. Jahrhunderts wurde es dem Shakespeare-Kanon einverleibt. Es gibt mehrere Anhaltspunkte dafür, daß die Komödie Ende 1607 bis Anfang 1608 entstand, so eine Vorankündigung im Buchhändlerregister vom Mai 1608 und die Tatsache, daß der venezianische Gesandte eine Aufführung 1608 sah.

Die Geschichte wurde zum erstenmal in dem griechischen Roman »Apollonius von Tyrus« (2. oder 3. Jh. u. Z.) erzählt. Shakespeare griff nachweislich auf zwei spätere englische Fassungen zurück, hauptsächlich auf das 8. Buch von John Gowers Verserzählungen »Des Liebenden Bekenntnis« (1390), die im 16. Jahrhundert erneut veröffentlicht wurden. Von Gower wurde Shakespeare offenbar zu seiner Erzählerfigur Gower angeregt, der durch die Romanze führt. Von geringerem Einfluß war »Das Musterbeispiel leidvoller Abenteuer« (3. Auflage 1607) von Lawrence Twyne. Die Gestalt des Perikles hat nichts mit dem athenischen Staatsmann des 5. Jahrhunderts v. u. Z. zu tun. Shakespeare tauchte die Geschichte in die Stimmung einer entrückten, vom Bösen erfüllten und zugleich von gütigen Göttern bewachten, poetisch verklärten Welt.

Das Wintermärchen

Diese ebenfalls als Romanze bezeichnete Komödie wurde erst nach Shakespeares Tod in der Gesamtausgabe seiner Dramen (1623) veröffentlicht. Der Astrologe und Quacksalber Simon Forman sah das Stück im Mai 1611 im Globe Theatre, und vermutlich wurde es am Hofe im November jenes Jahres dargeboten. Für die Datierung gibt es kaum verläßliche Indizien. Die sprachlichen und stilistischen Merkmale rücken »Das Wintermärchen« in die Nähe von »Perikles«, so daß man seine Entstehung 1609/10 annimmt. Die Geschichte der zu Unrecht verdächtigten und verstoßenen Frau war schon von Robert Greene in seiner Prosaromanze »Pandosto« (1588 und öfter) erzählt worden. Shakespeare hält sich eng an diese, wählte aber Namen aus Plutarchs Lebensbeschreibungen berühmter Griechen und Römer, die 1579 von Thomas North ins Englische übersetzt worden waren. Abweichend von Greene vereint er die Paare am Ende. Die Enthüllung der Statue ähnelt der Geschichte des legendären Künstlers Pygmalion, der sich in sein Werk verliebt, so daß Aphrodite die Marmorfigur aus Mitleid mit ihm zum Leben erweckt. Trotz der ländlich-idyllischen Züge der Komödie treten bei Shakespeare die wahrhaftigen Gefühle der Menschen in den Vordergrund.

Cymbeline

Auch diese späte Komödie erschien erst in der Ersten Folio (1623), war aber schon zu Shakespeares Lebzeiten aufgeführt worden. Der Astrologe und Quacksalber Simon Forman vermerkt in seinen Notizen, daß er das Stück im April oder Mai 1611 sah. Auf Grund einer Reihe von Umständen nimmt man an, daß »Cymbeline« der Tragikomödie »Philaster« (1609) – zwischen beiden gibt es Parallelen – von John Fletcher und Francis Beaumont folgte und 1610 nach dem »Wintermärchen« entstanden ist. Das Handlungsgefüge entsprang keiner bestimmten

Quelle, doch wurde Shakespeare von Motiven mehrerer Werke angeregt. Diese Einflüsse gehen auf ein anonymes Stück über »Die ungewöhnlichen Triumphe der Liebe und des Glücks« (1589 publiziert) zurück, ferner auf die Chroniken (1577, erweitert 1587) Raphael Holinsheds, den englischen Fürstenspiegel (1559, danach mehrmals erweitert), Edmund Spensers Versromanze »Die Feenkönigin« (2. Buch 1590) und das »Dekameron« (1348–1358) Boccaccios. Shakespeare verarbeitete die Anregungen frei, um seine eigene Legende tragischer Ereignisse mit versöhnlichem Ausgang auf die Bühne zu bringen.

Der Sturm

Shakespeares letzte Romanze wurde zu seinen Lebzeiten nicht veröffentlicht, erst in der Gesamtausgabe seiner Dramen (1623). Aufgeführt wurde sie zu Allerheiligen 1611 im Bankettsaal des königlichen Palastes Whitehall. Wahrscheinlich wurde sie schon vorher in dem geschlossenen Bau des von Shakespeares Theatertruppe 1608 erworbenen Blackfriars Theatre gespielt, wo Ariel über die Bühne fliegen konnte. In der zweiten Hälfte des Jahres 1610 lenkten gewisse Ereignisse das Augenmerk auf die Neue Welt. Auf dem Weg nach Virginia setzte in einem Sturm das Flaggschiff der Aussiedlerflotte vor den Bermudas auf Grund; 1610 konnten sich die Schiffbrüchigen mit einem selbstgebauten Boot retten. Shakespeare kannte Reiseberichte davon, in denen die Eingeborenen als wilde Bestien dargestellt wurden. Anklänge an diese Berichte lassen darauf schließen, daß »Der Sturm« zwischen Ende 1610 und der Jahresmitte 1611 entstand. Bei der Beschreibung fremder Länder konnte Shakespeare auf antike Vorbilder und die neuere Reiseliteratur zurückgreifen. Einige schilderten die Natur als paradiesisch und die Bewohner als naiv, andere die Gegenden als gefährlich und die Eingeborenen als barbarisch. Diese Quellen reichen von dem römischen Dichter Vergil bis zu Shakespeares Zeitgenossen Walter Ralegh und Richard Hakluyt. Einzelne Handlungszüge fanden sich schon in spanischen Ritterromanzen von Diego Ortuñez de Calahorra (1578 und 1601 ins Englische übersetzt) und Antonio de Eslava (1609) sowie in Montaignes Essay »Über die Kannibalen« (1603 von John Florio ins Englische übersetzt), von dem sich vermutlich der Name Caliban herleitet.

TRAGÖDIEN

Romeo und Julia

Die erste Veröffentlichung der Tragödie erschien ohne den Namen des Autors 1597 im Quartformat. Die ausgeweitete Neuauflage von 1599 nennt die Schauspieler »Diener des Lord Chamberlain«; das war die 1594 gegründete Theatertruppe, der Shakespeare als Schauspieler, Dichter und Anteilseigner angehörte. Es folgten zwei weitere Ausgaben, bevor das Stück in der Ersten Folio (1623) publiziert wurde. Es enthält Anklänge an mehrere voraufgehende Gedichte und eine Satire von Thomas Nashe, die schon vor ihrem Druck (1696) unter Freunden kursierte. Mit dem von der Amme erwähnten Erdbeben vor elf Jahren ist vermutlich jenes von 1584 gemeint. Demnach kann die Tragödie um 1595/96 datiert werden.

Seit frühesten Zeiten gab es Geschichten über Liebende, die zueinander nicht kommen können. Die Verbindung mit dem Motiv des Schlaftrunks taucht schon bei dem Griechen Xenon von Ephesus (3. Jh. v.u.Z.) auf. Der Italiener Luigi da Porto siedelte seine Geschichte von Giulietta und Romeo (um 1530) in Verona an, wo es tatsächlich eine Fehde zwischen den Montecchi und den Capuletti aus Cremona gab. Der Stoff gelangte über eine Novelle von Matteo Bandello (1554) und deren französische Übersetzung nach England zu Arthur Brooke, dessen lange Dichtung (1562) Shakespeare als Quelle benutzte. Shakespeare drängte das Geschehen auf vier Tage zusammen, verwarf Brookes moralische Warnung vor dem Ungehorsam gegenüber den Eltern und vor ungezügelter Leidenschaft: er verwandelte das tragische Unglück in den Sieg der Liebe über althergebrachte Verfeindung.

Hamlet, Prinz von Dänemark

Von dieser Tragödie sind drei Versionen überliefert. Die erste, 1603 im Quartformat erschienen, ist ein Raubdruck, niedergeschrieben aus dem Gedächtnis eines Schauspielers. Im Titel heißt es, das Stück sei von Shakespeare und von den »Dienern Seiner Hoheit« mehrmals aufgeführt worden; König Jakob hatte bald nach seiner Inthronisierung im Frühjahr 1603 die Patenschaft über Shakespeares Theatertruppe übernommen, die von nun an The King's Men hieß. Die zweite Quarto von 1604 basiert auf einem Manuskript des Dichters. Diese Version liegt dem Text in der sieben Jahre nach Shakespeares Tod gedruckten Gesamtausgabe seiner Dramen (1623) zugrunde, war aber von Shakespeare nach 1604 gründlich überarbeitet worden, wobei er 220 Zeilen strich und 80 neu hinzufügte. Anspielungen im Text und die Notiz eines vielseitigen Gelehrten namens Gabriel Harvey weisen auf die Entstehung der frühen Fassung im Jahre 1601.

Literarische Gestalt hatte die Geschichte vom Dänenprinzen schon in der Dänischen Chronik (1185) des Saxo Grammaticus und in der Prosa-Edda (um 1230) angenommen. Shakespeare kannte offenbar die breit erzählte französische Version (1570) des François de Belleforest; zwar bleibt Hamlet dort am Leben und heiratet am Ende des Königs Tochter, allerdings finden sich die meisten anderen Begebnisse bei Shakespeare wieder. Es hatte jedoch schon ein anderes englisches Hamlet-Stück gegeben; der Verfasser ist unbekannt, und es ging verloren. Es muß eine blutrünstige Rachetragödie gewesen sein, die 1594 aufgeführt wurde. Neu ist bei Shakespeare, daß Hamlets Mutter schon vor dem Tod des Gatten die Ehe brach, und er fügte den Auftritt der Schauspieler hinzu. Die Themen Brudermord und Vergeltung, politische Machtgier und sexuelle Leidenschaft laufen auf die grundlegende Frage hinaus, wie sich der einzelne in einer zerrütteten Welt verhalten soll.

Othello

Entstanden ist die Tragödie Ende 1603 bis Anfang 1604, denn die Berichte über türkische Schiffsbewegungen gehen auf eine 1603 veröffentlichte Geschichte der Türken von Richard Knolles zurück, und eine Aufführung am Hof ist im November 1604 vermerkt. Der neue König Jakob interessierte sich sehr für die Türken und ließ sein 1591 verfaßtes Gedicht vom Sieg der Venezianer und Spanier bei Lepanto anläßlich seiner Thronbesteigung im Frühjahr 1603 nachdrucken. Publiziert wurde »Othello« im Quartformat 1622 nach der Erstfassung und 1623 in der Gesamtausgabe der Dramen in einer späteren Version. Den Stoff entnahm Shakespeare der 7. Novelle der dritten Dekade aus den hundert Novellen (1565) des italienischen Dichters Cinthio, von der es eine französische Übersetzung (1583) von Gabriel Chappuys gab. In Details hat man Parallelen zu Naturgeschichten und Reisebüchern festgestellt, so zu Werken von Plinius dem Älteren (1601 übersetzt), Gasparo Contarini (1543, englisch 1599) und John Porys Übertragung (1600) der Beschreibung Afrikas von John Leo; Einzelheiten von Porys Einleitung über Leos Leben finden sich in Othellos Bericht über seine früheren Abenteuer wieder. Gegenüber Cinthios Intrigengeschichte nahm Shakespeare wesentliche Veränderungen vor, hauptsächlich durch die psychologisch nuancierte Darstellung seiner Gestalten und durch eine stärkere Akzentuierung des Rassengegensatzes.

König Lear

Von dieser Tragödie gibt es zwei Versionen, eine im Quartformat gedruckte von 1608, unautorisiert nachgedruckt 1619, und jene in der sieben Jahre nach Shakespeares Tod veröffentlichten Gesamtausgabe seiner Dramen, der Ersten Folio (1623); diese beruht auf einer Überarbeitung, die der Dichter wahrscheinlich 1611/12 vornahm. Shakespeare stützte sich hauptsächlich auf die anonyme Tragödie »King Leir«, die er in vielen Details benutzte. Sie wurde schon 1594 oder sogar früher gespielt und 1605 veröffentlicht. Mehrere Textstellen in »König Lear« deuten auf die Entstehungszeit 1605/06. Der damals durchaus bekannte Stoff war Shakespeare auch aus den Chroniken (1577, erweitert 1587) von Raphael Holinshed geläufig, der seinerseits die alte Geschichte der Könige Britanniens (1136) von Geoffrey Monmouth verarbeitet hatte. Allerdings beschließt Holinshed seinen Bericht der Reichsteilung, des von Lear geforderten Liebesbekenntnisses der Töchter, der Verstoßung der Jüngsten und der Vertreibung des Königs mit der Wiedereinsetzung Lears, dem Cordelia dann auf den Thron folgt. Dieses gute Ende übernahmen andere Dichter der Shakespeare-Zeit, auch der unbekannte Verfasser von »King Leir«. Shakespeare entwirft ein großes Gesellschaftspanorama vom Thron bis zur Hütte auf der Heide mit den sich überlagernden Konflikten von Autorität und Liebe, Verantwortung und Eigensucht.

Macbeth

Überliefert ist die Tragödie in der Gesamtausgabe der Dramen Shakespeares (1623), die sieben Jahre nach seinem Tod erschien. Einige Ungereimtheiten im Text legen die Annahme nahe, daß der Dramatiker Thomas Middleton, der seit 1615 ständig für Shakespeares einstige Schauspieltruppe The King's Men schrieb, das Stück überarbeitete und einige Passagen bzw. ganze Szenen hinzufügte, doch bewiesen ist das nicht. Mehrere 1607 aufgeführte Dramen enthalten Anspielungen auf »Macbeth«; eine Reihe aktueller Details im Text weisen darauf hin, daß die Tragödie 1606 geschrieben wurde. Raphael Holinsheds Chroniken Englands, Schottlands und Irlands (1577, erweitert 1587) bilden Shakespeares maßgebliche Quelle. Holinshed fußt in bezug auf diesen Stoff auf einer gereimten Chronik (um 1400) von Andrew Wyntoun, in der schon die weissagenden Hexen, der wandernde Wald von Birnam und ein Krieger auftaucht, der »nicht vom Weibe geboren« ist. Vermutlich zog Shakespeare auch andere Werke zu Rate, darunter Bücher über den Hexenglauben. Banquos Mitwirken an der Ermordung Duncans nahm Shakespeare zurück, denn Banquo galt als Ahnherr der Stuarts und durfte unter Shakespeares König, dem Stuart Jakob, nicht als Verräter dargestellt werden. Die Tragödie des edlen Mannes, der aus Machtwillen, Sicherheitsverlangen und aus inneren Qualen entspringender Angst in die Verdammnis stürzt, ereignet sich an der historischen Wende von der Zeit, als in Schottland Könige aus den Sippen der Thans gewählt wurden, zur neuen Ära der dynastischen Thronfolge des erstgeborenen Sohnes.

Timon von Athen

Mehrere mit dieser Tragödie verbundene Umstände liegen im dunkeln. Es gibt keine Hinweise auf Aufführungen zu Lebzeiten Shakespeares, keine Anspielungen von Zeitgenossen auf das Stück, und es enthält auch keine Bezüge auf aktuelle Ereignisse. In der Gesamtausgabe von Shakespeares Dramen (1623) steht es an der Stelle, die für »Troilus und Cressida« vorgesehen war, doch der Erwerb der Rechte am letztgenannten Stück verzögerte sich vermutlich so lange, daß man aus dem Fundus der King's Men den wahrscheinlich ungespielten Text von »Timon« hervorholte und einfügte. (»Troilus und Cressida« wurde sehr spät während des Druckvorgangs an anderer Stelle der Ersten Folio eingeschoben.) Der in mancher Beziehung mangelhafte Text des

»Timon« führte zu der Annahme, das Stück sei unfertig oder Shakespeare habe es nicht allein geschrieben; als möglicher Mitautor wird wie bei »Macbeth« Thomas Middleton genannt, der seit 1615 Stücke für Shakespeares einstige Theatertruppe verfaßte. Es überwiegt jedoch die Auffassung, die Tragödie sei von Shakespeares Hand. Für die Entstehungszeit um 1608 sprechen thematische und stilistische Kriterien. Eine Reihe von Einzelheiten des Stoffes hat Shakespeare Plutarchs Lebensbeschreibungen berühmter Griechen und Römer entnommen, die Thomas North von der französischen Fassung Jacques Amyots ins Englische übertrug (1579, erweitert 1595). Die exemplarische Geschichte über die Unbeständigkeit des Glücks entbehrte nicht der Aktualität, denn die aus Freundschaft gewährte Gunst und der Beistand eines Gönners wurden zu jener Zeit allmählich vom unpersönlichen Geldgeschäft verdrängt.

Nachwort

William Shakespeare (1564–1616) erfuhr in vierhundert Jahren noch nie soviel Öffentlichkeit wie heute: Er tummelt sich in Schauspielhäusern und auf Opernbühnen, in Revuepalästen und Kinos, auf Videos, im Fernsehen, im Internet, auf Shakespeare-Festivals und Konferenzen, auf dem Buchmarkt und in den Hörsälen aller Welt. Es gibt neugebaute Häuser in der Art der Theater seiner Zeit, Shakespeare Companies, Shakespeare-Gesellschaften und -Jahrbücher und jede Menge Textausgaben und wissenschaftliche Literatur über ihn und sein Schaffen und natürlich auch T-Shirts und Teetassen mit des Dichters Konterfei. Man erlebt seine Stücke als Drama, Oper, Musical, Film und in unglaublichen Travestien und Parodien, Adaptionen wie jene, welche »Die Werke« in zwei Stunden von zwei Schauspielern spielen läßt. Und alle szenischen und medialen Formen finden ihr Publikum, haben Zulauf und behaupten sich gegen Seifenopern und andere Entertainments. Seine Werke sind E und U, unverfälscht höchste Vollendung und das beste Material, um etwas anderes daraus zu machen.

Da gibt es viele Gelegenheiten sich zu fragen: Was steht denn eigentlich drin bei ihm? Und das fragen nicht nur Shakespeare-Einsteiger, sondern auch halbwegs Kundige, die vielleicht »Was ihr wollt«, »Wie es euch gefällt« und »Viel Lärmen um nichts« durcheinanderbringen und sich kurz einmal vergewissern wollen. Vor rund zweihundert Jahren entsprachen diesen Wünschen die Engländer Charles und Mary Lamb und verfaßten – ursprünglich für Kinder – nach dem Horazischen Prinzip, zu nützen und zu erfreuen, mit der begehrten Information ein Kleinod erzählerischer Kunst.

Daß der Transfer vom Drama zur Story zweihundert Jahre nach der Entstehung der Werke Shakespeares so glücklich gelang, mag daran liegen, daß seine Stücke mit ihrer fortschreitenden und teilweise sprunghaften Handlung und den Zeit- und Ortswechseln – ganz gegen die von Aristoteles abgeleitete Forderung nach den drei Einheiten des Dramas: jenen der Handlung, des Ortes und der Zeit – epische Qualität aufweisen und in mehreren Fällen ja auf alte Erzählungen oder historische Darstellungen zurückgehen. Trotz dieser latenten strukturellen Nähe waren bei der Umwandlung in das erzählende Genre für ein anderes Publikum und bei der beabsichtigten Verkürzung verschiedenartige Eingriffe notwendig, die die Bündigkeit und Geschlossenheit der Geschichten nicht beschädigen durften. Diese sollten eigenständige Werke von besonderem ästhetischem Wert sein, wie die Lambs in ihrem Vorwort betonten, selbst wenn sie angelegt waren, Kinder und junge Leute zu Shakespeare hinzuführen, was heute den Eiligen zugute kommt.

Wenn es auch verfehlt wäre, den Shakespeare-Erzählungen nur die Verluste gegenüber dem Original aufzurechnen, sollen diese doch benannt und zur Leistung der Geschichten in Beziehung gesetzt werden. Den beiden jungen Literaten ging es um das Wesentliche eines Stücks, und so verzichteten sie auf das vollständige Nachzeichnen der jeweiligen Ereigniskette wie auch auf die Präsentation der vielen Figuren der Dramen, um den entsprechend größeren Aufwand für Erklärungen zu vermeiden. Dem Geist der Werke wollten sie gerecht werden, nicht den Details. Deshalb bedienten sie sich einer Reihe von Kniffen, die ihrer Strategie der Konzentration des Stoffes dienten: Sie ließen die meisten Nebenhandlungen und manch andere verwickelte Situation wegfallen, verzichteten auf eine ausgiebige Charakterisierung der Gestalten und nahmen Umstellungen und eigene Akzentuierungen vor, um trotz der Verkürzung die dramatischen Konflikte zu bewahren.

In Shakespeares Dramen selbst bleibt nach der Lektüre der Erzählungen also noch viel Neues zu entdecken, sei es auf der

Bühne oder beim Lesen, wofür hier einige Beispiele genannt seien: Es fehlen im »Hamlet« der berühmte Monolog »Sein oder nicht sein« und das Auftreten des Fortinbras, im »Sommernachtstraum« die Probe und Aufführung der »höchst kläglichen Komödie« nebst dem »höchst grausamen Tod des Pyramus und der Thisbe«, im »Kaufmann von Venedig« die überraschende Kästchenwahl um die Hand der Porzia, in »Was ihr wollt« das groteske Werben des Haushofmeisters Malvolio um seine Herrin Olivia und in »Der Widerspenstigen Zähmung« die lustige Rahmenhandlung um den Kesselflicker Schlau, der unversehens ein Lord sein soll. An Shylock und Lady Macbeth, die bei den Lambs nur negative Züge tragen, wird man bei der Lektüre Shakespeares auch andere Eigenschaften finden und wahrscheinlich zu einer differenzierteren Einschätzung gelangen. Ausgespart sind auch fast alle komischen Figuren niederen Standes, die Büttel und Tagediebe, die Totengräber im »Hamlet« und der Pförtner in »Macbeth«. Damit wird allerdings die für Shakespeare charakteristische Komplementärperspektive nicht deutlich, stellt er doch der oberen, fürstlichen Ebene die Sicht von unten auf die Ereignisse und Zustände entgegen, so daß dem Zuschauer/Leser ein komplexes Bild geboten und ihm die Wertung überlassen wird.

Die Geschichten von den vierzehn Shakespeare-Komödien, die Mary Lamb schrieb, betonen den Handlungsverlauf, enthalten aber dennoch wunderbare lyrische Momente. Charles Lambs sechs Stories der Tragödien dringen tief in die Innenwelt der Helden ein und heben das Bizarre und die Realität des Märchenhaften hervor. Beide entwickeln die innere Dynamik aus den wichtigen Szenen und erregen so eine eigene Spannung und die Neugier auf das Stück, weil Shakespeare – der nun schon fast mythische Schwan vom Avon – hier leicht zugänglich und nicht »schwierig« erscheint.

Obwohl in vielen Ausgaben der »Tales from Shakespeare« (1807), wie der Originaltitel lautet, als Autor nur der Name des bereits beachteten Schriftstellers Charles Lamb (1775–1834) genannt wird, war es doch ein Projekt seiner Schwester Mary (1764–1847), die den größeren Teil der Texte beisteuerte und auch den längeren ersten Teil des gemeinsamen Vorworts verfaßte, auf das hier verzichtet wurde. Angeregt wurde das Unternehmen von Mary Godwin, der Frau des Verlegers und Schriftstellers William Godwin, den Charles 1800 kennenlernte. Seit 1805 veröffentlichte Mrs. Godwin Kinderbücher und empfahl, Shakespeare-Geschichten nach dem Vorbild der »moralischen und lehrreichen« Erzählungen über Shakespeares Tragödien (1783) des Franzosen Jean-Baptiste Perrin aufzuzeichnen, die ebenfalls für die Jugend geschrieben waren. Doch konnten die Lambs keine Anleihen bei Perrin machen, denn sie waren des Französischen nicht mächtig, und da es im Englischen keine Vorläufer gab, betraten sie mit ihrem literarischen Unternehmen Neuland. In mehrfacher Hinsicht enthielt es aktuelle Bezüge zu ihrer Zeit, zum damaligen Theater sowie zu den zeitgenössischen Ansichten über die Entwicklung und geistige Verfassung von Kindern und Jugendlichen. Das mag uns Heutigen wie Schnee von gestern vorkommen, doch bei genauerer Betrachtung stellt man ungeahnte Parallelen zu unseren Tagen fest.

Um 1800 befand sich das englische Theater in einem beklagenswerten Zustand. In London gab es nur zwei Häuser, die laut königlichem Privileg reine Schauspiele aufführen durften, Drury Lane und Covent Garden. Die anderen Theater spielten auch Dramen, indem sie das für sie geltende Verbot umgingen und in den Pausen Musik und diverse andere »Künste« wie Akrobatik und Boxkämpfe boten. Im Theater von Goodman's Fields ließ der berühmte Schauspieler und Theatermanager von Drury Lane (1747–1776) David Garrick während einer Konzertpause Shakespeares »Richard III.« spielen. Da solche Veranstaltungen Erfolg hatten, übernahmen auch die beiden offiziellen Schauspielhäuser diese unsäglichen Gepflogenheiten und brachten Singspiele, Pantomimen, Farcen und allerlei Sensationen auf die Bühne: Erdbeben, Vulkane, Seeschlachten, brennende Städte. Der Geist der oft um ganze Szenen, ja Akte gestrichenen Dramen ging verloren, Shakespeare wurde verstümmelt, »König Lear« bekam ein Happy-End, die »poetische Gerechtigkeit«, daß die Guten immer siegen, verdrängte die Wahrheiten des Lebens und Shakespeares. Mitglieder des Königshauses konnten bestimmen, welchen Akteur oder welche Aktrice sie in welcher Rolle sehen wollten, und die Theater bestachen die Presse; das alles war bekannt.

Die vorliegenden Nacherzählungen bildeten nun für das Geschwisterpaar nicht nur einen Zeitvertreib oder ein kleines Zubrot, sondern galten ihrem Bemühen, Shakespeares wahre Gestalt ins Bewußtsein zurückzurufen und den abgeschmackten Umgang mit ihm auf den Brettern ihrer Gegenwart schlicht als Fälschungen hinzustellen. Das wirkte zwar nicht unbedingt revolutionär, war aber doch ziemlich aufmüpfig; selbst die Benutzung einer leicht antiquierten Sprache, die den in vielen Bereichen üblichen Jargon vermied, war als Abkehr von den herrschenden Gewohnheiten gemeint.

Was nun die angegebene Zielgruppe »junge Menschen« betrifft, die man mit den Erzählungen erreichen wollte, so stritt man seinerzeit erbittert um die Voraussetzungen und Absichten der Erziehung. Weit verbreitet war die Auffassung, Kinder als Mini-Erwachsene zu betrachten, die von Natur aus sündig wären und mit religiöser Unterweisung und didaktischem Rigorismus auf den »rechten Weg« gebracht werden müßten. In der Literatur, so hieß es, sollte man deshalb die Phantasie zügeln und in einem banalen Handlungsrahmen moralisch lehrhafte Beispiele liefern. Mrs. Sarah Trimmer verfaßte solcherart Kindergeschichten und Lesebücher für Armenschulen; sie verdammte Märchen wie »Aschenputtel«, weil dieses »Neid, Eifersucht, Abneigung gegen Schwiegermütter und Halbschwestern, Eitelkeit und die Liebe zu schönen Kleidern« lehre. Einen erschreckenden Gipfel dieser fatalen moralischen Haltung bildete der 1807 erschienene »Family Shakespeare«, herausgegeben von Thomas Bowdler. In seinem Vorwort bekundete er seine Liebe

zu Shakespeare, meinte jedoch, daß es für Shakespeares ruchlose Flüche und Obszönitäten keine Entschuldigung gebe;
wenn man diese aber tilge, werde das übernatürliche Genie des
Dichters zweifellos in einem weniger umwölkten Glanze erscheinen. Also merzte er alle entsprechenden Stellen aus, ohne
Rücksicht auf den Verlust des Sinngehalts, und ließ nichts
übrig, worüber man erröten könnte. Den Eltern empfahl er ein
kontrolliertes Vorlesen vor den Kindern. Natürlich war seinem
Elaborat ein Riesenerfolg beschieden, und es wurde häufig
nachgedruckt. In ihm manifestierte sich die Angst der Kirche
und der Konservativen vor einer realistischen Erziehung und
vor dem eigenständigen Denken der ungebildeten Massen, die
in den seit 1760 aus dem Boden schießenden Fabriken gebraucht wurden. Auf das erbarmungswürdige Schicksal der
Näherinnen hatte übrigens Mary Lamb in einem Artikel »Über
Nadelarbeit« mit einigen gesellschaftskritischen Seitenhieben
hingewiesen, veröffentlicht unter dem Pseudonym Sempronia
in dem »New British Lady's Magazine and Monthly Mirror of
Literature and Fashion«.

Die Lambs hatten andere Vorstellungen, die ursprünglich auf
den englischen Philosophen John Locke und den Franzosen
Jean-Jacques Rousseau zurückgingen, inzwischen aber während
der Romantik um den Hang zur Phantasie und die Besinnung
auf die Vergangenheit bereichert worden waren. In vielen seiner Essays und in Kritiken zur Literatur, des Theaters und der
bildenden Kunst bekundete Charles Lamb eine prononciert andere Meinung als die vorherrschende. In seinen Augen waren
Kinder und Jugendliche Wesen eigener Art, von Natur aus unschuldig und des Respekts und Vertrauens der Älteren würdig,
nicht kleine Erwachsene. Auf keinen Fall dürfe man sie gängeln
und bevormunden und durch eine zwangsweise Normierung in
ihrer individuellen Entwicklung aufhalten. Von der Förderung
der Phantasie ist da die Rede und von der Einführung der jungen Menschen in das Wunderbare und Nicht-Alltägliche, wobei sie ohne Regeln und Abstraktionen die tiefer wurzelnde

Realität der Imagination selbst entdecken würden, und zwar ohne die Praxis einer übertriebenen Erklärungswut. Gerade die Interpretation von Shakespeares Dramen – in der von ihnen wie Märchen erzählten Form – kam diesem Anliegen entgegen.

Die anderen Werke der Lambs sind weniger bekannt geworden. Als Kinder eines Advokatenschreibers wuchsen sie zunächst wohlbehütet im Londoner Juristenviertel Temple auf. Mary blieb lange im Hintergrund, während Charles in der Christ's Hospital genannten Schule Samuel Taylor Coleridge kennenlernte, der bald mit William Wordsworth zu den bedeutendsten Dichtern der englischen Romantik zählte. Charles Lamb machte die Literatur nie zu seinem Beruf. Mit siebzehn Jahren nahm er eine zunächst unbezahlte Stellung im South Sea House an, wo sein Bruder John tätig war; ein Jahr darauf wechselte er zu einer schlecht entlohnten Arbeit im Rechnungsamt des East India House, die er dreiunddreißig Jahre ausübte und bei der er erst am Ende dieser Zeit einigermaßen gut verdiente. Von zehn bis sechzehn Uhr saß er dort in seinem Büro und archivierte die Ergebnisse der vierteljährlichen Auktionen der von Indien eingetroffenen Waren wie Tee, Seide und Gewürze, die er im Hafen protokolliert hatte. Das ließ ihm genügend Zeit, sich literarisch zu betätigen. Er rauchte, trank und bezeichnete sich selbst als einen unsystematisch vorgehenden und eher intuitiv schreibenden Mann. Er liebte die ältere Literatur und von den neueren eigentlich nur Charles Dickens; er verabscheute Walter Scott und Lord Byron, und er verehrte die Maler und Graphiker William Hogarth und William Blake.

Er hatte gerade begonnen, Gedichte zu schreiben, als sein Leben 1796 eine jähe Wendung nahm: In einem Akt geistiger Umnachtung erstach seine Schwester Mary die Mutter und wurde in ein privates Hospital eingeliefert. Um sie vor dem endgültigen Verbringen in die Irrenanstalt Bedlam zu bewahren, erklärte sich Charles vor Gericht bereit, die Vormundschaft über die zehn Jahre Ältere zu übernehmen. Seitdem wohnten sie immer zusammen, ausgenommen die Zeit, wenn Mary einen Rückfall erlitt. Wegen dieser Verpflichtung sah sich Charles nicht in der Lage, eine eigene Familie zu gründen – wenngleich er 1819 der Schauspielerin Fanny Keller einen Antrag machte. Die Geschwister kamen gut miteinander aus und unterhielten von 1801 an einen wöchentlichen Konversationsabend in ihrer Wohnung in der Chapel Street, auf dem Mary als beflissene Gastgeberin verehrt wurde. Zu den Freunden gehörten Coleridge, Wordsworth, William Godwin, die Schriftsteller William Hazlitt, Thomas De Quincey, der Anwalt und Literat Crabb Robinson und später auch der Herausgeber und Satiriker Thomas Hood. Als Charles Lamb der Zirkel und die vielen Besuche zuviel wurden, mietete er sich ein separates Zimmer in der Stadt, um dort in Ruhe arbeiten und seine literarisch anspruchsvollen Briefe schreiben zu können. Mit Wordsworth kam es auch zu Spannungen, weil Charles seinen Dichtungen ein zu vordergründiges Moralisieren vorwarf.

Die seit 1796 von Charles Lamb veröffentlichten Gedichte besaßen leider nicht die Qualität, um an die vielgelesenen und beliebten Werke von Coleridge und Wordsworth heranzureichen; auch in seiner Prosa gelang ihm der Durchbruch nicht. Erst mit den Shakespeare-Erzählungen und mit Artikeln für verschiedene Magazine machte er sich einen Namen. 1808 brachte er einen Band mit Auszügen aus Dramen von Shakespeares Zeitgenossen Christopher Marlowe, John Webster, Thomas Heywood und John Ford heraus, versehen mit erläuternden Bemerkungen; er wollte diese vernachlässigten Dramatiker wieder ins Bewußtsein der Theaterleute und des Publikums rücken. Im gleichen Jahr setzten die Lambs ihre gemeinsame Autorschaft mit »Mrs. Leicester's School« fort, einer Sammlung von Geschichten aus der Sicht von Kindern, und sie publizierten einen Band Gedichte für Kinder (1809). Ein klassisches Werk verkürzt und verständlich nachzuerzählen versuchte Charles noch einmal mit Homers »Odyssee«, doch der Verkaufserfolg blieb aus. Unglücklich verlief sein Bemühen, eigene Stücke auf der Bühne zu etablieren. Von den vier Werken wurde nur eins 1806 in Drury Lane aufgeführt; als die Zuschauer es auspfiffen, schloß sich der Autor kurioserweise den Mißfallenskundgebungen an.

Dennoch wurde Charles Lamb als Literat hoch geschätzt, hauptsächlich wegen seiner Aufsätze und Kritiken in den gängigen Zeitschriften und wegen seiner zahlreichen exzellenten Briefe. Den Essay entwickelte er zu seiner beliebtesten und gelungensten Ausdrucksform. Im Jahre 1820 veröffentlichte er im »London Magazine« den ersten Essay, den er mit »Elia« zeichnete; den Namen hatte ein ehemaliger Angestellter des East India House getragen, doch hinter Elia verbarg sich Charles Lamb. Drei Jahre später sammelte er seine Elia-Beiträge in einem Band, der sich zwar keines besonders großen Zuspruchs erfreute, doch von Kennern mit höchstem Ergötzen aufgenommen wurde. Unter dieser Selbstprojektion konnte er Dichtung und Wahrheit seines Wesens in Begebnissen und Anekdoten, Gesprächen und Gedanken mit fein nuancierter Ironie vergnüglich zum besten geben. Der exzentrische, launenhafte und phantasiereiche Elia versucht schamhaft, seine Vorurteile zu verbrämen, und enthüllt dabei, ein Mensch von gestern zu sein, rückwärts gewandt, womit zugleich ein unerfreuliches Licht auf die damalige Gegenwart geworfen wird.

Geblieben sind von diesem breitgefächerten literarischen Schaffen im wesentlichen die erquicklichen Erzählungen nach den Dramen Shakespeares. In den englischen Buchläden findet man heute etwa zehn unterschiedliche Ausgaben davon – es gibt dort unter den Lesern gewiß auch Eilige.

Günther Klotz

KLAUS SEEHAFER
Goethe für Eilige
220 Seiten. Broschur
ISBN 978-3-7466-1889-0

Auf den Punkt gebracht

Klaus Seehafer, durch seine langjährige Arbeit an der Goethe-Bio-
graphie bestens mit diesem unerschöpflichen Werk vertraut, liefert
uns unterhaltsame, oft genug verblüffende Nacherzählungen. Mit
»Faust« beginnend, wandert er durch die Dramen und Romane, er
wendet sich den spannenden Erzählungen ebenso zu wie den großen
autobiographischen Büchern. Ein Meisterstück gelingt ihm mit der
Vergegenwärtigung der Gedichtzyklen aus Italien und des »West-
östlichen Divans«. Zum Schluss ist sich der Leser sicher: Goethe ist
immer noch zu entdecken. Dabei hilft ihm dieser Intensivkurs der
besonderen Art, ergänzt durch eine Kurzbiographie und mancherlei
Empfehlungen für ganz Eilige, für Voreilige und für Geduldige.

Mehr Informationen erhalten Sie unter www.aufbau-verlag.de
oder in Ihrer Buchhandlung

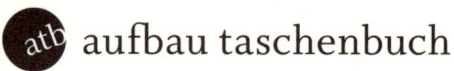

ROBERT MISIK
Marx für Eilige
192 Seiten. Broschur
ISBN 978-3-7466-1945-3
Auch als E-Book erhältlich

Der Marxismus ist tot, aber Marx lebt

Das »Kommunistische Manifest«, »Das Kapital« sind verblüffend aktuell. Robert Misik stellt die wichtigsten Texte von Marx vor und skizziert ein lebendiges Porträt des herrschsüchtigen Visionärs, der immer über seine Verhältnisse lebte. Das Buch ist eine eloquente Einführung für Marx-Anfänger, eröffnet aber auch erstaunliche neue Perspektiven für Marx-Kenner.

Mehr Informationen erhalten Sie unter www.aufbau-verlag.de
oder in Ihrer Buchhandlung

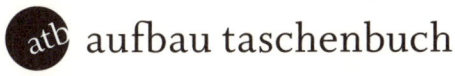

atb aufbau taschenbuch